教育部经济管理类核心课程教材

管理学（第2版）

主　编◎刘　刚
副主编◎郭　海　朱春玲

Management

U1015881

中国人民大学出版社
· 北京 ·

序　言

伴随着经济体制和政府机构改革，国有企业的市场竞争意识越来越强，政府机构的管理也面临许多新情况、新问题，对企业及公共管理人才的需求非常强烈。随着所有制改革的深入，各种非公有制企业从小到大，蓬勃发展，对管理人才也提出了巨大的需求。1998 年，在国务院学位委员会的领导下，本科专业目录的调整工作完成，旨在建立口径较宽、适应面较广的新型学科专业体系。这次专业目录调整形成了一个新的独立的学科门类——管理学，在管理学下设置了 5 个类别、18 个专业，其中，工商管理类下设工商管理、市场营销、会计学、财务管理、人力资源管理、旅游管理等 6 个专业；管理科学与工程类下设管理科学、信息管理与信息系统、工业工程、工程管理等 4 个专业；作为国家重点扶持和发展的专业，公共管理专业在滞后企业管理专业十余年后诞生，公共管理类下设行政管理、公共事业管理、劳动与社会保障、土地资源管理等 4 个专业。同时，研究生专业目录也进行了相应的调整。

作为管理学这一学科门类的学科基础课，管理学这门课程具有基础性、综合性的特点，是工商管理类、管理科学与工程类、公共管理类等各专业的同学学习相关管理专业课程的基础。从这个角度来看，管理学这门课程的教材建设极为重要。有鉴于此，本教材在编写过程中始终本着更好地服务同学的原则，在内容与形式上努力创新，力求突出以下五个特色：

第一，脉络清晰，布局合理。本教材以管理的四项基本职能——计划、组织、领导、控制为主线，将内容分为 18 章。其中，第1～3章是总论，对管理、管理者及管理学这些核心概念做了详细的界定，并对中国古代的管理思想及西方管理思想的演进做了系统的介绍。第4～8章聚焦于计划职能，主要内容包括：计划的内涵；计划工作的原理、程序与方法；目标与目标管理；战略管理；预测与决策；创新；企业社会责任等。第9～11章聚焦于组织职能，主要内容包括：组织的内涵及基本原则；组织职能的要素；组织设计与组织结构；组织变革等。第12～16章聚焦于领导职能，主要内容包括：领导的定义、职能及类型；主要领导理论；人员配备；领导力来源；沟通与跨文化管理；激励；人本管理；领导修养与艺术等。第17～18章聚焦于控制职能，主要内容包括：控制的内涵及类型；管理信息系统；危机管理等。

第二，与时俱进，内容新颖。随着科技的发展、环境的变化，管理实践对管理学教材提出了许多新的要求。因此，本教材在内容选择上力求体现时代的要求。对管理思想史这一部分，与大多数管理学教材只关注西方管理思想演进不同，本教材增加了中国古代管理思想的内容，对儒家、道家、法家、兵家等主要学派的管理思想精髓进行了讨论。对计划职能这一部分，本教材专门用一章的篇幅讨论创新的内涵及类型，并对互联网商业模式创新做了详细的论述；同时，专门用一章的篇幅讨论企业社会责任的问题，以培养学生良好的社会责任感。对组织职能这一部分，本教材对组织变革花了大量笔墨，探讨了组织变革的内涵、动因、阻力及趋势，并对学习型组织及业务流程再造做了深入的分析。对领导职能这一部分，考虑到中国企业国际化的深入，在沟通这一章专门设立了一节来讨论跨文化沟通与管理的话题；单辟一章来讨论人本管理的问题，包括人本管理的内涵、理论基础、人性假设等，并深入分析了情感管理、参与管理、自主管理与企业文化建设等人本管理的具体形式；在领导修养与艺术方面，重点讨论了时间管理、权变管理的内容。对控制职能这一部分，考虑到不确定性环境下危机管理对各类组织的重要性，单列一章对危机管理的内涵、作用及原则、危机预防、危机处理做了专门的介绍。

第三，案例丰富，覆盖面广。本教材注重案例教学，全书共收录了50余个相关案例。除了第2、3章讲述中西方管理思想史的内容之外，其余各章均以一个案例引出本章的基本理论与原理的内容，在讲解相关理论与原理的过程中也插入了相应的案例，便于同学们理解相关内容，并且在每一章的结尾部分给出了一个供课后讨论的案例，方便同学们进一步对本章的知识加以整合、提升。在案例选择上，既涵盖了以往年份的经典案例，又囊括了最近几年发生的具有影响力的典型案例；涉及的企业既有知名跨国公司，又有我国本土企业，以本土企业案例为主。这样，同学们在分析与讨论案例的过程中，既可以深入体验跨国公司的管理情境，又可以很好地结合中国企业的实际情况，真正做到国际化与本土化的融合。

第四，重点突出，易于把握。每一章的开篇都引用了两句经典的名人名言，提纲挈领地概括出每一章的核心思想。同时，每一章还给出了学习目标以及课后思考题，以便学生更好地把握各章的学习重点。

第五，语言生动，可读性强。为了激发学生的兴趣，本教材无论是对管理基本理论与原理的阐释，还是对案例的描述，都尽可能采用简洁、明快的行文风格，以更贴近读者，尤其是案例部分，以讲故事的形式将相关素材娓娓道来，增强案例的可读性。总之，本教材力求做到集知识性与趣味性于一体，使同学们能够更加轻松地学习并掌握管理学的基本知识。

相对于第一版而言，本版做了如下修订与完善：

第一，为方便读者更好地利用互联网开展远程学习，专门录制了与本教材配套使用、由本教材主编刘刚主讲的慕课——管理学原理。该课程已在北京高校优质课程研究会（http：//www. livedu. com. cn/ispace4. 0）和中国人民大学芸窗慕课（http：//www. ycmooc. com）两个平台上线运行，是教育部认定的2018年国家精品在线开放课程之一。

第二，在维持全书5篇18章这一基本框架不变的情况下，对各章的具体内容做了相应的精简与更新，特别是对第5、6、7、8、11、12、16、18章做了较大篇幅的精简，让读者更能聚焦于核心知识的学习。

第三，以二维码方式链接“延伸阅读”栏目，方便学有余力的读者进行更深入的学习。

第四，对大多数案例企业的相关数据及素材进行更新，并用一些更具代表性的新案例替换了第一版中的部分案例，读者可以更好地追踪管理实践的最新发展。

本教材的适用范围非常广，既可以作为管理学各专业本科生和学术型研究生的指定教材，也可以作为MBA、EMBA、MPA、工程硕士等专业硕士及各种企业管理、公共管理培训班学员学习管理学知识的教学用书。另外，大学阶段未系统学习过管理相关课程的各类企业管理人员、机关工作人员也可以通过阅读本教材来弥补自己管理理论的不足，提升管理水平。

本教材的写作提纲由刘刚执笔拟定，郭海、朱春玲参与了提纲的讨论过程。参与本教材修订的人员除程熙鎔（北京工商大学经济学院）、刘静（内蒙古大学经济管理学院）、王丹（中国电子科技集团发展战略研究中心）、王泽宇（中国社会科学院经济研究所）、严子淳（中国民航大学经济与管理学院）、于晓东（中央财经大学商学院）之外，全部来自中国人民大学商学院，具体分工如下：第1章成栋、刘刚；第2章刘刚、刘静；第3章刘静、张泠然；第4章于晓东、殷建瓴；第5章严子淳、刘刚；第6章严子淳、张泠然、黄振江；第7章程熙鎔、殷建瓴；第8章朱春玲、刘静、金婧；第9章郭海、王阳雯、梁晗；第10章郭海、梁晗；第11章刘刚、于晓东；第12章朱春玲、刘刚；第13章付彦、王阳雯、王丹；第14章王阳雯、梁晗；第15章刘刚、程熙鎔；第16章赵晶、张泠然、李明；第17章金婧、王泽宇；第18章刘刚、张泠然。全书由刘刚负责统稿，郭海、朱春玲参与了相关统稿工作。

本书的顺利出版得益于中国人民大学出版社工商管理分社各位编辑老师的大力支持，对于她们耐心、细致的编辑工作和认真、精心的出版组织工作，我们表示由衷的感谢！

由于编者的水平有限，本教材的错误和不足之处在所难免，恳请读者批评指正！

刘 刚

于中国人民大学商学院

目　录

CONTENTS

第1篇　总　论

第2篇 计 划

第3篇 组 织

第1篇

总　论

第 1 章

管理与管理学

上以制下，寡以统众，而纲纪定矣。

——《太玄·玄首注》

管理就是把复杂的问题简单化，混乱的事情规范化。

——杰克·韦尔奇

学习目标

1. 掌握管理的内涵和管理的二重性
2. 掌握管理的职能
3. 了解管理者的类型
4. 明确管理者的不同角色及其作用
5. 了解管理学的特性及管理学的研究内容

➡引　例

一夜倒闭的安蒙卫浴

2005 年，安蒙卫浴在广东佛山成立。这是一家新兴的卫浴企业，其销售规模与佛山的众多卫浴企业相比虽然不大，但凭借出彩的宣传创意占领了一定的市场，是卫浴行业新晋的“黑马”。凭借独特的品牌创意，安蒙卫浴迅速打响了在行业内的知名度，其大刀阔斧的宣传力度从每年在上海卫浴展上数百平方米的展位面积就可见一斑。安蒙卫浴的品牌投入非常大，仅每年上海的展会花费就高达 200 万元。为了抢占卫浴市场，它对经销商有着极大的支持力度，对专卖店的广告补贴甚至超过经销商的订货金额。

安蒙卫浴对研发和技术更新也比较重视，公司的设计研发团队一度多达 30 人，曾获得国家高新技术企业称号。面对高额的资金需求，安蒙卫浴通过抵押、贷款等多种方式筹集资金。有消息称董事长安晖甚至将自己和朋友的房子、车子用于抵押筹款。

2011年，安蒙卫浴的业务范围从单纯的五金水龙头拓展到整体卫浴，产品升级增量，成本大幅提高，所有的终端店面也随之进行调整。自此，安蒙卫浴全力推行业务转型，转型过程中安蒙卫浴频繁更换供应商。同年，有媒体爆料称安蒙卫浴股东退出致使资金链断裂，安蒙即将倒闭，安晖很快现身否认，称报道内容不实。

2013年的佛山春季陶博会，安蒙卫浴斥巨资打造了备受瞩目的经销商财富峰会，重金邀请"品牌策划之霸"叶茂中加盟。同年5月，再次参加上海展会，风采日盛。

2013年年底，安蒙卫浴大部分员工感觉到公司资金链略微紧张。2014年，安蒙卫浴开始拖欠员工工资，最糟糕的情况是有员工4个月都没有领到工资。此外，安蒙卫浴对供应商的货款也是迟迟不予交付，一拖再拖。

2014年3月，安蒙卫浴陶瓷旗舰店开张，邀请客户和供应商前来参观，部分公司高管也到场祝贺。然而，2014年4月27日晚上，有安蒙卫浴员工收到周一不上班的短信通知。第二天上午，当地媒体爆出安蒙卫浴已经申请破产，请求当地政府接管。安蒙卫浴员工和部分供应商听到消息纷纷赶到安蒙卫浴佛山公司求证。

4月29日上午，安蒙卫浴佛山公司全面停工，数十名员工和供应商围堵在安蒙卫浴门口，多名员工表示已经联合起来准备向佛山劳动部门提出申诉。围堵的员工和供应商一直守到下午，其间，一些供应商试图联系安蒙卫浴的董事长安晖，但其始终处于失联状态。

至此，安蒙卫浴倒闭的消息引发轩然大波，引起整个卫浴行业的关注。

资料来源：叶洁纯．安蒙卫浴"一夜"倒闭　近百员工被欠工资．南方日报，2014-04-30；李文波，曾育军．安蒙卫浴倒闭　高管皆称不知原因．南方都市报，2014-04-30；林迪慧．安蒙之过．绿色环保建材，2014（5）.

第1节 管理概述

在瞬息万变的现代社会，科技与管理是推动企业发展的两个轮子。然而有些企业设备与技术很先进，但业绩不理想；有些企业设备与技术不是那么先进，业绩却十分喜人。究其原因，很大程度是管理水平的差异。好的管理是企业基业长青的根本，而管理不善则会给企业带来致命危机。

一、管理的内涵

"管理"（management）这一概念已为人熟知，可以说每个人的生活中都充斥着管理。小到家庭，大到国家，任何群体都涉及管理。企业、国家、社会的实践需求推动着人们对管理基本内涵的不断探索。

综合中外学者的管理思想，本书认为可以将管理界定为在一定的环境中，由一人或多人通过计划、组织、领导、控制等职能合理分配资源，协调他人活动，共同实现既定组织目标的活动过程。具体可从以下几方面来理解：

第一，顺应环境。任何企业都在一定的环境中生存发展，受到环境的影响和约束，因而管理工作也须在特定的环境中展开。进入 21 世纪，随着技术的快速革新和竞争环境的加速动荡，对经营环境的关注尤为重要。环境既能为企业带来风险，也能为企业带来机遇，不同的环境决定不同的管理方式和管理内容。对于环境的理解，更准确地说，应该包括企业内部和外部的环境。顺应环境的核心在于能够适应内外部环境的变化，及时做出有效的反应。与技术创新、制度创新相对应，管理创新对企业发展也有着举足轻重的影响力。如何应对环境变化不断进行管理创新、提升企业绩效是管理者应该关注和重视的新挑战。

第二，目标导向。管理必须以既定的组织目标为导向，不能为了管理而管理。本质上，管理是一种手段、一种途径，并不是目标本身。企业之所以需要管理，是为了更有效地实现企业目标。一旦管理偏离了目标甚至缺乏目标，管理对于企业就毫无意义。企业的目标是多样化的，有公司层、战略层、职能层等不同层次的目标，也有最大限度获利的经济目标和履行社会职责的发展目标等不同类型的企业目标。针对不同的目标，要差别化对待，采用行之有效的管理手段。

第三，以人为核心。以人为核心即以人为中心来开展管理工作。人是组织的主体，管理的核心就是协调人际关系。很多管理学家都强调了人的因素在管理活动中的重要性，如“科学管理之父”泰勒、早期管理学者福莱特。管理中人的要素包括管理者和被管理者。管理者可以大致分为两类。一类是将组织目标分解为具体管理工作、任务并监督组织目标完成情况的管理者，这类管理人员往往是企业发展的核心人物，决定着企业发展的大方向，是通常而言的企业的高层管理者。另一类管理者是从事具体管理活动的人员，是企业通常意义上的中低层管理人员。他们处于企业层级的中间位置，既是管理者又被上级领导者所管理。企业中的被管理者是一般的组织成员，他们遵循一定的规章制度，完成分配给他们的工作任务。以人为本的要点在于将人作为管理工作的核心，提升管理者与被管理者的个人综合素质，协调人与人、人与物之间的关系，调动组织成员的能动性和创造性。

第四，注重效率。效率就是用尽可能少的投入获取较多的产出。管理的效率重点体现在对资源的有效利用和合理分配，资源包括企业的人、财、物等。但注重效率有个重要的前提，即保证效果。所谓效果就是做正确的事，与之相对应，效率就是正确地做事。在确立了有效的管理目标的前提下，采用合适的管理手段，方能真正提升管理效率。

二、管理的科学性与艺术性

管理兼具科学性和艺术性的特质。系统的管理理论和知识是管理科学性的体现，因地制宜灵活运用这些管理理论是管理艺术性的象征。

科学是被普遍认同的反映自然、社会、思维等客观规律的知识体系，既能被实践所检验，又能解释实践。之所以说管理具有科学性是因为在管理活动过程中，存在基本的客观规律。这些规律源自管理实践，是大量的研究者和实践家对管理工作的长期总结、归纳逐渐形成的管理知识体系。管理的发展虽然源远流长，但是近100年才发展成为一门独立的学科。管理学的理论和方法来源于实践，能指导管理实践，同时又反复地被实践所检验，这样的互动循环过程促使管理理论不断更新完善。成熟的管理知识体系是理论与实践高度融合、提炼之后的产物，不以人的意志为转移，不受地域、文化、社会制度变迁差异性的影响，是普适的管理规律。管理的科学性强调从事管理的工作者认真学习管理理论和管理方法，深刻理解管理的本质，遵循管理的规律，运用科学的管理手段和管理方法来指导实践。

所谓管理的艺术性就是对管理的理论与技能灵活地加以运用。由于管理环境的多变性和管理情境的复杂性，一成不变的管理方式很容易导致失败。人、事、物以及管理环境中其他因素的不同决定着管理者无法从管理理论里获取解决一切问题的答案。在企业经营中，有很多程序化和非程序化的管理工作。不但非程序化的管理强调随机制宜的管理方式，甚至程序化的管理工作也会因受到不同因素的影响而要求管理者及时应变。因而在管理实践中，必须充分调动主观能动性，激发创造性。管理者要具备因地、因时、因人进行管理的能力，根据管理对象、管理情境的不同，结合现实情况的变化，运用掌握的管理知识和积累的实践经验，有效解决具体多变的管理问题。管理的艺术性还体现在管理涉及很多模糊、无法度量、无法言传的要素，需要管理者自身具备的远见、胆识、魄力等不可复制的能力来协调。

管理的科学性和艺术性不是对立的两大特性，它们是一枚硬币的两面，不可分割，相互补充。管理的科学性是艺术性的前提，管理的艺术性是科学性的深化。缺乏艺术性，管理就成为僵化的教条主义；离开科学性，管理就沦为盲目的经验直觉。管理实践需要管理理论的指导，脱离管理理论的实践是盲目的，很容易以失败告终。而管理理论又源自实践，是管理实践的提炼和升华。从管理实践中抽象出的管理理论，有很高的原则性和规范性，而具体的管理活动是在特定情境下展开的，因而要求活用管理理论，不断进行管理创新。一个优秀的管理者既要接受专业的管理理论培训，又要注重实践中的管理应变和管理创新。

案例1-1

日航“起死回生”背后的稻盛和夫

2010年1月19日，企业规模排名世界第三、亚洲第一的日航公司及其旗下两个子公司向日本地方法院正式申请破产保护。日航申请破产时以高达2.32万亿日元总负债成为日本历史上非金融机构最大的破产案。整个日本都对此感到极为震惊，日航的破产意味着5万多员工面临失业，这个运营了60多年的老牌航空公司即将从历史上消失。

2010年2月1日，被誉为“经营之神”的78岁高龄的稻盛和夫，答应了日本政府的一再恳请，正式宣布出任破产重建的日航的董事长。稻盛和夫初到日航，颇为失望。因为宣布破产的现状并没有给日航上上下下的管理者以及员工带来足够的危机感。更夸张的是，已经改制成民营企业的日航，经营效率非常低下，管理者不考虑企业现实，仍依据直觉来经营企业。稻盛和夫发现日航的经营者核算意识淡薄，他们甚至完全不查看财务数据来判断经营的盈亏结果，一些笼统的财务数据也需要很长的时间才能整理出来。各个部门之间的责任与义务模糊不清，找不到特定负责人，部门之间也完全没有工作默契，配合度极低。管理干部与员工之间关系松散，各行其是，对企业完全没有归属感。

培训高层，提升团队士气

稻盛和夫希望能通过集体学习来改变日航的高层管理者，然而长期的官僚主义已经让大家形成了固定的思维和行为模式，改变这些管理者的习惯并不容易。然而，稻盛和夫认为，日航的重建只能依靠这些管理者共同推进，所以除了培训他们，让他们成长为优秀的领导者，没有别的选择。

2010 年 6 月，稻盛和夫开始组织日航的第一期干部学习会，历时一个月，对 50 位主要的领导人进行了彻底的培训教育。第一期的一个月时间内总共办了 17 次学习会，稻盛和夫亲自上了 6 节课，并在课后与管理者们一起聚餐探讨学习内容。这样的干部学习会持续了好几个月，共有 200 多名日航的管理人员参加了培训，他们作为领导者的意识逐渐树立起来，通过共同学习也产生了一定向心力。学习结束后，稻盛和夫开始召开业绩报告会，让每个参与培训的管理者讲述在培训中学到了什么，又是怎么将学到的东西运用到日航实际的经营中去的。

稻盛和夫认为数字是最能反映企业真实经营状况的，经营者要掌握企业经营的实际状况才能做出正确的决策。日航之前非常缺乏与数字挂钩的管理系统，原有的经营者没有盈亏意识，他们不知道每个航班、每条航线具体的盈亏情况，所以日航很多的航线都持续亏损。因此，稻盛和夫积极推行日航的财务管理改革。他要求子公司和各部门当月的财务报表最晚在次月下旬一定要整理出来，相关负责人要对报表的情况进行汇报，明确业绩改善或是下滑的原因。相关领导者在经历了一段不习惯的强迫性汇报后，逐渐进入经营者的角色，开始分析和汇报各自部门是如何削减费用、增加收入的。

在强化核算意识的指导理念下，稻盛和夫在经营上开始采取大刀阔斧的改革措施。首先关闭所有难以盈利、长期亏损的航线；然后决然卖掉大部分空座率很高的 747 大飞机，根据市场的实际需求，买进百余架小飞机。

激励基层，强化服务意识

稻盛和夫强调，服务是航空业最本质、最重要的特点，他不断深入基层，强化基层员工的服务意识。日航的服务曾被消费者冠以“殷勤无礼”四个字。日航是日本最有代表性的航空公司，然而骄傲自大的情绪让原本服务一流的日航疏于管理，服务质量不断下滑。一线员工看似对乘客很“殷勤”，实际散漫无序，服务过程都是在例行公事，缺乏发自内心的微笑和真诚。这也让很多顾客转向选择乘坐全日空航班。

2010 年 7 月，稻盛和夫开始创造机会与各个机场的员工进行面对面深入的交流。他以 78 岁的高龄在奔波的路途上坚持乘坐日航的经济舱，兢兢业业地不断和一线员工沟通，向他们强调服务的质量。稻盛和夫就日航裁员的情况向大家致歉，并保证会尽力为被裁员工谋取其他工作岗位，谨慎并努力压缩减员的范围。他还反复强调基层员工肩负着重要的企业使命，要确保乘客安全，不断提升客户满意度。

日航广大一线员工在稻盛和夫的感召下，纷纷加入帮助公司改善服务的热潮。大家开始积极讨论，为了日航的重建自己应该做什么。随后，日航就航空服务做出了一系列调整。首先，提高航班送餐送水的效率，细心关注乘客的需求，及时和乘客交流并提供热情得体的服务。其次，不断提高航班的准点率，以秒作为计时单位来开展备航工作，飞前准备工作高质、高效。遇到不可抗力因素导致航班延误，日航也不惜提高油耗来提升航速，保障乘客准时出行。

坚持革新，转型阿米巴经营

引入独特的经营哲学的同时，稻盛和夫看到了日航经营机制的混乱，下决心将阿米巴经营引入日航。日语中“阿米巴”是变形虫的意思，阿米巴经营就是将整个公司划分为一个个的小集体，每个小集体都确立自己的领导核心，自行制定经营计划，并依靠小集体的全体成员一起努力共同完成计划目标，以达到全员参与管理的目的，提高企业的活力和创新力。

稻盛和夫采用分部分核算的制度，每个部门财务体系独立清算。按照航线划分阿米巴小集体，每条航线任命一个经营责任人，以责任人为领导核心开展工作。阿米巴小集体的全体人员共同合作，想方设法提升所在航线的效益。除了航线航班，后勤维修支持部门也被划分为一个个阿米巴小集体，独立运行，精细管理。每个小集体的员工都被带动被激发，纷纷献计献策，推动集体效益的改善。阿米巴运营方式也让原来一盘散沙式的人员牢牢地聚集在一起，表现出很强的集体向心力。

结合阿米巴经营方式，稻盛和夫还要求日航的主要管理者必须每天掌握日航的全部经营数据和整体经营情况。他定期召开所有高管都必须参加的经营例会，详细汇报所负责部门的各项支出和收入，细化到水电费的支出。坚持数月后，效果很明显，了解、汇报的过程让发现问题和解决问题的速度大大提高，市场应对速度也随之提升，经营业绩开始逐步攀升。

2010 年 11 月，距日航宣布破产不到 1 年的时间，重组后的日航盈利已达 1 400 亿日元，而让负债累累的日航扭亏为盈只花了短短 3 个月时间。2012 年 8 月 3 日，东京证券交易所对外宣布已批准日航于 2012 年 9 月 19 日重新上市。

资料来源：孙欣．“经营之神”稻盛和夫：拯救日航的恺撒．东西南北，2012（5）；王育琨．稻盛和夫拯救日航的秘笈．中国经济周刊，2011（50）；曹岫云．稻盛和夫拯救日航．销售与市场（评论版），2011（6）；王一鸣．我拿什么拯救你，日航　稻盛和夫接手日航如是说．中外管理，2010（3）；项升．稻盛和夫掌舵日航的前景分析．外国问题研究，2010（1）．

三、管理的职能

职能是指管理活动的职责和功能。管理学界普遍认可的管理职能包括计划、组织、领导、控制四大类。

（一）计划

计划（planning）是确立组织目标并设计达成目标所需要的行动的过程。计划是管理的基础，任何组织活动都需要计划。组织中的计划是多层次的。组织的高层管理者制定企业总体的发展目标和战略，中间层管理者将总体战略细化为战术计划，基层管理者进一步将战术计划具体到操作层面的工作实施计划。在此过程中，中间层的管理者要协调上下层的计划，有效落实高层的总体发展计划，同时帮助基层工作的顺利开展。

计划的制定必须考虑外部环境的机会和挑战、内部环境的资源能力、企业的社会责任及利益相关者的期望等要素。外部环境的考察主要聚焦在企业经营环境的特征和发展趋势，看清潜在的机会和威胁。内部环境的分析则在于明确企业拥有的资源状况以及对资源的利用能力。在确定计划制定条件的基础上，企业基于外部的机会与挑战了解哪些业务是有发展前景的；基于内部的资源能力，可以确认哪些发展目标是有能力实现的。在两者的交集中找到准确的定位，制定企业的发展目标，再进一步将其细化到具体的实施计划。

（二）组织

组织（organizing）就是将具体的计划加以落实的过程，安排什么人在什么时间完成什么工作，并且管理和协调不同的工作任务。组织工作主要包括组织结构设计、人员配备、组织运行和组织变革。

组织结构设计是在工作分析的基础上设立工作岗位，设置组织部门，建立组织结构的基本框架。人员配备是根据工作岗位的要求，确保合适的员工安置到适当的工作岗位，包括选聘、培训、考核等多个阶段。组织运行是指处理好企业内部的信息流、资源流，维持企业的正常运作，达到多种组织力量的最佳协调和整合。组织变革强调在组织过程中根据企业业务特点和环境变化趋势及时做出改变和革新。

（三）领导

领导（leading）是指管理者通过沟通、激励等多种方式促使被管理者更好地开展工作，完成组织目标。领导是极富艺术性的一项管理职能。

作为领导者要有机结合指挥、协调、监督、沟通、激励等多种手段来推动员工高效完成任务。领导有多个层次，在不同层次侧重点应有所不同。领导者必须对组织特性和员工性格特点非常熟悉，借助心理学方面的技巧提升领导水平，同时也要注重个人魅力对领导工作的影响力。进入 21 世纪，多变的经营环境更要求领导者不断提升自我修养，有远见，有胆识，做出有效的经营决策。

（四）控制

控制（controlling）是为了确保实现组织既定目标，对计划的实施进行监督和调整的过程。在计划实施的过程中，常常会出现偏差，不能与原计划吻合。控制是为了识别计划实施过程中的偏差，限制和调整偏差，保证原定目标顺利实现。此外，当计划与企业现实发生冲突的时候，控制职能还要及时对既定计划进行调整，顺应企业的现实发展。有效的控制对于整个管理过程至关重要。管理中的其他职能如战略计划制定、组织与领导都须依赖有效的控制方能持续地发挥作用。控制职能的主要内容包括考核各部分、各环节的工作情况，检查判断是否与原计划出现偏差；若出现偏差，分析偏差产生的原因及其对企业运营的影响，采取有效措施及时纠正偏差。

一般而言，管理的四大职能按照计划、组织、领导、控制的顺序开展活动，但是在实际的管理过程中，四大职能可能打乱顺序穿插在管理活动中。如在领导控制的阶段中发现原定计划与企业实践和环境变化极不匹配，就需要对企业发展目标进行修订调整，重新制定战略计划。管理四大职能的运作取决于管理实践中的具体要求，正如管理的艺术性所强调的，管理者要随机制宜地运用这四项基本职能开展管理工作。

第2节 管理者

随着社会化大生产和劳动分工的产生，一部分劳动者从生产中分离出来，专门从事管理工作，就形成了管理者。管理者（manager）是指挥他人工作，通过别人实现组织目标并对其负责的组织成员。如企业中的部门经理和车间主任、学校校长、医院院长、政府部门负责人等，都是典型的管理者。管理者之所以成为管理者，不在于职位或者权力，关键在于其对企业的责任和贡献。管理者是管理的主体，履行各项管理职能，对管理工作的成败起着决定性的作用。管理大师德鲁克（P. F. Drucker）说过，"如果一个企业运转不动了，我们应该去找一个新的总经理，而不是另雇一批工人"。

一、管理者的类型

组织的顺利运行需要很多管理者，这些管理者根据管理层级和管理内容的不同可以划分为不同的类型。

按照管理层级来划分，管理者可以分为高层管理者、中层管理者和基层管理者（见图1-1）。高层管理者是组织的最高领导者，负责组织全局性和战略性的问题和决策，很少参与具体的事务性工作。高层管理者的主要职责包括制定企业的战略发展目标，做出组织的重大决策，控制组织资源和人员的分配等。中层管理者的主要任务是承上启下，贯彻高层管理者制定的战略性规划和目标，同时指挥协调基层管理者的工作。中层管理者也称为执行层，他们通过制定具体的战术、政策来执行高层的决策。基层管理者是一线的管理者，他们直接领导组织的一线员工，主要职责是安排和监督具体任务的完成情况。基层管理者直面操作层面，负责组织的日常运行。不同层级的管理者只是所处的管理级别不同，其管理职能并不存在差异，都包括计划、组织、领导、控制。但由于面对不同的组织问题，不同层级的管理者对计划、组织、领导、控制四大管理职能的履行的程度和重点不尽

图1-1 管理者的层次划分

相同。

按照管理领域和工作性质可以将管理者分为综合管理者和职能管理者。综合管理者是指负责整个组织或者组织中某个事业部所有活动的管理者。他们要统筹管理组织内生产、财务、营销推广等多项内容的管理工作。综合管理者大多是组织中的高层及中层管理者，如企业的总经理、分公司的副总等。职能管理者是指专门负责组织内某一类活动的管理者。根据管理内容的不用，可以将职能管理者分为生产部门、营销部门、财务部门、研发部门等各部门的管理者，他们分别对组织的生产、营销、财务、研发等工作内容负责。随着组织规模的扩大和运行环境的多变，职能管理者在组织中的地位越来越重要，企业需要更多的专业管理者来更好地开展管理工作。职能管理者更多的是组织的中层和基层管理者。

二、管理者的角色

加拿大著名管理学大师亨利·明茨伯格（Henry Mintzberg）经过系统认真的研究，提出了被广为认可的管理者角色理论。他关注管理者所在的职位，将其作为分析的起点，仔细观察研究了多位总经理的工作内容，对所有答案进行逻辑分类，提出了企业经理角色理论。明茨伯格认为管理者的权威和地位产生了在组织中扮演的十大角色，包括人际关系处理角色、信息传递角色和决策角色三大类（见表1-1）。人际关系处理角色包括挂名首脑、领导者和联络者，这三种角色决定着管理者获取信息的不同地位，从而形成了管理者在信息传递方面的三种角色，即接收者、传播者和发言人。在组织中的权威及信息的获取地位将管理者在决策制定方面分为创新者、故障排除者、资源分配者和谈判者等角色。[①]

表1-1　　明茨伯格“管理者角色”理论

管理者角色		角色定位	主要活动
人际关系处理角色	挂名首脑	象征性的首脑，必须承担法律性和社会性的职责	参与礼节性、任务型的宴会、聚会等
	领导者	负责用人，负责与下属的沟通和激励	向下属发布指令、动员员工参与某项组织活动等
	联络者	维系与外界的联系，构建组织内外的关系网络	协调不同部门的工作、与合作企业建立联盟关系等
信息传递角色	接收者	收集各种特别信息，是组织信息的神经中枢	评估工作成果、获取竞争者动向等
	传播者	将收集到的信息传播给组织成员	告知外部环境变化、与员工沟通组织现状等
	发言人	将组织的信息传递给组织外的利益相关者	发起广告宣传、宣讲组织未来规划等

① 明茨伯格．经理工作的性质．北京：中国社会科学出版社，1986.

续前表

管理者角色		角色定位	主要活动
决策角色	创新者	在组织的环境中寻找机会，推动变革	决定国际扩张、新产品创新等
	故障排除者	在组织面临故障时，负责采取补救行动	解决突发的企业产品问题、声誉问题等
	资源分配者	负责对组织的所有资源进行分配	设定预算和薪资计划等
	谈判者	代表组织对外进行谈判	与供货商、分销商议价等

资料来源：明茨伯格．经理工作的性质．北京：中国社会科学出版社，1986.

（一）人际关系处理角色

人际关系处理角色是指管理者要履行象征性和社会性的职责。当处理与内部员工或者外部利益相关者的关系时，管理者需要扮演挂名首脑、领导者和联络者的角色。

1. 挂名首脑

挂名首脑（figurehead）是经理人最基本简单的角色。经理人作为权威的一种象征，必须履行很多非核心的职责，如例行公事、激励人心等。管理者代表组织参与一些礼仪性的社交活动时即在履行挂名首脑的角色，如参加政府项目的剪彩仪式或者合作单位的庆功宴会等。这些活动都不涉及管理的核心工作，但每一项都必须要求管理者的参与。

2. 领导者

管理者运用有效的激励手段调动员工的工作积极性，实现组织目标的过程就是扮演领导者（leader）的角色。组织要求管理者进行引导和激励，领导者是所有经理人角色中最为显著的角色。领导者的角色具体体现在三类主体活动中：一是和人事相关的活动，如人员的招聘、培训、考核等；二是和沟通激励相关的活动，如对下属进行批评、表扬，询问员工对某项决策的看法等；三是对下属的工作进行干预的相关活动，如试图发现做得不对的任务、需要注意的业务问题等。

3. 联络者

当管理者建立联系网络，充分调动组织内外的资源帮助组织实现目标时就是在扮演联络者（liaison）的角色。联络者的角色将管理者所在的组织与环境连接起来，扩大了组织的信息来源。联络者的角色构建了组织与环境的关系，发言人、传播者以及谈判者等角色则进一步加深与环境的联系。管理者通过多种正式或非正式途径来构建和维持联络系统，如参加社会活动、从事公共事业等。

（二）信息传递角色

信息传递角色的职责一方面要从组织的内外部收集信息，另一方面又要向组织内外部发布信息，通过接收和发送信息，确保足够的信息量，以顺利完成工作。管理者在组织内部信息传递的过程中处于中心的地位，可以称得上是组织的神经中枢。信息传递角色中，信息接收者的角色让管理者掌握组织与环境的情况，传播者和发言人的角色让管理者将组织内部的信息更有效地传递出去。

1. 接收者

管理者时刻关注外部环境的变化，加强与内部员工的沟通，以获取组织有用的信息即为履行接收者（monitor）的职责。如关注经济、政策大环境以及行业环境的变化趋势，听取下属的反馈意见等。具体来说，接收者角色接收到的信息有五大类：第一类是内部业务，组织内业务进展的信息包括业务报告、观察材料等；第二类是外部事件，顾客、竞争者、供货商的信息以及市场、政治、技术的变化发展；第三类是分析报告，是指管理者通过多种渠道获得的特定事件的分析报告，有些是管理者主动要求的，有些则是未经要求送达管理者的；第四类是各种意见和倾向，管理者通过参加会议、阅读邮件、浏览报告等多种形式获取下属的意见，例如对业务开拓的看法、招聘情况介绍等；第五类是隐含在压力中的信息，来自外界的压力往往给管理者带来很多有效信息，例如消费者抵制企业产品是因为管理者发表了不合适的言论，这时顾客所带来的压力就会让管理者获取有效的信息反思自己的言行。

2. 传播者

管理者将从内外部获取的有用信息传递给相应的部门和员工，让其发挥效用就是在扮演传播者（disseminator）的角色。管理者获取信息的特殊地位，让他能很好地充当传播者的角色，将外部的信息传播到他所在的组织，帮助组织内部的信息在部门之间传递。组织内外部的信息大致可分为两种，一为有关事实的信息，二为有关价值的信息。有关事实的信息是客观现实的反映，可以通过实践中公认的特定标准来检验衡量，管理者只负责将获取的事实信息传递给下属即可。有关价值的信息涉及如何取舍，这类信息的陈述有可能是正确的，也有可能是不正确的，体现了决策者的需求和主观信念。如杂志主编认为改版后的杂志应该具备哪些亮点，人力资源部经理对新的薪酬设计有何侧重等。传播者在组织中传递这些有关价值的陈述，帮助下属有效决策。

3. 发言人

管理者向董事会、股东会、监事会以及外部评估机构发布组织的战略目标、活动规划、项目成果等信息时，就是在履行其发言人（spokesperson）的职责。传播者的角色是针对组织内部而言的，发言人的角色则是将信息传递到组织以外。作为发言人，管理者需要向两大主体传递信息。首要主体是能影响组织运行的人群，包括董事会、监事会、股东会和其他直接的利益相关者。第二大主体是组织之外的广大公众，包括政府部门、第三方评估机构、顾客、供应商等。发言人对外传递的信息内容包括本组织的战略目标、发展计划、绩效成果。从管理者自身的网络构建来说，他只有将自己的信息与利益相关者分享，才能更好地维持信息的网络系统。为了保证信息的有效性和发言人的权威地位，管理者对外传递的信息必须是即时的，能反映组织及其环境最新的情境和变化。

（三）决策角色

决策角色是管理者工作中最重要的部分，包括拟定战略、处理突发问题、批准各类申请、代表组织进行谈判等多项活动内容。有关决策的角色是管理者是管理权威和处于信息中枢地位的最终体现。管理者的决策角色中包括创新者、故障排除者、资源分配者和谈判者。这些角色均涉及组织中战略决策的过程，即做出重大组织决定并相互联系的过程。因此，管理者与组织的任何决定都息息相关，对组织的决策系统负有全面的责任。

1. 创新者

创新者（entrepreneur）角色关注经营环境的变化，寻找组织发展的机会，识别组织发展的威胁，制定发展战略规划。创新者这一词汇来源于经济学，强调对新组织的创建。在管理学中，创新者工作的内涵更广，包括组织内全部的变革管理工作。创新者角色是组织中可控变革的发起者和设计者，很多组织变革都是在创新者的控制监督之下。

2. 故障排除者

故障排除者（disturbance handler）角色要及时采取措施纠正组织发展过程中的偏差，解决突发问题，化解危机。企业家的角色着眼于可控自愿的变革行动，而故障排除者的角色更多是被迫非自愿地采取变革。组织内部大部分为程序化任务，也有小部分的非程序化任务，程序化任务的影响因素一般是可预料的，而非程序化的任务往往受很多不可控因素的影响，导致一些突发的故障和危机，管理者必须采取有效措施立刻予以处理。故障的类型主要有三种：资源需求、个性不和以及专业重叠造成的下属员工之间的冲突；组织内部以及与外部组织之间的困境暴露带来的威胁；资源短缺或流失带来的故障。故障通常表现为突发的紧急情报，这些情报往往由最近的负责人发现并汇报给管理者，因此管理者在处理故障的过程中时机的把握非常重要。当故障发生时，管理者往往会将故障排除者的角色放到优先的位置，重新规划工作安排，投入大量的精力，试图在较短的时间内解决故障。

3. 资源分配者

资源分配者（resource allocator）的职责主要是对组织的内外部资源进行合理有效的配置，使得资源的利用效率最大化。资源分配是组织战略制定和战略实施的核心，组织的战略目标能否顺利实现很大程度上依赖资源分配的合理性。管理者作为权威的代表，必须执行和监督组织的资源分配。广义上，资源包括组织内的人力、财力、物力、时间、声誉等。管理者通过多种方式来分配资源，对每一项资源都可以选择耗用或保护。资源分配过程的三个主要因素是安排时间、安排工作和批准下属人员做出的决定。

4. 谈判者

谈判者（negotiator）是在与其他组织或个人进行谈判的过程中，维护并尽可能提升组织利益的管理角色，与供应商、客户以及内部的员工的谈判都属于这一管理角色的体现。管理者往往会构建一个谈判团队，在每次谈判时率领团队一起参加谈判。之前很多学者都认为谈判工作不属于管理的范畴，然而明茨伯格提出谈判者的角色是管理者职责中很重要的组成部分。他认为，作为挂名首脑，管理者的参与有助于增强谈判的可信度；作为发言人，管理者参与谈判对外代表组织的价值和信息系统；作为资源分配者，管理者参与谈判可以提升谈判效率和成果，因为谈判是快速的资源交易，要求参与者有足够的权力来支配资源，迅速做出决策。

案例 1-2

杰克·韦尔奇和他的 GE 帝国

1981 年 4 月，杰克·韦尔奇（Jack Welch）接手通用电气公司（GE），成为历史上最年轻的首席执行官。在执掌 GE 的 20 年中，杰克·韦尔奇完成了近 1 000 次企业兼并，GE 的市值也从 130 亿美元上升到 5 600 亿美元，跃居排名世界第二的公司。GE 旗下有 9 个事业部入选《财富》杂志 500 强，12 个事业部成为各种细分市场的领导者。

杰克·韦尔奇本人在媒体杂志上也没有任何负面新闻，《商业周刊》《福布斯》以及华尔街的媒体都对他溢满赞美之词。1989 年，《财富》杂志对杰克·韦尔奇的人格特征和管理理念进行了总结，概括为 6 个方面：第一，将自己的命运牢牢掌握在自己手中，而非被别人控制；第二，摆脱过去或幻想中的生活，面对现实，活在当下；第三，待人热情真诚；第四，学会管理很重要，但更重要的是学会领导；第五，要主动进行革新，而不是被改革推着走；第六，在竞争中要确保自身的竞争优势，若不具备竞争优势，最好避免竞争。

杰克·韦尔奇初掌 GE 时，GE 的销售额仅为 250 亿美元，盈利 25 亿美元，公司价值在美国的上市公司中位列第十。在杰克·韦尔奇的领导下，不到 20 年时间，GE 的销售和利润都翻了好几番，连续 3 年排名“全美最受推崇的公司”榜首。截至 1999 年，GE 实现了 1 110 亿美元的销售收入和 107 亿美元的盈利收入。

杰克·韦尔奇从接任 GE 的第一天开始，就定位公司的战略发展愿景为“数一数二”。他强调公司的发展关键在于能洞察并进入那些真正有前景的行业，一旦看准行业发展前景，进入某个特定领域后，就应该努力在这个行业或是领域做到数一数二的位置，这种数一数二的卓越地位要从成本控制、精干高效、全球化经营等多个方面来体现。杰克·韦尔奇一直认为如果不能在特定的领域占到领先的位置，那么总有一天该项业务会遭到市场或者竞争对手的淘汰。因此，在实际的运营操作中，韦尔奇带领下的 GE 要求在各项业务中都力争市场占有率、竞争力达到业界顶端，GE 会果断终结那些在行业中处于劣势的细分业务。从一开始，“数一数二”就被杰克·韦尔奇界定为 GE 的长期发展愿景，也正是在这个战略目标的带领下，GE 逐渐走上了世界的顶端，当年大而僵的“超级油轮”慢慢转变为最具活力的世界级大企业，一度被戏称为“会跳舞的大象”。

很多分析家都认为杰克·韦尔奇自身的素质和能力是 GE 最大的财富，但他始终把自己的工作内容定位为 GE 选择最合适的人。杰克·韦尔奇认为作为普通的员工，成功只与自己有关；而作为领导者，成功和很多人都有关。杰克·韦尔奇提出了作为领导者应该遵循的 8 条原则：第一，尽可能多地把握机会为所领导的员工提供指导和建议，帮助他们树立自信，积极提升整个团队的信心；第二，要唤起员工对梦想的渴望和追求，并鼓励他们将渴望化为动力，努力将梦想转为现实；第三，尽可能近距离与员工接触，深入交流，随时传递乐观向上的精神和活力；第四，待人诚恳，处事公正，逐渐建立在员工中的威望和员工对自己的信任感；第五，有魄力和勇气，敢于做出不随大流的决策；第六，保持好奇心，本着怀疑的精神来监督业务进度，并尽可能提出对解决实际问题有效的建议；第七，有责任感，敢于承担责任和风险，为员工树立好的榜样；第八，懂得劳逸结合，适度采用欢庆、奖赏等形式来犒赏下属。

GE人崇尚效率和自信，杰克·韦尔奇反复强调要求员工保持自信，因为他深信自信可以帮助解决很多复杂的问题，在自信面前，有些问题就迎刃而解了。作为一个管理者，韦尔奇很注重与员工面对面交流，他认为这样不仅能提升员工的信心，让他们为在GE工作感到骄傲和幸福，更能帮助管理者全面了解员工的想法。杰克·韦尔奇看到了自己的领导力和沟通力，并将其发挥到极致，在GE内部创造了随意坦率的非正式沟通模式。这种沟通模式让管理层与普通员工之间的对接更加融洽。

韦尔奇常说这样一句话：距离工作最近的人最了解工作，所以他非常看重来自一线群体的智慧。在他的带领下，GE创造了一种成绩和挑战相平衡的工作环境，员工通过工作获得成就感，但也会因为工作感到不学习、不进步就很不舒服。这种工作氛围推动每一个GE成员不断向前、永不停歇。GE首创了"群策群力"管理方式，让参与其中的每一个成员都能自由、坦诚地表达自己的看法，对企业进步创新提出自己的策略。"群策群力"管理方法保障了成员之间的有效沟通，激发出很多来自基层员工的能量，能更加快速高效地解决跨部门的问题。可以说，"群策群力"是GE企业文化重要的组成部分，强调了组织内部的公平公正、有效沟通，也激发了组织成员的创新和活力。

杰克·韦尔奇就GE的"群策群力"计划提出了一系列实施要求：为"群策群力"计划设定明确的目标，对"群策群力"会议中反映出来的问题及时加以解决；平等对待企业中的每一位员工，创造平等对话和高度坦诚的沟通环境；多多倾听一线员工的声音，对于有效的建议迅速采纳并付诸行动，最大化地释放基层的能量，让每一位员工成为企业发展的根本动力。另外，他还主张将"群策群力"的实施与绩效考核相结合，强制规定任何人都不能对员工在"群策群力"上提出的建议置之不理。杰克·韦尔奇推行的"群策群力"管理方式大大提高了企业内部的沟通效率，省去了运行过程中一系列不必要的工作和步骤，最大限度地挖掘了员工的潜力，也塑造了GE无边界的企业文化。

杰克·韦尔奇有很独特的人生信念和行为准则，对整个企业具有强大的号召力，可以说他在GE的发展历程中是企业灵魂的核心代表。杰克·韦尔奇认为，做人最基本的原则是诚实，诚实也是企业信心与重要的标签。在担任GE首席执行官期间，杰克·韦尔奇打破了GE一直以来的官僚主义作风，将GE打造成一个朝气蓬勃、活力无限的商业巨头。他本人一直推行的六西格玛标准、全球化经营和电子商务几乎是对现代企业的重新定义。

资料来源：崔美英．转换型领导的个案分析：以通用公司前总裁杰克·韦尔奇为例．商业时代，2013（28）；郑丽颖．杰克·韦尔奇：掌控人才战略．现代企业文化（上旬），2011（9）；邵雨．杰克·韦尔奇：卓越领导的法则．现代企业文化，2010（Z1）；黄书亭．企业危机管理策略探析：以杰克·韦尔奇管理策略为例．未来与发展，2006（4）；梁建华，温键键．全球第一CEO杰克·韦尔奇逆境传奇．海内与海外，2006（5）．

三、管理层级与组织规模对管理者角色的影响

（一）管理层级对管理者角色的影响

在发展过程中，组织的结构日益庞大，然而管理者的精力是有限的，靠个别的管理者

很难统筹一个庞大组织的持续运行，所以划分管理层次和管理范围就很有必要。管理层次的划分一方面可以提升管理者的工作效率，分工明确，各司其职，可以将个人的精力投入到自己更擅长的领域中去；另一方面也使管理权力下放，在授权的过程中提升中基层管理者的归属感和忠诚度，有助于调动他们的工作积极性。

在明茨伯格提出的 10 种管理者角色中，高层、中层、基层管理者的侧重各不相同，详见图 1－2。

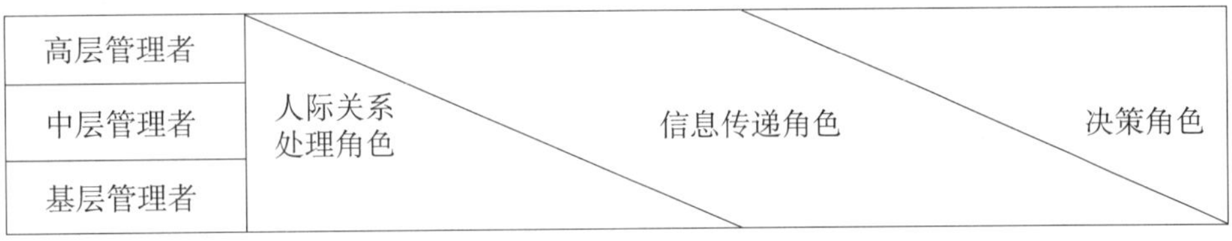

图 1－2　不同层级管理者角色的侧重

高层管理者是组织总体战略的决策者，关注组织长期的生存和发展，制定企业的战略发展目标并负责全面的管理，因而高层管理者在管理者角色中扮演的多是决策者的角色。具体而言，高层管理者需要决定组织的发展愿景、使命、战略目标和相应的管理措施。中层管理者作为过渡的管理层，在人际关系、信息传递以及决策制定三个方面的管理者角色分配较为均衡。基层管理者更多是接触组织的一般员工，组织开展具体的业务活动。他们在管理者角色的划分中更多的是履行人际关系的角色，如领导者。

（二）组织规模对管理者角色的影响

组织规模各异，管理者在规模不同的组织中从事的工作基本相同，然而侧重点各不相同。在小型组织中，与其他角色相比，管理者更多地履行发言人和企业家的角色。对于小型组织而言，生存发展是第一要务，管理者的首要任务是寻找组织发展机会和资源。而且小型组织面临的任务多是非程序化的，岗位职责并不是那么明确，管理者要发挥多面手的功能，处理组织各方面的事务。

在大型组织中，管理者最重要的角色是资源分配者和联络者。对大型组织而言，发展已经趋于稳定，存续问题并不存在大的威胁，更多的精力应该放在如何维持现有发展，优化资源配置，提升组织绩效上。因而如何更为有效地分配内部资源，构建和维系外部网络对大型组织的发展尤为重要。在大型组织中，管理条例和流程趋于完善，岗位职责分配清晰有序，管理者更多是从事程序性的管理工作，依靠已有的惯性流程来决策和监控。

第 3 节　管理学

管理学是考察管理活动过程及规律的一门学科，研究管理过程中广泛存在的原理和方法。管理学是对管理实践的科学汇总与归纳，综合运用社会科学、自然科学等多学科的理论方法深入研究管理的一般规律和系统理论。

一、管理学的特性

（一）管理学的综合性

管理学的综合性是指系统的管理学理论借鉴了社会科学与自然科学多个领域的研究方法和研究成果，是多学科交叉融合的结果。很多学科都为管理学的发展提供了不可或缺的指导与帮助。如经济学中的机会成本、边际效用等理论为管理学提供了有效的资源分配和使用的参考机制，帮助管理者更好地改善内外部的条件，优化资源配置，提升预测和决策的效率和效果。社会学研究人与人、人与社会的关系，为管理学中正式组织、非正式组织、信息沟通模式、权力权威、社会资本等理论做出了极大的贡献。心理学研究个体行为，对管理学中人的管理研究有着不可忽视的影响作用，具体体现在领导方式、激励、沟通、绩效提升及测评等多个方面。此外，人类学、统计学、哲学、法学等20多门学科对管理学理论的形成和发展都有着或多或少的贡献。多学科的交叉融合的特性也决定了管理学中存在很多不同的学派理论，如具有明显的经济学特征的交易成本理论和委托代理理论，颇具社会学特点的制度理论等。

（二）管理学的实践性

管理学的实践性是管理学来源于实践、为实践提供指导并被实践所检验的学科特性。管理理论不是通过逻辑推理或者演绎方法得到的成果，而是通过对管理实践的分析总结逐渐发展起来的实用理论，为管理者提供有用的原则和方法。此外，管理理论必须能有效地运用到管理实践中，缺乏实用价值的管理理论没有生命力，无法存续。管理学理论形成和发展的一般过程包括三大阶段：从管理实践到管理经验，从管理经验到管理理论，再从管理理论回到管理实践，不断循环向前。管理者从管理实践中获取管理经验，产生了对管理的感性理解；随后，对管理经验进行总结和汇总，将其提升为系统性的管理理论，形成对管理的理性认识，创造了管理学；最后将升华提炼后得到的管理理论再次运用到实践中，指导管理实践，并用实践检验管理理论的科学性，促进管理学的完善和发展。

二、管理学的研究内容

（一）管理的环境

任何管理活动都是在一定的环境中完成的，环境是组织生存的土壤，环境的变化必然制约组织活动的方向和内容。一个组织要想长期生存发展，必然要处理好与环境的关系。组织经营环境的多个方面对组织的战略发展都有着重要影响，如政治环境、经济环境、社会文化环境、技术环境等。国家的宏观政策方针是企业在制定发展战略时必不可少的前提要素。社会分工的深化、技术的快速革新使得组织间的协作越来越复杂，联系网络也越来越紧密。如何加强与利益相关者的合作交流、信息共享，改善组织内外部环境以提升绩效是组织越来越重视的课题，也是管理学研究的首要目标。

（二）管理的主体和客体

管理的主体是管理者，管理者在管理的成效上有着至关重要、不可或缺的地位。管理者的个体素质、管理群体的特征以及相互之间的关系都对组织的资源分配和利用效率有着直接的影响。很多企业案例中，管理者的角色直接关系到企业的兴衰成败。所以对管理者的研究是管理学的重要组成部分，能指导管理者更好地履行他们的职能，也能帮助组织挑选更适合自身发展的管理者。

管理的客体是包含人、财、物、信息等在内的多项组织资源，管理者开展管理活动的对象即为组织的资源。全球化经济的新发展不仅要求对人、财、物等传统的组织资源进行合理配置和利用，更要对高新技术和信息资源进行整合利用。因此，如何对诸多要素进行整合配置，以发挥最大效用也是管理学研究的重要内容。

（三）管理的职能

管理的职能是对管理过程的反映，也是管理基本任务的体现。管理职能依靠相应的管理手段、技术、方法来实现。随着经济全球化的深入和动态化竞争的加剧，管理过程中必须有管理创新。只有创新才能适应快速变化的环境，在日益激烈的竞争中处于不败之地。因此，如何改善和改进管理方法和管理技术，对管理职能进行创新，是管理学研究的一个重要内容，也是管理学实践性特征的具体体现。

（四）管理的思想和原理

原理是指事物运行的客观实质和基本规律，管理原理是对管理活动的实质进行科学分析的基本规律和结论。对于管理实质和管理原理的探索，有助于提升管理学科的科学性，揭示不断变化的新形势下的管理规律，进一步指导新环境下的管理行为。因此，对管理思想和原理的研究，是管理学的一项重要任务，也是推进管理学发展必不可少的一个重要环节。

（五）管理的历史和发展

管理作为重要的实践活动，是人类发展历史的不可或缺的组成部分。现有的管理理论和思想都是从过去的管理理论和实践中发展而来，未来管理理论的发展也有赖于现有管理思想和实践的支撑。不了解管理的历史，很难做好现有的管理工作，不深刻理解历史和现有的管理，更难以应对未来管理的挑战和威胁。所以，学习管理的历史和发展是完善管理理论的必经过程，也是管理学研究的重要内容。

➡ 思考题

1. 什么是管理？试根据自己的理解予以概括。
2. 如何理解管理的二重性？
3. 管理有哪些职能？它们之间有什么联系？
4. 管理者有哪些角色？不同的管理者角色有什么不同的任务？
5. 对于不同的管理层级和组织规模，如何理解管理者的不同角色？

6. 基于自己对管理学的理解，谈谈为什么要学习管理学。

➡ 课后案例讨论

福喜事件之后的麦当劳

2014年7月20日，麦当劳、肯德基、必胜客等多家知名快餐店的供应商上海福喜食品有限公司被曝出用过期劣质肉生产麦乐鸡、肉饼等产品。上海市食品药品监督管理部门连夜出击，第一时间对上海福喜进行了调查。7月22日，上海福喜有关负责人承认使用过期的原料，并说明该行为由高层指使，多年来一贯如此。上海市食品药品监督管理部门要求上海所有肯德基、麦当劳立即下架全部问题产品。福喜事件一时让麦当劳等国际快餐巨头措手不及，虽然麦当劳在第一时间宣称停止从上海福喜采购，但仍因为此次事件陷入了食品安全与信任危机。

后续举措

福喜事件后，麦当劳的业绩一度萎靡，尽管采取了部分措施但收效甚微，有的甚至出现了逆向效果。2015年3月4日，麦当劳宣布将在美国逐步停止采购在饲养过程中使用人类抗生素的鸡肉产品。这本是项利好的采购政策，却受到了中国消费者的一致责难。消费者将麦当劳的这项举措解读为地区之间的区别对待，在美国停止采购，那么在中国呢?

这一举措作为福喜事件之后麦当劳做出的首个有关供应商的声明，并没有达到缓解经营状况的效果。双重标准的处理让消费者愤愤不平，也让麦当劳迫于舆论压力在中国开始了危机公关，声称对抗生素的态度是“一直严格要求供应商遵守中国关于抗生素使用的法律法规，并将与相关政府部门、专家、供应商协作，根据中国农业的实际情况，逐步推进相关举措”。然而又有媒体指出有关“逐步推进相关举措”并没有具体的时间表，与美国的声明相比，明显缺乏底气。这一系列事态的发展说明麦当劳中国自福喜事件之后对其整个供应链的管理并不自信，除了停止从上海福喜的采购，对供应链的整体把控没有质的改变。

利润状况

2015年3月1日，麦当劳对外宣布，其前任总裁兼首席执行官唐·汤普森正式退休，由原首席品牌官史蒂夫·伊斯特布鲁克接任总裁及首席执行官。这一调动引起了广泛的关注，虽然麦当劳一再强调这只是正常的人事变动，但业界普遍认为汤普森的卸任是由于近期业绩不断下滑。

2014年，麦当劳的经营情况并不理想。受食品安全危机、顾客偏好改变以及小众快餐竞争者的冲击，麦当劳在2014年的业绩可谓惨淡。财报显示，麦当劳2014年全年收入为274亿美元，与2013年的281亿美元相比，下滑了2%，全球同店销售下降了1%；全年总运营利润为79.5亿美元，比2013年的87.6亿美元下滑了9%，其中，第三季度的利润只有10.68亿美元，比上年同期的15.22亿美元下滑30%。

麦当劳官方在解释业绩糟糕的原因时，将大部分原因归咎为福喜食品安全事件。但在福喜事件爆发之前，麦当的全球业务已经连续下滑了五个季度。近年来，麦当劳各地区单店的销售增长率一直在走下坡路。业界专家指出，福喜事件属于特定的食品安全事件，其影响会随着事件的推进逐渐减弱，虽然在短期内给麦当劳中国市场带来了极大的冲击，但不是其业绩下滑的致命因素。

管理现实

福喜事件爆发后，麦当劳将糟糕的财务业绩全部归为这个丑闻的影响，但却掩盖不了其内部的管理系统问题。

麦当劳的全球经营板块大致可以划分为美国地区，欧洲地区，亚太、中东及非洲地区和其他地区。近年来，随着美国本土市场和欧洲市场的持续萎缩，亚太市场已经成为麦当劳业绩提升的重点来源。从 2007 年开始，麦当劳亚太、非洲等地区的收入占总收入的比重越来越大，从 15.8%逐步上升到 23%。亚太、中东及非洲地区市场已经逐渐取代美国和欧洲成为麦当劳利润增长的核心地区。然而，从营业总额占比来看，亚太、中东及非洲地区的营业收入在总体收入中仍然是小头，虽然能给麦当劳带来一定的增长，但无法从根本上振兴和带动麦当劳的总体业绩。

考察麦当劳近期的经营状况，可以发现福喜事件之后的麦当劳仍事端频发。2015 年 1 月 7 日，日本有顾客在麦当劳用餐时在薯条中吃出一颗牙齿，这一事件再次将麦当劳推到了舆论的风口浪尖。麦当劳日本公司总裁青木岳彦之后对这一事件进行了道歉并称之为个案，他说麦当劳日本公司在食品安全管理上不存在系统性的问题。同时，麦当劳日本公司表示将会更加严格地监督供应商，确保食品的质量安全。前后矛盾的说辞对消费者很是缺乏说服力。2015 年 2 月 26 日，欧洲多个工会和慈善机构指控麦当劳通过旗下位于卢森堡的一个部门转移营收，截至 2013 年共逃税 10 亿欧元，随后欧盟委员会对此展开调查。

食品安全事件和外部环境的变化确实对麦当劳造成了冲击，但是危机频发的现状已经不能用这些外部因素来解释了，其内部管理系统存在漏洞可能才是其业绩下滑的根本原因。从福喜事件前后，麦当劳一度断货或出现原料供应短缺的情况就多少能看出，至少麦当劳的供应商管理机制存在问题。食品饮料战略定位专家徐雄俊认为，麦当劳的衰退既有市场的问题，也与其内部的管理机制存在必然的联系。甚至有业内专家指出，麦当劳的战略、执行及领导等方面都出了问题。就连麦当劳自己也承认其统一供货模式的抗风险能力较弱，特别是在缺乏应急方案的情况下，风险系数更高。

高速扩张

麦当劳中国公司在近年来的发展中表现出的一大特点是快速扩张。针对美国、欧洲市场的经营不佳，麦当劳将潜力市场发展的机会押宝在中国市场。为了与竞争对手争夺中国市场，麦当劳开始了突击式的开店模式，高速扩张带来了很多管理问题和供应商、加盟商的协调问题，然而放缓扩张速度又意味着要将部分市场拱手让给竞争对手，至此，麦当劳在中国市场陷入了进退两难的境地。

有资料显示，麦当劳近年来在开店数量上与竞争对手展开了激烈的争斗。自 2010 年开始，麦当劳开始在中国加快开店的速度。目前中国共有 2 000 多家麦当劳餐厅，有近一半是近 3 年开张的，与之前 19 年开 1 000 家的数字相比，3 年的时间开 2 000 多家太过夸张。此外，为了进一步提升开店速度，麦当劳推出了在中国市场表现不佳的特许经营模式，并于 2014 年启动了个人特许经营。

对于状况频发的麦当劳而言，变革似乎迫在眉睫，其近期在增加消费者体验上大刀阔斧，企业内部更是激进裁员、更换领导班子，希望可以重整旗鼓，再度崛起。这些措施到底能带来什么样的效果，我们拭目以待。

资料来源：黄丽嫦．麦当劳换帅欲挽业绩颓势．南方都市报，2015-01-30；蔺丽爽．全球业绩不佳麦当劳 CEO 离职．北京青年报，2015-01-30；王立志．麦当劳转型：只做表面功夫？．青年参考，2015-01-21；孙超逸．麦当劳已全面停用福喜原料　北京麦当劳门店客流大降．北京日报，2014-07-29；底真真．福喜事件引发麦当劳供应链“蝴蝶效应”．农村农业农民，2014（8）；徐懿．从福喜事件看跨国公司对中国市场的双重品牌标准．对外经贸实务，2014（10）．

结合案例内容，回答以下问题

1. 福喜食品安全事件对麦当劳中国有哪些影响？

2. 麦当劳不断下滑的经营业绩是偶然还是必然？为什么？

3. 对于状况频发的全球市场，麦当劳的最新举措有哪些？成效如何？如果你是麦当劳的新首席执行官（CEO），针对这种情况有何对策？

第 2 章

中国古代的管理思想

天下莫柔弱于水，而攻坚强者莫之能胜，以其无以易之。

——《道德经》

企业即人，企业最大的资产是人。造人先于造物。用人不疑，疑人不用。

——松下幸之助

学习目标

1. 掌握儒家管理思想的仁政与中庸之道
2. 理解道家管理思想中的道法自然与无为而治
3. 了解法家崇尚法治，法、术、势结合的管理思想
4. 理解传统兵家求之于势等战略管理思想
5. 深刻理解中国传统思想在现代管理中的指导意义

中国是四大文明古国之一，从奴隶社会到封建社会，中国历代的统治阶级要管理众多的官吏和军队，有着相当复杂的管理机构和治国制度。这些管理制度中蕴含着丰富的管理智慧，对人类社会的文明进步有着巨大贡献，对现代企业的管理和发展具有很好的指导和借鉴作用。其中比较有代表性的有：以孔孟为代表的儒家思想，以老庄为代表的道家思想，以韩非子为代表的法家思想和以孙子为代表的兵家思想。

第 1 节 儒家管理思想

儒家崇尚“仁政”思想，仁政的基本内涵为“仁”，外在表现为“礼”，核心重点强调

"为政以德"。同时孔孟之道主张"中庸之道"，强调人与人之间的关系。

一、仁者爱人

儒家的核心思想是"仁爱"。"仁"在儒家最有影响力的代表作《论语》中被提及 109 次，可见是孔子思想的主线。从字面上理解："仁"，从二从人，相偶之义也（《仁学·自叙》）；即"仁"是指人和人之间的相互关系。人是社会化的存在，无法孤立地生存，必须存活在相互联系、相互依赖、相互交往的过程中。孔子最早看到人际关系的重要性，强调对"人"的研究，并由此提出"仁"的思想，奠定了东方人文社会文化的基础。

"仁"具有非常丰富的内涵，但在儒家思想中，"仁"最基本的含义是指"爱人"。孔子曾经对弟子樊迟解释仁的意思是爱人，孟子也曾说，"恻隐之心，仁也"，"仁者爱人"（《孟子·离娄下》），将"仁爱之心"称为是"不忍人之心"。儒家认为，"爱人"要从爱亲人开始，孔子的弟子有若说："孝悌也者，其为仁之本与"（《论语·学而》)。"孝"即指善侍奉父母者，"悌"即为敬爱兄长者，所以爱人要从孝顺父母、尊重兄长开始。孝悌是仁爱之心的根本，也是塑造管理人性的基础。古语云："百善孝为先"，如果一个人连父母都不孝顺，兄弟都不尊重，怎么可能具备仁爱之心。孟子说，"老吾老以及人之老，幼吾幼以及人之幼"（《孟子·梁惠王上》），意思是尊重自己的长辈然后推及尊重他人的长辈，爱护自己的晚辈然后推及爱护他人的晚辈。强调爱人从自己的亲人开始，推而广之去爱其他的人，这也是儒家思想中重要的推恩原则。

儒家提倡的仁爱思想是独具东方特色的仁爱思想，是现代人本思想的基础，也是利于管理学的思想。从国家社会治理而言，仁爱思想主张用教化的方式来帮助人性得以升华，求得人际关系的和谐，达到兴利除害、安邦利民的效果。在具体的企业管理中，仁爱思想是对管理者基本的道德要求。作为企业的管理者，仁爱之心不仅仅是同情心、慈善心，更重要的是有责任心和自律心。不能脱离被管理者，高高在上，利用职位之便中饱私囊，将个人利益放在首位。实践证明，旨在谋求私利的管理者是很难管理好组织或企业的。

二、齐之以礼

儒家思想强调对人的管理要齐之以礼。古代社会中"礼"的内涵十分丰富，包括规章制度、社会规范等多方面的内容，统治者通过"礼"来约束人的行为，不同阶级和层次的人按照"礼"所规定的范围行事，从而保障稳定的社会秩序。对于"礼"的思想的起源，说法众多。荀子最早对"礼"进行了探索，提出"礼者，养也"（《荀子·礼论》)，所谓养是指满足人们的欲望。荀子认为礼是用来调节人的欲望的，通过规定分配的原则来维持欲望与物质之间的相对平衡。也有说礼起源于祭祀典礼，从简单的崇拜宗教信仰转变而来，逐渐形成了礼仪制度。

儒家认为，"礼"是对人基本行为道德的规定，是人与其他生物的本质区别。孟子所说的“辞让之心”即为“礼”这种德行的一种表现形式。作为一种本质规定，按照礼的规定为人处世，应该是人的一种自觉行为，是人主动去循礼办事。“礼”和“仁”作为儒家思想占据重要的地位，两大核心密切相关，相辅相成。孔子提出以仁释礼，揭示了两者之间的内在联系，仁是礼的内在实质，礼是仁的外在表现，缺乏实质内涵的礼不能称之为礼。孔子说，“人而不仁，如礼何?”（《论语·八佾》），“礼云礼云，玉帛云乎哉”（《论语·阳货》），意思是人如果缺乏仁爱之心，怎么会有礼呢？礼呀，仅仅是玉器布帛等礼物吗？说明孔子非常看重礼的实质内容，认为徒具形式的礼是没有价值的。浮于形式的礼缺乏社会功能，只有合乎“仁”的礼才能调节人的欲望和关系，促进社会和谐。同样，“礼”是仁爱、仁德的外部表现，是社会性的行为规范，礼的存在很好地促进了仁爱的推广。礼在现代社会以及企业管理中，代表道德准则和行为规范，对提升现代管理效率有着重要作用。其一，“礼”能约束管理过程中人的行为；其二，“礼”能帮助管理者和被管理者提升正身和自律的能力；其三，“礼”能够提升自尊和尊重他人的觉悟，促使组织内部和谐发展。

三、道之以德

儒家管理思想主张以人为本的管理原则，在人本原则的指导下，强调“道之以德”，道即导，是引导的意思，即以“德”来引导人的行为。德治是儒家思想中重要的管理手段，“德”的内涵和“礼”略微相近，都有道德规范的意思。儒家主张道之以德的管理方法主要基于三大依据：首先是儒家对人的认识，认为人是有人格尊严的社会群体，生存发展的过程中存在高于动物群的内在调节机制，最基本的调节机制就是道德。其次是儒家对于人性的认识，孟子的性善强调人天生的善性，这种善性让人自发地具备道德自律的素养。儒家强调德治也是想要从人性本质中寻找道德自律的依据，让管理理念更符合人的本性。最后，儒家认为人性自发的道德觉悟会形成一定的社会规范，这种社会规范逐渐成熟，又成为制约人行为的一种机制。

“道之以德”的儒家思想带给现代管理的启示就是要运用符合人性伦理的方法和手段来进行管理。人的潜能如创造性、能动性不是被外在的规范所激发，而是由内在的感动、引导所激发。所以，顺应人性伦理的特性才可能不断挖掘人的潜能，合乎人性的管理方法才可能提升被管理者的绩效。

四、中庸之道

儒家最有影响力的代表人物孔子在理念上提倡“和”，在方法上倡导“中庸”。论语中有论述：“礼之用，和为贵。先王之道，斯为美”（《论语·学而》），意思是先贤的成功之道，无论大小事务都要遵循和谐的原则。“和”是孔子所追求的管理境界，对后世的处世理念有着深远影响。从古到今，“和”的思想印记已扎根于国人的血脉中，成为国人重要的人格特征。在“和”的思想指导下的行为管理方法就是中庸之道。

所谓中庸，就是适度把握事物发展的程度，不偏不倚，恰如其分。说起来简单，但真正能把握好分寸极其困难。孔子说：“中庸之为德也，其至矣乎！民鲜久矣”（《论语·雍也》），意思是很少有人能把握住中庸这种高尚的道德。具体地，可以从三个方面来理解中庸之道。其一，中庸强调调和矛盾的两个方面，力图做到均衡统一；其二，中庸注重对度的把握，不能过足也不能不足；其三，中庸重视权变，提倡因时因地不断改变策略和方法。中庸之道对于现代管理的启示在于：把握过犹不及和适度的原则，要求管理者在管理的过程中注意分寸，适可而止，既要对被管理者进行管控，又要留有余地调动他们的主观能动性。

延伸阅读2-1
恰到好处与过犹不及

第2节 道家管理思想

道家管理思想的精髓在于强调“阴阳调和”的系统辩证思维，崇尚“道法自然”，强调“大制不割”和“无为而治”的处世管理方法。

一、道法自然

“道法自然”是道家管理思想的出发点。道家代表人物老子认为，“道”是万物的本源，它先于天地万物而存在，是万物的基础，产生了天地万物，又是天地万物运行发展的基本规律。“道”不是有目的、有意识的，而是自然而然形成的，不以人的意志为转移，所以道家推崇“道法自然”。“人法地，地法天，天法道，道法自然”（《道德经》第二十五章），道家思想中人对于“道”应该秉承“道法自然”的态度，遵循“道”的自然法则。所谓自然并非指大自然界，而是对事物发展的自然状态和趋势的描述。“道法自然”中自然的内涵可以从三方面来理解：其一，强调自成、自因，由来如此的意思；其二，强调事物发展的天然状况，不是由外界的影响或操控，而是本性如此；其三，事物的自然运行方式逐渐发展成为规律和法则，任何事物都要受到自然法则的约束，对人进行管理时也必须遵循自然法则和规律。

“道”是万物运行发展的本源和基础，管理活动当然也不例外，必须遵循这一规律。道家“道法自然”的思想运用于管理过程就强调管理者要“以辅万物之自然而不为”（《道德经》第六十四章），意思是管理者要遵循自然法则和运行规律，而非自以为是、自行其是去管理。老子说“治大国若烹小鲜”，治国应该像烹饪小鱼一样，由于小鱼较为软嫩，随意翻动很容易煮烂，所以应该按照小鱼的本性配合火候小心翼翼地烹饪。而治国也要求统治者避免随心所欲、脱离实际，而是要遵循天道自然，按照自然本性和客观规律管理国家。运用到现代管理中，“道法自然”意味着要依据客观的经济社会规律做出管理决策，而不是单凭想象和主观臆断发号施令。遵循事物的本质进行管理，管理才会奏效。管理者要做到既不武断又不苛求，顺势而行、顺理而为，方能带领企业走向成功。

二、无为而治

在“道法自然”思想的指导下，道家提倡“无为而治”的治国理念和管理理念。区别于其他各家强调的“法治”或“德治”，道家主张凭借“无为”的手段进行管理，而并非凭借法律、道德等来实施管理。“无为”并不是无所作为的意思，而是强调“如何为”的哲学。“无为”代表按照自然规律来实施管理，是用最小的管理投入来实现最大的管理绩效的一种管理艺术，对现代管理具有重大的指导意义。

道家认为只有“无为”才能顺应社会发展的自然规律，更好地管理国家，“为无为，则无不治”（《道德经》第三章）。治理国家尽量让社会实现自我发展，就能顺其自然地走上其发展的“道”。同样，在管理过程中只要确保“无为”就能最大限度地避免可能发生的失误，实现有效管理。对于国家如何实现“无为而治”，道家有诸多建议，现代管理同样也可以借鉴参考。第一，节欲从俭，慎用刑罚。道家认为国家管理的关键在于在位者，君主大臣要想管理好国家必须从自身做起，修身养性、克制欲望，为广大民众做好表率，切莫穷奢极欲、荒淫无度。国家无序混乱的重要原因在于在位者贪图个人享受，剥削民众，不顾民间疾苦。因此，老子认为在位者应该去奢去欲，知足常乐。此外，道家还认为过重的刑罚会导致国家的混乱。刑罚的使用违背了人发展的本性，国家的禁令刑罚越多，民众就越贫困，犯罪就越来越多。采用刑罚的手段来管理国家是一种舍本逐末的行为，不利于国家的长治久安。道家主张轻徭薄赋，营造较为宽松的社会环境，让人民能够自然地从事生产。第二，慎用征伐。道家主张国家对战争采用谨慎的态度，不到万不得已不轻易发动战争。老子虽然不提倡放弃军备系统，但对战争始终持不支持的态度。道家看来，在位者不能将战争作为统治国家的手段，凡是用战争来管理国家的统治者都得不到天下的尊重，不是好的管理者，“夫乐杀人者，则不可以得志于天下矣”（《道德经》第三十一章）。第三，朴素人本。要重视民众的力量，尊重他们的想法和意愿。老子说：“圣人无常心，以百姓心为心”，圣人的心是没有常态的、不持久的，百姓的心才是恒久不变的，因此民众的想法更为重要。治理国家时，要本着以人为本的思想，关注民众的心声。在现代的管理中，管理者应该树立以人为本的理念，建立良好的沟通机制，多倾听和了解被管理者的心声，换位思考，学会站在被管理者的角度思考问题。管理者处理好与被管理者的关系，一方面能提升自己的管理效率，另一方面也能激发被管理者的工作潜能。

三、阴阳调和

基于“无为”原则，道家提出了一系列以弱制强、以柔克刚的管理策略。老子说：“反者道之动，弱者道之用”，意思是“道”总是向着对立面逐渐转化，善于运用这种规律，不会因为地处弱势而悲观失望，而要顺应现状，努力运用“道”的规律转弱为强。在通常的理念中，管理过程应该采用主动、强势的手段，但老子独辟蹊径，创见性地提出了“弱者道之用”的管理手段。他认为“弱”是“道”的重要特征，采用“弱用”的管理手段，最符合“道”的思想精髓。“弱者道之用”的管理理念是道家管理思想的精华，也是道家辩证思维的一种重要体现。很多成功的管理者从道家的“弱用”思想中获得启示，将其运用到国家及社会的管理上。可以说，“弱者道之用”的管理思想源远流长，被长期的管理实践所借鉴和完善，逐渐形成了现代管理中重要的柔性管理模式。

具体地，道家“弱者道之用”的辩证管理思想可以从四个方面来详细阐述。其一，以静制动。道家思想中认为事物的本质是静止的，不应该盲目追求事物的运动规律，而应该静观其变，研究事物存续的本质。在管理领域，管理者也应该深谙以静制动的技巧，遇事镇定自若，凡事不急不躁，以不变应万变。以静制动最直接的表现是冷静自持，这不但是管理者良好修养的体现，也是高水平管理的重要因素。其二，守弱用柔。道家认为，柔弱的事物是最有生命力的，与刚强的事物相比，学会示弱才往往蕴含着强大的生命力，能够更长久地存活。老子说：“坚强者死之徒，柔弱者生之徒”（《道德经》第七十六章），指出能在世间的竞争中取得胜利的往往都是柔弱的事物。“守弱用柔”的思想宣扬的就是柔弱胜刚强，提倡以柔克刚，给管理者的启示就是在管理的过程中，不能一味依靠强硬的手段来达到目的，在合适的情况下应该恰当地示弱，通过委婉的手段和方式来达到更好的管理效果。其三，持盈处虚。道家思想中还反复强调限度的问题，任何事物都有其发展规律，应该根据其发展规律因势利导，不能超过事物发展的本来限度。在治理国家时，要遵循天下自然发展的本质规律，不应逆道而行，忽视社会的发展规律，违背客观事实，超出社会发展的极限。同样，在管理过程中，要把握好一定的尺度，任何事情都不能做得太满。管理者要积极培养自己谦虚低调的品质，避免过分自傲，遵循持盈处虚的原则，将管理活动控制在合理的范围内，才能保障组织运行的稳定性。其四，居上谦下。与儒家“居上为尊”的思想相对应，道家提倡“居上谦下”，身处高位的人应该放低身段，做到谦虚谨慎。老子说，“江海所以能为百谷王者，以其善下之”（《道德经》第六十六章）。江海之所以能成为百谷之王，是因为它处在河流之下。在国家统治中，在位者要想管理好臣民，必须将自己的位置摆在人民之下，这样才能得到民众更强大的拥护。居上谦下的思想运用到管理活动中就要求管理者将自己摆在被管理者之下，尊重被管理者，以身居高位却谦虚谨慎的态度建立上下级的合作关系。这样，被管理者感觉到自己被尊重，管理者也感觉到被管理者的更好拥护和配合，上下级都能在各自的岗位上发挥高效的作用，共同提升管理绩效。

延伸阅读 2－2
萧规曹随

第 3 节　法家管理思想

法家思想强调以“法治”代替“人治”，认为“法者王本”，即法令是治国的根本，同时强调法、术、势相结合的管理思想。

一、法者王本

法家十分强调“法”在管理中的作用。“法令者，民之命也，为治之本也”（《商君书·定分》），法家认为在国家管理中，法律是国家的根本，只有建立了完善的法律制度，国家管理才能有序进行。法律应当处于明确、崇高的地位，不受私人干涉，不以人的意志为转移，在民众中树立威信。

最早提出“法治”的法家代表人物是商鞅，韩非子基于“人性好利”的理念，完善了法治的治理思想。韩非子认为，人天生就是自私、追求利益的，所有的社会关系都建立在利益的基础上，所以人治是靠不住的。只有高才能的贤主才能实现高效的管理，而真正的贤主很少，因此高水平的管理很难实现。韩非子说：“夫圣人之治国，不恃人之为吾善也，而用其不得为非也”（《韩非子·显学》），意思是国家的治理不应该建立在世人为善的基础上，而应该建立在不让人为非的基础上。因此，需要通过法律制度来管理国家，建立相关的法治体系，管理者只需按照法律规定进行管理即可。在“法治”具体的实施过程中，韩非子强调了四项原则。其一，法律不能“一而固”，一旦确定就恒久不变，要因时、因地做出调整，与时俱进；但同时也不能变得过快，法律变化过于频繁很容易导致混乱。其二，对于法律的实施要一视同仁，不能因为身份地位而区别对待，以维护法律的公正与权威。其三，要做到赏罚分明，对于有功的人要给予奖赏，对于有罪的人要施以惩处，进而引导和纠正民众的行为。其四，要普及宣传法律，广泛传播，确保每个人都了解法律规定，这是“法治”的重要基础。

法家所提倡的“法治”和现代意义上的依法治国是截然不同的，指的是一种集权式、专制性的管理。韩非子认为人好利，缺乏理性和情感，单纯追求利益，所以必须进行强制性的管理。此外，法家还认为广大民众愚昧缺乏智慧，只有通过强制性的手段才能让他们服从管理。在法家的假定中，人与人的交往都是纯粹的利益关系，没有友谊、诚信甚至亲情可言，因此彼此之间必须相互提防，采取各种手段为自己谋取利益。总体而言，法家思想的前提假定，如崇尚君威，认为人性好利，以及对人的能动性和善良性的忽视等是有失偏颇的，但法家“法治”的管理思想博大精深，它打破了人治的惯例，对中国历代管理思想的演变产生了重大影响，对现代企业管理也有着重要的指导作用。

二、法、术、势结合

法家的管理思想还认为法、术、势三者是相互联系、相辅相成、缺一不可的，好的管理效果必须是三者的有效结合。其中，“法”代表成文的法律法规条例；“术”是指驾驭人的手段，是用人思想和权术的雏形；“势”是指权威或者威势，是一种绝对的权威和使人不得不服从的强制力。

“术治”的根本在于如何用人，如何根据个人的才能来安排职位。“术”和“法”是不同的，“法”要求广而告之，“术”则强调秘而不宣，是在位者私下秘密掌握的技能。韩非子认为，君王不应该事必躬亲，应该“治吏而不治民”，正确地做到选人、防人，实现以人治人。具体来说，在位者在选人时，应该选聘德才兼备的人，按照法规而非个人偏好来选人，并让人从事自己擅长的职位。当然在注重选聘的同时也要关注对人的防范。韩非子就如何对待不臣之臣也有诸多建议，如装聋作哑，以迷惑对方，判断忠奸；倒言反事，故意说反话、做相反的事来检验臣下的忠诚度；加强监督，设专门人员或部门进行监督管理。

为了确保“法”和“术”的有效运行，法家管理思想认为必须依靠“势”。“势”的核心思想是维护在位者的权力，确保君主的绝对权威，是法家封建专制主义思想的重要体现。古代国家有绝对权威的君主，掌握生杀予夺的大权。这种绝对的权威就称为“势”，谁掌握势，谁就占据主动权，所以有“在君则制臣，在臣则制君”（《韩非子·外储说右下》）的说法。韩非子对“势”进行了分类，划分为自然之势和人设之势，自然之势是指伴随权力自然而然取得的权势，人设之势是指运用现有权力取得更大权势的人造之势。韩非子认为人设之势比自然之势更为重要，君主可以通过“刑”和“德”两种手段来获得人设之势，借助刑罚和奖赏恩威并施，让臣下服从并专心效忠。恩威并施的管理手段对现在的管理者也有很大的借鉴作用，如何把握恩威的分寸是管理者需要思考和研究的。

三、事因于世

法家思想中还有一个重要的核心内容是创新，强调不法古、不循今。呼吁变法是法家最重要的政治主张，无论是商鞅还是韩非子，在这方面都有很多精辟的言论。商鞅说：“圣人苟可以强国，不法其故；苟可以利民，不循其礼”（《商君书·更法》），意思是，圣明的人治理国家，如果可以让国家强大，就不会去沿用旧有的法度；如果可以让百姓得到好处，就不会去遵循旧有的礼制。韩非子说：“故事因于世，而备适于事”（《韩非子·五蠹》），强调情况因时代不同会发生变化，而措施一定要适合当时的情况。对于企业而言，在环境迅速变化的情况下，创新也就成为必然的选择。

法家的创新思想引导管理者应该做到“事异则备变”（《韩非子·五蠹》），即时代不同了，情况也就不同了；情况不同了，措施也要随之做出改变。这也就是商鞅提倡的“世事变而行道异也”（《商君书·开塞》），即随着环境的变化越来越快，创新应成为企业发展的主旋律。然而，在变化面前，许多企业的管理者往往秉持自信，很少怀疑以往的成功模式在当前的价值，长此以往，企业昔日的力量源泉将逐渐演变为企业发展道路上的羁绊，成为企业可持续发展的绊脚石。

延伸阅读 2-3
司马穰苴杀监军庄贾立威

第4节 兵家管理思想

兵家思想起源于春秋战国时期，蕴含着丰富的战略管理思想的精髓，“谋而后动”强调战略计划的重要性，“求之于势”体现了环境分析在竞争中的作用，“因敌制胜”阐述了动态竞争的思想，“为将五德”说明了领导者素养在管理中的重要性。

一、谋而后动

兵家的管理思想强调对战略目标及战略计划的重视。孙子认为“兵者，国之大事，死生之地，存亡之道，不可不察也”（《孙子兵法·计篇》），即战争是国家大事，关系到人民的生死，国家的存亡，不可不严谨对待，所以在开展之前必须确立有效的战略目标，用来指引战略配备。当然战略目标也有好与次、大与小之分，制定准确的战略目标尤为关键。孙子认为“不战而屈人之兵，善之善者也。故上兵伐谋，其次伐交，其次伐兵，其下攻城”（《孙子兵法·谋攻篇》），最好的战略目标不是逢战必胜，而是不通过战争而使敌人屈服。在管理实践中，应该明确适当的组织战略目标，并对战略目标进行分层管理，优化战略决策。此外，兵家认为战略计划对于成败也有很重要的影响，强调在作战之前要对战略进行策划，制定详细的战略部署。《孙子兵法·计篇》中有：“夫未战而庙算胜者，得算多也；未战而庙算不胜者，得算少也。多算胜，少算不胜，而况于无算乎”，可见战略计划的重要性。

二、求之于势

兵家思想还强调“求之于势”，重视环境分析对于战争的影响。战争环境包括客体环境和主体环境，所谓客体环境是指外部的胜败因素，所谓主体环境是指军队内部的胜败要素。孙子提出战争胜负的“五事”：“一曰道，二曰天，三曰地，四曰将，五曰法”（《孙子兵法·计篇》）。“道”是指国家的现状，“天”是指气候条件，“地”是指地理状况，“将”是指领军者的素养，“法”是指军队的组织纪律。孙子认为，战争的成败取决于内外部这五大因素的影响，对战略环境的分析对胜败有着决定性的作用。首先，领军者要全方位考察自己军队所处的外部环境，主张根据环境的不同制定相应的战术。其次，领军者要了解军队自身的内部情况，做到知己知彼。《孙子兵法·谋攻篇》中有论述：“知彼知己者，百战不殆；不知彼而知己，一胜一负；不知彼不知己，每战必殆”，知道敌人，同时更要了解自己，不了解敌人尚有胜的概率，如果连自己都不了解，那么只能得到失败的结果。所以，兵家管理思想强调对自身情况和胜败要素进行全方位的分析，将战略和战术决策建立在环境分析的基础上，提高战略决策的科学性。

三、因敌制胜

孙子说："水因地而制流，兵因敌而制胜。故兵无常势，水无常形。能因敌变化而取胜者，谓之神"（《孙子兵法·虚实篇》）。水随地势而流动，作战也需要根据敌情变化来调整，所以水没有固定的形态，作战也没有固定的态势，应该根据形势的变化随机应变。对于企业来说，只有紧盯竞争对手的一举一动，并对竞争对手未来可能采取的策略提前做出合理的预测，才能在竞争中取得主动权。

兵家思想中，有部分是专门应对敌军或者说是竞争者的战术策略，对现代战略管理的竞争战略有很大的指导意义。如"兵以诈立"（《孙子兵法·军争篇》），"兵者，诡道也"（《孙子兵法·计篇》），"兵贵神速"（《孙子兵法·九地》），等等。孙子认为，诈术是作战时很重要的一种战术，在适当的时候隐藏自己军队的实力，制造假象迷惑敌人才能寻找战胜的机会。就如何迷惑敌人，孙子兵法中有论述，要用利益来引诱敌人，迷惑敌人，制造推动其战术上的失误。在现代企业竞争中，也要本着虚则实之、实则虚之的技巧，在恰当的时候隐藏实力，伺机而动，通过迷惑竞争对手来获取竞争中的胜利。兵家"出奇制胜"的思想强调以奇招来战胜敌人。孙子提出："凡战者，以正合，以奇胜"（《孙子兵法·势篇》），意思是开战时，用主力牵制敌人，用奇兵取得胜利。能够掌握出奇制胜战术要领的将领，战术千变万化，灵活机动。同样，企业在竞争的过程中也要制定出人意料的战术，采用不同寻常的方法来打击对手，才更有可能赢得胜利。兵贵神速也是兵家思想重要的作战策略，强调作战要速战速决，以快制胜。孙子认为迟缓的军事行动是很难取得胜利的，他反对作战时拖泥带水、行动拖沓迟缓。应用到现实管理中，管理者也应当讲究管理效率，尽量削减不利于管理活动高效开展的因素，在保证质量的基础上提高管理过程中的决策速度。在应对竞争时，企业应该把握先机，对环境变化做出迅速的反应，采用高效快捷的手段，在第一时间压制竞争对手，迅速实现战略目标。

四、为将五德

兵家管理思想在提出战略管理理念的同时，也很注重对军队的管理，从而形成很多组织管理的经验和理念，为我国管理思想中的组织建设提供了很多宝贵的借鉴思想。兵家认为领导者在组织的生存发展过程中起着非常重要的作用，将领的才德修养是影响组织战斗力的重要因素。孙子说："将者，智、信、仁、勇、严也"（《孙子兵法·计篇》），军队的将领应该具备卓越的智慧，诚信待人，有仁爱之心，勇敢并且有严格的素养。对于一个企业组织而言，组织的管理者也必须具备高的素养才能对组织进行有效的管理，提升组织的竞争力。

除了对管理者本身的素养有严格要求，兵家还对如何管理军队、管理组织颇有心得。兵家管理思想的代表人物孙子在军队管理方面，提出了以下观点。第一，择人任势。“故善战者，求之于势，不责于人，故能择人而任势”（《孙子兵法·势篇》），善于打仗的将领，非常善于利用态势来布局，而不苛求下属，他们总是能利用现有的人员结构来利用甚至创造局面发展的态势。在企业中，作为管理者，不应该对下属员工严厉苛求，既然已经选定现有的人员结构，就应该在此基础上充分相信被管理者的才能，发掘他们的潜力，调动他们的工作积极性和主观能动性，提升整个团队的战斗力。同时，要注意环境态势的变化，随着形势的变化选择最有利的战术，尽量营造有利于组织发展的工作环境，开展有效的组织工作。第二，关心士兵。孙子说：“视卒如婴儿，故可与之赴深溪；视卒如爱子，故可与之俱死”（《孙子兵法·地形篇》），将领对待士兵像对待自己的亲儿子一样，那么士兵就会忠于将领，与之同生共死、患难与共。然而，孙子又强调作为将领不能过分溺爱士兵，爱护却不加以管教，违法乱纪而不加以惩罚，那么士兵就会毫无纪律约束，没有作战能力。在组织管理中，管理者也要秉承适度关心下属的原则开展工作。只有积极关心和爱护下属，与下属共进退，才能得到拥护和支持，同时才能调动下属的工作积极性和提升整个管理团队的士气。但又要牢牢把握对下属关心的程度，适可而止，在爱护的同时严加管束，帮助下属改正不足、纠正错误，让下属感受到关心的同时又能遵守组织纪律，严于律己。第三，赏罚分明。兵家主张在军队中建立严格的赏罚机制，制定合理的赏罚标准。在一个合理的限度内，根据实际情况实施奖罚政策。不适度地对士兵进行奖励，就很难调动其积极性；不实施惩罚机制，就很难对士兵的错误行为进行约束和管制。组织的管理也是同样的道理，严格的赏罚机制是组织健康运行的重要保障。有功当奖，有过当罚，通过赏罚严格规定和引导员工的行为。管理者在奖罚过程中，必须做到公正严明，不偏不倚，才能树立真正的威望，得到被管理者的拥戴。第四，建立制度。兵家认为纪律制度是军队的灵魂，只有军纪严明，军队才能团结一致，将领才能达到“治众如治寡”的效果。孙子在平时的训练中就依据军法对士兵严格要求，加强管理，让军队做到训练有素，随时备战。在组织管理中，同样要建立组织运行的规范制度，所有人员包括管理者自己都必须严格按照制度所规定的原则行事，一旦发生违背组织制度的情况，应该立即予以处理或惩罚，这样才能保证组织制度的权威性和实践性。

延伸阅读 2-4
减灶诱敌与增灶断追

思考题

1. 根据自己的理解，简述中国古代的主要管理思想。
2. 如何理解儒家思想在现代管理中的作用？
3. 道家思想对现代管理有什么指导意义？请举例说明。
4. 法家思想对现代管理的借鉴作用体现在哪里？请具体说明。
5. 兵家思想中主要体现了哪些现代战略管理思想？
6. 对比分析西方管理思想和中国古代管理思想的异同。

第 3 章
西方管理思想的演进

机权多门，是纷乱之原也。

——西晋史学家陈寿

未曾学会服从的人无法成为一名优秀的指挥官。

——亚里士多德

学习目标

1. 了解西方管理思想早期的发展
2. 理解以泰勒、法约尔、韦伯等为代表人物的古典管理理论
3. 理解霍桑实验以及行为科学理论的建立与发展
4. 掌握现代管理理论丛林中的主要学派及其观点

和中国一样，西方国家的管理实践历史也源远流长，很多发达国家，如一些欧洲国家、美国等都经历了资本主义社会的全部发展过程，积累了非常丰富的实践管理经验和管理理论。西方的管理理论出现了数量众多的分支学派，逐步推动西方管理思想的演进和完善。

第 1 节　早期的管理思想

西方早期管理思想的萌芽起源于古代文明的思想发展，古埃及、古巴比伦、古希腊等古代国家的发展同时也伴随着管理思想的萌芽和发展。早期的西方管理思想还未形成体系或学说，都是在管理实践中隐含或者总结的零散的管理思想，但也有很多杰出的哲学家、思想家，他们的思想对西方管理的后期发展有着重要的启蒙和推动作用。

一、西方文明古国的管理思想

古埃及的政权建设中隐含着分权的思想，法老作为最高统治者掌握神权和军权，宰相则以辅臣的角色掌控司法、经济大权，彼此互补也相互牵制。同时，古埃及人也是最早的“管理跨度”的提出者，考古学家发现，在法老坟墓中，仆人的雕塑显示每个监督者大约管理10个奴仆。古巴比伦的汉谟拉比国王为了巩固其政权，编制了法典作为人民行事的准则，其中的行为规定涉及借贷、租赁、抵押、奴隶等多个方面，明确规定了责任、权利和义务在各项活动中的分配。这是非常完整的一次管理实践系统化、文字化的过程。

古希腊和罗马帝国的经济文化是欧洲文明的摇篮，为欧洲社会的后续发展奠定了强大的基础。恩格斯说，没有希腊文化和罗马帝国所奠定的基础，也就没有现代的欧洲。古希腊的荷马史诗时期的部落管理体制很类似现代的“议会制”，雅典城邦、议会、法庭等的出现说明古希腊社会已经意识到管理职能的存在。当时很多哲学家的伟大思想也为管理学奠定了重要基础，颇具代表性的古希腊哲学家有苏格拉底、色诺芬、柏拉图、亚里士多德。苏格拉底认为管理是具有普遍性的，个人管理和公共管理仅仅是管理数量上的不同，不存在本质区别，彼此之间的技巧是可以通用的。苏格拉底看到了管理的普遍性，但忽视了它的特殊性。色诺芬是苏格拉底的学生，他撰写了名为《家庭管理》（也称为《经济论》）的一本书，对管理思想有很大的贡献。在这本著作中，他提出了经济管理的研究对象是自己的财产，提出了管理水平好坏的判断标准是财富是否得以增加，另外他首次提出了要加强对人的管理这一重要思想，最后他还强调了分工的重要性。柏拉图研究国家范围内的分工，他认为一个人在适当的时间内只做一件事，就会做得更出色。① 亚里士多德的著作《政治学》，体现了他的一些重要的管理思想，揭示了管理者和被管理者的关系问题。罗马帝国没有集中的关于管理的专著，然而有很多萌芽时期的管理思想，如建立了类似工厂的体制，经历了从集权到分权再到集权的过程，有了分工以及权力层次的意识等，这些都是早期西方管理思想的萌芽。

二、西方中世纪的管理思想

西方中世纪时期指欧洲近1 000年的封建社会的历史时期，由于封建主义的影响，这一时期的经济发展相对缓慢。从管理思想的继承性而言，西方中世纪时期虽然没有权威的书面著作，但有对管理独特的理解和认识，也有较为丰富的管理实践。

西欧封建社会的政治管理体制有严格的等级制度，是官僚型组织结构的雏形。生产力的发展使得手工业和农业分离，这是一个专门化的过程，体现了规模经济的优势。手工业和农业的分离促使人、物、交通等聚集，逐渐形成了贸易活跃的城市。手工业中还根据行

① 柏拉图．理想国．北京：商务印书馆，1986.

业的不同结成了行业联盟，这也是企业间合作组织的雏形。中世纪时期西欧很有名的企业管理实践是威尼斯造船厂，它是由威尼斯政府直接管理的一个造船厂，在当时体现了高超的管理水平。仓库库存管理有条不紊，设立了标准化的人事管理制度，最早实行了成本控制等管理实践，这都是历史进步的最佳反映。

欧洲中世纪时期的思想家也对管理思想的发展有一定的启示，比较有代表性的是阿奎那（T. Aquinas）、马基雅维利（N. Machiavelli）和莫尔（T. More）等人。被称为“神学之父”的阿奎那从自然法的角度出发认为宇宙万物都是按照等级来排序的，他的思想蕴含着极强的宗教伦理，是管理学发展中某些有关人性与社会的基本假设的伦理基础。意大利政治思想家马基雅维利在人性本恶的假设前提下提出用强制的手段进行管理，这种强制是罔顾道德原则的。他在政治体制的研究中看到了广大民众对国家管理的重要作用，对管理思想发展有着重要的启示。同时他还提出了有关领导者素质的问题，认为管理者应该具备一定的条件和才能。欧洲早期空想社会主义的代表人物莫尔撰写了很有影响力的著作《乌托邦》，反映了其对国家社会管理的一些思想。莫尔认为，在国家管理方式上应该用民主的方式选举官员、进行管理；在社会经济管理方式上应按照一定的统一原则和标准加以管理。他意识到了当时社会制度的缺陷，主张取缔私有制，憧憬更高级的社会组织形式。他的思想对现代管理中组织内部分配原则有极大的启发意义。

三、文艺复兴时期的管理思想

欧洲文艺复兴运动，是资产阶级反对封建教会的思想解放运动，是欧洲社会的进步，也是人类社会发展史上的一个重要转折点。文艺复兴时期主要社会思潮的核心是人文主义，强调个性解放和自由平等，将人性从封建宗教的束缚中解放出来。文艺复兴促进了近代自然科学的产生，也对古典管理思想有着深远的影响，主要表现在以下几个方面：

第一，文艺复兴使人格得以解放。文艺复兴运动的人文思潮解决了人自身的问题，反对宗教神学中贬低人的观点，肯定了人本身的价值。这是社会发展到一定历史阶段的必然，也是资本主义生产方式的前提要求。文艺复兴活动将其转变成现实，让人们从观念上、文化上都得以解放。从管理思想的角度而言，管理的首要条件是人具备独立的人格，能服从理性的管理。没有人性的解放就不可能进入科学管理和现代管理的时代，所以文艺复兴对古典管理思想的首要贡献在于解决了管理中人自身的问题。

第二，文艺复兴为资本主义工业革命奠定了基础。文艺复兴运动还伴随着宗教改革，宗教改革倡导“信耶稣即可得救”的原则，大大简化了宗教仪式，其结果是改变了生产力发展的环境，为生产提供了一个社会人文的环境。宗教改革对管理思想的主要影响是让人们相信只要刻苦努力就能得到救赎，这种精神成为资本主义生产方式的精神来源和精神支柱，也为资本主义社会的个人奋斗提供了思想理论依据，对资本主义精神的形成和科学管理的兴起有着重大的影响。

第三，文艺复兴运动标志着近代科学的诞生。文艺复兴时期，哥白尼的“日心说”打开了科学的大门，开普勒、伽利略、牛顿等共同推动形成了近代科学理论体系，使科学技术成为推动社会经济发展的重要动力。管理思想的发展和科学技术的发展是紧密联系的，管理思想每一阶段的发展都伴随着人类对自然的认识程度和当时科技水平的先进程度的提高，特定时期的生产要素和文化背景决定了当时管理思想的水平。因此，文艺复兴推动了科学技术水平的发展，进而推动了管理思想水平的提升。

四、工业革命时期的管理思想

随着科学技术的发展，从18世纪后期开始，英、美等国相继爆发了工业革命，极大促进了生产力的提高，引起了社会经济发展的巨大变革。生产力的发展改变了资本主义的生产组织方式，人们开始思考如何高效地获取利润，古典管理思想由此萌芽。

最早爆发工业革命的是英国，纺织工业则是英国工业革命的源头。纺织机械的使用，特别是瓦特蒸汽机的投入使用，使得各个行业的生产摆脱了人力和自然条件的限制，解放了生产力，创造了巨大的社会财富。生产力的大力发展也推动了生产组织方式的变化，工厂制度取代了工场手工业的组织形式，成为工业革命之后资本主义社会主要的生产形式。纺织机械的运用，到后来瓦特蒸汽机的运用，是工具和动力的革命，而工厂制度则是生产组织方式的革命。工厂以及工业企业诞生后，伴随着一系列管理、效率、控制等问题，也促进了古典管理思想的产生。

古典思想萌芽时期最有影响力的学者是亚当·斯密，他是英国古典经济学的开创者，他的著作《国富论》至今仍有深远的影响。亚当·斯密研究经济问题的出发点是“经济人”假设，提倡经济自由，要求自由发展资本主义。他提出分工在管理上能提高劳动生产率，强调管理中控制的重要性。

第2节 古典管理理论

工业革命的爆发推动了科技的进步和生产力的发展，工厂制度的广泛推广使得生产规模不断扩大，技术专业化水平日益提升，市场竞争也渐趋激烈。资本家想凭借一己之力解决劳资、管理等问题已经适应不了现实需求的发展。企业对管理的要求越来越高，从实践上形成了资本所有者和企业管理者的分离，要求建立专门的管理部门。同时，就理论发展而言，也要求对过去积累的管理实践经验进行总结归纳，使之系统化、理论化，以指导专业化的管理职能和管理实践。顺应现实和理论的要求，很多管理人员和技术人员开始进行实验，将科学技术应用于企业管理，科学管理应运而生，形成了古典管理理论。古典管理理论以“经济人”假设为基础，分为美国泰勒（F. W. Taylor）的科学管理理论和欧洲法约尔（H. Fayol）、韦伯（M. Weber）的古典组织理论。

一、泰勒的科学管理理论

科学管理理论的产生具备了独特的历史条件。首先，美国工业化进程的推进使得管理活动越来越重要；其次，经济危机的出现要求资本主义的改革必须实施新的管理；最后，工业革命以来所积累的管理实践和管理思想为科学管理的产生奠定了理论基础。在这个历史节点上，泰勒出现了，提出了科学管理理论，打开了新观点的大门，他是“在紧要关头突然出来扭转局面的人，是形成一种观点的关键人物”①。

19 世纪末到 20 世纪初，泰勒对自己的管理经验和实验结果进行了系统的总结，发表了多部有影响力的管理著作，包括《科学管理原理》（1911 年）等。泰勒科学管理的根本目的是提高劳动生产率，采取措施谋求最高的工作效率。科学管理的四项基本任务是②：第一，对工人的操作进行细分研究，划分成若干小的动作加以剖析，以取代过去单纯依靠经验的做法；这是基于对作业的研究制定合理工作定额的过程。第二，挑选合适的工人按照标准的操作动作进行培训，不断强化训练，让他们按照固定的动作模式工作，取代之前随意操作的习惯；这项任务是从工人自身的素质中寻求管理发挥作用的长期基础。第三，与工人亲密协作，以保证一切工作都按已形成的科学原则去办，将管理者和管理对象高度统一以确保各项措施的顺利实施。第四，管理者与工人进行明确的责任划分，强调彼此义务的差异性，避免出现工人承担大部分甚至所有责任的情况。基于科学管理的目的和任务，科学管理的主要内容可以概括为三个方面：作业管理、组织管理和管理哲学。

（一）作业管理

泰勒的科学管理的基本内容是由一系列方法所组成的作业管理。首先制定科学的工作方法，找出实践中规律性的东西，将其标准化，运用于工人的操作方法、使用工具、劳动和休息时间的合理配比等，并想办法改进或消除机器安排、环境等种种不合理要素，从而得到科学的工作方法。其次，制定培训工人的科学方法，挖掘人的潜力。挑选最适宜于某项工作的工人，利用作业原理和时间原理进行优化，促使其达到最高的工作效率。最后，实施激励性的报酬制度。制定标准制度，采用差别工资制度，根据工作定额的完成情况来确定工资率。

（二）组织管理

泰勒在组织管理中提出将计划与执行分开，避免凭经验干事的方法，用科学的工作方法取而代之，在总结、实验和研究的基础上制定标准，按标准行事。泰勒还提出了职能工长制，根据工人的具体操作过程进一步分工，每个工长承担一种管理职能，将管理工作进一步细化。工长制有三大优点：培训时间短；职责明确；工具和方法都标准化。由于工长只负责指挥监督，便于提高效率，降低成本。泰勒在组织管理中非常重要的另一大贡献就

① 丹尼尔·雷恩．管理思想的演变．北京：中国社会科学出版社，1986．

② 弗雷德里克·泰勒．科学管理原理．北京：北京理工大学出版社，2012．

是提出“例外原则”，所谓例外原则就是要求高级管理人员只保留对重要事项的决策权和控制权，从而有更多的时间来考虑广泛的方针政策和发展方向。例外原则直到现在仍是管理中很重要的原则。

（三）管理哲学

泰勒认为科学管理不仅是原则和原理组成的管理理论，更是对管理实践重新审视的管理哲学。泰勒宣称：“科学管理要求管理部门的人进行一场全面的心理革命，对待同事、工人和所有日常问题的心理革命。”泰勒希望通过科学管理的心理革命将资方和工人的注意力从剩余价值分配的问题上转移到增加剩余价值上，弱化双方的矛盾冲突，实现效率管理和利润的共赢。

泰勒的科学管理理论是管理思想史上的一个重要里程碑，标志着管理学作为一门独立学科的存在，对人类社会发展有着独特的贡献。对于科学管理的发展和普及，还有很多学者也做出了卓越的贡献，亨利·福特（Henry Ford）在福特汽车的生产和管理中也提出了很多科学管理原理：标准化制造、流水式装配线、服务大众的企业宗旨等。泰勒的科学管理理论也存在一定的局限，其中最大的一点在于泰勒对“经济人”的假设忽略了人的社会性特征，这为之后的行为科学和人际关系管理学派的研究创造了空间。

| 案例 3-1 |

泰勒的搬运生铁实验

泰勒开展搬运生铁实验的目的是希望通过该实验达到合理确定工作定额的效果。生铁搬运实验在伯利恒钢铁厂进行，当时的伯利恒有一个 75 人的生铁搬运小组，平均下来每个小组成员每天的搬运量在 12.5 吨左右。泰勒观察工人的工作状况，发现他们的工作效率很低。于是，他通过精密的工时计算得出每个工人每天搬运生铁的工作负荷定额在 47 吨左右。然而，真正要实现这一目标很困难，必须综合考虑工人对任务的承受能力，不使他们由于过度劳累而罢工，也要尽可能避免管理层与工人之间的摩擦，使工人们在超额完成任务的同时更加满足。

泰勒通过实验计时的方式计算每个工人每天搬运生铁的工作定额。首先，他安排了一名接受过高等教育的管理人员来跟踪观察搬运生铁的过程。在被观测对象的选择上，择定的是以最快的速度完成搬运的头等工人。他让这名管理者用秒表准确记录头等工人一天的工作过程，将搬运过程中涉及的动作分解成若干小的动作，并计算出每个分解动作所花费的时间。之后研究每个细分动作最合理、最高效的完成方式，计时后，将所有最优分解动作的花费时间求和，算出最佳的标准定额。当然，这个过程中还要计算一天中休息时间的配比，以及预留出意外情况发生的处理时间。在此基础上，泰勒严格按照工时研究的结果，为生铁搬运工人设计搬运标准动作，去除不必要的动作，帮助他们减少不必要的体力消耗。同时，合理安排工作的流程、工作与休息的时间配比，保证工人们劳逸结合。当一切设计完毕之后，泰勒挑选了一位外籍工人来进行实验，让他严格按照规定的动作和流程搬运生铁，同时也按照规定的配比工作和休息，并让管理者用秒表精确记录他的搬运及休息过程。一天下来，该名实验者顺利搬运了 47.5 吨生铁，自己的工资也有所提升。

在搬运生铁实验中，泰勒还得出了一个重要的结论：工人的疲劳程度和他的工作量不是成正比的关系。泰勒观察到，每个工人表现出来的疲劳时间和疲劳程度都是不一样的，有的搬运10吨就已经劳累不堪了，而有的搬运20吨还游刃有余。泰勒意识到，不是干活越多的人就越疲劳，于是他开始研究影响疲劳的因素。他将所有可能导致疲劳的因素加以汇总，用数学方法进行测算，最后发现负载的间歇频率而非搬运重量对搬运工人的疲劳程度影响最大。根据这一事实，泰勒巧妙地设计了工人的负载频率，在不增加疲劳程度的基础上大大提高了搬运生铁的工作效率。泰勒指出，工时研究最主要的目的是让工人提升工作效率，每天既能完成最佳工作量的工作，又可以精神抖擞地应对工作之外的生活。生铁搬运实验的工时研究成果可以让工人们按照生理疲劳的规律工作，让肌肉得到充分休息的同时高效率地搬运生铁。

泰勒的生铁搬运实验为当时钢铁厂的管理提供了重要依据，大大降低了运营成本，也开启了科学管理的先河，为标准化生产和科学管理方法培训创造了有利条件。追本溯源，泰勒在生铁搬运实验中运用的工时研究是现代运筹学的一个重要源头。

资料来源：泰勒．科学管理原理．上海：上海科学技术出版社，1982；弗雷德里克·泰勒．科学管理原理．北京：北京理工大学出版社，2012；弗雷德里克·泰勒．科学管理原理．北京：机械工业出版社，2013.

二、法约尔的组织管理理论

亨利·法约尔于1841出生在法国的一个中产阶级家庭，是欧洲杰出的经营管理学家。1916年，法约尔出版了他的管理名著《工业管理与一般管理》，标志着一般管理理论的形成。

法约尔区分了“经营”与“管理”的概念，认为管理包含在经营中。他将全部的企业活动划分为六大部分，即技术活动、商业活动、财务活动、安全活动、会计活动及管理活动，其中管理活动处于核心地位。为了说明管理的本质，法约尔将管理划分为五大要素：计划、组织、指挥、协调、控制。[①] 计划是对未来的规划；管理者要对未来进行预测，确定企业目标，设定长期指导计划和短期行动计划。组织是指从物质层面和社会层面建立起组织的结构；确定履行管理职能的机构，由管理机构根据企业目标对物质资源进行分配。指挥是指使其他人员发挥作用；管理者要全面了解下属的情况，树立良好的榜样，对下属的活动进行指导，使各项活动之间相互协调；同时还要对下属工作进行考核，经常审视组织结构，根据需要做出调整。协调是指支配一切可支配的资源来协调整合企业各个部门的活动，使其按照组织目标的方向共同发展。控制是指注意命令的下达和实施情况；确保实际工作的进行按照规定的计划进行，并符合企业的制度标准。

除一般管理的五大要素之外，法约尔还提出了著名的14项管理原则：第一，分工。分工的目的是实现规模生产、降低生产成本、提高生产效率。但是分工又必须把握好一定

① 亨利·法约尔．工业管理与一般管理．北京：机械工业出版社，2007.

的限度，并非分工越细越好。第二，权力和责任。法约尔认为权力可以分为职位权力和个人权力，职位权力是职位所赋予的权力，个人权力是由智慧、能力、品德等个人特质所带来的权力。法约尔强调权力和责任的相互统一，有责任就应该有权力，拥有权力也必须承担一定的责任。第三，纪律。要制定统一的纪律来规范人们的行为，并且高层领导者和普通员工都必须接受纪律的约束，以确保纪律的平等性和权威性。第四，统一指挥。一个下属只接受来源一致的指挥和领导。第五，统一领导。对于目的相同的活动，只服从一个管理者的领导和一项计划的安排。第六，个人利益服从集体利益。个人和小团体的利益不能超越组织的利益，管理者要尽力维护个人和组织利益的统一。第七，合理的报酬。员工的报酬应该取决于他的才能和生活费用的高低。合理的报酬要确保公平，有奖励的效果以激发员工的工作热情，但又不能超过合理的限度。第八，集权与分权。管理者要根据组织环境、组织规模、员工个人能力等因素合理确定集权和分权的程度。第九，等级制度。等级制度是指从组织的最高权力机构直到基层管理人员的领导体系和信息传递体系，要求逐级沟通传递。同时为了避免逐级传递速度过慢的问题，法约尔在不同等级线路中相同层次的人员上设计了联系跳板，让他们可以在上级同意的情况下直接联系，提高组织的沟通效率。第十，秩序。包括物的秩序和人的秩序，要求每件东西都放在它应该放的位置上，每个人都处于他指定的职位上。第十一，公平。用善意和公平来对待下属是每个管理者所应具备的基本素养。第十二，人员的稳定。人员的稳定对工作效率的提升非常重要，管理者要特别注意保障人员的稳定性，对于特定的工作内容不要过于频繁地换人。第十三，首创精神。首创精神是指人们工作过程中的能动性和创造性，是企业巨大的精神力量。管理者应该尽可能鼓励和发展员工的首创精神。第十四，人员的团结。组织内部避免分而治之的管理方法，加强员工之间的沟通，特别是口头交流，共同建立和谐、团结、协作的组织氛围。

法约尔的管理思想跳出了泰勒科学管理的局限，提炼出了抽象的管理职能维度，为之后管理理论的发展勾勒出了基本的理论框架。法约尔提出的管理原则在实际运用中缺乏弹性，需要管理者根据管理情境灵活调整，但这并不影响法约尔的一般管理理论在管理思想史中的重大历史价值。

三、韦伯的行政组织理论

马克斯·韦伯出生于一个富裕的德国家庭，是德国著名的社会学家和管理学家，提出了影响深远的“理想的行政集权制理论”，其主要的管理思想体现在《社会组织与经济组织理论》一书中。韦伯在行政组织理论中首先提出了对权力的分类，在此基础上引出了理想的行政组织。

韦伯认为任何组织要想实现目标，必须以某种形式的权力作为基础。他将人类社会的权力分为三大类：个人崇拜式权力、传统权力和法定权力。个人崇拜式权力来源于别人的崇拜和追随，依靠对领导人物的信仰，是非理性和不稳定的，不适宜作为行政组织体系的基础。传统权力通过传统惯例和世袭得到，人们对传统权力的服从是习惯于义务型的个人忠诚，领导人受到传统的制约，似乎只是为了维护传统惯例而存在，组织的效率较低，也不适合作为行政组织体系的基础。法定权是法律规定的权力，具有公正威严的基本特征。韦伯认为法定权力最适合作为行政组织体系的基础，因为它合理合法，能确保组织的持续运作和组织目标的顺利实现。基于法定权力的概念基础，韦伯提出了理想的官僚主义模式。理想的行政组织是通过职位和职务来体现的，要想使其发挥作用，管理者必须依据知识和客观情况进行管理。

韦伯行政组织体系的特点有①：第一，明确的分工。根据专业化进行分工，区分权力和责任。第二，自上而下的等级系统。按照法定的层级体系设置职位。第三，人员的任用。根据岗位的需求招聘人员，对招聘人员进行考评和培训，建立合理的奖惩和激励制度。第四，管理人员专职化。引进专业化的管理人员，薪酬和升迁制度透明公平。第五，遵守规则和纪律。下级要严格服从上级的管理，管理者按照规章制度进行管理。第六，组织中的关系。组织中的关系对事不对人，组织中人的行为应避免感情用事，以理性准则为指导。

韦伯认为，具有以上六项特征的组织是高度理性化的组织，员工的行为可预期，组织目标也易于达到。这种类型的组织稳定性、纪律性、可靠性都比较强，能开展各种行政管理工作。韦伯的行政组织理论为社会发展提供了理性的、高效的管理体制，是古典管理理论的重要组成部分，也对现代管理理论和实践有着根本性的影响。时至今日，韦伯的行政组织体系仍应用广泛，是各类社会组织的主要形式。

第 3 节　行为科学理论

行为科学理论兴起于 20 世纪 20 年代，源起于人际关系学说，逐渐发展成为行为科学理论。由于采取不同于传统管理理论的研究出发点，行为科学理论把组织中的人不单纯作为“经济人”，而是作为“社会人”来研究，所以叫作管理理论中的“社会人模式”。20 世纪 30 年代，以梅奥（G. E. Mayo）为首的研究者开展了著名的霍桑实验，提出了人际关系学说，之后很多学者深受启发，纷纷对人际关系展开研究，行为科学逐渐发展起来。

一、霍桑实验与人际关系理论

1924 年到 1932 年，在西方电气公司芝加哥的霍桑工厂开展了霍桑实验，包括照明实验、福利实验、访谈实验和群体实验。之后，梅奥对霍桑实验进行了总结，完成了《工业

---

① Max Weber. The Theory of Social and Economic Organization. New York：The Free Press，1947.

文明的人类问题》一书，打破了古典管理理论的思维范式，创立了人际关系学说。

人际关系学说认为人是社会人，而不是经济人。古典管理理论把人看作经济人，认为工人都是为了追求较高的工资收入和良好的物质条件而工作，在对工人的管理上，主要用绝对集中的权力来管理。然而，梅奥等人通过霍桑实验在对人的认识上发生了质的改变，得出了社会人的假设。他们认为工人除了满足金钱等物质上的需求还有心理和社会方面的需求，如有安全感、受到尊重、有归属感、拥有友情亲情等。因此在激励员工时，不仅要着眼于物质鼓励，更要注重从精神层面给予奖励，才能更有效地激励员工，提升他们的工作效率。只要管理人员能设身处地地关心工人，注意与工人进行思想感情上的沟通，工人的劳动效率就会大幅提高。

人际关系学说还认为除了正式组织，企业中还存在非正式组织。正式组织是一种规范化的结构形式，为了实现组织的共同目标而存在。非正式组织是人们在接触过程中，由于共同的兴趣爱好自发形成的团体。团队成员主要靠兴趣、感情来维系，并且通过明确的群体规范来左右成员的行为。非正式组织客观上独立于正式组织，又与正式组织相互依存，可以共同提高企业的生产效率。在非正式组织中，人的行为往往遵循感情的逻辑，组织成员的行为靠感情来维系，如对非正式团体的忠诚等。在管理实践中，管理者应该重视非正式组织在组织中的重要作用，平衡好正式组织与非正式组织之间的关系，最大限度地协调员工之间以及员工与管理者之间的协作关系，充分发挥员工的主观能动性，提高工作效率。

最后，人际关系学说还提出工人的工作态度和与他人的关系直接影响到工作效率。提升工人的满意度，即对工作、社会以及人际关系的满意度，是提高生产效率的重要途径。工人满意度高，工作士气高昂，积极性和协作性更好，生产效率便会提升；反之，满意度低必然导致生产效率的下降。因此，管理者的一项重要任务是努力提升工人的工作满意度，保障高的工作效率。

案例3-2

霍桑实验

霍桑实验最早是由美国国家科学研究委员会组织进行的一个实验，目的是检验照明质量对生产效率的影响，由于缺乏突破性的进展一度中断。1927年，哈佛大学心理学教授梅奥主持了整个实验，他和同事们一起参与该项研究。霍桑实验因在芝加哥西方电气公司所属的霍桑工厂进行而得名，整个实验分为四大部分。

照明实验

劳动医学中对于生产效率的论断被社会大众所认同，认为是单调感和疲劳感影响了工人的工作效率。于是，该委员会决定对这一论断加以测试。他们设计了照明实验，希望可以验证“提高照明质量可以降低疲劳感，提升生产效率”的假设。然而，为期两年的实验并没有取得预期的效果，照明质量的变化不会对工人的生产效率产生影响。实验过程中，研究人员将工人分为两组，一组为实验组，一组为参照组。无论照明灯光是增强还是减弱，两组的产量都没有差异地同步增产，甚至当实验组的照明情况下降为烛光亮度时，实验组的产量仍然和参照组不相上下。实验研究人员对于这一结果困惑不解，找不到头绪，实验一度受挫中断，直至 1927 年，以哈佛大学心理学教授梅奥为首的实验小组全面接手，霍桑实验才得以继续。

福利实验

福利实验主要为了测试福利待遇的变化对工作效率的影响，实验对象为继电器装配测试室的 6 名女工。在为期两年的考察中，实验对象的生产效率持续提升，然而并没有发现福利变化对工作效率的显著影响。不管是工资支付手段变化、奖金优惠力度调整，还是休息时间增减等，都没有导致相应的工作效率的变化，甚至连 6 名女工自身也没有意识到效率提升的原因何在。实验小组进行了进一步的探究，总结出女工效率上升的原因可能有以下两点：第一，良好的人际关系。女工之间亲密的合作关系，可以增强工作的愉悦感，不断培养合作默契，从而提升工作效率。第二，参与实验的荣耀感。实验之初，参与实验的女工被领导召去谈话，这对于她们来说是莫大的荣耀和鼓励，这种自豪感大大提高了女工的工作热情和士气，也有效促进了她们效率的提升。

访谈实验

以梅奥为首的研究者最开始实施访谈实验，是为了了解工人对管理层的政策规划以及工作环境的看法。然而，在访谈中却发现工人对研究者事先设定的问题并不感兴趣。工人们对政策规划等大方向的问题根本不在意，他们真正看重的是具体的管理制度和方法。访谈者根据现实情况对访谈计划进行了修正，将内容改为工人真正想沟通的问题，多听少说，将访谈时间由原来的 30 分钟延长到 1 个多小时，详细记录了工人的各种意见和不满。在访谈实验为期两年的时间内，工人的产量持续提高。究其原因，工人在长期的工作中积累了很多对现有管理制度和自身待遇的不满，这种情绪无处发泄，只能压抑，而访谈实验恰好给了他们一个很好的机会抒发不满。宣泄后，工人的情绪得到缓解，管理制度的问题也被指出并加以修正，工厂的整体士气上扬，从而绩效有所提升。

群体实验

在群体实验中，梅奥等人挑选了 14 名男性工人，让他们在单独的小房间工作，每个人的薪酬按照计件工资制度计算，多劳多得。研究者最初设想，计件工资制度会激励工人为了得到更多的报酬而更加努力地工作，实验对象的 14 名工人的产量应该不断提升，处于较高的水平。然而，实验的结果出人意料，14 名工人的产量没有太大差异，始终保持在中等水平，而且会出现虚报、瞒报产量的情况。研究者对这一现象进行了深入考察，发现实验对象的 14 名男工为了维护他们作为一个集体的利益，形成了某种自发的规范。他们约定了每个人都干差不多产量的工作，不允许出现过多或过少的情况，也不允许向管理者告密。如果有人违反这些约定，会受到其他成员的辱骂、挖苦甚至拳打脚踢等对待。工人们控制产量的一个重要原因是害怕产量的提升会导致薪酬待遇和奖惩制度的变化，导致干得慢的同事受到惩罚或被裁减。群体实验的结果显示，组织内部很可能出现“非正式组织”，为了维护内部的团结一致，成员们会放弃某些物质利益。

资料来源：乔治·梅奥．工业文明的人类问题．北京：电子工业出版社，2013；乔治·梅奥．工业文明的社会问题．北京：北京理工大学出版社，2013．

二、行为科学的建立和发展

行为科学起源于梅奥的人际关系学说，从20世纪30年代的霍桑实验开始，人际关系学说一直在早期的行为科学领域占据主导地位。之后，在美国芝加哥讨论会上第一次提出“行为科学”的概念。1953年在美国福特基金会召开的跨学科会议上，人际关系学说正式更名为行为科学，标志着后期行为科学的正式建立和发展。

行为科学强调以人为核心的管理，综合考虑了多个学科的成果来探讨人的行为之间的因果关系。与古典管理理论不同，行为科学弱化了正式组织的职能以及经理因素在管理中的作用，而强调人的感情和社会联系是管理中必须重视的要素。行为科学提出了“非正式组织”的概念，将正式组织和非正式组织、管理者与被管理者作为一个整体综合考虑。

20世纪60年代之后，管理学中的行为科学逐渐兴起，形成了组织行为学，专门研究在管理情境中人和群体的行为。组织行为学的研究内容可以划分为个人、团体和组织三大层面，由微观到宏观，逐步递进，相互联系。个体行为理论主要涉及人性假设和动机激励，企业中的人性理论是围绕人的本性来论述人类行为规律及其对管理的影响；激励理论则主要论述如何通过内容、过程、行为改造等方式来激励员工行为。团体行为理论主要研究由个体所组成的团体在发展过程中的要素的相互作用，如团体的目标、结构、沟通、冲突等。组织行为理论主要研究组织中的领导行为以及组织自身的发展变革。

第4节 现代管理理论丛林

第二次世界大战后，管理思想进入了蓬勃发展的阶段，各种新的管理学说、管理思潮不断提出，出现了很多流派，从不同的背景和角度对管理加以阐述。主要有管理科学学派、经验学派、过程学派、系统管理学派、社会系统学派、决策理论学派、权变学派等。

一、管理科学学派

管理科学学派兴起于第二次世界大战时期，代表人物是美国的科学管理大师伯法(E. S. Buffa)，采用科学方法和数学模型相结合的方式来研究工人的工作过程，提高工作效率。管理科学学派认为可以将管理过程中的计划、组织、领导、控制的流程用数学符号和模型加以模拟，通过量化的逻辑过程求出最优解，从而更好地帮助企业实现目标，因此管理科学学派又称为管理计量学派。他们认为管理中最关键的是要制定用于管理过程和管理决策的数学统计模型，并将这些模型通过电子计算机运用到管理实践中，促进企业绩效的提升。

二、经验学派

经验学派又称为经理主义学派，代表人物有美国管理学家彼得·德鲁克和欧内斯特·戴尔（Ernest Dale），主要是通过案例研究的方式来得出和传递企业管理的经验方法。与别的学派不同，经验学派最大的特点是强调管理的艺术性。经验学派认为管理理论缺乏普遍适用的价值，必须从管理实例出发，总结出通用的管理规范，加以分析并应用到具体的管理情境中去。经验学派尤其重视对某个特定公司的组织结构、管理职能和程序等方面的研究。代表人物之一的戴尔反对管理层制定普遍的管理原则，主张通过比较方法得出成功的管理经验和方法，并加以推广。如在其代表作《伟大的组织者》中，他用比较分析的方法剖析了美国杜邦、通用汽车等公司中管理者的成功经验，并加以推广。

三、过程学派

过程学派认为管理是一个过程，管理的目的是为了在这一过程中组织成员共同实现既定的目标。其代表人物有法国老牌的管理学家法约尔及美国著名管理学家孔茨等人。过程学派研究的主要对象是管理的职能，法约尔最早提出管理过程包括计划、组织、指挥、协调、控制五大职能。虽然不同的组织以及同一组织不同层次的管理所面临的环境和具体情境不尽相同，但存在普遍适用的管理过程。这样的管理过程独立于管理情境、管理要素，与组织类型和管理层次无关。对普适的管理过程中所涉及的经验方法加以总结，形成管理理论后，就可加以推广学习，帮助改进管理实践。

四、系统管理学派

系统管理学派是在20世纪60年代鼎盛发展的一个管理学派，其代表人物有卡斯特（F. E. Kast）、罗森茨韦克（J. E. Rosenzweig）等人。系统管理学派认为，组织是由众多因素共同构成的系统，这些因素包括个体、群体、机构、目标、权力等，彼此相互联系、相互依存。管理者的使命是将组织视为有机的系统，协调组织系统中的各个要素，实现组织目标。系统管理学派曾受到学术界的追捧，但由于出现过度数量化的倾向，影响力有所减弱。

五、社会系统学派

社会系统学派认为组织是一个复杂的社会系统，应该从社会学的角度分析和理解管理，其主要代表人物是有着“现代管理理论之父”之誉的美国管理学家巴纳德（C. I. Barnard）。社会系统学派认为组织是一个社会协作系统，人只有通过相互作用的社会协作，才能完成组织目标。一个有效的协作系统包括信息的沟通、共同的目标以及协作的意愿，管理活动是协作的核心。管理者作为协作过程的中心，主要任务是促进信息的沟通交流，监督和组织成员通过相互的配合实现组织目标。

六、决策理论学派

决策理论学派认为决策贯穿整个管理过程，管理的关键就是做出有效的决策，该学派的主要代表人物是美国的经济学家和社会学家赫伯特·西蒙与詹姆士·马奇（J. G. March）。决策理论学派认为管理者首要的任务是做出正确的决策，在管理的过程中，计划、组织、领导、控制都需要决策。决策出现错误时，生产效率越高带来的损失越大。制定和执行决策的标准不是“最优化”，而是“令人满意”，只要管理者在具体的情境中根据“令人满意”的准则做出有效决策，就是好的管理决策。

七、权变学派

权变学派是20世纪70年代兴起的管理理论学派，核心观点是管理是跟随具体情境不断变化的，其代表人物有美国著名管理学教授卢桑斯（F. Luthans）。权变的意思是随机应变，因时、因地制宜。权变学派认为企业的内外部环境处于不断的变化中，复杂难测，不存在普遍适用、一成不变的管理理论和方法，管理者必须根据实际的环境和具体的情境选择适用的管理方式。

➡ 思考题

1. 简述文艺复兴和工业革命对西方管理思想发展的影响。
2. 古典管理思想的代表人物有哪些？他们的核心观点和主要贡献如何？
3. 简单阐述梅奥主持的霍桑实验，他的人际关系学说和行为科学有何联系？
4. 现代管理中有哪些热门的管理学派？它们各自的核心观点是什么？

第2篇

计　划

第 4 章
计划职能概述

运筹帷幄之中，决胜千里之外。

——《史记·高祖本纪》

我常常记着世上并无常胜将军，所以在风平浪静之时，好好计划未来，仔细研究可能出现的意外及解决办法。

——李嘉诚

学习目标

1. 掌握计划的定义
2. 明确常见的计划类型
3. 了解计划的作用
4. 理解计划工作的原理
5. 了解计划工作的常见方法

➡ 引 例

康宁公司的经营计划

成立于 1851 年的美国康宁公司（Corning）是全球领先的特殊玻璃和陶瓷材料制造商，曾经在 1879 年成功地生产了第一只电灯泡。目前，公司所生产的康宁大猩猩玻璃广泛地应用于高端手机、平板电脑和电视机。虽然康宁公司取得了骄人的成绩，但是其发展过程并不是一帆风顺的。在 40 年前，康宁公司的发展就经历了一次挫折。康宁公司实行家族式公司治理模式，主营业务一直聚焦于玻璃制品的生产和加工。曾经，康宁公司生产的灯泡产品占据了美国灯泡行业 1/3 的市场份额，但是随着竞争对手不断发展壮大，它已经失去了灯泡行业的大部分市场。康宁公司在电视机显像管市场上的地位曾无人撼动，但是随着科技的进步，公司电视机显像管生产也陷入了困境。灯泡和电视机显像管曾为康宁公司提供了大量的现金流，但这两类产品市场份额下降，无法继续为康宁公司提供充足的利润。

为了摆脱公司经营困境，康宁公司管理层制定了新的计划，主要内容包含以下三个方面：第一，由于灯泡和电视机显像管市场萎缩，因此缩减灯泡和电视机显像管的生产；第二，公司有一些产品对市场周期尤为敏感，随市场周期变化而剧烈波动，公司减少这些产品的生产；第三，随着科学技术的进步，产生了新兴行业，公司进入这些挑战性强但利润丰厚的行业。

关于计划的第三个方面，康宁公司决定进入以下三个领域：第一，光波导器市场。光波导器广泛用于电话、电缆电视、网络系统以及高级复杂的医疗设备，公司希望在光波导器市场上年销售额能达到40亿美元。第二，生物技术领域。生物技术潜力巨大，康宁公司希望开辟这种技术使公司获得新的发展。第三，电子医疗诊断设备行业。因为康宁公司生产的产品中包括医用的玻璃杯和试管，所以公司希望利用已有优势，制造电子医疗诊断设备，开拓新的市场。

除了上述三个方面，康宁公司的计划还包括其他方面的内容。比如，将市场范围扩展至不发达国家，研发一条复杂程度较高的玻璃用具生产线等。

经过数十年的发展，康宁公司按照上述计划开展工作取得了显著的成效。在光波导器市场，康宁的先进光学产品为全球用户提供高速的互联网数据传输；在生物技术领域，康宁公司通过创新性技术为全球生命科学研究人员提供研究罕见疾病的先进设备，已经确立了全球领导者的地位。随着公司的发展，康宁公司也对计划进行了调整，从而更好地适应环境，谋求公司长远的发展。康宁公司依托强大的玻璃制造工艺，目前涉足的行业有航空航天与国防、建筑、消费电子产品、通信网络、生命科学和交通等。康宁公司在计划的指导下，不仅摆脱了经营困境还获得了迅猛的发展；在2015年《财富》美国500强排行榜上，康宁公司位列第297名。

资料来源：毛海军，崔文子．管理学．2版．大连：大连理工大学出版社，2013；谢勇，邹江．管理学．武汉：华中科技大学出版社，2008；王凤彬，刘松博，朱克强．管理学教学案例精选．上海：复旦大学出版社，2009；高平平．企业管理导引．上海：同济大学出版社，2004.

从生活中可以发现：无论是规模较大的组织，比如政府，还是规模较小的组织，比如小微企业，都是依据一定的计划开展组织活动的。为了有效地完成计划工作，管理者需要掌握计划的内涵，了解计划工作是如何开展的，并采用科学的方法制定企业计划。

第1节 计划的内涵

经济全球化和技术革命给企业带来了前所未有的发展机会，同时也给企业带来了被颠覆的风险。为了能在这样的变革环境中生存和发展下去，企业有必要借助计划来提高其适应能力。

一、计划的定义

计划（planning）是指企业在分析外部环境和内部条件的基础上，根据自身的客观现实，通过科学的预测，在权衡客观需要和主观可能的基础上，提出在未来一段时间内组织需要达到的目标以及实现目标的途径。企业通过计划工作能够最大限度降低经营风险，同时充分利用外部机会，实现企业发展。

《礼记·中庸》中说“凡事预则立，不预则废”。做任何事情，只有事前有准备、有计划，才可能成功，否则就会失败。人类社会的早期，在修造宏大的建筑或者疏浚河流等工程中，就开始制定计划，在工程开工之前就对人和物进行计划和安排，从而保证工程能按期完成。受限于生产力发展水平和人类的知识积累，当时的计划是相当粗糙和原始的，远远达不到现代社会计划的精细程度。随着工业革命以及科学技术的发展，社会生产力得到了极大的发展，计划工作也广泛地应用于社会生产，为人类社会的发展做出了巨大的贡献。

二、计划的任务

计划工作的任务可以用5W1H进行恰当的描述（如图4-1所示），即做什么（what）、为什么做（why）、何时做（when）、何地做（where）、何人做（who）和如何做（how）。

图4-1　5W1H分析流程图

（一）做什么

“做什么”是对工作任务和工作要求的确定，即明确企业的经营内容。例如，生产制造企业确定生产什么类型的产品，每一类型的产品生产多少。明确了工作任务和工作要求之后，企业就可以科学合理地确定投入和产出，最大限度地利用其生产能力。

（二）为什么做

“为什么做”是对企业宗旨和目的的确定，即明确企业这样做的原因。例如，生产制造企业明确生产某类产品的原因，是能帮助企业有力地反击竞争对手，还是可以帮助企业获得丰厚的利润。明确企业的宗旨和目的能够减少工作中的不确定性并激励员工努力工作。

（三）何时做

“何时做”是对工作中各项任务开始时间和结束时间的确定，是对工作进度的安排。

例如，生产制造企业要确定什么时间开始生产客户的产品，什么时间完成订单。企业明确任务开始和结束时间是为了在确定的时间完成确定的工作任务，在合同规定的期限内生产出高质量的产品。

（四）何地做

“何地做”是对工作任务完成地点的确定，即明确工作任务的环境条件和限制，从而合理地安排工作任务的实施。例如，生产制造企业确定在什么地方制造产品，在哪一工厂生产某一类型的产品。

（五）何人做

“何人做”是指组织在完成工作任务的过程中，每一组成部分具体由谁来完成，是对组织人员的安排。例如，生产制造企业在产品生产过程中合理地配置员工，明确各道工序由谁来负责。

（六）如何做

“如何做”是对工作任务完成方法的确定，即明确计划实施过程中的具体行动策略。例如，生产制造企业如何生产出高质量、令客户满意的产品。

5W1H是计划最基本的六个方面，一个完整、缜密的计划一定会包括这六个方面。换言之，如果一个计划缺失了上述一个或几个方面，这个计划就是一个不完整、有待进一步修正的计划。

三、计划的类型

管理者在工作的过程中，会遇到不同类型的计划，例如长期计划、战略计划、生产计划等。不同类型的计划缘于计划的划分标准不一样，而且不同类型的计划有不同的特点，完成方式也不相同。

（一）按表现形式分类

按照表现形式进行分类，计划可以分为宗旨、目标和战略。宗旨是企业的基本使命，反映了管理者经营企业的指导思想、价值观和企业致力于树立的形象。例如，惠普公司的宗旨为：生产信息产品，以加速知识的进步，从根本上改进个人和组织的绩效。目标是在一定时期内，组织及其各个部门、员工通过共同的努力所希望达到的成果。例如，2015年，家用电器生产商格兰仕公司冰洗产品的目标销售量是200万台。目标陈述得越清晰，企业将来可以采取的行动越具体，越易于获得好的效益。战略是在分析企业外部环境和内部条件的基础上，为实现组织长远目标所确定的发展方向、行动方针以及资源分配的总纲领。

案例 4-1

美国强生的宗旨与危机处理

1982 年，泰诺（Tylenol）胶囊氰化物中毒事件发生后，美国强生公司首席执行官吉姆·伯克（Jim Burke）毅然决定下架所有泰诺胶囊。这个行动使强生损失了超过 1 亿美元的营业收入，却赢得了消费者的欢迎和认可。在公司宗旨指导下的危机处理使强生获得了极高的赞许，并因出色的危机管理工作，被美国公关协会授予银钻奖。

泰诺事件

泰诺事件起于 1982 年 9 月的芝加哥。有媒体报道，有人在服用泰诺胶囊后死亡，死亡原因可能是泰诺中含有的氰化物所致。一开始死亡人数只有 3 人，后来传说成全美各地死亡人数高达 250 人。泰诺中毒事件的消息迅速扩散到全美，调查显示，有 94%的消费者知道这一事件。

泰诺胶囊 1975 年上市后，就成为强生公司的主要产品之一，深受患者的青睐。中毒事件发生前，泰诺一年的销售额已经达到 4.5 亿美元，占据美国非处方成人止痛药市场 37%的份额，其销售收入达到强生公司总销售收入的 8%，利润占公司总利润的 15%，近 1 亿美国人曾服用泰诺以缓解病痛。泰诺可能致死的消息传出后，全美舆论哗然，强生公司面临一场生死存亡的巨大危机。

强生在行动

在强生宗旨的指导下，强生管理层迅速针对中毒事件做出反应。公司公关部抽调 25 位专家负责处理这一事件，并采取了一系列有效的措施。强生公司迅速着手调查事情真相，召回了总价值达 1 亿美元的已出厂泰诺胶囊，并成立规模庞大的检验小组仔细检验。强生公司发现，只有一个批次的药品受到污染，总量不超过 75 粒，且这些药品只在芝加哥销售，对美国其他地区没有任何影响。对芝加哥地区的调查表明：服用泰诺胶囊中毒死亡的人数为 7 人。在调查期间，强生公司停止刊登和播放有关泰诺的广告；为了尽快召回所有泰诺胶囊，强生还花了大量费用向经销商和医疗机构发出警示。

在事态逐渐明朗且确认泰诺中毒事件系有人投毒所致后，强生公司没有马上恢复销售泰诺。强生公司了解到美国政府正准备推行新的药品安全法，认为这是一次难得的市场机会，于是将泰诺包装变更为政府鼓励的防伪、防篡改包装，先于竞争对手将其推向市场。同时，公司配合以巨大的促销攻势，在纽约举行盛大的新产品发布会，对零售商提供 25%的超常价格折扣，并不惜花费 5 000 万美元向消费者赠送这种新包装的胶囊。

令人惊讶的是，在短短的 5 个月之内，强生公司的市场占有率竟回升至原来的 70%，几乎安然渡过了危机。媒体对强生公司也赞许有加，如《时代周刊》以《泰诺神奇般地重返市场》为题报道了泰诺创造的“奇迹”。

强生的宗旨

其实，在泰诺事件发生之前，强生公司并没有制定危机管理计划。但在中毒事件披露后，强生的信条就成为公司危机管理秉承的原则。得知有患者中毒的消息后，公司 CEO 伯克将 20 名高管召集到一个挂有强生宗旨的房间，指着墙上的信条对大家说：“这是公司的宗旨，如果我们不以它为准绳，就把它从墙上揭下来撕掉吧。”

早在1943年，强生公司就创立了自己的宗旨，并仿照《独立宣言》的体例，将其印在老式羊皮纸上面。强生宗旨的核心是公司的五个责任，包括：对医生、护士、医院、母亲和所有使用强生产品的人负责，对在强生的工厂和办公室里工作的员工负责，对强生的经营层负责，对强生所在的社区负责，对股东负责。

作为强生的第一项责任，强生公司承诺用以下行动确保对医生、护士、医院、母亲和所有使用者的责任：产品必须始终维持最高的品质；公司必须不断致力于降低这些产品的成本；产品的订单必须迅速精确地完成；公司的经销商必须赚取公平的利润。

危机过去后，伯克向媒体表示：“公司的信誉比大多数人所认识到的要重要得多。当你迫切需要人们相信你的时候，人们能否相信你取决于在危机前的数年间你的公司及你本人在公众心中建立起的信任度。”《华尔街日报》也认为，强生公司的成功关键在于它牺牲了自己的利益，而换取了消费者的利益不受伤害；如果昧着良心干，强生将会遇到很大的麻烦。

资料来源：刘刚．危机管理．北京：中国人民大学出版社，2013；顾剑．管理伦理学．上海：同济大学出版社，2012；兰杰・古拉蒂，等．管理学．北京：机械工业出版社，2014.

（二）按时间分类

按照时间的长短进行分类，计划可以分为短期计划、中期计划和长期计划。一般来讲，短期计划是指期限在一年以及一年以内的计划。例如，企业的年度生产计划、企业的财务计划等。中期计划的时间跨度一般为1～5年。例如，为了使我国社会主义建设有序地进行，政府制定了一系列五年计划。长期计划是指期限在5年以上的计划，其目的是确定组织未来的发展方向。长期计划更多的是处理企业和环境之间关系的问题，主要由高层管理者负责制定。中期计划在时间上是介于短期计划和长期计划之间的计划，它是长期计划的基础并且比长期计划更为具体。短期计划是指导企业具体活动的行动计划，它主要是中期计划的分解，比中期计划更为详细具体。

（三）按职能分类

按照企业职能进行分类，计划可以分为生产计划、市场营销计划、采购计划、物流计划、人力资源管理计划、财务计划和新产品开发计划等。例如，生产计划是与企业生产运作系统有关的计划，是对企业产品品种、产量和生产进度的安排。生产制造类企业往往通过制定生产计划合理地安排生产，提高企业内部资源的利用效率。

（四）按层次分类

按照层次进行分类，计划可以分为战略计划和战术计划。战略计划的层次高于战术计划的层次。战略计划是在分析企业外部环境和内部条件的基础上为实现企业长期目标而制定的发展规划，具有覆盖面广、综合性强的特点。和战略计划相比，战术计划的覆盖范围较窄，是关于企业活动具体如何运行的计划，更多的是根据企业的目标来制定详细的实现企业目标的方案。战略计划关注的是做正确的事，即企业的活动应该有利于实现企业的长期目标；战术计划关注的是正确地做事，即高效率地开展企业经营活动。管理者在从事计划工作时应该将战略计划和战术计划结合起来，不仅应该做正确的事还应该正确地做事，从而有效果和有效率地完成工作，最大限度实现企业经营目标。

（五）按明确程度分类

按照明确程度进行分类，计划可以分为方向性计划和具体计划。方向性计划是灵活多变的、具有指导意义的计划。具体计划是具有清晰定义和不存在任何解释余地的计划。方向性计划不涉及具体如何开展经营活动，只是指出企业发展的方向；具体计划明确阐述了企业目标，规定了具体如何开展经营活动，在解释上不存在模糊性，理解上不存在歧义。

四、计划的作用

无论企业规模大小，管理者都越来越重视计划在工作中的运用，计划在实现企业目标的过程中发挥着巨大作用。

第一，计划中的目标是企业未来的发展方向。企业在计划工作中设定了企业目标，建立了将企业目标和员工个人目标合二为一的目标体系，设计了企业目标实现的具体途径。企业目标犹如灯塔，为企业的航行指明了方向。明确企业的未来发展方向还能对员工起到激励作用。当员工有了努力的方向，认为实现企业目标的同时个人目标也能得到实现时，企业目标会对员工产生强大的激励作用。

第二，计划可以降低模糊性和不确定性。计划工作迫使管理者思考企业未来的发展，根据已有的信息预测企业未来发展过程中每一阶段可能遇到的问题，从而降低未来工作中的模糊性和不确定性。虽然管理者的计划工作并不能彻底消除变化但却可以预测变化；管理者根据预测的变化采取相对应的措施，充分利用变化所带来的各种机遇，最大限度地降低变化所带来的风险，以使企业获得发展。

第三，计划可以提高企业资源的利用率。为了顺利开展未来的经营活动，管理者需要分析企业现有资源以及需要从外界获取的资源。而计划是一项系统思考组织活动如何开展的工作，是对资源进行系统有效的配置。在开展经营活动的过程中，计划提供了一套高效率、有效果地组织活动的方案，从而避免了企业资源的浪费，提高了企业资源的利用率。

第四，计划中的指标可以作为控制的标准。企业在制定计划的过程中会生成各种指标，管理者在控制工作中需要根据这些指标对工作开展情况进行控制。例如，管理者可以通过计划指标的达成与否来评估活动开展情况；如果活动开展有偏差，则采取相应的纠正行动。计划和控制二者相互依存、联系紧密。计划是控制的基础，控制是计划顺利开展的保证。没有计划，控制工作就无法进行；计划执行过程中缺少控制，经营活动就很难按照计划顺利完成，企业目标就难以实现。

此外，计划还可以协调企业各部门之间的工作，使各职能部门工作协调一致，发挥整体优势，最终使企业以一种经济有效的方式运行。

第2节 计划工作的开展

一、计划工作的原理

制定高质量的计划并不是一件容易的事情，管理者首先需要了解计划工作的原理，只有掌握并在计划工作中灵活运用这些基本原理，才能提高计划的质量。

（一）系统性原理

系统性原理是指管理者在进行生产任务的分配或者员工配置时，不仅要考虑某一部门或者某个员工的特性，还要从系统性出发，全面分析企业的内部条件和外部环境，有系统地制定企业计划。制定计划时必须统筹兼顾、全盘考虑，这样才能充分利用企业的资源，提高资源利用率，有效地实现企业目标。

（二）平衡性原理

平衡性原理是指在计划制定过程中不仅应该协调企业和外部环境的平衡，还应该协调企业内部各部门的平衡。在发展过程中，企业希望拥有一个稳定、连续的发展环境，而外部环境是时时刻刻变化的；平衡性原理要求计划工作对企业内部的稳定和外部环境的变化之间的矛盾进行平衡。平衡性原理还要求协调不同部门的关系。在这个过程中，企业要考虑不同部门的长处和短处，使各部门、各层次的计划都实现自我平衡和全局平衡，实现时间上和空间上的平衡，从而保证每一项工作都稳定、有序地向前推进，促进企业的发展和进步。

（三）限定因素原理

限定因素原理也称为木桶原理。我们对木桶原理已了然于心，即木桶盛水量的多少，取决于组成木桶的最短的那块木板，而最短的木板就是木桶盛水量的限定因素。木桶原理可以帮助我们理解计划工作中的限定因素原理。计划工作中的限定因素是指影响组织目标实现的决定性因素。这些限定因素犹如计划工作中最短的木板，而恰恰是这些最短的木板决定了目标的实现程度。在计划工作中，即使其他相关因素不发生变化，仅仅改变这些限定因素，也可以影响组织目标的实现。

限定因素原理给我们的启示是，在计划工作中要重点关注对实现组织目标起限制性和决定性作用的因素，对这些限定因素越了解，就越能有效地找出解决这些限定因素的方案，继而清晰准确地选择可行的计划。

（四）设定期限原理

时间在计划工作中的重要性不言而喻，而设定期限原理就是计划制定工作中与时间有关的原理。设定期限原理是指计划中设计的工作内容必须有时间期限要求。在实践中，计划执行过程中往往会存在如下的问题：一定时间内需要完成的工作内容太多，导致工作无法按照计划顺利完成；或者是计划工作的完成时间设置太多，计划期限的设定具有随意性。这些问题之所以产生是因为计划制定者没有合理地规划计划工作的内容和计划完成的时间。设定期限原理告诉我们，应该在认真考虑计划内容的基础上，合理规划计划任务完成的时间。尤为重要的是，计划工作内容的完成一定要有明确、严格的时间限制。

（五）灵活性原理

企业的生存环境是多变的，获取信息能力有限的管理者不可能获得与企业未来发展有关的全部信息。管理者不可能通过制定十全十美的计划为企业设定好完美的发展轨道，这就要求企业的计划工作应当具备一定的灵活性。灵活性原理是指计划工作应当兼顾一定的灵活性，从而保证企业在未来的发展过程中，计划工作随着环境的变化做出适应性的改变。计划工作中的灵活性可以提高组织对外部环境的适应性，但同时也增加了工作的模糊性；计划工作中灵活性的获得是以牺牲具体性和可操作性为代价的。因此，在管理实践中，要衡量灵活性带来的收益与成本。

在现实中，有些管理者以经营环境变化太快或者灵活性原理为由而疏忽了计划的制定，这是一个不太明智的做法。灵活性原理并不是让我们彻底放弃计划工作，其给我们的启示是计划不是教条，更不能僵化；计划要能够随着外界条件的变化而做出适当的改变。但改变一定要适度，这就要求计划既应该是具体的又应该是灵活的。计划的具体性和灵活性看似相互矛盾，实则不然。具体性是指所制定的计划应该是一个路线图，对实现企业发展目标是有用的；灵活性是指在制定计划时要考虑环境的多变性，所制定的计划应该是可变的。具体性和灵活性相结合，从而保证企业计划可以依照企业所处的实际情况执行下去。

（六）经济性原理

企业所能调动的资源是有限的，经济性原理要求企业在制定计划和实施计划时应合理地利用资源，避免资源浪费。企业中人力资源是最有价值的，为了有效地利用员工的智慧，充分发挥员工的主观能动性，企业可以让员工参与计划制定工作。员工参与计划的制定可以增强员工的责任感，加深员工对企业的了解，在一定程度上能够对员工产生激励作用，确保企业计划顺利实施。

二、计划工作开展的程序

计划工作可以循着既定的程序进行，这个既定的程序就是计划工作开展的程序，由五部分组成，如图 4－2 所示。

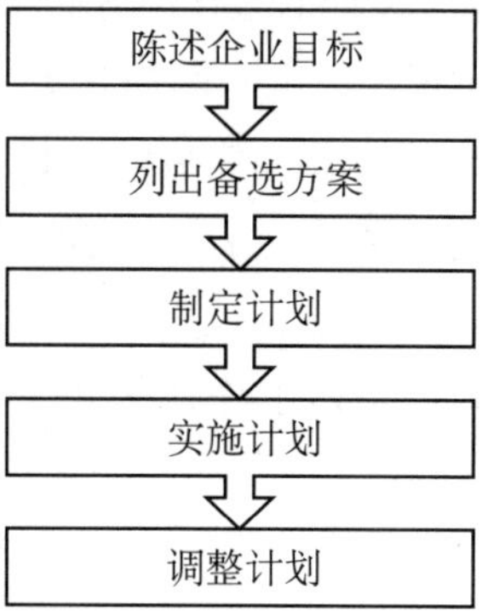

图4－2　计划工作开展的程序

（一）陈述企业目标

计划工作的重点是通过制定高质量的计划，实现资源高效率、高效果的配置。计划工作的开展，首先从清晰地陈述企业目标开始。在陈述企业目标时，管理者要充分考虑企业的现实情况和外部环境因素。在此基础之上，管理者需要将企业总目标进行层层分解，落实为每个部门的目标甚至是每个员工的目标，最终形成完整的目标体系。另外，清晰、准确地陈述企业目标可以为企业员工指明努力的方向。

（二）列出备选方案

明确了企业目标之后，管理者便应该思考如何才能实现企业目标，即设计实现企业目标的路径。实现企业目标的路径往往不止一条，管理者应尽可能多地开发实现目标的备选方案。在这个过程中，可以采用群体决策方法，比如头脑风暴法、德尔菲法等。实现企业目标的路径有多条，每一条实现路径所需要的资源是不一样的；计划制定者要详述每一备选方案的前提条件或者假设，以便于下一步计划的制定。

（三）制定计划

在详述每种备选方案的前提条件之后，管理者会发现企业现在所拥有的资源并不能很好地满足各种备选方案的前提条件。因此，管理者就需要将前提条件不合理的备选方案排除在外，不予考虑。然后，管理者根据已有的资源和选择标准选择出实现目标的最佳方案。实现企业目标的最佳方案确定以后，管理者就需要根据最佳方案制定实现企业目标的计划。计划的制定可以从计划的内容（5W1H）出发。

（四）实施计划

实施计划是指在计划方案的指导下，对企业资源进行合理配置，通过一系列有组织的活动实现企业目标的过程。实施计划是计划工作中最为关键的一个环节，只有将计划付诸实施，企业的一系列计划工作才有意义；只有将计划付诸实施，企业才可以有效率、有效果地向目标推进。在实施计划过程中，有时候需要根据环境的变化对计划做适当的修改。

（五）调整计划

在计划执行过程中，企业的外部环境是瞬息万变的。因此，管理者可能需要根据环境的变化而改变计划的执行方式，使企业的发展更适应环境。计划的调整是指在保持企业经营总目标不变的情况下，根据外界条件的变化，改变实现企业目标的进程，应对外界环境的变化。需要指出的是，企业计划的调整只是对企业目标的实现方式进行的适当调整，并不是对企业目标的彻底改变。这就犹如我们驱车去某地旅游，路途中遇到堵车可以绕道而行，但是并没有改变旅游目的地。

第 3 节　计划工作的常见方法

一、滚动计划法

由于企业外部环境的变化会对企业计划工作的实施产生深远影响，企业管理者需要根据环境的变化去修改计划，从而增强组织对环境的适应能力。滚动计划法（rolling plan technique）正是这样一种根据环境的变化和前期计划的执行情况，按照“近细远粗”的原则，定期修正未来计划的计划制定方法。[①] 在每次编制或者修正未来的计划时，均按照时间顺序将计划向前推进一个计划期，如此滚动向前实施计划。

滚动计划法是一种动态的计划实施方法，这种方法并不是像静态方法那样一个计划周期完成之后再反思计划实施过程中存在的问题，而是在计划实施过程中，根据历史资料不断地调整未来计划，逐期向前推移。例如，某企业在 2014 年年底制定了 2015—2019 年的五年计划。如果采用滚动计划法，则该企业应该在 2015 年年底根据计划的执行情况和企业经营环境的变化适当调整之前的五年计划，并在此基础上制定企业 2016—2020 年的五年计划。滚动计划法不仅适用于短中期计划，把短中期计划的实施有效地结合起来，还可以将企业年度计划按季滚动，将企业中长期计划按年滚动，从而把企业的年度计划和中长期计划衔接起来。

一般来说，计划的时间越近，不确定性越低，所掌握的信息越充分，计划就越详细；计划的时间越远，不确定性越高，所掌握的信息越少，计划就越粗略。这也是滚动计划法的特点。滚动计划法在计划工作中表现出很多的优点：

第一，滚动计划法有机地将短期计划和中长期计划结合起来，使不同时期的计划无缝衔接。这样一方面增强了前期计划执行经验的可利用性，另一方面提高了组织对环境变化的积极响应能力。

第二，滚动计划法在计划工作中不断地对已有计划进行调整、修正和完善，使计划更加切合实际。在这个动态过程中，不仅提高了计划的弹性，还有利于协调企业不同部门之间的关系，减少了相互推卸责任现象的发生。

---

① 孟英玉，张桂英．管理理论与实务．北京：北京大学出版社，2008.

第三，滚动计划法相对缩短了实施计划的周期，提高了计划的准确性和可操作性。滚动计划法是按照时间顺序逐期向前滚动，在每一个计划的前期，计划都是具体的，操作性非常强，更有利于实现企业的目标。

尽管滚动计划法在计划工作中存在众多优点，但是其在使用过程中也存在一定的局限性。例如，按照这种方法编制计划和实施计划的工作量比较大，程序相对复杂。在计算机时代，借助计算机软件可以在一定程度上克服这些局限性，大大提高计划编制的效率和质量。

二、甘特图法

时间是计划工作中的关键要素，在计划工作中时间的安排尤为重要。绘制一张标明计划任务和控制工作的线条图是一种合理安排时间的最好方法，而甘特图法的核心——甘特图（Gantt chart）正是这样的一张图。甘特图法是由科学管理运动的先驱者甘特（Gantt）在20世纪初发明的一种将工作活动和时间联系起来的计划实施方法。甘特图的内在思想简单，主要是一个以横轴表示作业时间、纵轴表示活动（项目）的线条图，图中的线条用来表示在整个期间实际工作情况以及整个计划的完成情况，因此甘特图也称为条状图。甘特图的实质是表明如何恰当地安排工作的程序和时间，从而有效率地完成工作。[①] 例如，管理者可以从图4-3中看出这项工程或者产品的进度情况，管理者可以据此采取矫正措施使其跟上进度或者通知客户不能按期供货，并告知客户预期的供货时间。

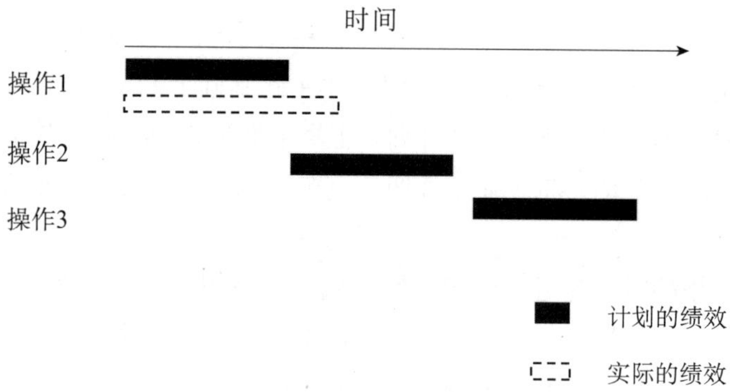

图4-3 甘特图表的简化格式

资料来源：丹尼尔·雷恩．管理思想史．北京：中国人民大学出版社，2009.

甘特图是一种非常容易操作的计划工具，我们可以通过甘特图直观地看出工作在什么时间开始、什么时间结束以及实际工作完成情况和计划完成情况的对比。管理者通过这张事先绘制的图表准确地掌握工作的进度，清楚地了解哪些工作滞后或者哪些工作已经提前完成，从而采取相应的措施。因此，甘特图是一种非常好的控制工具。

---

① 张明．甘特图：清晰把握工作进程．销售与市场（成长版），2012（4）．

三、网络计划技术

甘特图法适用于内部活动较为简单，项目数量相对较少，项目之间相互独立的企业。如果企业内部项目数量较多且相对复杂，则更适合采用网络计划技术。

（一）网络计划技术原理

网络计划技术（network planning）泛指各种以网络为基础制定计划的方法，它包括关键路径法（critical path method，CPM）、计划评审技术（program evaluation and review technique，PERT）等。网络计划技术将项目视作一个由众多相互制约、相互依存的作业中心组成的系统，作业与作业之间的相互关系以网络计划图的方式表示；从网络计划图找出项目的关键作业和关键路径，在此基础上对资源进行统筹规划和控制，以最短的时间和最少的人力、物力和财力等资源的消耗完成项目，从而取得良好的经济效益。网络计划技术的显著成效使其迅速在世界范围内广泛应用，成为管理者计划工作的有效工具。

（二）网络计划图的制定步骤

管理者可以将任何一项计划分解成若干组成部分，并将不同组成部分通过时间连接起来，用箭线表示它们的先后顺序，制定出一个由箭线将若干组成部分连接起来的、注明各个部分完成时间的网络计划图。网络计划技术的核心是网络计划图，其制定一般按照五个步骤进行：第一，确定计划任务各个组成部分，以及完成每一部分工作所带来的可能结果；第二，确定计划任务若干个组成部分的先后顺序；第三，用圆圈表示事件，箭头表示活动，绘制出从起点到终点的活动流程图形，明确表示出计划任务各个组成部分之间的相互关系；第四，估计出每项活动完成所需时间，并将其注明在活动流程图上；第五，比较流程图中路线的路长，从而找出一条或者几条路线最长的路径，这就是关键路线。需要指出的是，要重点关注关键路线，关键路线上的任何延迟都能导致整个项目计划不能按期完成。

（三）网络计划技术实例

某造纸公司计划在16周内完成一种空气污染过滤系统的安装，该项目由8个具体的任务构成，分别是任务A～H。在项目开始时，建造装置的内部结构（任务A）与改造地板和天花板（任务B）可以同时进行；建造储存架（任务C）是在装置的内部结构完成之后开始的；浇筑混凝土地板和安装框架（任务D）是在装置的内部结构、地板和天花板改造完成之后开始的；储存架完成以后可以开始高温火炉建造（任务E）和污染控制系统安装（任务F）；在浇筑混凝土地板、安装框架以及高温火炉建造任务都完成之后，可以开始安装空气污染过滤装置（任务G）；污染控制系统和空气污染过滤装置安装完成之后，即可检查和测试系统（任务H）。根据网络计划图的制定步骤，该造纸公司空气污染过滤系统安装项目的网络计划图如图4-4所示。

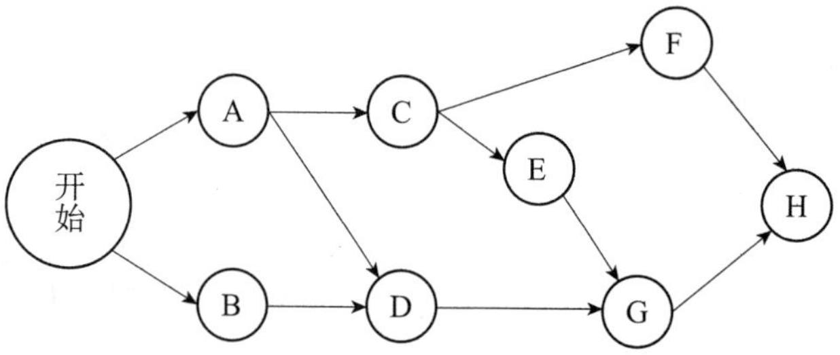

图4-4 某造纸公司空气污染过滤系统安装的网络计划图

资料来源：杰伊·海泽，等．运作管理原理：第6版．北京：北京大学出版社，2010.

➡ 思考题

1. 什么是计划？计划的内容由哪几部分构成？
2. 计划的类型有哪些？分别按照什么标准进行划分？
3. 计划对于管理者工作有什么意义？
4. 请简述计划工作的过程。
5. 常用的计划工作方法有哪几种？

➡ 课后案例讨论

中海壳牌公司的计划

中海壳牌石油化工有限公司（以下简称“中海壳牌公司”）是中海石油化工投资有限公司和荷兰皇家壳牌集团共同控股的一家石化产品生产公司。该公司成立于2000年，所生产的石化产品主要有乙烯和丙烯，供应中国国内市场。中海壳牌公司是一家非常善于利用计划来提高执行力的公司，在公司内部，计划无处不在。无论是整个公司还是最基层的员工，在一个项目开始之前，最先做的就是制定计划，然后将计划分解为一项项可以具体执行的行动。中海壳牌公司在员工入职之后，会不断提高员工计划制定能力，这不仅有利于培养员工严谨细致的工作态度，同时也提高了中海壳牌的精细化管理水平。

分解战略

中海壳牌公司倾向于分权管理，公司战略的顺利实施是通过计划的层层分解实现的。通过制定详细、清晰的计划，中海壳牌公司的战略得以层层分解，转变为一个个具体的行动，最终得到有效的实施。

在中海壳牌公司内部，管理者往往将公司的管理思想以及高层管理者的愿景通过计划分解，让员工接受，并内化到员工的日常行动中。公司的高层管理者制定公司的总体计划，然后将总体计划分解到各部门，最后分解至基层管理者和基层员工的具体行动中。这是一个将总体计划落实到员工每项具体工作的过程。通过这样的过程，公司的总体计划一步步解码，最后得到完美执行。中海壳牌公司的计划从上到下分为三个层次，分别是总体规划、部门计划和执行计划。总体规划通常是由公司高层管理者做出的，用于确定中海壳牌公司未来若干年的发展方向和总体计划；部门计划是由公司中层管理者做出的，是将总体规划分解为各个部门的计划；执行计划往往是由基层管理者根据部门计划所制定出的操作性很强的计划。

中海壳牌公司在工作分解时通常借助工作责任分解表和矩阵来分解责任。工作责任分解表由横向内容和纵向内容两部分组成，横向内容包括责任人和备注，纵向内容为详细的工作内容、工作目标等。公司还利用执行行动表将计划最终细分，和工作责任细分表类似，执行行动表也是由横向和纵向两部分内容构成。表的横向内容包括工作开始时间以及完成时间，纵向内容表示每一项工作内容。在具体使用过程中，员工可以用红、黄和绿三种颜色的标记帮助自己区分工作完成情况。比如：尚未开始的工作用红色表示，正在进行的工作用黄色表示，已经完成的工作用绿色表示，这样可以显著提高员工工作效率，也便于管理者了解员工计划执行情况。

制定可行的计划

中海壳牌公司倾向于分权管理，通过员工参与计划的制定，提高计划的可执行性。在制定计划时，领导者一般会在办公室将相关人员召集在一起，尽可能地研究计划开展过程中可能出现的问题，制定出精准周密的初步计划和方案，之后再征求其他人的意见。对于比较重要的计划，公司会和员工进行商讨，充分发挥集体的智慧，征求意见。对于重要的计划，公司会投入更多的时间和精力去研究工作中可能出现的问题，制定不同的方案，分析不同方案的优缺点，最终制定出切实可行的计划方案。中海壳牌公司强调员工参与计划制定过程，员工参与计划的制定过程能显著提高计划执行的效果。

在中海壳牌公司内部，计划几乎覆盖了每一位员工每一天的行动，甚至外出访问交流也有详细的计划安排，公司员工每天需要做的工作都是具体的。详细的计划降低了基层员工工作中的模糊性，提高了计划的可执行性，同时也提高了员工的工作效率。

预算提高计划执行的有效性

预算是以详细的计划为基础的，并且预算是计划有效执行的工具。中海壳牌公司在每年的年初制定整个公司的年度预算。年度预算的内容包括预算申请的金额、理由、支出时间等。各级预算需要逐级申请，而且每年预算申请的时间是固定的。每一部门的预算申请获批之后，预算金额就不会再做出改变，每一部门每年的预算金额是固定的。所以，部门成员只能在预算金额内去规划活动，从而有效地控制了部门活动费用。公司财务系统有一个明确的财务报账标准，员工支出必须符合财务报账标准才能报销，否则不予报销。

计划不得随意更改

在中海壳牌公司，计划是非常严格的，制定之后就不得随意更改。计划执行过程中，如果频繁大幅度修改公司计划，会对公司战略造成极大的危害。因此，计划一旦批准，对员工就具有很强的约束力，员工必须按计划去完成工作，不得随意更改计划内容和工作方式；如果擅自更改计划，就会受到批评和惩罚。例如，在一次春节后的外出度假活动中，有几个年轻女工未经批准擅自离队去商场购物，给公司外出度假工作带来了一定的影响；回到公司之后，中海壳牌公司高层管理者通过内部网络要求违纪人员认错并道歉。计划的严肃性培养了员工严谨的工作作风，避免了员工个人随意行为对公司计划完成的影响。

然而，中海壳牌公司的计划并不是不能改变，只有在紧急和特殊情况下才可以做出相应的改变。计划的改变要事先提出申请，经过上级的批准后才可以更改。

中海壳牌公司通过细致、可执行的计划提高了计划的执行力，通过预算提高了计划的有效性，通过严格的计划提高了计划的稳定性。但是，中海壳牌公司细致、严格的计划牺牲的是整个公司的灵活性以及公司员工的创造性。如何在保证计划的严谨性的同时兼顾公司的灵活性以及员工的创造性值得进一步研究。

资料来源：蔡丰．亲历壳牌：企业帝国的经营细节．北京：机械工业出版社，2010；蔡丰．壳牌：执行力从计划开始．(2014-10-11)．中国企业网；安邦咨询．壳牌的执行力．(2010-07-16)．中国经营网．

结合案例内容，回答以下问题

1. 中海壳牌公司是如何将公司的总体计划转化为员工的具体行动的?

2. 中海壳牌公司是如何通过计划来提高整个公司的执行力的?

3. 你认可中海壳牌公司这种通过计划来提高执行力的方式吗? 你认为应该如何平衡计划的严谨性和灵活性?

第 5 章
目标与战略

夫未战而庙算胜者，得算多也；未战而庙算不胜者，得算少也。多算胜，少算不胜，而况于无算乎！

——《孙子兵法·计篇》

建立目标是一种平衡：在企业成果与遵循人们所相信的原则之间的平衡，在企业当前需要与长远需要之间的平衡，在期望的结果与可用的资源之间的平衡。

——彼得·德鲁克

学习目标

1. 掌握目标的定义
2. 明确企业内部不同类型的目标
3. 掌握目标管理的内涵
4. 掌握企业战略的定义
5. 掌握企业公司层战略和业务层战略的内容
6. 掌握常见的战略分析工具

➡ 引 例

格力电器的腾飞

总部位于广东省珠海市的格力电器是一家家用电器研发、生产、销售和服务企业。它主营的产品为空调，在国内家用空调市场上市场份额遥遥领先。截至 2017 年年底，格力电器在国内拥有珠海、重庆、合肥、郑州、武汉、石家庄、芜湖七大生产基地，在国外拥有巴西和巴基斯坦两大生产基地，8 万多名员工，累计申请技术专利 32 178 项，注册的商标遍布全球 200 多个国家和地区，累计商标申请量超过 1 万件。格力电器的迅猛发展填补了行业空白，成为从“中国制造”走向“中国创造”的典范，那么究竟是什么原因使格力电器能够发展得如此之快？

发展阶段

成立于1991年的格力电器在当初只是一个默默无闻的、年产量2万台窗式空调的小厂，现在它已成长为行业内领先的电器制造商。回顾格力电器的发展史我们可以发现，它的成长可以分为五个阶段。第一阶段：1991—1993年，创业阶段。在此阶段完成了工厂的建立以及格力品牌的创建。第二阶段：1994—1996年，发展阶段。在此阶段以提高产品质量为主线，销售额突飞猛进，1996年在深圳证券交易所上市。第三阶段：1997—2001年，壮大阶段。公司管理层在这个阶段聚焦于市场开拓，致力于提高产品销售量。从这个阶段开始，格力电器逐渐成长为行业的领先者，空调产量、销量和市场份额开始稳居行业第一，公司的实力和品牌也获得了外界的认可，成为家用电器行业的名牌企业。第四阶段：2001—2005年，国际化阶段。在此阶段格力电器提出了“争创世界第一”的发展目标，在巴西投资建设了空调生产基地。得益于国内家用空调市场的巨大需求，2005年格力电器家用空调销售量突破了1 000万台（套）；格力电器成为全球家用空调销售量最大的企业。第五阶段：2006年至今，全球品牌阶段。2006年格力电器提出“打造精品企业、制造精品产品、创立精品品牌”战略，朝着“缔造全球领先的空调企业，成就格力百年的世界品牌”的目标奋进。

年度目标

格力电器取得令人瞩目的成绩，与管理者合理的目标和周密的计划是分不开的。2010年，格力电器全年的营业收入达到608.07亿元，比2009年增长了160亿元。2011年格力电器全年营业收入为800亿元，提出了在2012年营业收入突破千亿元的目标。目标的实现需要周密的计划作为支撑，2011年格力电器将工作重心放在保增长、深管理、转型和科研四个方面，经过格力人的不懈努力，2012年公司的年营业收入顺利突破千亿元大关。2012年的全年营业收入达到1 000.84亿元，同比增长19.84%，格力电器正式成为千亿家电俱乐部的一员。

2012年，格力电器提出了新的发展目标，计划用5年的时间（2012—2017年），再造一个千亿格力，即2017年格力的年销售额达到2 000亿元人民币，并为格力未来5年的发展制定了相应的计划。2013年，格力电器的营业总收入达到1 200.43亿元；2014年进一步增长到1 400.05亿元，连续两年每年增加200亿元。不过，由于2015年空调市场低迷，格力电器的营业总收入降到1 005.64亿元。2016年营业总收入回升到1 101.13亿元；2017年营业总收入攀上了1 482.86亿元的新高峰。

过去五年，格力电器营业收入上下起伏，即使净利润保持稳步增长，但仍未达成五年前订下的发展目标。如今，格力电器有了新的发展目标：2018年营业收入冲击2 000亿元，到2023年销售收入剑指6 000亿元。在上一次冲击目标失败后，格力电器这次能否实现其目标呢？我们拭目以待。

资料来源：王珍．格力电器离千亿目标再近一步．第一财经日报，2012-10-31；贾丽．董明珠 在拥抱电商和坚守传统中把握节奏．证券日报，2013-12-21；李光焱．格力 剑指两千亿营收．广州日报，2014-12-26；王珍．格力电器去年净利增30%至141.6亿．第一财经日报，2015-04-29；王珍．格力电器营收冲刺2 000亿．(2018-05-17)．第一财经．

第 1 节 目标的内涵

目标是企业计划的重要组成部分，管理者只有在目标的指引下，制定出科学合理的计划，才能保证企业经营的成功。

一、目标的定义

目标（objectives）是组织在未来一定时期内所要达到的最终结果，是组织成员共同努力的成果。目标作为组织活动的行动指南，为组织成员指明了努力的方向，减少了员工行为的盲目性。目标是计划的基础，在计划工作中首先要做的便是陈述组织的目标，只有清晰地陈述了组织的目标，计划工作才能够顺利展开。此外，组织的目标还可以作为管理者控制工作的衡量标准，通过评估目标实现的程度衡量组织绩效。

二、目标的层次

按照内部结构的层级划分，企业内部目标可以分为企业目标、部门目标和个人目标，三者共同构成企业的目标体系。

（一）企业目标

企业目标是企业开展经营活动所希望实现的长期结果，是在分析外部环境和内部条件的基础上制定的全体员工共同的奋斗方向。企业目标更多的是这样的陈述："公司的销售收入增长 15%以上""净利润率 20%以上""争做行业第一"等。企业目标是企业目标体系中层次最高的目标，是部门目标和个人目标的纲领。

（二）部门目标

部门目标是企业内部职能部门的目标。职能部门的目标具有差异性，例如，销售部的目标是开发更多的客户，使产品的销售额稳定增长；财务部的目标是及时有效地筹资、合理地投资，通过财务规划实现企业财富最大化；人事部的目标是不断开发企业人力资源，满足企业在不同发展阶段对人才的需求。部门目标不同于企业目标，企业目标是全体成员共同的奋斗目标，而部门目标只是企业内部具体某一职能部门的目标。需要指出的是，部门目标是实现企业目标的手段。

（三）个人目标

个人目标是企业内部员工的工作目标，员工通过个人目标认识到自己的工作任务以及个人对企业的贡献。个人目标往往来自部门目标的分解。例如，某公司销售部由5名销售人员组成，部门目标是第一季度销售30台起重机，那么5名销售人员的个人目标便是第一季度销售6台起重机。个人目标是企业目标和部门目标的具体化，个人目标服务于组织的部门目标和经营目标。

三、目标的意义

目标在企业生存和发展中具有以下三方面的重要作用：

（一）目标是企业发展的方向

目标犹如一座灯塔，为企业这艘大船在海上航行指明了方向。企业目标是全体员工共同的努力方向，它协调了企业内部不同职能部门之间的活动，降低了员工行为的盲目性，减少了企业资源的浪费。如果一个企业失去了目标，就像海上航行的船只迷失了方向，该企业最终的命运只能是在激烈的市场竞争中败北。

（二）目标可以激励员工

《孙子兵法·谋攻篇》中的“上下同欲者胜”，是指如果上级和下级有着共同的追求，就能出奇制胜。在制定目标时，管理者应将企业目标和员工目标有机地结合在一起，实现企业目标和员工目标的并轨。企业目标的实现伴随着员工目标的实现，这是员工实现个人目标的一条有效途径。因此，目标可以激励员工努力工作。

（三）目标是衡量工作绩效的标准

在管理实践中，目标的实现程度可以作为企业绩效衡量的标准。如果目标顺利实现，则说明在该期间内企业取得了良好的成绩；如果未能实现目标，则说明企业成员的工作方式出现了问题；管理者需要认真分析问题产生的原因，找出解决的办法，为后期工作的开展起到借鉴作用。

第2节 目标的分类

在上一节中我们讲到，按照企业内部结构中的层级分类可以将目标分为企业目标、部门目标和个人目标。此外，还可以按照时间的长短、目标对企业发展的重要程度等进行分类。不同的分类标准将目标划分为不同的类型，不同类型的目标有不同的特点，但它们又是紧密相连的。

一、长期目标和短期目标

按照时间的长短分类，目标可以分为长期目标和短期目标。长期目标是指规划实现时间较长，通常在 5 年以上的目标。企业往往会制定特定的战略来实现长期目标。由于长期目标的时间跨度较长，实现过程中不确定性因素较多，管理者有时可能需要根据外界环境的变化和企业工作的实施情况对长期目标进行适当的调整。短期目标是指规划实现时间在一年以内的目标。从时间上看，短期目标规划时间要远远短于长期目标；从表现形式上来看，短期目标比长期目标更为清晰和具体。企业的目标都是从近到远的，短期目标是实现长期目标的基础，短期目标不能和长期目标发生冲突，实现短期目标的目的是为了实现长期目标。短期目标和长期目标之间应形成一种整体关系，将二者有机地结合起来。

二、控制性目标和突破性目标

按照目标所确定的水平分类，目标可以分为控制性目标和突破性目标。控制性目标是指维持现有经营水平的目标。控制性目标是目标的底线，其目的是维持现有状况不变。例如，在质量管理中，控制性目标通常是指控制原材料的质量以及产成品的合格率，使之维持在一个稳定、可以接受的水平；在市场营销中，控制性目标通常是指在市场上维持企业某一产品的市场占有率，保持企业在该市场上的竞争地位。突破性目标是指使得企业经营活动突破性地达到前所未有的水平的目标。突破性目标是为了打破和超越现有经营水平而设定的目标。例如，在质量管理中，突破性目标可能是产品的不良品率由 15%降至 7%；在市场营销中，突破性目标可能是将某一产品的市场占有率由 30%提高至 50%。

三、主要目标和次要目标

按照目标对于企业发展的重要程度分类，目标可以分为主要目标和次要目标。主要目标是指在企业目标体系中起支配和决定作用的目标。在企业目标体系中，不同类型的目标的地位各不相同。主要目标在目标体系中起到统领的作用，它的内容决定了其他目标的内容。众所周知，所有企业的主要目标都是生存和发展，并获得一定的利润。对于任何一个企业来讲，生存、发展和获取利润这三个目标是相辅相成、缺一不可的。

次要目标辅助主要目标而存在，是帮助实现企业主要目标的目标。在目标体系中，次要目标处于从属地位。例如，营销目标、财务目标、人事目标等可以作为企业的次要目标。营销目标是更好地满足客户的需求，提高产品市场占有率；财务目标是通过合理的财务管理活动，帮助企业创造更多的财富；人事目标是开发人力资源，确保企业在未来有足够的人才供应。企业的次要目标和主要目标是一致的，实现次要目标的目的是实现企业的主要目标。

四、定量目标和定性目标

按照目标可量化程度分类，目标可以分为定量目标和定性目标。定量目标是指具有可考核性，能够用准确数字表达的目标。定量目标更多的是和销售额、产品不良率等名词联系在一起的。例如，某公司下一年的目标是产品市场占有率达到30%，市场占有率达到30%就是定量目标。定量目标具有直观、量化、清晰和便于监督考核等优点。但是，并不是所有的企业目标都是可以量化的，有些目标不适合用数量来表示，这些目标便是企业的定性目标。定性目标是指用描述性的语言而不是准确的数字来表达的目标。例如，某公司行政部的目标是下一年公司文档管理得到较大程度的改善。定性目标是具有方向性的目标，但是存在难以量化和难以考核的局限性。不过为了提高定性目标的可考核性，管理者也可以用尽量详细的语言来表达目标的特征以及目标完成的时间。

定量目标易于考核但是方向性差，定性目标方向性强但是难以考核。在管理实践中，应当将定量目标和定性目标结合起来使用，实现优势互补。

第3节 目标管理

在传统的目标制定过程中，管理者通过目标的层层分解将企业目标转化为每一位员工的个人目标。然而，这种目标制定过程存在两方面的缺点：一方面，企业目标向下分解时可能会被分解得面目全非；另一方面，上级给员工设定的目标可能由于上级不了解实际工作情况导致分解给员工的个人目标无法完成。因此，为了克服上述传统目标制定过程的局限性，很多企业采取了目标管理这样一种方法。

一、目标管理的内涵

目标管理（management by objective，MBO）是20世纪50年代中期源于美国的一种管理思想。目标管理的概念是由“现代管理学之父”彼得·德鲁克在1954年出版的《管理的实践》一书中首次提出的。所谓目标管理，是一种为实现企业目标而层层落实、全体成员共同参与的系统管理方法，可以有效地将企业目标转换为各部门的目标以及组织成员的个人目标。目标管理的核心思想是全员参与建立共同的责任感，依靠团队合作和自我控制实现企业目标。具体而言，目标管理具有以下特点：

（一）参与管理

目标管理的理论基础是Y理论，Y理论是一种积极的人性假设，这种理论认为员工喜欢工作，把工作视为生活中的一部分，认为工作是一种自然而然的活动，员工乐于自我激励和自我指导，甚至主动寻求工作责任。因此，目标管理是一种重视授权、员工积极参与管理的管理方法。目标管理不是上级生硬地将目标分配给下级员工，而是通过上下级协商、员工广泛参与完成目标的制定。这样制定出来的目标才更加切合实际，从而提高目标的可实现性。

（二）自我控制

目标管理强调自我控制，管理者需要不断地将目标实现情况反馈给每一位组织成员，便于组织成员进行自我控制，进而进行绩效衡量。工作中，员工将客观需要转化为个人目标，以员工的自我控制代替了上级强制性管理。在自我控制中，每一位组织成员通过比较自己实际工作情况和目标来衡量绩效，进一步改进自己的工作。假如员工意识到自己未能成功完成自己的任务，就要进行适当的调整，以减少对其他部门和员工目标实现过程的影响。此外，通过自我控制，员工能够明确地看到自己对企业的贡献，从而增强自信心和成就感。因此，自我控制可以转化为强大的动力，激励员工努力工作实现自己的目标。

（三）下放权力

集权和分权本身是相互矛盾的，目标管理可以有效地协调这对矛盾，促进企业下放权力。目标管理倾向于下放权力，权力的下放通过以下两方面实现：第一，在目标体系制定过程中，强调员工参与目标的制定；员工根据自身能力以及工作的实际情况制定出适合自己的工作目标，然后上报组织，融入企业的目标体系。第二，在实现目标的过程中，强调成果导向，管理者只是定期检查、监督员工工作进展情况，不对员工工作过程施加过多影响。这有效地促进了企业权力下放，员工在实现目标的过程中可以充分地发挥聪明才智，高效地完成工作。

（四）成果导向

目标管理和传统的管理方法不同，对员工绩效的考核是成果导向的而非过程导向的，因此目标管理又称为成果管理。在传统的绩效考核中，管理者倾向于凭借其对员工的主观印象对员工做出评价，而目标管理所追求的是在一定时期内员工所应该实现的成果。目标管理有一套完整的目标体系，通过目标体系将企业不同部门和所有员工整合为一个整体，企业作为一个整体向前推进。管理者不再关注员工在实现目标过程中具体做了些什么，而是将重点放在员工在规定的期限内有没有实现相应的目标、有没有达到相应的成果，以此充分调动员工工作的主动性和积极性。

延伸阅读 5-1
目标管理的步骤

二、目标管理的意义

目标管理在企业管理中具有以下重要作用。

（一）激励组织成员

在以往的管理过程中，管理者倾向于使用物质奖励实现对员工的激励。虽然物质奖励能对员工起到一定的激励作用，但是其激励时效往往较短，管理者为了实现对员工长期的激励不得不频繁提供物质奖励，这无疑增大了公司的运营成本。而目标管理恰恰弥补了物质激励时效短、成本高等缺点，切实可行的、吸引人的目标往往能对员工起到强大持久的激励作用。在目标管理过程中，目标是由上级和下级共同协商制定的，员工通过目标的制定参与到企业的决策中，提高了员工的归属感。在计划实施过程中，员工自主安排工作进度，强调自我控制，上级对下级广泛授权。员工参与决策和授权可以激发员工的积极性、主动性和创造性，激励员工努力工作。员工实现了目标之后，会提高其工作自信心和工作热情，反过来又起到激励作用。

（二）提高工作效率

和传统的目标制定过程相比，目标管理在有计划地开展工作、保证最终目标实现方面更胜一筹。目标体系制定完成以后，每一位员工都清晰地知道了自己的目标、企业的目标以及自己的目标在企业目标实现过程中的重要性，降低了员工工作的盲目性以及不同部门之间工作冲突发生的可能性。目标管理促使各部门以及每一位员工关注自己的目标，尽力实现各自的目标。在目标实现的过程中，员工不再等待上级分配任务，而是自主安排工作，在这个过程中强调自我管理。因此，实施目标管理可以有效提高工作的效率。

（三）实现有效控制

控制是保证企业目标顺利实现的重要手段，目标管理本身也是一种控制的方式。在目标管理中，通过目标的层层分解，逐渐将企业的总目标分解为各个部门的目标以及各个员工的目标。这一目标体系就是在计划工作展开中控制的标准，管理者可以根据这个标准定时检查员工工作的完成情况。同时，这一目标体系也是评价各部门成员绩效的标准。因此，实施目标管理可以帮助管理者进行有效的控制。

三、目标管理的局限性

目标管理自诞生之日起便在学术界和企业实践中产生了巨大影响。目标管理克服了传统目标制定过程中的不足，能够调动员工的积极性，激励组织成员为实现组织目标而努力工作。但是，任何一项管理工具都不是十全十美的，目标管理也存在一定的局限性。

（一）对人性假设过于美好

目标管理的理论基础是Y理论，Y理论认为员工总是积极主动地发挥个人潜力，努力实现企业的工作目标，勇于承担工作责任；他们是有上进心和事业心的，只要管理者提供机会，他们总会努力工作、达成目标、满足成就需要。这是对人性的一种积极乐观的假设，但是在现实世界中这种假设不一定成立。现实社会中的人是有机会主义一面的，尤其是在组织中监督不到位的情况下。另外，目标管理所倡导的承诺和自我控制氛围在企业中也往往难以形成。

（二）目标设置存在困难

目标管理强调组织层级越低，所制定的目标应该越清晰越具体，但是在现实世界中，企业内部许多目标是难以具体化和量化的。一方面，组织生存环境中不确定因素越来越多，不确定性因素变化越来越快；另一方面，随着组织规模的扩大，组织内部结构越来越复杂。这些都导致清晰具体目标的设定存在一定难度。

（三）过度关注短期目标

目标管理中的目标更多的是短期目标，比如季度目标或者月度目标。短期目标相对于长期目标而言具有比较具体、易于分解和迅速见效的特点，在实施目标管理的过程中，管理者更倾向于使用短期目标进行管理。因此，管理者容易过度关注短期目标而忽视企业长期的发展。另外，管理者在对结果进行考核的过程中，奖罚并不一定都和目标的实现程度相结合，即考核过程中很难保证公正性，这也会削弱目标管理的效果。

第 4 节　战略管理

战略一词是从军事中借鉴而来的，1938 年，战略被引进企业管理，美国学者切斯特·巴纳德在《经理的职能》中用战略因素来阐述组织的决策机制。[①] 1965 年，著名管理学家伊戈尔·安索夫（Igor Ansoff）系统地研究了企业战略的制定和实施，企业战略得以广泛应用。[②]

一、企业战略与战略管理

企业战略（strategy）是在分析外部经营环境和内部条件的基础上，为了长期生存和不断发展而制定的长期的、全局性的发展规划。企业战略是在了解外部经营环境和企业内部条件的基础上，充分利用外部环境中的机会与企业内部的优势，确定企业经营范围，合理分配企业资源，从而获得竞争优势的过程。为了更好地学习企业战略，我们有必要了解愿景、使命和目标的概念。由于我们在之前的内容里已经对目标进行了详细的阐述，因此这里不再介绍有关目标的内容。

愿景和使命是企业最高层次的理念。愿景（vision）回答“企业未来希望发展成为一

---

① 巴纳德．经理的职能．北京：北京理工大学出版社，2014.

② Ansoff I. Corporate Strategy. Teaching Business & Economics，1965（3）：25.

个什么样的公司”的问题，是对企业发展方向的描述。例如，宝洁公司的愿景是成为并被公认为提供世界一流消费品和服务的公司。使命（mission）回答“企业为什么而存在”的问题，它反映了企业管理者的价值观和企业力求树立的形象，是对企业总的发展方向的描述。[1] 例如，可口可乐公司的使命是：“令全球人们的身体及思想更怡神畅快，让我们的品牌与行动不断激励人们保持乐观向上，让我们所触及的一切更具价值。”愿景、使命和目标是企业战略的重要组成部分，企业在制定战略时，应详细阐述企业的愿景、使命和目标。

战略管理（strategic management）是指管理者为制定、实施和控制企业战略而做的工作，是管理者为实现战略目标而采取行动的动态管理过程。战略管理对于企业具有重要的意义，一方面，战略管理对企业绩效有显著的影响，许多研究发现企业战略和组织绩效之间存在正相关关系；另一方面，企业经营环境是不断变化的，企业内部是复杂且多元化的，管理者所面对的不确定因素越来越多，通过战略管理过程，管理者可以采取行动来应对不确定因素。

二、战略的层次

企业战略自上而下可以分为公司层战略、业务层战略和职能层战略，不同层次的战略往往由不同层级的管理者制定。公司层战略由高层管理者制定，业务层战略由中层管理者制定，职能层战略由基层管理者制定。

（一）公司层战略

公司层战略（corporate strategy）是依据企业的战略目标，确定经营范围，通过合理的资源配置使得企业各项业务相互支持、相互协调的战略，主要有增长战略和收缩战略两种。

1. 增长战略

增长战略（growth strategy）是指企业通过扩大现有业务或者开拓新业务从而提高所服务的市场数量和所提供的产品数量的战略。例如，2014年，苹果公司为了占有大屏幕手机市场而推出了iPhone 6 Plus。增长战略是建立在充分利用企业外部机会和企业内部资源的基础之上的。由于企业采取增长战略需要较多的资源作为支持，所以当企业资源有富余时，企业应果断抓住外部机会，实施增长战略。企业可以通过多元化、一体化、并购、战略联盟和向海外拓展业务等方式实施增长战略。

延伸阅读5-2
增长战略的类型

2. 收缩战略

在经营中，企业绩效在某一段时间内可能会持续下降，为了应对这类问题，管理者不得不采取收缩战略。收缩战略（retrenchment strategy）是对企业产品和经营范围进行一定的调整或撤退。这是一种以退为进的短期战略，收缩的目的是谋

① 徐二明. 企业战略管理. 北京：中国经济出版社，2002.

求更好的发展机会。通过实施收缩战略来稳定企业经营活动，激发企业资源和能力，使得企业重新恢复竞争能力。

（二）业务层战略

业务层战略，又称竞争战略（competitive strategy），是在公司战略的指导下，具体到一个业务单位的战略。业务层战略的主要内容是如何在市场中获取竞争优势并持续保持竞争优势。因此，业务层战略更多的是思考如何经营，即在哪些市场上与哪些产品竞争，以及如何维持竞争优势持续获得超额利润。对于单一经营的企业来说，公司战略和业务层战略是同一种战略；但对于同时拥有多种业务的企业来说，每一个业务单位都应该有自己的业务层战略。企业的业务层战略有三种，分别是：成本领先战略、差异化战略和集中化战略。①

1. 成本领先战略

成本领先战略（cost leadership strategy）是指企业通过成本控制将企业经营成本降到最低，在较大规模的市场中和竞争对手展开竞争从而获得竞争优势的战略。严格的成本管理使得企业在研发、生产和市场营销等方面的成本降到最低。如果消费者对价格具有高度的敏感性，实施成本领先战略获得竞争优势就很容易成功。另外，企业必须具备一定的条件才能成功地实施成本领先战略。比如，企业必须使用先进的设备进行大规模标准化生产，从而获取规模效益；企业的产品应该有很高的市场占有率。企业采取成本领先战略可以对行业中潜在进入者设置较高的进入障碍，还能提高企业本身的讨价还价能力。但是，不可否认的是成本领先战略也存在局限性。比如，成本领先战略获得的竞争优势很不容易维持，当竞争对手开发出更低成本的生产方法时，这种竞争优势就会迅速消失；另外，企业如果过分追求降低成本，势必会带来产品和服务质量的降低，影响顾客的购买决策，最终可能会使顾客转向竞争对手的产品。

| 案例 5-1 |

美国西南航空公司成本领先战略

总部位于得克萨斯州的西南航空公司成立于1967年，是美国第二大航空公司和全世界最大的低成本航空公司。西南航空公司的制胜法宝是成本领先战略，堪称民航公司低成本经营模式的典范。成本领先战略为西南航空公司创造了独特的竞争优势，无论外界环境如何变化，西南航空公司总能保持高速的增长；即使是2001年“9·11”事件之后，众多航空公司纷纷走向破产，西南航空公司还能保持稳定增长。2012年西南航空在美国前100城市航线中的市场份额接近3/4。2018年6月，西南航空公司的市值已经达到304亿美元。西南航空公司的崛起改变了美国航空业市场格局，提升了航空在美国交通体系中的价值。那么，西南航空公司是如何做到低成本经营的？

飞机标准化

如果你搭乘过西南航空公司的航班你就会发现：无论是在什么时间点、从哪个机场起

① 迈克尔·波特．竞争战略．北京，华夏出版社，2012．

飞，西南航空公司的飞机总是波音737。和其他航空公司同时拥有好几种机型的飞机来满足不同乘客的需求显著不同，西南航空公司只有波音737一种机型。西南航空公司飞机标准化可以为公司带来三方面的好处。第一，单一机型可以节省大量的飞行员培训费用，显著缩短了飞行员培训周期。一个飞行员学会驾驶波音737之后，他便具备了驾驶西南航空公司任何一架飞机的能力。第二，便于地面的调度，提高了管理效率。由于所有的飞机是同一个机型，地面上的空管人员可以高效地完成调度工作。第三，降低了飞机的空闲率，节约了维修成本。西南航空公司飞机的标准化大大降低了成本。

服务简洁化

西南航空公司为了节约成本，没有提供昂贵的网络机票预订系统，而是使用可重复使用的塑料登机牌；塑料登记牌是已经编过号的，检票员可以按照先来原则给乘客发放。西南航空公司并不像其他航空公司为乘客提供飞机上的饮食服务，只是简单地提供一些饮料和花生米；西南航空公司专注于短途航线，不需要专门的厨师为乘客制作食物。简洁的服务为西南航空公司节省大量费用的同时还提高了乘客满意度；西南航空公司在2012年获得了全球客户服务冠军的荣誉。

培养员工忠诚

西南航空公司建立了以自由、愉快和坚持乘客和员工的利益为原则的企业文化，强化员工团队精神，提高了公司的运营效率和员工忠诚度。员工在西南航空公司因从事劳动而受到尊重，员工因热爱各自的工作而甘心付出。另外，西南航空公司坚持所有成本都要降低，唯独员工工资、福利和股东分红丝毫不减。西南航空公司较高的员工忠诚度降低了员工流动率，公司的员工流动率在7%左右，这大大降低了公司的招聘成本和培训成本。

西南航空公司通过多方面的措施，实施成本领先战略，使得公司有能力为乘客提供低廉的机票。西南航空公司的平均票价只有59美元，其机票价格不仅远远低于同航线的其他航空公司，在公司的大多数市场，其机票价格甚至低于两个城市之间的长途汽车票价。较低价格的机票吸引了众多的乘客。根据2017年的数据，西南航空公司每天有4 000多个航班在美国100多个城市以及10个国家往返，每年的旅客运送量超过了惊人的1.2亿人次，全年平均客座率高于80%，拥有超过5.7万员工，保持45年连续盈利。西南航空公司的成本领先战略获得了巨大的成功。

资料来源：唐烨．美国西南航空：微笑服务与“免费花生”．解放日报，2011-08-20；李小群．低成本航空风行全球．人民日报，2014-05-07；荆建林．美国西南航空的3Vs营销模型浅议．企业家日报，2013-11-09；李娟．低成本航空机会来了．经济观察报，2014-01-17；Halah Touryalai and Kristin Stoller. Global 2000：The World's Largest Public Companies. The Forbes，2018-06-06.

2. 差异化战略

差异化战略（differentiation strategy）是在较大规模的市场中，针对消费者的独特需求而提供与众不同的产品和服务，从而满足顾客需求，获得竞争优势的战略。企业可以在如下方面实现差异化，如产品设计、服务、营销渠道和企业形象等。利用顾客对产品和服务特色的偏爱和忠诚，差异化战略降低了价格的敏感性，从而使企业避开了直接的价格竞争，免于陷入价格战的泥潭。与此同时，顾客的偏爱和忠诚为潜在进入者设置了较高的进入壁垒，潜在进入者要打破进入壁垒需要付出较高的代价。但是，实施差异化战略也有潜在的风险。企业实施差异化战略往往意味着对提高市场占有率的放弃，差异化战略和提高市场份额往往不可兼得。实施差异化战略通常是以高成本为代价的，因为顾客的偏好一般是高质量、高性能的产品以及周到的顾客服务等，而满足这些需求需要较高成本。

3. 集中化战略

集中化战略（focus strategy）是指针对某一细分市场开展生产经营活动，为特定购买群体提供特殊产品和服务的战略。采取集中化战略的关键是选取好细分市场。采取这种战略的企业往往规模较小，为了与大型企业竞争，它们需要在细分市场或区域市场以更高的效率和更好的效果去满足特定群体的需求。集中化战略也存在风险，假如瞄准较宽市场的企业发现细分市场有丰厚的利润，这些企业可能会选择进入细分市场。因此，实施集中化战略的企业应时刻警惕，保护好细分市场。

（三）职能层战略

职能层战略（functional strategy）是企业内部各个职能部门的战略，主要包括人力资源战略、财务战略、市场营销战略等。职能层战略和各职能部门紧密联系，其内容往往由相应的职能部门的职责决定，所以不同部门的职能层战略相差很大。职能层战略能够使各职能部门成员意识到本部门在实现企业战略目标中的作用，有效地运用各部门的职能，帮助企业实现战略目标。

三、战略管理过程

战略管理过程是企业通过对外部环境和内部条件的分析，选择并实施能够实现企业目标的战略，并且在这个过程中加以严格的控制。战略管理过程由战略分析、战略选择、战略实施和战略控制四部分组成。

（一）战略分析

战略分析是企业利用战略分析工具对外部环境和内部条件进行分析，从而识别出外部环境中的机会和威胁，分析出企业内部的优势和劣势。熟悉掌握企业内外部环境的相关因素是企业制定出科学的战略的基础。

（二）战略选择

在战略分析的基础之上，管理者需要充分利用环境中的机会与企业优势，避开企业劣势，将环境中的威胁降到最低限度，结合企业宗旨和愿景，选择相应的战略。

（三）战略实施

战略实施是战略管理过程中战略执行的阶段，将战略付诸行动。试想，如果管理层未能正确地实施战略，即使制定出来最好的战略也可能致使战略管理失败。因此，战略的实施在战略管理中至关重要，这是一个将美好愿景变为现实的过程，战略实施的成功与否直接关系到企业绩效的好坏。

（四）战略控制

战略控制是在实施战略过程中监视企业内部条件和外部环境的变化，及时地调整企业战略，以提高战略实施效果。在战略控制中还包括结果评估，结果评估是对实施战略的结果进行评估。结果评估一方面应注意评估时机和评估标准的选择；另一方面，应与时俱进，运用先进的评估手段。通过对结果的评估，管理者可以发现需要调整的地方，及时对战略做出调整，以保证战略对企业经营管理指导的有效性。因此，战略控制是战略管理中不可或缺的重要环节。

四、战略分析工具

（一）外部环境分析工具

1. PEST 分析模型

在制定战略前，企业应对企业的宏观环境进行分析。管理者在分析宏观环境时常用的工具为 PEST 分析模型，该分析模型从四个方面实现对外部宏观环境的分析，即政治法律（political & legal）环境、经济环境（economic）、社会文化（social & cultural）环境和技术（technological）环境。

延伸阅读 5-3
PEST 分析模型的
具体内容

2. 波特五力模型

五力模型是由美国著名的战略学家迈克尔·波特（Michael E. Porter）提出的一种行业竞争力分析工具。波特认为，一个行业内部存在五种基本的竞争力量，分别是潜在进入者的威胁、替代品的威胁、供方议价能力、买方议价能力以及行业内现有竞争者之间的竞争，如图 5-1 所示。这五种基本竞争力量的状况以及相互作用的强度，引发行业内经济结构的变化，决定了行业内竞争的激烈程度以及行业吸引力和最终的利润潜力。管理者可以使用五力模型来对企业现有业务涉及的行业或者即将进入的行业进行分析，评估行业内竞争情况以及利润潜力。

（1）潜在进入者的威胁。如果某一行业具有丰厚的利润或者光明的发展前景，便会吸引潜在进入者的目光。潜在进入者带着新的资源和生产能力进入行业，对已形成的市场份额格局提出重新分配的要求。新的资源和生产能力的加入，会对行业产生强有力的冲击，使得行业内产品价格下降或者企业运行成本增加，导致整个行业获利能力的下降。

（2）替代品或服务的威胁。替代品是指市场上和企业提供的产品具有相同或者相似功能的产品，替代品能够替代该企业的产品来满足顾客的需求。例如，洗化用品中肥皂是洗衣粉的替代品。通常情况下，在顾客认为产品质量差别不大时，替代品的价格会对该企业

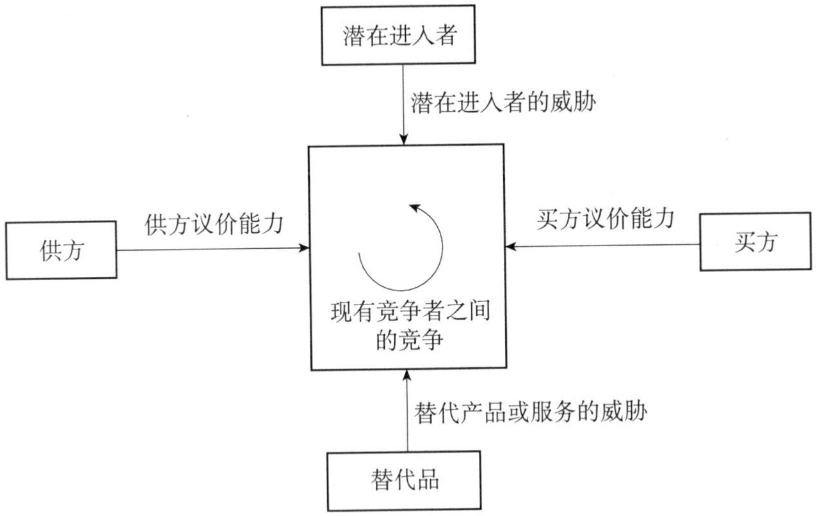

图 5-1　行业内部的五种竞争力量

资料来源：迈克尔·波特．竞争战略．北京：华夏出版社，2005.

的产品产生影响。行业中替代品的价格越低，质量越高，对企业构成的威胁越大。

（3）供方议价能力。原材料供应商希望以较高的价格将质量较次的原材料或者更少的服务出售给企业。当企业所需要的原材料被少数几家供应商所控制时，供应商的讨价还价能力就很强，此时企业处于被动地位。当供应商讨价还价能力很强时，供应商可能会抬高原材料的价格使得企业成本上升，从而导致企业利润下降。

（4）买方议价能力。市场上的买方总是希望以较低的价格买到质量较高的产品或更多的服务。买方可能会通过掌握更充分的信息、参加团购活动以扩大单次购买数量等方式，增强讨价还价能力，迫使企业降低价格或提高产品质量，从而降低企业的利润。因此，对于行业内的企业来说，买方也是需要关注的竞争力量。

（5）现有竞争者之间的竞争。五种竞争力量中最显而易见的便是现有竞争者之间的竞争。我们常常可以看到不同企业之间的价格战、广告战、增加顾客服务等，这些都是行业内企业之间最常见的竞争方式。

（二）内部条件分析工具

1. 价值链分析

价值链思想最初来源于麦肯锡管理咨询公司，后来由迈克尔·波特进一步发展完善。迈克尔·波特认为，每一个企业都是一系列业务活动的集合，这一系列互不相同而又相互联系的业务活动能够给企业创造价值，由这一系列活动所组成的动态过程就是企业的价值链。价值链分析通过审视企业的每一项业务，确定哪一项业务能为企业创造更多的价值，哪一项业务成本过高。企业管理者可以根据分析的结果，采取行动，提高某一项业务活动创造的价值，保持竞争优势。典型的价值链框架如图 5-2 所示，可以从中看出，企业基本价值链由基本活动和辅助活动两大部分构成。

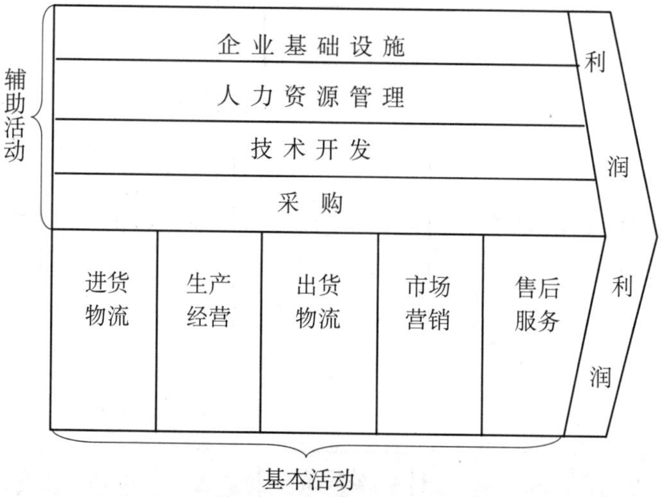

图5-2 基本价值链

资料来源：迈克尔·波特．竞争优势．北京：华夏出版社，2005.

（1）基本活动。企业的基本活动是与产品制造、销售、物流和售后服务有关的活动，包括进货物流、生产经营、出货物流、市场营销和售后服务五个独特的活动。进货物流是指原材料的搬运、储存和分配等活动。生产经营是指原材料或者半成品在企业内制造成为有价值的产成品的活动，包括加工、检测、设备维修等。出货物流是指将产成品交付给客户的各种活动，包括产成品入库、送货等。市场营销是指引导和促使顾客购买企业产品的各种活动，包括促销、广告、推销等。售后服务是指增加或保持企业产品长期价值的各种活动，包括设备安装、培训、维修等。对于不同类型的企业，价值链基本活动中的各个活动的重要程度是不同的。例如，对于批发企业而言，进货和出货物流无疑是最重要的。

（2）辅助活动。辅助活动是为了保证基本活动的正常运营，通过提供企业范围内的各种职能、人力、技术和原材料辅助基本活动的企业活动，包括企业基础设施、人力资源管理、技术开发和采购四个独特的活动。企业基础设施由企业总体管理、会计、法律、质量管理等大量活动构成，通过整个价值链发挥作用。人力资源管理是指企业员工招聘、培训、职业生涯设计、开发、薪酬等各种活动，通过人员选配支撑着企业的整个价值链。技术开发活动是指为改善企业产品和生产工艺而进行的各种活动，包括产品设计、过程研究等，对企业保持竞争优势尤为重要。采购活动是指企业购买生产经营活动所需的各种投入的活动，包括供应商选择、供应商谈判等。

2. 核心竞争力分析

在同一地区同一行业中，为什么有些企业的经营绩效要明显好于另外一些企业？为什么有些企业逐渐走向强大而另一些企业却不得不缩减业务甚至倒闭？我们可以从企业核心竞争力角度出发找出这些问题的答案。核心竞争力最早是由哈默尔（Hamel）和普拉哈拉德（Prahalad）于1990年在《哈佛商业评论》上发表的一篇文章中提出的，他们认为核心竞争力是企业的“积累性学识”或者“学识”，通过这些“学识”企业可以协调多样化的技术以及整合各种技术。[1]

核心竞争力（core competencies）是指企业所特有的、难以被竞争对手模仿的、能为企业带来竞争优势的技术或能力。核心竞争力具有价值性、独特性、延展性、动态性、整合性和异质性。[2] 价值性是指它能为企业创造出有价值的产品，并且是企业价值的主要来源。独特性是指核心竞争力是在企业长期发展过程中形成的，是企业本质的表现，具有独一无二的特性。延展性是指核心竞争力能扩散至企业其他能力，帮助企业获得其他能力或者专长。动态性是指它的形成过程是一个动态演变过程；在企业发展过程中，企业核心竞争力有可能获得强化也可能逐渐丧失。整合性是指核心竞争力是由众多技术和能力整合而来的，单一技术或者能力不能形成企业的核心竞争力。异质性是指不同的企业所拥有的核心竞争力也不相同。

在同一地区同一行业，有些企业的经营绩效要明显好于另一些企业，原因就在于这些企业的核心竞争力为它们带来了独特的竞争优势。例如，2007 年京东在电商行业中率先自建物流，当时这种耗资巨大、违背社会分工的做法并不为业界所看好。随着互联网的蓬勃发展，消费者对网购商品的送货速度要求越来越高，当依靠物流公司送货的其他电商不能迅速将商品送至消费者手中时，京东自建的物流体系以快速的物流配送能力获得了消费者的一致好评。如今，京东的物流体系已经成为其核心竞争力，为京东带来了独特的竞争优势。

3. 波士顿矩阵

波士顿矩阵（BCG matrix）是由美国波士顿咨询公司开发的，适用于多元化经营企业投资组合的分析方法。这种分析方法认为，企业某一特定业务应当采取何种战略取决于企业的相对竞争地位（以相对市场占有率指标表示）和业务增长率（以市场增长率指标表示）。用横轴表示相对市场占有率，纵轴表示业务所在行业的市场增长率，将企业的业务分配在一个 2×2 维的矩阵中，从而识别出哪项业务具有较高的现金流入量，哪项业务需要消耗过多的资金，从而管理者可以采取相应措施，平衡相关业务间的现金流量。

根据分析的结果，多元化经营企业的业务可分为以下四种类型，如图 5-3 所示。

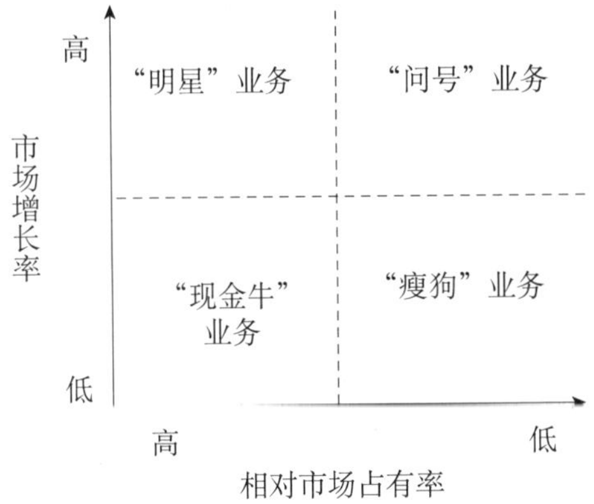

图 5-3　波士顿矩阵图

资料来源：徐二明．企业战略管理．北京：中国经济出版社，2002.

① Prahalad C，Hamel G. The Core Competence of Corporation. Harvard Business Review，1990，68（3）.

② 杜云月，蔡香梅．企业核心竞争力研究综述．经济纵横，2002（3）.

（1）“问号”业务。这类业务处在高增长的市场中，但是企业在行业内部的市场份额很小。它们的现金流量状况很差，一方面由于市场份额较小，只能够带来很少的现金流量；另一方面，为了扩大市场份额，需要投入较多的资金。因此，针对“问号”业务，要深思熟虑，研究是否值得投资。

（2）“明星”业务。这类业务的市场增长率高并且企业的业务在行业内市场份额较大。它们在未来具有极好的增长和盈利机会，但它们又是企业资源的主要消耗者，需要进行大量的投资。在适当的条件下，“明星”业务可以转变为能给企业带来大量现金的“现金牛”业务。

（3）“现金牛”业务。这类业务的市场增长率低但企业业务在行业内的市场份额较高。它们一般处在成熟的市场中，市场地位有利。这类业务不需要提供过多的资金支持，反而能为企业其他业务提供大量现金。

（4）“瘦狗”业务。这类业务的市场增长率低且企业业务在行业内的市场份额有限。它们和行业内其他企业竞争激烈，能够获取的利润很低。如果这类业务能自我维持，企业可以适当地缩小经营规模、强化内部成本管理；如果这类业务已处于严重亏损状态，则应清理业务或退出经营。

（三）SWOT 分析法

管理者经常用 SWOT 分析法来综合分析企业的内外部环境。SWOT 分析法是一种综合考虑企业外部环境和内部条件的各种因素，帮助管理者选择最佳经营战略的分析工具。S（strengths）是指企业内部特有的能提高企业竞争力的优势；W（weaknesses）是指企业内部相比于竞争对手的劣势；O（opportunities）是指经营环境中存在的企业可用以谋求增长的机会；T（threats）是指企业经营环境中某些因素对盈利能力或市场地位构成的威胁。

使用 SWOT 分析工具时，首先应该罗列出企业外部环境中的机会与威胁、内部的优势与劣势。其中，外部机会与威胁的判别标准是对将来实现企业战略目标有利还是有害；需要说明的是企业内部的优势与劣势并不是绝对的，而是根据竞争对手的状况来判定。其次，将企业的机会与威胁、优势与劣势进行组合。最后，根据企业业务的类型采取相应的战略，如图 5－4 所示。

企业内部条件 / 企业外部环境	优势（S）	劣势（W）
机会（O）	增长型战略	扭转型战略
威胁（T）	多元化战略	防御型战略

图 5－4 基于 SWOT 分析的战略选择

图 5－4 清晰地显示了根据企业每一种业务的特点应该采取的相应战略。可以看出，企业中某些业务适合采取增长型战略，因为这种类型的业务具有众多的外部机会和内部优势，企业应该利用内部优势，抓住外部机会，扩大产品生产或者市场。某些业务适合采取扭转型战略，因为这种类型的业务具有众多的外部机会但却受到内部劣势的限制无法充分

利用外部机会，所以企业针对这种类型的业务应当采取扭转型战略，充分利用外部机会，克服自身劣势。然而，当企业的某些业务面临严峻的挑战，外部存在巨大威胁，内部存在较多劣势时，应当采取防御型战略，通过对现有经营业务进行调整，避开外界环境中的威胁，消除自身的劣势。当企业的某些业务外部环境中存在威胁，但是内部具有一定优势时，可以采取多元化经营战略，充分利用内部优势，通过多元化经营获得长期发展机会。

➡ 思考题

1. 什么是目标？目标对于企业管理具有什么作用？
2. 什么是目标管理？假如你是一个公司的总经理，应如何在公司顺利实施目标管理？
3. 什么是战略？简述战略管理的过程。
4. 简述业务层战略的内容。
5. 简述常见的战略分析工具。

➡ 课后案例讨论

研华公司在中国大陆的竞争战略

研华公司是一家成立于 1983 年，总部位于中国台湾的产业计算机生产商。它在全球产业计算机行业拥有非常高的声誉，2017 年年度营收达到 1.455 亿美元，全球共有专职员工近 7 000 名，分支机构位于 21 个国家的 92 个城市。研华公司于 1992 年在中国大陆设立的分公司，是最早在中国大陆从事产业计算机生产和销售的企业。此后研华公司便开始了在中国大陆市场大规模的布局，现在已经设立了 46 个分支机构。中国大陆现已成为研华公司第二大集研发、销售、服务为一体的区域性中心，为研华公司布局整个亚洲提供重要动力。

登陆大陆时间早，这一点成为研华公司最初的优势。20 世纪 90 年代，凭借时间优势和技术优势，研华公司一度是大陆产业计算机市场的主导者。近年来，随着信息技术的进步以及客户需求的增长，中国大陆产业计算机市场每年都以 20%左右的速度增长。较高的市场增长率吸引了众多企业进入产业计算机市场，一些以生产外包为主、成本较低的中小企业也开始和大陆市场上传统的产业计算机生产商，如研华、研祥、凌华等自主研发企业争夺市场份额。技术的快速变化使得技术领先带来的竞争优势时效性越来越差，产业计算机市场上企业与企业之间的竞争更多地集中在市场营销、产业链整合、人力资源、售后服务等领域。

研华大陆公司现状

研华在中国大陆的分公司成立时间较早，一直秉承客户至上的服务理念，致力于用科技满足不同行业日益增长的需求。研华公司凭借先进的技术为客户提供高质量的产品，并为公司赢得了良好的口碑。由于业内很多企业已经习惯使用研华的产品，因此研华作为行业的领导者，在行业中有较高的话语权，可以主导行业的发展。与此同时，研华大陆公司从成立开始便努力建设分销网络体系，现在已经形成了完整的分销体系，长期的合作关系不断为公司带来新的利润。

如今，研华大陆公司已经进入企业成熟期，体系完备，产品成熟，但是增长缓慢，品牌形象逐渐老化，并且庞大的体系也失去了灵活性。另外，变幻莫测的市场和激烈的竞争使得行业对客户服务提出了新的要求，B2C 模式渐渐取代了之前的 B2B 模式。然而，研华公司依然保持着庞大的分销体系，如若转换，则需要付出较高的转换成本。

研华大陆公司经营环境

在政府鼓励工业自动化发展的政策推动下，中国大陆产业计算机行业稳步向前发展，产业计算机市场还没有出现饱和的症状，这对于研华公司以及它的竞争对手都是一个机会。另外，随着科技的进步，产业计算机不仅仅应用于基础设施，如高铁建设、城市轻轨等，而且还将广泛地进入普通百姓家。随着经济的发展，人们对生活质量的要求越来越高，对智能化生活的需求越来越高，因此，产业计算机市场潜力巨大。

主要竞争对手

中国大陆产业计算机市场由三类企业组成，分别是大陆企业、跨国企业和台湾地区企业。大陆企业虽然技术能力较弱，但是在市场营销渠道和人际关系网络方面有很大优势。跨国企业有很强的技术优势，但是其产品主要集中在高端市场，而大陆对于产品价格较为敏感，所以跨国企业的市场份额并不是很高。台湾地区企业一方面有较强的技术优势，另一方面由于相近的文化背景和政府政策上的支持，台湾地区企业在大陆产业计算机市场上有较高的市场份额。在大陆产业计算机市场上，市场份额的前三名分别是研华公司、研祥公司和凌华公司，其中研华公司和研祥公司占据了60%左右的市场。因此，研祥公司和凌华公司是研华公司在大陆的最直接的竞争对手。

1. 研祥公司

研祥公司是一家1993年成立于深圳的集特种计算机研究、开发、制造、销售和系统整合于一体的高科技企业。研祥公司在全球的分支机构已超过49个，拥有730余项专利和近千项非专利核心技术，并且是中国大陆同行业中唯一一家在中国香港联交所上市的企业。研祥公司是研华公司在中国大陆市场上最大的竞争对手。

研祥公司是政府重点支持的高科技企业，该公司重视新产品的研发。公司每年的研发投入占到年营业收入的10%以上，公司每年推出40%以上的新产品，公司员工中有30%的人员为科技研发人员。在行业标准制定方面，研祥公司参与制定了特种计算机行业已经颁布的19项国家标准和2项行业标准。研祥公司在行业标准制定方面的工作成为中国产业计算机行业国家标准制定的重要参考，这标志着研祥公司已经成为中国产业计算机行业标准的主导单位。

研祥公司不仅在技术上处于领先地位，在品牌建设和产品宣传上也是研华的劲敌。研祥公司曾在一年的时间里同时在大陆13家主流媒体、22家专业媒体上投放广告，在海外超过10家媒体上投放广告。研祥公司还积极主动参加各类专业展会，以扩大公司在行业内的影响力。

2. 凌华公司

凌华公司的前身是台湾凌华，成立于1995年，并于2002年在台湾地区成功上市。2008年，凌华公司收购美国Ampro公司100%的股权，获得了Ampro公司的技术和产品市场，通过这一并购，凌华公司成为台湾地区排名第三的工控企业。经过20多年的发展，凌华公司现已发展为在美国、欧洲和新加坡等地都有分支机构的凌华集团，其用户遍布全球40多个国家和地区，是产业计算机行业的技术领导厂商之一。目前，凌华公司在中国大陆设有6个办事处，分别位于北京、上海、深圳、西安、成都和武汉。

凌华公司在中国大陆主要是以直销的方式销售各事业部的自有产品，同时做好售后服务。凌华公司的销售体系是依据之前并购的大陆企业建立的，因此其销售体系是按照子公司的职能进行划分的。其产品经营主要集中在数据采集卡、运动控制系统、电脑平台等。

差异化战略选择和市场渠道多样化

研华公司为了应对行业中竞争对手的挑战，制定了相应的战略。战略制定的基本思路是一方面实施差异化战略，将产品差异化；另一方面使市场渠道多样化。

研华公司雄厚的研发实力是公司实施产品差异化的重要保障。公司从之前的垂直差异化转向水平差异化，通过产品创新，满足更多客户的需求。另外，研华公司还加大了与华硕公司的合作力度。

华硕公司主要生产商用个人电脑，而研华公司主要的目标市场为医疗、多媒体终端等。因此，研华公司可以利用华硕公司的商用个人电脑技术平台，在技术板上进行适当改装，既节省了公司的研发成本，也节省了产品制造成本。同时，两家公司实现双向采购，提高了彼此的业绩。

研华公司传统的渠道体系一直是公司的优势，但是随着近年来互联网的崛起，传统的渠道已经不适应新时代客户的需求。因此，公司在维持现有渠道体系的同时大力建设网络营销渠道，通过多样化的市场渠道来实现多种类型的营销渠道的相互弥补。

资料来源：姜晖，王宇，唐楠．研华（中国）公司的竞争战略．//苏敬勤，等．中国首届 MBA 管理案例评选百优案例集锦．北京：科学出版社，2011；研华：一个领跑者的全面出击．（2011－06－10）．中国工控网；孔工．研华科技发布 2018 年愿景．企业家日报，2013－07－28.

结合案例内容，回答以下问题

1. 利用 SWOT 分析工具对研华大陆公司进行分析。

2. 你认为研华大陆公司采取差异化战略合适吗？请简述你的理由。

3. 假如你是研华大陆公司的总经理，你会采取什么战略来提高公司在大陆的市场份额？简述你的理由。

第 6 章
预测与决策

知彼知己者，百战不殆；不知彼而知己，一胜一负；不知彼不知己，每战必殆。

——《孙子兵法·谋攻篇》

决不能在没有选择的情况下做出重大决策。

——李·艾柯卡

学习目标

1. 明确预测的分类
2. 了解常用的预测方法
3. 掌握决策的定义以及影响决策的因素
4. 掌握程序化决策和非程序化决策的定义
5. 明确个体决策和群体决策的不同
6. 了解常用的群体决策方法

➡引　例

凡客品类扩张之痛

成立于2007年的凡客是一家专注于服装的电商平台。凡客的核心创始人是一个互联网老兵，在创建凡客之前，他成功参与创办了卓越网，担任卓越网的图书事业部总监。所以，他是一个有着丰富的互联网电商平台经营管理经验的互联网人。在核心创始人及其管理团队的努力下，凡客于2011年发展到了事业的顶峰，年销售额达到了30亿元人民币，公司员工13 000余人。随后，凡客便陷入了一系列危机。这个销售额曾经超过亚马逊中国，和当当网平分秋色的自主电商深深地陷入了经营困境，这一困境的产生与凡客高层管理者做出的错误的品类扩张决策有关。

T恤、帆布鞋曾经是凡客初创时的标签，然而仅仅依靠T恤、帆布鞋的销售并不能实现凡客快速上市的梦想。在对市场和凡客自身做出不正确的预测之后，凡客走上了品类扩张的道路。凡客品类扩张始于 2010 年第一季度，由于凡客品牌建设较为成功，所以在最开始的品类扩张中凡客的商品销量一直不错，甚至公司员工将丝袜也做成 2010 年的畅销品。2010 年产品销量的大增刺激了凡客管理层的野心，在 2011 年这位凡客核心创始人的自信达到顶峰，后来他自己描述当时的心态为：我们认为凡客会迅速变成一个制造企业，什么都由我们下单，什么都由我们设计，什么品类都可以做，只要贴上凡客的 LOGO 就能卖。

凡客的疯狂品类扩张决策制定于 2010 年，在 2011 年开始执行。2011 年，凡客开始大规模招聘员工，同时将公司现有的产品线拆分为更多的事业部，并且鼓励这些事业部不断地在品类上进行扩张，从而扩大整个公司的销售额。也正是这一年，公司产品线覆盖到了男女服装、鞋、家纺、化妆品，甚至电器类电饭煲和清洁工具拖把都开始在凡客上销售。凡客疯狂扩张产品线是为了提高公司销售额，因为每新开一条产品线就能为公司增加 5 000万元左右的销售额。凡客在最高峰时有 30 多条产品线，SKU（库存量单位）达到 24 万个。

错误的品类扩张决策带来的直接后果便是产品库存量过大，商品积压严重。品类疯狂扩张过程中，公司不断采购和引进新的产品类型，公司内部却缺少有效的库存管理和有效的市场推广。在库存量不断增加的过程中，公司从采购部到信息部再到库存部都意识到了这个问题，但是由于各个部门有相应的计划指标压力，大家对库存不断增加的问题都三缄其口，不愿意将这个问题公开化。直到 2011 年 9 月，凡客的库存达到了数亿元，才引起高层管理者的重视。过量的库存充分反映了凡客运营上存在的压力，以及凡客急于做大做强的心理。品类疯狂扩张的另一个后果便是产品生产过程质量失控，不良产品率飙升，导致凡客在消费者心中的形象大打折扣。凡客的高管更多地来自互联网公司，他们所擅长的是互联网公司的经营，而不是服装产品质量的控制或者服装产品的设计。正是凡客内部来自服装行业的高层管理人员过少，导致凡客在服装的整个生产流程中都缺少足够的控制力。

凡客在没有对市场进行准确调查和精确预测的基础上所做的决策无疑是不利于公司发展的，最终导致公司陷入经营困境。在产生一系列问题之后，公司核心创始人数次在公开场合表示进行反思，并开展了一系列产品线削减活动，断臂求生。在 2015 年 4 月 1 日凡客的新品发布会上，凡客推出了春夏系列 T 恤服装新品，回归初心，力求打造互联网平台上高品质 T 恤的代表性品牌。

资料来源：辛苑薇．凡客的烦恼．21 世纪经济报道，2011-12-03；潘沩．凡客真相：一年亏损 6 亿 利润率负 20%．21 世纪经济报道，2011-12-31；宋玮．凡客“告别”电商．财经，2013（2）；吕静．凡客拼靠山“越冬”．中国经营报，2012-01-29；李静．凡客战略收缩 期待“王者归来”．经济参考报，2015-04-07.

管理者在从事管理工作的过程中最重要的能力便是正确地做出决策的能力，而正确地做出决策能力的培养是从准确地预测事物发展规律开始的。预测和决策有一系列科学的方法，熟练掌握科学的预测、决策方法是企业在复杂经营环境中取胜的关键。

第1节 预测

一、预测的内涵及作用

预测（forecast）是管理者根据事物的过去和现在推测未来，从而揭示事物未来的发展趋势和规律，指导管理者的行动。预测工作在管理实践中发挥着重要的作用。第一，有效的预测是制定科学合理的计划的前提。计划工作需要管理者收集企业经营活动过去和现在的资料，预测未来的发展趋势，制定科学合理的企业目标以及设计出实现企业目标的路径。所以，计划工作的顺利开展离不开预测工作。第二，预测是管理者制定科学决策的依据。在管理工作中，管理者需要做出大量的决策，科学决策的制定是管理者利用已有信息对未来进行预测，从而选择出最佳备选方案的过程。因此，有效的预测是管理者制定科学决策的基础。第三，预测工作使管理者具有前瞻性。在收集信息的基础上做出预测，这个过程提高了管理者的预见能力。在瞬息万变的环境中，管理者的前瞻性减少了企业发展过程中的不确定性，管理者能够及时发现问题，为解决问题做好准备。

二、预测的分类

按照不同的分类标准，预测可以分为不同的类型，常见的分类标准有预测时间长短、预测的性质和专业的属性三种。

（一）按照预测时间长短分类

以预测时间长短为分类标准，可以将预测分为短期预测、中期预测和长期预测。短期预测通常是指预测期限在一年或者一年以内的预测，管理者通过收集较为精确的信息，了解企业和市场的现状，掌握行情的变化，提高企业管理水平。短期预测经常被管理者所使用，并且短期预测是具体、明确的。中期预测是指预测期限在五年左右的预测。中期预测更多的是应用在管理中的综合性问题上，帮助管理者制定科学决策，比如采购生命周期较长的固定资产。长期预测是指预测期限在十年或者十年以上的预测，其为管理者制定长期规划提供支持。长期预测的重心是研究市场长期发展趋势和企业未来定位，为企业长期发展方向的确定提供依据。

由于预测的时间期限不同，短期预测、中期预测和长期预测不仅在适用范围上存在差异，在所使用的数据精确程度上也存在一定的差别。随着预测时间的延长，预测精确度不断下降，预测工作对数据精确程度的要求不断降低。例如，短期预测所要求的数据精确程度最高，所使用的方法一般为量化程度较高的移动平均法、指数平滑法。

（二）按照预测的性质分类

以预测的性质为分类标准，可以将预测分为定性预测和定量预测。定性预测是指管理者在经验丰富的员工或者学识渊博的专家的协助下，根据所收集的资料，运用经验和直觉，对事物的未来发展做出判断。定性预测能充分发挥员工和专家的主观能动性，在操作上也简便易行，所以广泛地用于市场预测和对企业未来发展方向的思考。定量预测是指管理者利用过去的数据，借助科学的数学模型，揭示有关变量的关系，从而预测事物在未来的发展状况。定量预测较多地应用在产品生产规划和工程建设上。

定性预测注重员工创造性的发挥，但精确程度较低；定量分析注重事物在数理方面的分析，却忽略了员工的主观能动性。这两种类型的预测在管理实践中有不同的适用范围，但二者不是相互排斥的，结合使用效果更佳。

（三）按照专业的属性分类

以专业的属性为分类标准，可以将预测分为经济预测、技术预测和社会政治预测等。经济预测是指通过对经济活动进行调查分析，获得与经济有关的数据，在数据分析的基础上，对未来经济发展状况做出评估和预测。技术预测是指企业为了长久保持竞争优势而对现有的科学和技术进行系统的研究，预测未来技术发展趋势。社会政治预测是指管理者对企业所在的社会政治环境进行分析和预测，以便及时掌握社会发展趋势，避开由于政治原因而影响企业发展的危机，提高企业的适应能力。

三、预测的程序

准确的预测结果离不开科学的预测程序，科学的预测程序通常由以下五部分组成，即提出目标、收集资料、建立模型、开展预测和评价结果。

（一）提出目标

预测工作的第一步是提出预测目标，预测目标是企业预测工作所希望实现的结果，应当明确具体。常见的预测目标如公司产品目标销售量、分公司目标运营成本。预测目标的内容一般包括预测对象、预测目的、预测的时间和空间范围等。另外，由于预测工作是为管理者做出高质量的决策服务的，所以预测目标应当以决策的问题为依据，决策问题的性质决定了预测工作的方向。

（二）收集资料

科学的预测建立在对历史数据进行准确分析的基础之上，资料的收集就成了预测程序中关键的一步。管理者获取数据的方法有两种：第一种是通过观察法、调查法或者专家法等收集原始的数据；第二种是通过行业协会、政府出版物等渠道获得二手数据。无论是原始数据的收集还是二手数据的获得都应保证数据的准确性，因为资料的准确性关系到预测结果的正确性，如果该步骤中所收集到的资料不完整或者存在错误，就很难得到相对准确的预测结果。数据收集完成之后，预测工作者还应对数据进行审核、调整和推算，保证数据的准确性。

（三）建立模型

数据收集工作完成之后，预测工作者应该在科学的理论指导之下，建立预测对象和有关变量之间的关系，即预测模型。预测模型的建立要结合所要解决的实际问题，和实际问题契合越好的模型越有效。针对同一个问题，预测工作者可以建立多个预测模型，对不同的预测结果进行比较分析，选择出最有效的预测模型。需要指出的是，随着信息技术的发展，预测模型发展的趋势是越来越复杂，然而并不是越复杂的预测模型预测结果就越准确。

（四）开展预测

虽然上一步已经建立了预测模型，但是预测模型中有些参数还是未知的。因此，选择出最佳的预测模型之后，还需要根据历史数据进行参数估计，识别和确认所选用模型的结构和形式，最终利用预测模型和历史数据得出预测结果。

（五）评价结果

得出预测结果之后并不一定能马上将其应用于决策，管理者一般会对预测结果进行评价，结合实际情况对预测结果做出适当的修改。调整后的预测结果更有利于管理者做出适合企业未来发展的决策。

四、预测的方法

预测的方法可以简单地分为两类：定性预测方法和定量预测方法。定性预测方法中最常用的是法是德尔菲法，定量预测方法中最常用的是时间序列预测法和因果预测法。

（一）定性预测方法

定性预测方法以德尔菲法（Delphi method）为代表。德尔菲法起源于20世纪40年代，是经由兰德公司（Rand Corporation）在实践中进一步发展并形成的一种定性预测方法。德尔菲法的程序是公司将所要解决的问题以匿名信函的方式向多位与预测问题相关的、彼此之间不得互相讨论的专家征求意见，意见经过分析和整理之后返回给各位专家，专家在整理好的意见基础之上再次发表自己的意见；如此反复，直至得出满意的结果。经过反复函询，专家的意见逐渐趋于集中，有利于最后制定出高质量的决策。因此，德尔菲法又称为专家意见法或者函询调查法。德尔菲法不仅可以应用于企业管理，还可以广泛地应用在其他社会、经济领域的决策活动中。

在使用德尔菲法的过程中，为了避免个人意见屈从于权威专家的现象，应该采用匿名的形式征求专家的意见。德尔菲法可以获取大量的信息，并根据专家的意见形成高质量的决策。但是，这种群体决策方法过程烦琐，往往需要多轮的函询才能得出趋于一致的意见，要耗费大量的时间。

（二）定量预测方法

1. 时间序列预测法

时间序列是指把不同时间点的指标按照时间的先后顺序进行排列。时间序列预测法是指根据事物随时间变化的规律，来预测事物未来的发展状况。时间序列预测法最常用的方法是移动平均预测法。

移动平均预测法是根据观测对象的一组观测值，计算出这组观测值的平均数，将这个平均数作为下一期的预测值，其平均数随着观测值的移动而向后移动。例如，某商场2014年5月至2015年4月洗衣机销售量如表6-1所示，则可以利用移动平均法预测2015年5月该商场洗衣机的销售量。

表6-1　　某商场2014年5月至2015年4月洗衣机销售量　　单位：台

2014年5月	2014年6月	2014年7月	2014年8月	2014年9月	2014年10月
1 730	1 710	1 723	1 689	1 722	1 716
2014年11月	2014年12月	2015年1月	2015年2月	2015年3月	2015年4月
1 693	1 708	1 673	1 685	1 702	1 720

2015年5月该商场洗衣机销售量的移动平均数

=(1 730+1 710+1 723+1 689+1 722+1 716+1 693+1 708+1 673+1 685+1 702+1 720）/12

≈1 706(台)

故预测2015年5月该商场洗衣机的销售量为1 706台。

移动平均预测法是一种计算较为简便的预测方法。一般来讲，移动平均预测法中移动的时间越长，随机因素对预测值的影响越小，预测值越准确；但是，随着移动时间的增长，所需要收集的资料也越多，并且离预测时间越久的资料，参考价值越小，因此，在实际预测中，所选取的时间序列要由具体情况而定。

2. 因果预测法

因果预测法是根据事物之间的因果关系来预测事物的未来发展情况，这种方法对变量之间关系的描述要比时间序列预测法精细得多。最常用的因果预测法是回归分析，下面就简单地介绍一下一元回归分析。

只涉及一个自变量的线性回归模型称为一元回归模型，一元回归模型描述了因变量 y 和自变量 x 之间的关系，用公式可表示为：

$$Y_i=\beta_0+\beta_1 X_i+\varepsilon_i, \quad i=1, 2, 3, \cdots, n$$

式中，Y 为因变量；X 为自变量；β_0，β_1 为未知参数；ε_i 为残差项。

在预测实践中，可以根据历史数据求出未知参数 β_0，β_1，然后得出预测值。

上面只是简单地介绍了几种预测方法，然而预测方法远不止这几种。预测问题的领域以及预测问题的复杂程度不同，所采用的预测方法和预测模型也不相同。

第2节 决 策

一、决策的内涵与程序

决策（decisions）是指管理者在对决策问题进行详细分析的基础上，依据科学方法制定出若干备选方案，从备选方案中选择出最佳行动方案的过程。高质量的决策依赖于科学的决策程序，决策程序由以下四部分组成：明确问题，设计方案，选择方案，实施并评价方案。

（一）明确问题

任何企业在发展过程中都会遇到各种各样的问题，而决策正是始于问题的明确，即明确现有的情况和管理者预期之间的差异。在明确问题的过程中，管理者需要深入到企业经营中，运用科学的方法去明确问题，而这一过程伴随着大量信息的收集。因此，管理者应当具备从大量信息中敏锐地意识到问题，并识别出问题产生原因的能力。

明确问题的过程有一个科学的程序。第一，确认问题。确认问题是指在信息收集的基础上确定有没有出现问题，问题出在哪儿。当现实情况和管理者预期出现差异时就认定出现了问题，确认问题是一个寻找差异的过程。第二，界定问题。界定问题是指确定问题的内容，即问题出现的时间、出现的地点以及问题的严重程度。界定问题的过程是为分析问题产生原因做准备。第三，分析问题产生的原因。分析问题产生的原因是指从问题源头上弄清楚为什么会出现问题，这是明确问题中关键的一步。

（二）设计方案

管理者意识到问题以及分析完问题产生的原因之后，就需要制定决策目标。决策目标是指管理者在一定的环境条件下，在根据已有信息进行预测的基础上，所希望达到的结果。决策目标不能是模糊的，而应该是可以计量结果的，同时还应该具有明确的时间限制和责任划分。

决策目标制定完成之后，管理者应根据决策目标设计出多个可行的方案。设计出多个方案是进行决策的必要条件，因为如果只有一个方案可供选择也就无须决策了。在设计方案的过程中，首先应全面分析决策目标实现的约束条件，即对公司的资源进行盘点，评估决策目标是否可以达到。然后设计备选方案，备选方案的设计应充分发挥员工的智慧；在设计备选方案时，常见的群体决策技术有头脑风暴法和德尔菲法。

（三）选择方案

选择方案是指管理者从众多备选方案中选择出将要实施的方案。选择方案是一个至关重要的过程，在这个过程中要求管理者应具备较高的综合素质，从而准确地选择出最佳方案。在这个过程中，管理者首先应对已形成的备选方案进行分析，剔除不符合客观实际、不符合科学决策的方案；然后在剩下的方案中，依据决策目标分析可行方案的可行性、现实性和必要性；最后对方案进行综合评价，选择出最佳的实施方案。在这一过程中，管理者不应过度依赖科学理性的数学模型，有时最佳方案的选择也取决于管理者的经验和直觉。因此，管理者选择方案应将科学决策过程和直觉结合起来。

（四）实施并评价方案

选择出最佳方案的目的是实施方案，最终解决企业中存在的问题。方案的实施是一个调动企业资源将其优化组合的过程，这一过程可能会损害一部分员工的利益，因此管理者应当做好恰当、及时的沟通，安抚员工的情绪。此外，员工参与决策制定能显著提高员工工作的积极性，这是实施方案中调动员工工作热情的一个不错办法。最佳方案的实施过程还伴随着控制，即随着实施的进行，管理者应当了解各种新的问题，并针对实施过程中的偏差采取相应的纠正措施。

最佳方案实施之后，管理者需要对方案实施情况进行评价。评价方案的目的是评估方案实施的结果以检查问题是否得到了解决。如果问题没有得到解决，管理者需要分析决策的哪一个流程出现了问题。例如，是没有准确地明确问题，还是方案设计出现了问题？问题的答案会指出管理者需要在哪一步重新开始决策流程。如果问题已经得到解决，管理者应当总结本次决策成功的经验，为之后企业做出正确的决策提供借鉴。

| 案例 6－1 |

海尔砸冰箱决策

海尔集团的前身是濒临破产的青岛电冰箱总厂。1984 年，张瑞敏临危受命，接手了这家资不抵债的集体小厂，从此海尔进入了新的发展时期。如今，在张瑞敏的领导下，经历了 30 多年发展历程的海尔，已经成长为全球家电第一品牌。海尔的发展壮大离不开其所生产的质量一流的家电产品，而海尔产品质量的提高始于张瑞敏怒砸 76 台不合格电冰箱，这也成为人们津津乐道的故事。

1985 年年底，张瑞敏的一位朋友想从海尔购买一台电冰箱，他便从海尔正在销售的冰箱里面挑选。挑选了很长时间之后发现，海尔正在销售的电冰箱中很多都存在一定的质量问题。经过一番努力之后，他终于找出了一台勉强过得去的电冰箱。在这个时间段，张瑞敏还收到了一封顾客的投诉信，反映海尔生产出来的电冰箱存在质量问题。这两件事深深地刺激了张瑞敏，他决定彻底改变这种情况。于是，他带领公司管理层到公司仓库里检查成品电冰箱的质量。检查结果出人意料，库存中仅有的 400 多台电冰箱中竟然有 76 台存在大大小小的质量问题。张瑞敏的心情很沉重，他询问大家应该如何处理这 76 台电冰箱。

当时大多数人的意见是，这些不合格的电冰箱只是存在一点点的质量问题，修修还能用，建议作为工厂福利低价卖给员工。这一建议深深地刺痛了张瑞敏的心，这绝不是简简单单的产品质量问题，深层次的原因是工厂员工对产品质量不负责的态度！他说：“我要是允许把这76台冰箱卖了，就等于允许你们明天再生产760台、7 600台这样的不合格冰箱。放行这些有缺陷的产品，就谈不上质量意识。”于是，张瑞敏做出决策，把76台不合格的电冰箱全部砸掉，谁生产的由谁砸，还亲手抡起大锤砸了第一台不合格电冰箱。工厂老员工也是无比的难过，一方面因为这是自己许多天辛辛苦苦劳动的成果，另一方面是这76台电冰箱的出厂价总和相当于全厂员工两年的工资。但是，他们还是抡起大锤，含泪砸向了不合格电冰箱。

用大锤向不合格的产品宣战，这无疑是一场令人心痛的开战仪式。砸冰箱事件结束之后，张瑞敏在工厂主持召开了一系列会议，会议的主题一直是如何从员工做起提高产品质量。会场上，员工纷纷表示亲手将自己造的冰箱砸了，无比难过，以后会用心去工作，提高产品质量。在这一系列会议过程中，海尔制定了一套质量监督管理规程和体系。很快，海尔的产品质量管理便收到了成效。在1988年全国电冰箱评比中，海尔以最高分的优异成绩获得了金牌。在此后几十年的发展中，海尔人始终将质量作为公司发展的根本。今天，海尔已经成长为民族品牌，无论是技术还是销量在世界电冰箱行业都遥遥领先。

张瑞敏在做出砸冰箱决策之前，经历了明确问题、制定备选方案和选择备选方案三个阶段。在明确问题阶段，他发现工厂存在的不仅仅是产品质量问题，深层次的是员工工作态度不认真，如此下去，海尔的可持续发展必定是一句空话。在明确了上述问题之后，张瑞敏有以下方案可以选择：一是颁布严格的质量管理办法，对出现产品质量问题的员工予以处罚；二是对出现质量问题的冰箱进行修理；三是由造成质量问题的员工亲手砸毁不合格冰箱。张瑞敏经过思考选择了方案三，由问题冰箱的生产员工亲手挥锤砸毁不合格的电冰箱。事后海尔的发展证明张瑞敏的决策是成功的。“海尔造”逐渐成为国产品牌中备受消费者青睐的佼佼者，张瑞敏也成为中国企业界一位颇具传奇色彩的人物，海尔逐渐成为中国家电第一品牌。

资料来源：陈燕．海尔首席执行官张瑞敏：“砸”出品牌管理经验．(2009-10-19)．和讯网；张昌辉．张瑞敏怒砸冰箱敲警钟！回忆海尔整风运动．(2012-11-06)．搜狐网；许意强．张瑞敏：缔造海尔传奇．(2011-07-04)．中国企业家网；侯祖刚，邢兰朝．向海尔学习质量意识．(2014-04-21)．质量新闻网；秦伟龙．提起冰箱　最信赖海尔．青岛晚报，2009-04-17.

二、决策的标准

在决策理论发展过程中，许多学者都对决策的标准进行了探讨。

（一）最优标准

泰勒一生都致力于如何提高劳动生产率，他认为任何一种工作都存在最佳的工作方式，即管理者制定决策的标准是最优。[①] 然而，最优决策的制定要求管理者至少具备以下三个条件：第一，获得制定决策所需要的全部信息；第二，有能力快速处理所获得的信

① 弗雷德里克·泰勒．科学管理原理．北京：机械工业出版社，2013.

息，并科学地制定出所有备选方案；第三，准确地预测出每一备选方案的可能结果。上述三个条件对于管理者制定出最优决策缺一不可。

然而，现实中的管理者是管理人，并不符合经济学上对管理者所做的经济人假设。第一，现实中的管理者不可能获得与制定决策相关的全部信息。从成本角度来讲，信息的获取是有成本的，管理者获取的信息越多，则相应的信息获取成本越高。当获取信息的成本超过了决策所能带来的最大收益时，管理者会主动放弃继续获取更多的信息。第二，管理者不可能制定出所有的备选方案。管理者获得的信息是有限的，管理者的精力也是有限的，不可能科学有效地制定出所有的备选方案。第三，管理者不可能准确地预测出每一个备选方案的可能结果。备选方案的实施在于未来，而未来是不确定的，备选方案的实施结果可能和管理者预测的不一样。因此，管理者不可能准确地预测出每一个备选方案的可能结果。

（二）满意标准

西蒙（H. A. Simon）是决策满意标准的代表人物，他认为人是有限理性的，只能有限度地做出令人满意的决策。因此，管理者制定决策所遵循的原则是满意原则而不是最优原则。[①] 满意原则指的是管理者根据有限的信息做出决策时所追求的是令人满意，而不是最优。我们可以通过一个例子来理解满意原则。两个即将饿死的人爬到一块玉米地，希望通过食用玉米获取能量来延续生命，其中一个人追求最优，希望找到这块地中最大的玉米来补充能量，于是，他饿死在寻找最大玉米的途中；另一个人遵循满意原则，即在他所能接触的范围内找到最大的一根玉米，食用之后，体力得到了一点点恢复，然后又在体力范围内寻找最大的玉米……最终，他恢复了体力，生存下来。追求最优决策的管理者，最后可能一无所获；追求满意决策的管理者，最后可能拥有最优的结果。

（三）合理性标准

合理性决策是指管理者在一定的约束条件限制内所做出的能够实现其目标的选择或决定。合理性决策标准的代表人物是孔茨（H. Koontz），他认为由于未来环境是不确定的，因此管理者很难做到完全合理，只能做到一定程度的合理。但是，尽管是有限度的合理，管理者仍然可以在有限度的合理中做出最好的决策。孔茨还强调，决策的各个阶段的工作质量最终决定了决策的质量和正确性，而不仅仅在于决策时是采用最优标准还是满意标准。

三、决策的影响因素

影响管理者做出决策的因素有很多，我们可以将其分为外部环境因素、企业内部因素和决策问题的性质三类。

---

① 赫伯特·西蒙．管理行为．北京：机械工业出版社，2013.

（一）外部环境因素

企业每时每刻都与外部经营环境进行着物质和信息的交换，企业和外部环境之间相互影响。外部环境的不确定性、市场结构和买卖双方的市场地位都会对管理者制定决策的过程产生影响。

1. 外部环境的不确定性

如果企业外部经营环境的不确定性较强，则企业管理者需要经常制定改变组织结构、员工工作方式等的决策，这些决策往往是由公司的高层管理者做出。由于环境处于快速变化之中，管理者过去制定的决策对之后决策的制定并不会有重大借鉴意义。如果企业外部经营环境的不确定性较弱，企业管理者所处理的大部分是之前已经发生的问题，则管理者过去制定的决策对之后决策的制定有较强的借鉴意义。而且，在外部经营环境不确定性较弱的情况下，决策往往是由公司的中低层管理者制定，高层管理者只负责制定与公司发展方向有关的重大决策。

2. 市场结构

在市场自由程度较低的市场结构中，如果企业的产品有较高的市场占有率，则管理者的决策倾向于改善生产条件、提高生产率、扩大规模、降低生产成本等，从而以低成本生产出更多的产品满足消费者的需求。在完全竞争市场中，如果企业的产品市场占有率较低，为了使企业在激烈的竞争中生存下来，管理者不得不密切关注竞争对手的动向，做出快速反应，从而获得较高的市场份额。

3. 买卖双方的市场地位

在买方市场，企业竞争对手较多，市场上产品供大于求，顾客在市场中处于主动地位，管理者制定决策的中心是顾客需求。因此，管理者是从顾客需求的角度出发研发和制造产品。在卖方市场，企业的竞争对手相对较少，市场上产品供小于求，企业在市场中处于主动地位，管理者制定决策的中心是降低成本的同时提高生产率。因此，管理者是从降低成本、提高生产率的角度出发生产产品。

（二）企业内部因素

企业内部因素包括企业自身因素和决策主体因素。和外部环境中的影响因素相比，企业内部因素对管理者决策制定的影响更为直接。

1. 企业自身因素

企业自身因素包含企业文化和组织结构等。在比较保守的企业文化背景下，组织成员倾向于维持现状，抵制变革，更惧怕失败。管理者在制定决策的过程中会剔除掉引起企业发生巨变的方案，选择维持现状的方案，从而避免了变化。在进取的企业文化背景下，组织成员倾向于变化，喜欢创新，更乐于创造，追求成功。管理者在制定决策的过程中，更喜欢能给组织带来变化、赋予组织新活力的方案，从而追求变革。金字塔式的组织结构是一种集权式管理，企业的决策权更多地集中在高层管理者手中。扁平式的组织结构是一种分权式管理结构，企业的决策权更多地集中在中低层管理者手中。

2. 决策主体因素

决策主体是指对决策制定产生直接影响的决策制定者。决策主体因素主要有管理者对待风险的态度、个人能力以及决策群体的融洽程度。

根据管理者对待风险的态度，可以将管理者分为保守型决策者、中立型决策者和冒险型决策者。保守型决策者对风险持厌恶态度，在制定决策时会主动规避风险，从而追求稳定。中立型决策者既不规避风险也不偏好风险，在制定决策时对风险持中立态度。冒险型决策者的风险承受能力很强，他们认为“富贵险中求”，对风险持偏好态度，在制定决策时倾向于主动追求风险。

管理者个人能力的不同也会对决策的制定产生影响。发现问题和解决问题能力较强的管理者能迅速透过表象发现问题的本质，从而做出高质量的决策。信息收集能力较强的管理者可以迅速收集到与解决问题相关的信息，快速制定出科学的决策。相反，如果一个管理者发现问题和解决问题的能力较弱，信息收集能力较弱，则很难高效地做出高质量的决策。

在群体决策中，群体的融洽程度会对最终通过的方案的质量和决策效率产生影响。如果在一个企业中，决策制定者各自为政甚至对立，那么在群体决策过程中，可能会出现高质量的决策通不过、决策制定时间过长等现象。如果制定决策的群体关系融洽，群体成员在进行决策时往往能形成积极讨论的氛围，最终通过的方案一般都是高质量的决策。关系融洽的群体往往能节省大量的讨论时间，快速制定出决策。

（三）决策问题的性质

管理者所制定的决策也取决于所要解决的问题。根据决策问题的紧迫性不同，可以将决策分为时间敏感型决策和知识敏感型决策。① 针对问题，如果需要在短时间内运用已有信息快速做出决策，则这类决策称为时间敏感型决策。对于这类决策，速度比获取较多的信息更重要。战场中的作战指挥官做的决策或者救火时消防队队长所做的决策往往属于时间敏感型决策。如果管理者有充足的时间去收集信息，在信息的基础之上做出决策，则针对这类问题的决策称为知识敏感型决策。由于决策问题不具有紧迫性，管理者有充足的时间去收集信息，信息质量的高低决定了决策质量的高低。

决策的重要程度不同，也会对决策制定产生影响。如果决策问题的重要程度高，比如建设一个新的工厂、新开一条生产线，则由企业高层管理者做出决策，并且决策的方式多为群体决策；如果决策问题的重要程度较低，比如行政部门购买打印纸，则由企业中低层管理者做出决策，决策的方式多为个人决策。

四、决策的类型

决策涉及的范围非常广泛，按照不同的分类标准可以将决策分为不同的类型。

---

① 周三多．管理学．3 版．北京：高等教育出版社，2010.

1. 决策的重要程度和影响范围

按照决策的重要程度和影响范围进行分类，决策可以分为战略决策和战术决策。战略决策（strategic decision）是关系到企业发展方向的决策，是为了在变化莫测的市场上实现动态平衡的决策；决策的问题一般涉及企业长期、全局、根本性的生产经营问题；战术决策（tactical decision）又称管理决策，是指为了保证战略决策的顺利实施而做出的决策，是在局部范围内对生产计划、产品结构、人事管理等问题进行决策。在企业内部，战略决策主要由企业高层管理者做出，战术决策主要由企业中低层管理者做出。

2. 决策问题的重复程度

按照决策问题的重复程度进行分类，决策可以分为程序化决策和非程序化决策。程序化决策是管理者针对经常发生的问题，依照常规的经验或者理性的程序进行的一种决策。非程序化决策是指管理者针对不经常发生的问题，依据其工作经验和直觉判断力进行的一种决策。程序化决策问题经常发生，复杂程度较低；非程序化决策问题重复性较低，涉及面较广，复杂程度较高；程序化决策往往由基层管理者做出，非程序化决策往往由中高层管理者做出。

3. 决策主体

按照决策的主体进行分类，决策可以分为个体决策和群体决策。个体决策是指决策权集中于单个人手中，由个人所做出的决策；个体决策往往效率较高，但是容易受决策个体知识、经验的限制，决策质量通常低于群体决策。群体决策是指由多个成员共同做出的决策，决策权分散于群体之中；群体决策的效率通常较低，决策成本通常较高，但是决策效果通常优于个体决策。

4. 决策条件的可控程度

决策的情境有确定型情境、风险型情境和不确定型情境。相应地，按照决策条件的可控程度进行分类，可以将决策分为确定型决策、风险型决策和不确定型决策。

确定型情境中，管理者所面对的各种条件都是确定的，管理者可以根据掌握的信息和因果关系准确地预测出每一种方案实施的结果，这时企业所制定的决策是确定型决策。例如，公司财务经理将一笔现金存放于银行，各个银行的利率是已知的，若干期后所得到的本金和利息也是可以精确计算出来的，此时财务经理所面对的情境为确定型情境。

风险型情境是指管理者制定决策时掌握了部分信息，制定了多种可能的方案，并且能够预测出每一种方案发生的概率，在这样的情境下做出的决策称为风险型决策。例如，公司决定在某地投资建设一个风力发电站，但是该地每年的风能并不能满足公司标准。根据往年历史数据，可以推测出下一年风能能满足公司标准的概率是 0.7，不能满足公司标准的概率是 0.3，在这种条件下做出的决策就是风险型决策。风险型决策常用的决策方法为决策树法，将需要预测的问题用图形的方式表示出来，它指明了未来的决策点和可能发生的偶然事件，从而直观地将可行方案、风险和结果呈现出来。

不确定型情境是指管理者做出决策的过程中缺乏数据资料，不能对所面临的各种条件做出判断，每一种方案发生的概率也难以估计，管理者不能对各相关变量之间的关系进行评估。在这种情境下，管理者做出的决策为不确定型决策。不确定型决策受管理者风险偏好程度影响较大。风险偏好型管理者可能会大中选大，即将最大的可能收益最大化；风险规避型管理者可能会小中选大，即将最小的可能收益最大化。在海外拓展业务的企业常常不得不做出不确定型决策，因为在一个陌生的国家开拓业务，公司对该国的政治、经济、文化、法律环境的了解程度往往很低。

5. 决策者风格

按照决策者风格进行分类，决策可以分为理性决策、有限理性决策和直觉决策。

理性决策的概念离不开理性假设。理性假设是指管理者在制定决策时，是客观且符合逻辑的，管理者所面对的问题是清晰明了的，决策目标是清晰具体的，每一备选方案的实施结果是可预测的。由于每一备选方案的实施结果是可准确预测的，管理者可以挑选出最能实现其决策目标的方案。理性决策是建立在理性假设基础之上的，管理者做出的从备选方案里挑选出最佳实现决策目标方案的决策。但在管理实践中，管理者很难准确地预测每一种备选方案的实施结果，管理者很难做出完全理性的决策。

虽然现实中的管理者不可能做出完全理性的决策，但是管理者在制定决策时仍是追求理性的。在制定决策的过程中，管理者会在遵守成本收益原则的情况下收集信息。然而，受限于信息处理能力，管理者只能做出有限理性决策。有限理性决策遵守决策的满意原则，可以有效地避免在冲动情况下做出错误的决策。

管理者做出决策的依据不仅仅来自科学的理性分析，也可能来自管理者的工作经验、价值观以及认知。基于经验的决策是管理者根据过去的工作经验所做出的直觉决策；基于价值观的决策是管理者根据个人价值观或者企业文化所做出的直觉决策；基于认知的决策是管理者根据已有的技能、知识或者训练所制定的决策。直觉决策可以在管理者制定决策过程中发挥重大作用，与理性决策或者有限理性决策相互弥补。

第 3 节　程序化决策与非程序化决策

企业在发展过程中所遇到的问题可以分为两类，分别是结构式问题和开放式问题。结构式问题（structured problems）是指直截了当、在企业中多次发生并且管理者习以为常的问题；开放式问题（unstructured problems）是指模糊、偶尔发生、管理者缺少相应的程序或者政策来应对的问题。管理者面临的问题的性质不同，其应对问题所从事的活动也不相同，所做出的决策类型也不相同。

一、程序化决策

管理者应对结构式问题所从事的活动称为例行活动。例行活动往往是在组织中重复出现、经常发生的活动，如原材料的订购、产品销售等。由于结构式问题经常发生，企业内部往往有一套程序来帮助管理者做出决策，而管理者在应对结构式问题的例行活动中所做出的决策就是程序化决策（programmed decision）。在程序化决策中，管理者对问题有着清晰的认识，并且决策目标是具体的，制定决策的依据是企业现有的程序、规定或者政策。例如，在采购原材料时，采购部经理可以根据公司对原材料的质量、型号等的要求做出采购决策，这样的决策就是程序化决策。管理者制定程序化决策使用的技术可以分为传统技术和现代技术两种。传统技术包括习惯和标准化操作规程；现代技术的代表是运筹学。

延伸阅读6－1
程序化决策技术

二、非程序化决策

管理者在管理工作中所遇到的问题并不总是清晰明了的，还要面对许多开放式问题。管理者应对开放式问题时所进行的活动称为非例行活动。非例行活动往往是那些在组织中偶尔出现、偶然发生的活动，如意外事故、组织结构变革、重大投资等。开放式问题在企业中出现的频率要远远低于结构式问题，其复杂程度也远远高于结构式问题。因此，非例行活动对管理者的综合素质有较高的要求。

针对非例行活动，管理者解决开放式问题时所做出的一次性决策称为非程序化决策（nonprogrammed decision）。非程序化决策中，管理者掌握的信息是不完全的，面对的问题是模糊的。因此，相比于程序化决策，管理者很难做出高质量的非程序化决策。例如，公司总经理决定在国外新建一个分厂，但是他对国外的政治、经济、文化情况的了解是有限的；如果考虑不周，就有可能导致整个决策的失败。

和程序化决策制定技术不同，决策制定者制定非程序化决策的依据往往是其经验、直觉和洞察力。经验是管理者在长期工作实践中积累的隐性知识，它赋予管理者在遇到相似的问题时快速地提供解决方案的能力。直觉是以经验为基础发挥作用的，是指不经过管理者的逻辑思考而了解决策问题的能力，这是一个非理性思维的心理过程。洞察力则是一种综合能力，管理者通过短时间的分析和判断，透过复杂现象把握事情的本质。

非程序化决策的制定并不像程序化决策那样通过逻辑推理做出决策，非程序化决策制定过程依靠的是我们尚不能理解的心理过程。非程序化决策处理的是模糊、复杂的问题，管理者往往通过个人的综合素质来进行决策。那么，企业或许可以通过某种有条理的思维训练来改进这种决策的质量。另外，企业还可以在招聘过程中，通过人员选拔提高企业非程序化决策的质量。

三、程序化决策和非程序化决策的关系

虽然程序化决策和非程序化决策有不同的特点，但我们只能在理论上区分程序化决策和非程序化决策。在管理实践中它们并非完全可以区分开，完全的程序化决策或者完全的

非程序化决策是不存在的；它们犹如决策的两极，现实中的决策往往是落在它们中间的某个位置。

由于程序化决策有规章可循，有具体的方法可以依赖，所处理的问题是反复发生、逻辑清晰的结构化问题，因此将程序化决策授予下级处理较好；非程序化决策对决策者的经验、直觉和判断力要求很高，所处理的问题逻辑相对较复杂，因此应当由高层管理者亲自做出。从决策数量上来看，企业的决策中大部分是程序化决策或者部分程序化决策，非程序化决策只占很少的一部分。但是从重要性来看，程序化决策所处理的往往是重要程度较低，不会对企业未来发展方向产生重大影响的问题；而非程序化决策处理的往往是重要程度很高，尤其是与企业发展方向有关的问题。因此，企业中的高层管理者应集中精力做出非程序化决策，而程序化决策则交由下属处理；不同层次管理者做出的决策类型如图 6－1 所示。

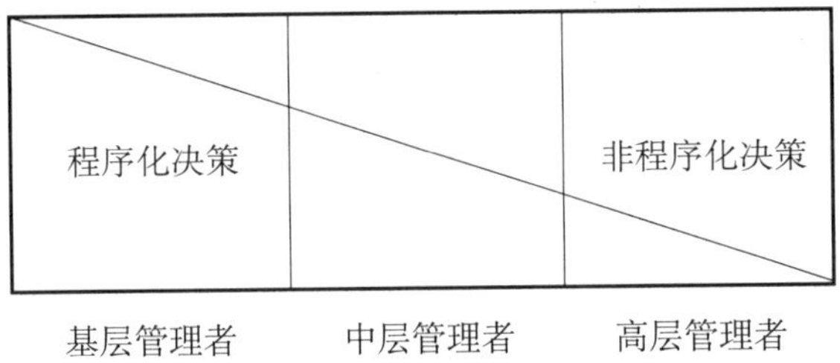

图 6－1　不同层次管理者做出决策的类型

资料来源：池丽华，伊铭．现代管理学．上海：上海财经大学出版社，2006.

高层管理者本应该集中精力做出非程序化决策，但现状是他们倾向于将时间花在程序化决策上，而在非程序化决策的制定上所花费的时间过少。需要指出的是，随着非程序化决策向程序化决策的过渡，决策的困难程度逐渐下降，决策的效率逐渐提高。因此，高层管理者应识别出工作中哪些决策属于程序化决策，哪些决策属于非程序化决策；然后将程序化决策授予下级处理，而专注于非程序化决策。

第 4 节　个体决策与群体决策

在企业内部，决策既可以由单个组织成员做出，也可以由两个或两个以上组织成员甚至是外聘专家共同做出。由单个组织成员做出的决策称为个体决策（individual decision），由两个或两个以上个体做出的决策称为群体决策（group decision）。在制定决策时是采用个体决策还是采用群体决策应根据决策问题和决策目标来选择。

一、个体决策

个体决策主要是依靠个人的工作经验、价值观和收集到的信息做出决策，它具有以下优缺点。

（一）个体决策的优点

个体决策的显著特点是决策所花费的时间远远短于群体决策，所以个体决策在千钧一发的危急关头能发挥重大作用。和群体决策相比，个体决策具有效率高、责任明确和成本低的优点。

1. 个体决策效率高

个体决策的整个决策过程是由同一个人完成的，避免了群体决策中沟通不畅、争论不休等情况的发生，可以大大缩短决策时间。对于需要在短时间内做出决策的情况，个体决策往往能发挥出作用。例如，战场上情况复杂，敌我双方形势瞬息万变，军事指挥官没有充足的时间去收集战场信息，往往需要在短时间内做出个体决策。

2. 个体决策责任明确

在个体决策中，决策的责任由决策制定者来承担，可以避免群体决策中责任不清、相互推诿情况的发生。个体决策中责任落实明确，因此决策制定者会竭尽全力做出高质量的决策，并在决策实施过程中有效地进行控制，从而保证达到决策目标，解决决策问题。

3. 个体决策成本低

由于个体决策的整个过程耗时较短，企业不用像群体决策那样将决策制定者集中在一起进行决策，因此整个决策过程的成本较低。在群体决策中，管理者需要花费较高的成本反复收集决策制定者的意见，并对每一个方案进行大量的讨论；在个体决策中，决策更多地由决策制定者本人根据现有信息推断未来发展状况后做出，这个过程的成本也远远低于群体决策的成本。

（二）个体决策的缺点

个体决策也存在一定的缺点。在个体决策中，决策的制定要求决策制定者有较高的综合素质，然而现实中，高素质的管理人员非常少。另外，决策的整个过程由单一的个体完成，个体所获得的信息以及处理信息的能力是有限的。因此，个体决策就难以避免制定出错误决策情况的发生。同时，个体决策还会造成企业中权力集中于一个人手中。权力过度集中于一个决策者手中有以下两方面的不利之处，一方面会导致决策者做出不利于公司整体利益的行为和下属阿谀奉承等现象的发生，另一方面还会降低基层员工工作的积极性。

延伸阅读6-2
个体决策的人格差异

二、群体决策

随着企业外部经营环境变化越来越快，决策问题的复杂程度越来越高，这要求决策制定者必须综合多领域的专门知识才能做出正确的决策。因此，在管理实践中，越来越多的非程序化问题采用群体决策的方式，个体决策解决非程序化问题的比重在不断下降。群体决策是指整个决策过程由两个或者两个以上的决策制定者完成的决策。

（一）群体决策的优点

群体决策的出发点是借助多人的智慧做出最佳决策。因此，和个体决策相比，群体决策具有如下优点：

1. 群体决策可以充分利用决策小组的智慧

民间有句俗语："三个臭皮匠，赛过诸葛亮"，意思是人多智慧多，总能想出解决问题的办法。群体决策中的成员一般都是各个领域的专家，在召开会议解决问题的过程中能充分利用不同领域专家的知识、经验以及对未来准确判断的能力。个体决策仅仅是决策者自己根据已有信息做出决策，群体决策在吸收专家意见的基础之上能制定出比个体决策更科学，思考问题更全面的决策。

2. 群体决策可以提高决策的可接受性以及利于决策的顺利实施

在个体决策中，权力更多地集中在决策制定者手中，因此在实施决策方案的过程中很难调动组织成员的积极性。在群体决策中，权力不再单独地集中在某个决策者手中，而是在群体决策者手中。因此，在群体决策会议上通过的方案往往具有较高的可接受性。在方案实施过程中，方案的实施者或许就是当初方案的制定者，因此能够在较大程度上激励组织成员致力于实施所通过的方案，有利于决策的顺利实施。

3. 群体决策的质量高

和个体决策相比，群体做出的决策质量往往较高。个体所做的决策是基于个人所掌握的有限知识以及有限的信息处理能力。群体决策吸纳了不同领域专家的智慧；不同教育背景、文化背景的小组成员可以根据自己的学识提出独特的见解，最后通过少数服从多数的原则选择出最佳方案。因此，群体会议上制定出来的决策往往具有更高的质量。

（二）群体决策的缺点

和个体决策相比，群体决策花费的时间较长，成本较高。群体决策有时还会出现责任不明和相互推诿的现象。

（三）群体决策方法

群体决策方法有许多种，常用的有头脑风暴法、德尔菲法和名义群体法。德尔菲法在前面已经介绍过了，下面简单介绍头脑风暴法和名义群体法。

1. 头脑风暴法

头脑风暴法由英国心理学家奥斯本（Osborn）在 1957 年提出，他希望能通过头脑风暴法使决策小组成员的尊重需求得到满足，从而激发小组成员的创造性，进而产生高质量的方案，做出满意的决策。头脑风暴法（brainstorming）是一种通过召开会议，决策小组成员在会议上畅所欲言，在这个过程中禁止批评和评论的群体决策方法。虽然在群体决策中容易出现决策小组成员屈从于大多数成员的意见的现象，但是头脑风暴法可以有效地避免创造性方案受到压制的现象的发生。这种群体决策方法在企业决策实践中得到了广泛的应用，对于快速制定高质量的创新性决策具有重要作用。

头脑风暴会议由一个主持人主持，决策小组成员围桌而坐，主持人在会议的最开始把决策问题阐述清楚，小组成员在一定的时间内针对决策问题自由发言。在会议过程中，所有产生的方案都会被记录下来，以供进一步分析和讨论。整个会议过程禁止批评或者讨论，鼓励小组成员提出创造性的方案，鼓励小组成员提出更多的方案，从而激发组织成员的创造性，打破小组成员从众的局面。

头脑风暴法自问世以来已经帮助无数企业解决了经营过程中遇到的困难。头脑风暴法有许多优点。例如，在同样的时间内，头脑风暴法可以产生独立思考时2倍的意见数量。但不可否认的是，头脑风暴法在制定决策过程中同样存在一些缺点。例如，在会议过程中，如果企业中的权威人物首先谈论自己的看法，就会无形中给决策小组中的其他成员造成心理压力，遏制创新。因此，在会议召开时权威人士最好最后发言。另外，在头脑风暴会议上，小组成员可能不像做出个人决策时尽心尽力。因此，企业在平时应将决策小组打造成为高效、团结的团队，以使头脑风暴法在企业决策中发挥更大的作用。

2. 名义群体法

名义群体法是指决策小组成员如同参加委员会会议，列席群体决策会议，会议进行过程中群体的讨论受到限制，但是小组成员必须独立思考。名义群体法的程序是，小组成员首先列席会议，独立地思考问题，并以书面的形式记录下来；然后会议主持人将所有人的意见集中起来，小组成员依次阐述自己的观点；最后决策小组成员对每一备选方案进行投票，通过等级排列和次序选择出综合排序最高的方案，从而制定出高质量的决策。名义群体法不仅可以通过限制群体讨论从而避免从众心理对群体决策的影响，还能够通过让小组成员独立思考产生更多的备选方案，和德尔菲法相比还具有耗时较少的优点。

➡ 思考题

1. 什么是预测？预测在企业管理中具有什么作用？
2. 为什么说管理就是决策，决策贯穿管理的整个过程？
3. 影响管理者做出决策的因素有哪些？
4. 简述程序化决策和非程序化决策的联系和区别。
5. 简述个体决策和群体决策的适用条件。
6. 个体决策和群体决策各有什么优缺点？

➡ 课后案例讨论

“蛇吞象”：双汇71亿美元收购史密斯菲尔德

2013年5月29日，双汇集团的控股公司——双汇国际控股有限公司宣布收购全球最大的猪肉生产商美国史密斯菲尔德食品公司（Smithfield Foods，SFD）的全部股份。收购金额约为71亿美元，其中包括史密斯菲尔德的净债务。同年9月26日，经过双方不断的努力，双汇国际控股有限公司和史密斯菲尔德食品公司联合宣布收购完成，这标志着中国企业规模最大的赴美投资案正式收官，双汇一举成为世界上最大的猪肉生产企业。

漯河是位于河南省中南部的小城市，这座城市因食品加工而闻名全国，因双汇收购全球最大的猪肉生产商而再次进入人们的视野。双汇的前身是漯河市肉类联合加工厂，彼时只是一个影响力仅限于漯河的肉制品加工厂。1984 年，万隆担任厂长，从此双汇开始迅猛发展。从 1992 年双汇生产出第一根火腿肠，到 1998 年双汇在深圳证券交易所成功上市，再到 2013 年成功收购史密斯菲尔德，这些都是双汇高层管理者在公司发展重大时刻的正确决策和公司员工共同努力的成果。在收购的前一年，即 2012 年，双汇生猪屠宰量达到了 1 100 多万头，猪肉总产量达到了 270 万吨，年营业收入 393 亿元。2014 年，双汇年营业收入 456.96 亿元，利润总额达到了 40.4 亿元。

史密斯菲尔德食品公司是 1936 年成立于美国弗吉尼亚州的猪肉生产商，公司形成了从生猪饲养到屠宰再到分装或者加工等一整套生产链。20 世纪 80 年代，史密斯菲尔德得到了较快的发展，1998 年成为美国排名第一的猪肉生产商。史密斯菲尔德在全球 12 个国家和地区都开展了业务，每年能够向市场提供 1 600 万头左右的生猪，其猪肉产量和营业收入摇摇领先于美国猪肉行业中的其他竞争对手。另外，史密斯菲尔德在美国有完善的零售渠道和餐饮行业渠道，旗下的十几个品牌在美国市场上都处于领先地位。

双汇制定出收购史密斯菲尔德的决策是有自己的考虑的。如果双汇能成功地“吞”下史密斯菲尔德公司，那么可以有以下几方面的好处：

一是双汇和史密斯菲尔德强强联合，优势互补。中国人口数量庞大，肉制品市场规模惊人。双汇在我国肉类产品行业中具有非常高的市场占有率，收购史密斯菲尔德之后可以产生规模经济效应，生产更多的产品满足市场的需求。此外，史密斯菲尔德拥有先进的生猪养殖技术、专业的管理团队、健全的管理制度。通过并购，双汇可以学习史密斯菲尔德的管理经验，达到市场共享、技术共享和管理经验共享，产生协同效应，推动双汇管理水平的提高，有助于公司健康地发展。

二是双汇收购史密斯菲尔德是双汇走向国际的关键一步。史密斯菲尔德生产的肉制品不仅满足美国国内的需要，还将产品出口到日本、墨西哥、中国等 12 个国家和地区。双汇一直在实施国际化战略，希望将公司的业务从国内扩展至全球。双汇将史密斯菲尔德收购以后，可以使双汇的产品质量国际化、公司经营管理国际化，同时能提升双汇在国际上的品牌形象，提高公司产品在全球市场上的市场份额，从而完成双汇从国内企业向国际化大公司的转变。

三是双汇可以通过收购史密斯菲尔德提高公司的产品质量管理水平。史密斯菲尔德拥有完善的食品安全控制体系，这可以为双汇所借鉴。2011 年，双汇爆出“瘦肉精”事件，一度使双汇陷入困境，公司的销售额受到很大的打击。经过一年的调整恢复，双汇在 2012 年慢慢走出这场危机。国内的消费者普遍对国内食品安全存在疑虑，引进史密斯菲尔德完善的食品安全控制体系，可以提高双汇食品的质量，提高消费者对双汇食品的信心，打造独特的竞争优势，占领更多的市场。

对于这一收购，史密斯菲尔德同样有自己的想法。由于美国肉制品市场的饱和，公司销售额下降，养猪业又占用了过多资金，多种因素拖累了史密斯菲尔德的股票价格。如果被双汇收购，史密斯菲尔德一方面可以借助双汇大规模进入不断壮大的中国市场，通过增大出口量，提高公司股票价格；另一方面，双汇的收购价格令史密斯菲尔德的股东和管理层十分满意，这些资金是公司继续执行原有战略，维持公司良好形象，积极主动承担社会责任的重要保证。因此，史密斯菲尔德董事会认为这次收购是符合公司股东和公司利益相关者的利益的。

双汇和史密斯菲尔德的“闪婚”并不是一帆风顺的。2013 年 5 月下旬，双汇和史密斯菲尔德已经秘密接触数月，然而这时市场上早已有风声，史密斯菲尔德的竞购者们蠢蠢欲动。数天内，双汇和银行团合作者迅速做出决策，应快刀斩乱麻，提速交易，并在 5 月 29 日和史密斯菲尔德签订了最初的合约。7 月 10 日，美国国会为这次收购专门举行了听证会，评判这次收购是否符合美国的利益；之后，曾经否决了华为、三一等收购案的美国外国投资委员会对这次收购进行审核，如果审核不通过则双汇前功尽弃。9 月 26 日，经过 120 天的审查、投票，双汇和史密斯菲尔德宣布历时 4 个月的并购交易正式完成。回顾整个交易过程，双方经历了其他竞购者的介入、部分股东的异议；还经历了美国证券交易委员会审批、多个国家反垄断调查、美国参议院农业委员会听证等一系列波折。不过，最终天遂人意，整个收购有了一个圆满的结局。

2013年9月26日标志着双汇对史密斯菲尔德的收购在法律和企业层面的结束，然而，对于双汇来说，这还仅仅是个开始。“蛇吞象”完成以后，双方还要在战略、文化、人力资源等多个方面进行融合，这对双方来说都是不小的挑战。如果双方不能很好地适应公司文化、管理模式的变化，就很难产生协同效应。因此，双汇还有很长的路要走。

资料来源：尹振茂．双汇71亿美元收购美国猪肉巨头史密斯菲尔德．证券时报，2013-05-30；张曦．跨洋“双汇”．大河报，2013-05-30；王晓雄．双汇并购全球最大猪肉企业．环球时报，2013-05-30；杨博．双汇收购史密斯菲尔德交易添变数．中国证券报，2013-07-05；夏清逸，王治尹．双汇收购史密斯菲尔德磨合或需数年．第一财经日报，2013-09-26.

结合案例内容，回答以下问题

1. 为什么双汇管理层会做出收购史密斯菲尔德公司的决策?

2. 双汇在收购史密斯菲尔德公司过程中遇到了哪些障碍? 假如你是双汇的管理者，你遇到上述障碍会做出什么决策?

3. 为什么双汇“蛇吞象”仅仅是个开始，还有很长的路要走? 给出你的意见。

第 7 章
创　新

苟日新，日日新，又日新。

——《礼记·大学》

事物在以非常快的速度发展变化，如果你不让你的公司改变，你就会落后，不管你现在有多强大。

——约翰·钱伯斯

学习目标

1. 理解创新的含义和特点
2. 掌握创新的类型
3. 掌握互联网商业模式的特征
4. 理解互联网商业模式的类型

➡ 引　例

华为的“蓝军参谋部”

欧洲一家通信制造商的一位高管曾说：“过去 20 多年，全球通信行业的最大事件是华为的意外崛起，华为以价格和技术的破坏性创新彻底颠覆了世界通信产业的传统格局，让世界绝大多数普通人都能享受到低价优质的信息服务。”根据 2017 年财报，华为实现销售收入 6 036 亿元，净利润 475 亿元，从追随者变成领跑者。

开放包容的创新哲学

华为贯彻了开放、包容的哲学。在用人上，任正非创造了自己的“灰度理论”，即反对非黑即白的用人观，华为不会用有文化洁癖和道德洁癖的人，而是一支能容得下各种异类人的商业部队。华为从高层到基层，都在有意识地培养专门负责“唱反调”的“蓝军参谋”，用来虚拟华为面对的各种对抗声音，预先模拟竞争对手的反应。

在资金使用上，华为允许试错。任正非曾说，华为研发20年浪费了1 000亿元，但正是这1 000亿元学费令华为积累了创新研发经验，构筑了世界级的创新能力。华为的一位高管曾这样说："在华为，所有坐在第一排的人都犯过无数的错误，领导力和创新力是用钱砸出来的。"华为芯片研发部门曾确定"一次投片成功"的目标。任正非评价道："一次投片成功的说法是反动的，这个世界上没有神仙。要知道，每投片一次的成本大约在几百万美元。"华为从用人到用资本，都体现了开放包容的指导思想。

偏执狂般的危机意识

2001年，任正非发表了《华为的冬天》。很多人看到这篇文章后都产生了这样一个疑问：那时华为发展势头良好，公司的核心竞争力不断增强，任正非为什么会预言"华为的冬天到来了"？华为的冬天真的来临了吗？其实，任正非和华为高层已经看到了国内外IT（信息技术）业正面临的境况：几乎在一夜之间，很多IT企业股价暴跌、裁员、倒闭破产。华为必然会受全球IT业大环境的影响，市场不会单独对华为网开一面。正如任正非所言，"10年来，我天天思考的是如何面对失败，也没有什么荣誉感和自豪感，而是危机感"。

有人问："下一个倒下的会不会是华为？"任正非的回答是："如果我们能坚持'力出一孔，利出一孔'，下一个倒下的就不会是华为；如果我们放弃了'力出一孔，利出一孔'的原则，下一个倒下的可能就是华为。"任正非认为，只有利用有限的资源做好有限的事情，才能保证华为立于不败之地。偏执狂般的危机意识，使任正非和华为始终保持着警惕。

"红军"与"蓝军"

"蓝军"是华为战略营销部下属的一个部门，而战略营销部是华为的核心职能平台之一。任正非设立"蓝军参谋部"的原因在于，"你都不知道如何打败华为，说明你已到天花板了"。"蓝军"原来是在模拟军事演习中担任假想敌的部队，通过模仿敌人的作战策略与"红军"（正面部队）进行对抗训练。华为的"蓝军"必须想尽办法来否定"红军"。"蓝军"的职责包括：从不同视角检查华为的战略与技术发展，查找华为的漏洞和缺陷；模拟竞争对手或创新的战略模式；建立红蓝军对抗和运作的平台，通过战术讨论、模拟实践等方法得出最佳策略。为了保障蓝军机制，华为规定，"红军"司令必须从"蓝军"的优秀干部中选拔出来。

华为"蓝军参谋部"的领头人白志东、固定网络部的徐恩启等，是一群充满个性的"乌鸦嘴"，随时在为华为唱"挽歌"。白志东会将华为批得体无完肤，对华为未来几年的发展发出"危言耸听"的预言和警告。任正非身上则表现出"红蓝对决"的两面性：公司内外形势大好时，他是充满警惕和批判的"蓝军"，提醒员工华为离死亡不远了；形势不好时，他就担当乐观的"红军"，激发公司上下充满积极的动力。通过"蓝军"这样的自我批判，为公司董事会提供决策性的建议，华为保证了制定的战略决策尽可能考虑周到，避免短视和漏洞。

资料来源：田涛，吴春波．下一个倒下的会不会是华为．北京：中信出版社，2012；马晓芳．揭秘华为"红蓝军"．第一财经日报，2013-11-26；吴春波．华为没有秘密．北京：中信出版社，2014；田涛，彭剑锋．华为创新的乌龟哲学．商界（评论），2015（2）．

创新一直是企业竞争战略的关键组成部分，企业只有通过创新才能保持可持续的竞争优势。只有持续不断地创新，才能让企业永远立于不败之地。

第 1 节　创新的内涵

一、创新的含义

约瑟夫·熊彼特（Joseph A. Schumpeter）在 1912 年出版的《经济发展理论》中提出，创新（innovation）并不是一个技术概念，也不是单纯的技术上的新发明，而是一个经济概念，是经济生活中出现的新事物。创新是把生产要素的新组合引入生产体系中，即“建立一种新的生产函数”，其目的是获取潜在的利润。熊彼特的创新概念相当宽泛。[①] 在熊彼特的理论体系中，“创新”是一个被纳入经济学理论体系中的严格的经济学概念，奠定了熊彼特的经济学说。

第一，创新与发明（invention）的关系。甘德安在《知识经济创新论》一书中认为，“发明是知识的重新组合，创新是发明的第一次商品化”[②]。由此可见，发明强调的是“全新”的概念，指某种事物在这个世界上第一次出现；而创新是指某种事物第一次被商品化。发明与创新的区别在于该事物是否绝对新颖，以及是否被引入商业化过程。发明和创新既可能相互独立，也可能共同出现在某一事物上，创新还可能是对发明事物的改进。

第二，创新和研发（research and development）的关系。研发是系统地进行创造性工作，利用新的知识和技术进行新的发明创造。研发一般包括三种活动：基础研究、应用研究和实验开发。研发是创新的前期投入阶段，为创新建立了物质和科学基础。研发活动并不一定带来创新，创新也并非完全以研发活动为基础。但总体来说，研发活动是有助于企业创新的，研发活动越多，企业创新的可能性就越大。因此，研究者一般将企业的研发费用作为衡量企业创新投入的标准，分析企业对创新的重视程度。

第三，创新和模仿（imitation）、扩散（diffusion）的关系。模仿是指企业通过逆向工程（reverse engineering）等方法仿制创新者的产品。模仿是传播创新的一种重要形式。模仿可以减少创新的成本和风险，挤占竞争对手的市场。模仿有时不只是简单的仿制，也可能包含渐进性创新，是对原有创新的进一步深化。扩散是指其他企业通过合法手段采用创新的产品、技术的过程。扩散可以最大限度使创新的成果惠及市场。模仿、扩散是实现创新的经济和社会效益的有效途径。

---

① 约瑟夫·熊彼特．经济发展理论．北京：商务印书馆，2014.

② 甘德安．知识经济创新论．武汉：华中理工大学出版社，1998.

二、创新的特点

（一）高风险与高收益并存

风险是可能而非必然的损失，而且在一定条件下可以转化为收益。一般情况下，风险高的领域常常蕴藏着更高的投资回报，即风险越大、收益越大。从这个意义上说，追求高风险背后的高收益促进了创新活动。在现实生活中，创新成功或失败的案例比比皆是，需要对创新背后的风险收益规律进行深入研究，探究风险转化为收益的条件和步骤，使更多企业从创新中获益。

（二）周期性变动

创新存在周期性变动，尤其是技术创新。用于描述技术型创新周期性变动的主要模型是S曲线。该模型认为，可以用S曲线来拟合技术发展阶段，推演技术的生命周期，进而说明技术发展的萌芽期、成长期、成熟期和衰退期这四个阶段之间的关系。[①] 其模型如图7-1所示。

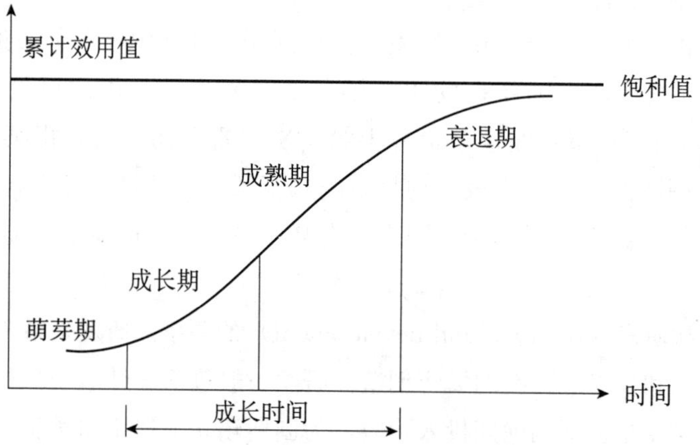

图7-1 技术发展的周期性变动

资料来源：傅瑶，孙玉涛，刘凤朝．美国主要技术领域发展轨迹及生命周期研究：基于S曲线的分析．科学学研究，2013（2）．

延伸阅读7-1
创新的过程

从S曲线模型可以看出，一项新技术的诞生并非随机出现，在其产生之初会有一个相当缓慢的增长导入阶段，即萌芽期；经过这一阶段之后，累积的效用增长率开始不断上升，新技术开始迅速发展，进入成长期；接着，累积的效用增长率开始不断减小，进入成熟期；当新技术发展接近极限的时候，其增长又会逐渐放缓，最终到达上限，即衰退期。

① 佛斯特．S曲线：创新技术的发展趋势．台北："中国生产力中心"，1988．

延伸阅读 7-2
创新的意义

第2节 创新的类型

一、基于创新内容的分类

熊彼特认为，创新是指把从未有过的生产要素“新组合”引入生产体系。这种新组合包括：引进新产品；引进新技术；开辟新的市场；开辟原材料新的供应源；实现工业新组织。[①] 除了熊彼特提出的五种创新，现代企业管理又出现了制度创新和管理创新。

（一）产品创新

产品创新指引入新的产品。产品创新是指通过新技术改善产品的功能或者设计制造出全新的产品，以吸引顾客，推向市场并获得利润。当市场中某种产品的销售逐渐达到饱和状态，新技术的市场潜力巨大时，通过开发新产品能够创造市场需求，促进企业利润和经济的增长。内生增长理论认为，技术进步和产品更新能够从内部推动经济增长。当行业中的大部分企业都在创造新产品时，必然会将市场推向快速增长的轨道，创造巨大的市场价值。反之，当消费者对产品的需求接近饱和，不进行创新就会抑制经济增长。

（二）工艺创新

工艺创新是指在技术创新的基础上采用新的生产方法。企业从事的两类主要创新活动就是产品创新和工艺创新。工艺创新并非在最终产品上创新，而是在生产过程中采用新的生产技术和制造程序，以提高企业的生产效率，减少生产成本，降低产品的价格，或增加产品的利润空间。当产品的性能被消费者广为接受，或者价格成为企业竞争的焦点时，企业就会更倾向于改变生产技术和流程的工艺创新而非产品创新。此时，工艺创新就可以为企业赢得竞争优势和利润空间。

（三）市场创新

市场创新是指开辟新的市场。这里的新市场有三层含义：一是地域意义上，企业的产品进入崭新的地域市场；二是需求意义上，企业的产品进入了消费者的需求尚未被满足的市场领域；三是产品意义上，企业推出的新产品开辟了新的市场空间。企业为了争夺市场份额，吸引更多消费者，不得不探寻市场规律、进行市场开发。在市场创新的过程中，企业需要分析消费者的潜在需求，考察为满足消费者需求可以开辟的新市场，以及连接企业与市场的营销渠道等。企业发展中三种主要的创新活动就是市场创新、产品创新和工艺创新。在充分研究消费者偏好、分析潜在市场的基础上，企业往往能在市场创新上取得较大成功。

---

① 约瑟夫·熊彼特．经济发展理论．北京：商务印书馆，2014．

（四）材料创新

材料创新是指获取新的原材料、开辟新的材料来源、开发和利用成本更低的材料以替代高昂的材料、提高材料的质量、改进材料的性能等。材料是生产和制造产品的基础，俗话说“巧妇难为无米之炊”，提供优质产品和服务的基础在于拥有价廉物美的材料。材料费用在产品费用中占很大比例，对稀有材料的依赖也会为产品生产带来很多限制。随着产品更新速度越来越快，在研发人员加快产品创新速度的同时，材料上也需要进行持续创新。世界上很多国家都非常重视材料创新，甚至上升到国家战略的高度。例如，美国能源部规划建立了集合近10所大学、4所国家实验室、近10家私营企业的研究人员的关键材料研究院（CMI），在5年内可以使用1.2亿美元经费开展稀土和其他关键材料的替代研究，以解决稀土的进口依赖问题。

（五）商业模式创新

延伸阅读7-3
商业模式创新的类型

商业模式被认为是企业获取利润的生产函数，是产品、市场、生产方法、生产材料的组合。从系统观的视角来看，商业模式创新可以界定为企业各种交易活动的新组合体系，这种体系结构以为企业创造新的价值为目的，代表了企业、供应商、潜在竞争对手及客户所组成的新网络体系。“现代管理学之父”德鲁克认为，当今企业之间的竞争，已经超越产品和技术之间的竞争，上升到了商业模式之间的竞争。[1] 商业模式创新要求企业以新的方式为顾客提供价值。例如，从传统书店向网上书店（如亚马逊、当当网、蔚蓝网等）的转变就是一种商业模式创新。

（六）制度创新

广义的制度创新是指社会政治、经济、管理和文化等方面制度的革新，使引导人们行为和关系的规则发生改变；狭义的制度创新是指组织内部运营、管理、人际关系等方面的新规则和新制度。本书的制度创新是指后者。借鉴相关学者的研究思路，按照制度创新的主体不同，可以将制度创新分为企业强制性和需求诱导性两类。强制性制度创新由企业管理者强制引入和实行，企业成员必须遵守和服从。不同利益相关者对现有利益进行再分配是强制性制度创新的原因之一。诱导性制度创新是指当市场机会或顾客需求浮现时，企业内自发倡导、组织和实行的制度变革。

（七）管理创新

管理创新是指企业内部比现行管理更为有效的资源整合范式，其目标是降低企业内部各部门之间的交易费用，其对象包括企业内部的人力、财力、物力等各种资源，包括新的管理思想、管理实践、管理过程或管理原则等。很多企业之所以落后，不是产品、服务、技术层面的问题，而是管理方式太落后。管理创新的思想意识层面包括变革企业的理念、

---

① Peter Drucker. The Daily Drucker. US：Harper Collins，2011.

策略、价值观、文化等；实践层面包括目标、要素组合方式、组织结构、环境等。管理创新受到管理者、企业内部结构、企业外部环境等多方面因素的影响。

二、基于创新程度的分类

按照企业实施的创新对原有情况改变的剧烈程度，可以将创新分为渐进性创新和突破性创新。

（一）渐进性创新

渐进性创新又称持续性创新，是指在一个相当长的时期内，企业在原有的技术轨迹上，对产品或工艺流程等进行的程度较小的改进和提升，持续不断地推出和实施创新活动，不断地创造经济效益的过程。渐进性创新的内容除了熊彼特提出的五种创新，还拓展到了制度创新、管理创新及其内部扩散。渐进性创新强调的是技术、工艺等的延续和过程的持续，创新活动在时间上、经济效益上和企业发展上都是平稳、持续且上升的，不存在突然变化。从系统的角度来看，在企业持续创新的过程中，各个创新项目及其相互间的联系可以看作一个持续演化的整体，各个项目和整体可以产生连续不断的总和效益，令企业一直拥有竞争优势。

（二）突破性创新

突破性创新又称破坏性创新，即突破原有技术轨迹，导致投入、产出或者流程中根本性或者显著改变的创新。突破性创新建立在一整套不同的知识或规则之上，对产品性能的主要指标有很大改变，常常会激发市场的潜在需求，决定新的市场规则和竞争格局，给市场中的其他企业带来巨大冲击，甚至导致整个行业重新洗牌。突破性创新往往成为中小企业淘汰大企业的契机。突破性创新的创新周期较长、不确定性较高。

三、基于创新合作模式的分类

在创新合作模式上，按照企业所使用的资源归属，可以分为封闭式创新、协同创新和开放式创新。

（一）封闭式创新

封闭式创新即企业主要依靠自有的资源和能力进行创新，与外界几乎没有合作。熊彼特认为，创新由企业内部的经济力量催生和形成，新产品和新技术来自企业内部的研发部门，并通过企业技术部门的知识积累、技术进步、工艺改进，进一步完善成为创新性产品，最后由市场营销部门和销售渠道实现市场推广，整个过程完全在企业内部完成，不需要企业外部资源的参与。尽管企业可以与其他企业合作创新，但很少愿意与别人分享创新成果和竞争优势。封闭式创新模式的例子包括杜邦公司的杜邦实验室、朗讯科技公司的贝尔实验室、IBM公司的沃森实验室、惠普公司的中央实验室和施乐公司的帕洛阿尔托研究中心等，它们垄断了当时行业内的大部分创新活动。近年来，随着知识创造和知识扩散的速度加快，人才的流动范围越来越广泛，风险资本在全世界盛行，封闭式创新受到了冲击和挑战。

（二）协同创新

只靠企业的研发部门进行创新活动，各部门之间相互隔离，内部信息流动受到边界限制，有时无法及时应对外界变化，这时需要依靠系统各个部门之间相互融合、共同参与，提高企业的反应能力。与封闭式创新相比，协同创新具有以下三个方面的特点：第一，帮助协同企业以更低的成本获得更高效用的产品，增强创新风险控制。第二，提升企业对外部环境的反应速度，增加系统柔性，融合企业各部门的集体智慧，提高系统的运行效率。第三，发掘企业内部的隐性知识和技能，实现跨部门的创新资源集合，在资源之间形成高效互补和新组合，创造出具有独特性且难以模仿的竞争优势。

（三）开放式创新

开放式创新是指企业在创新活动中，整合、利用内部和外部资源进行创新，在价值链的各个环节与合作伙伴展开互利合作。企业选择与大学、研究机构、联盟企业、竞争者等外部组织联系，开展开放式的合作创新，由不局限于企业内部的人才为企业服务，充分利用更多聪明人的精彩创意，取得更大的创新绩效与成果。开展合作创新的主体之间，有时存在合作与竞争的双重关系，即竞合关系。当今社会，开放式创新逐渐超越封闭式创新的原因在于，技术与市场的全球化发展导致创新资源分散在世界各地，需要集合各方的力量才能创造出难以模仿、独具竞争优势的高质量创新价值，而信息技术的应用降低了整合创新资源和流动交换的成本；激烈的市场竞争导致对知识、技术、经验等的解码速度加快，社会的学习周期缩短，企业独有的无形资产加速贬值，此时，与其费尽心思加密知识、技术、经验等，不如提升企业的学习速度，通过开放的资源平台获取更多分散在组织外部的创新资源，使企业拥有的无形资产源源不断地增加。这样即使“一直被模仿”，也能够“从未被超越”。

案例 7-1

海尔的创新之路

在波士顿咨询公司《2012年度全球最具创新力企业50强报告》中，海尔集团在总排名中位列第八，在“消费品和零售”排名中位列第一，这是中国企业有史以来在这份榜单中获得的最高排名。在“2014年度创新榜”中，专家对中国企业的研发创新能力进行了全面评估，无论在技术研发、智能制造还是管理模式上，海尔的颠覆式创新及其成果都格外突出。海尔正是靠自主创新成为中国迄今为止发展最为瞩目的家电企业。海尔集团的轮值总裁周云杰表示，创新是海尔的文化灵魂。

海尔的创新成果

海尔实现了令人惊讶的创新速度，平均每天能够开发1.7个新产品、申报2.7项专利。截至2017年年底，海尔已累计申请34 000多项专利，其中发明专利超过60%，覆盖近30个国家和地区，海外专利占比50%。获得国家科技进步奖14项，2017年获得3项国家专利金奖。近年来，海尔先后推出行业内首次实现既能保干又能保湿的干湿分储冰箱，全球首款“空净合一”的净界自清洁空调，第三代洗涤技术“空气洗”，全球首款无压缩机酒柜等创新产品，原创科技被国内外各品牌模仿多达112次。同时，海尔建立了能够将智能制造和规模化定制充分融合的互联工厂，以实现按需生产优质产品。此外，海尔拥有开放的创业平台化生态圈，人人都可以在这个平台上创业，这既全面激发了海尔人的创新潜力，又可以充分感知和挖掘市场和顾客的需求，适应了互联网时代商家和用户“零距离”的新特点。

创新带动了海尔业绩的稳健增长。2017年，海尔集团实现全球营业额2 419亿元，同比增长20%；利税总额突破300亿元，其中经营利润同比增长41%。2018年7月，海尔集团旗下子公司之一青岛海尔股份有限公司入围《财富》世界500强。创新为海尔带来了耀眼的表现。

海尔的技术创新

海尔的技术创新以市场和顾客的需求为导向，并以市场效果和顾客反馈为唯一检验标准。在破坏性创新领域，海尔与全球战略伙伴共建了4个专利池，涵盖1 100多项专利，并以分布于亚洲、大洋洲、欧洲和美洲的五大研发中心为基础，与200多家全球顶级供应商、研究机构、著名大学、其他领域的顶级公司开展战略合作，形成了包括120多万名科学家和工程师的创新生态圈。在如此巨大的创新整合下，海尔推出了多款全新产品：代表产品无尾厨电采用全球领先的无线能源传输技术，安全、便捷、舒适度全面超越了传统产品；“水晶”洗衣机的每个部件都融合了全球的优势资源，被誉为全球最安静的洗衣机；备受万众瞩目的当属海尔的帝樽空调，这是海尔在与用户长达两年的互动中捕捉到的用户需求。帝樽空调的研发团队拥有极其豪华的阵容：依托海尔的五大研发中心和来自保时捷、宝马、施华洛世奇等的1 600名设计师组成的跨领域研发团队，海尔组成了互利共享的专利池，整合全球顶尖的设计和研发资源，打造了近乎完美的帝樽空调。

帝樽空调在设计和功能上都堪称一流。在设计上，帝樽空调采用圆形设计，摆放在家中一角后可以与墙体无死角贴合，方便家庭清理与打扫。帝樽空调还包含很多跨界技术，例如神舟飞船的静音技术就被应用到了空调上，实现了帝樽空调的超静音体验。在功能上，帝樽空调的表现更是抢眼，独特的Smart-NAVI智能人感导航可以根据室内每个区域的温度、活动范围、活动量调节最适温度，并且可以选择48种送风模式，在纵向延伸带中超强送风。帝樽空调还应用了手势识别控制技术。通过WiFi无线联网技术，帝樽空调还实现了远程智能遥控、自动调整睡眠曲线等诸多人性化功能，充分体现了智能化和便捷化。

随着物联网时代的到来，海尔着力构建全球生态圈，推出生态品牌，由核心技术和“人单合一”模式双轴驱动，直接关切客户个性化需求，打造高质量产品体系，创造最佳体验服务和解决方案。在2017年年报和2018年一季报中，海尔披露多维生态数据，成为全球家电行业首家披露“生态资产”的企业。报告显示，海尔生态资源网络已开始全“触点”激活物联网时代用户群，其中，2018年一季度实现生态收入6.2亿元，其中包括COSMOPlat工业互联网平台生态收入5.66亿元，U+智慧家庭云平台生态收入0.54亿元。

海尔的管理创新

1989年，海尔创立了OEC管理法，即每人每天对每件事进行全方位的控制和清理，今日事今日毕，这是海尔管理创新的基石。2000年，海尔在流程管理上再度创新，推出了市场链管理模式，在计算机信息系统的基础上，订单信息流、物流、资金流顺次运行，业务流程顺利通畅，符合市场导向和客户需求。在互联网时代，海尔再度实施全流程创新，实施特有的"人单合一"管理模式，每一位员工都变成了创新的主体，与市场目标合为一体。改变传统的"生产—库存—销售"模式，启用根据用户订单生产的准时制模式。

现在海尔的管理模式可以称为"T模式"，其四个要素是准时、目标、日清、团队。具体说来，海尔把垂直的管理结构逐渐扁平化改造，采用按照订单生产的准时制生产体系，避免提前大批量生产造成的库存积压。员工不仅要面对市场目标，每天完成自己的个人任务，还要形成团队的合力，以实现企业的总目标，创造新的市场价值。这种全员创新的体系，体现了张瑞敏的思想："人才是自主创新和可持续发展的保障。'人单合一'的管理模式，让每个人都具有自主创新的空间和价值，这样企业就会拥有独一无二的竞争力。"在新常态经济下，海尔的创新之路为中国企业提供了典范。海尔的灵魂和核心价值观就是创新，这成为海尔进步和发展的不竭源泉。

资料来源：徐杰，刘鑫．全球企业创新力排行 海尔跻身前10．半岛都市报，2013-01-21；苏婵．创新海尔：悬如日月 周行不殆．阳光财经，2013（9）；庄文静，朱丽．海尔的"小微"在颠覆什么？．中外管理，2015（1）；尹为鉴．海尔集团荣获中国企业创新十强．青岛财经日报，2015-03-06；张瑞敏．海尔以人单合一模式创物联网生态品牌．（2018-05-15）．金融财经网．

四、基于知识利用的分类

按照创新活动与当前知识或技术路径的偏离程度，以及与现有客户群体、目标市场的偏离程度这两个标准，创新可以分为探索性创新和开发性创新。

（一）探索性创新

探索性创新就是以满足新市场导向和新客户需求为基础，在超越既有知识的同时，利用全新的知识来创造新的技术或工艺、打造新的设计、开辟新的市场、寻找新的潜在消费群体或建立新的商业模式的大幅度的、激进的创新行为，与突破性创新的过程类似。探索性创新旨在发现和利用新的商业机会和盈利的可能性。探索性创新活动使企业将精力放在探索未来可能出现的全新的机会，将占用企业内部的知识性资源。知识性资源越丰富，企业采取探索性创新所取得的创新绩效就会越显著。

（二）开发性创新

开发性创新是以满足已有市场导向和顾客需求为基础，利用已有的知识提高组织当前的技能、优势和结构，旨在改进现有的产品和服务，丰富现有的知识和技能，提高市场占有率和销售渠道的效率，为顾客提供价值更高的产品和服务的小幅度的、渐进的创新行为，与渐进式创新的过程类似。开发性创新倡导对现有知识和技能的提炼、整合、改善和补充，注重通过延续与改进来设计企业战略。开发性创新与企业的财务资源相关，财务资源越丰沛，企业采取开发性创新所取得的创新绩效就会越显著。

五、基于自主性的分类

按照创新是否主要由企业依靠自身的力量获取，可以将创新分为自主创新和模仿创新两类。

（一）自主创新

自主创新又称为内生创新或原始创新，是与模仿创新、外部引进创新相对的创新模式，是企业系统内部自动产生的行为。自主创新具有三个显著的特点：一是自主突破核心技术；二是领先开发关键技术；三是率先开拓新市场。自主创新是企业通过自身的努力积累实现新技术和新工艺等所需的知识与经验，探索和突破关键的技术环节，推动技术、工艺、产品等的市场化，占有市场份额，获得营业收入和利润，达到预期经营和战略目标的一种创新活动。

（二）模仿创新

模仿创新是指创新主体从自主创新的过程和成果中吸取有价值的部分，在此基础上再进行创新，创造出更优质的产品或服务。模仿创新是一种追随式的探索和创造，对企业本身的要求比自主创新低得多，因此常为中小企业所采用。虽然模仿创新不能为企业带来先动者优势，为企业抢占市场先机，但与自主创新相比，模仿创新存在以下三个特点：成本低、风险小、效率高。模仿创新的成本相对自主创新较少，原因在于模仿创新可以节省重要技术突破费用、市场开发费用、品牌打造费用等。模仿创新的风险较低，原因在于模仿创新对技术进行改进和提升，而非彻底的突破和创造，失败率比较低；可以享受组织创新者开拓的市场，避免新产品的不确定性带来的滞销；甚至通过技术改进弥补自主创新产品的不足，更好地满足消费者的需求。模仿创新的效率较高、创新周期较短。企业可以通过向自主创新企业购买生产许可证、利用反求工程解码企业的知识和技术专利（需要避免知识产权纠纷）或研究专利文献等形式获得自主创新的一些技术信息，使模仿创新在一定的根据和基础上进行，提高创新效率和成功率。

第3节 互联网商业模式创新

在互联网条件下，商业模式创新又有了新的途径。互联网商业模式借助其低边际成本、高关注度、网络效应以及高盈利与高风险并存等特征[①]，正日益成为众多企业进行商

① 袁宏伟．基于互联网的“免费”商业模式创新研究．商业研究，2010（12）．

业模式创新的选择。

一、互联网商业模式的特征

（一）低边际成本

与传统产品不同，数字产品具有特殊的成本结构。生产第一份产品需要大量研发投入和制造费用，但是以后传播和复制这份产品的成本几乎为零。例如，微软开发 Windows 操作系统时，研发 Windows95 的第一张光盘花费了 2.5 亿美元，而后来销售的复制品成本只要几美分。生产数字产品主要的成本是一开始的固定成本，若产品研发失败或推向市场失败，那么这部分固定成本将变为沉没成本，导致亏损；若企业将产品成功推向市场，因为产品的固定成本较大，只有通过大量销售产品、获得规模效应，才能摊薄产品的总研发和制造成本，使产品的利润大幅上涨。高固定成本和低边际成本是互联网数字产品的主要特征。

从消费者角度来看，销售者在购买互联网数字产品时，只需支付搜寻成本、学习成本，而搜索引擎的完善和学习资料的普及使得这两项成本不断降低；产品的运输成本、储存成本也几乎不存在，消费者可以低于线下实体产品的价格享受互联网产品。正是这些特征使得很多互联网数字产品通过“免费”的商业模式销售，从而获取较高的市场份额和客户群体，从后续产品的销售中先期投入，实现利益的最大化。

（二）高关注度

21 世纪的社会信息资源泛滥，同质化产品过剩，增加了消费者搜寻信息或产品需要耗费的时间和精力，使消费者难以轻松了解和信任所需商品。因此，在当今的时代，稀缺的不是商品和信息，而是消费者的注意力。互联网经济的显著特征之一就是吸引消费者的注意力。在互联网经济中，吸引消费者注意力较为有效的方法就是拥有庞大的用户群体，这可以说是公司最大的“无形资产”。

（三）网络效应

互联网商业模式具有网络效应，即一个网络的价值大小取决于该网络用户的数量多少，用户数量越多的网络，其价值就越大。这表明，产品越是受到人们的欢迎，人们对产品的评价就越高，需求量也就越大。网络效应包括两种，即直接网络效应和间接网络效应。直接网络效应指网络用户达到一定的数量后，就会产生规模效应，吸引更多用户加入网络，产品的效用也随着使用人数的增加而提升。例如，当大家都使用微信进行即时沟通时，如果某人使用了非常小众的通信工具，将被隔绝在大众交流圈外。用户基础越多，互联网产品就会越普及、越受欢迎。间接网络效应是指同一网络或同一品牌下的众多产品中，一种产品用户数量的增加会带动相关产品，使得产品之间形成正向反馈。当互联网企业为某种产品推出配套数字产品时，消费者会因为已经形成的消费习惯，被同一系列的其他产品所吸引。其他产品往往会填补免费产品的成本，为互联网公司带来商业价值。在这种情况下，同一网络中，产品的品种越多、质量越好、价格越低，则产品本身给顾客带来的效用价值就越高。很多互联网企业在推出产品时，就采取各种措施制造网络效应，免费策略是其中最有效的一种。例如，360推出免费杀毒软件。

（四）高盈利与高风险并存

互联网经济具有新型经济的特点，其数字产品在被创造出来后，供给可以是无上限的。一则新闻可以在网络媒体上被无限转载，一首歌曲可以被无数用户下载无限次，一部电影可以被观众无限次观看。即使有版权的数字产品，例如操作系统，其实也无法阻止用户复制。由于数字产品极低的边际成本，一旦数字产品被消费者青睐，其利润空间将是巨大的。互联网企业不再需要额外投入大量研发和制造成本。但是，这造成了另一方面的问题，即当数字产品的供给无限大，且产品趋于同质化的时候，互联网经济就变成了由买方主导的完全竞争市场。在竞争的驱使下，产品价格逐渐下降到零。这时，互联网企业为了盈利，必须为顾客提供个性化或专业化的产品，以区别于那些充斥市场的同质化的产品，这些定制化产品的边际成本相对来说较高。例如，专门为用户提供个性化服务的VIP邮箱，为了去掉60秒广告而必须购买会员资格等。这体现了互联网企业的两个特征：高盈利性和高风险性。高盈利性是指由互联网产品极低的边际成本所带来的极高的盈利空间；高风险性是指在初始投入研发和制造数字产品时的高昂费用，以及大量同质化产品所带来的激烈竞争。

二、互联网商业模式的类型

互联网商业模式即利用互联网盈利的商业逻辑，其背后包含了用户思维、流量思维、社会化思维、大数据思维、平台思维和跨界思维等互联网思维模式，根据当前互联网企业的主要特点，常见的互联网商业模式有以下几种：商户模式、代理模式、信息中转模式、广告模式、会员模式、社区模式和订阅模式。

（一）商户模式

商户模式即互联网企业在网上销售产品和服务，基于单价或销售的形式完成交易，例如亚马逊、当当。商户模式主要包括：商户可以将以往的邮购订单以网络图文的形式展现，并为用户提供下单和送货服务；通过网络完成数据类产品和服务的直接销售；生产厂商可以通过互联网直接接触最终消费者，省去中间繁杂的渠道和环节；在线下没有实体的虚拟商户也可以销售自己的产品和服务。

（二）代理模式

代理模式即互联网企业充当买方和卖方的联结者，促成买卖双方之间的交易。交易的双方可以是企业-企业（B2B）、企业-消费者（B2C）、消费者-消费者（C2C）。代理企业会从成功的交易中收取一定的费用作为佣金。代理模式主要包括：为交易提供全面服务的市场交换模式，通常出现在B2B交易；为预期购买者按其提供的价位搜索销售者的需求搜索模式；为卖方处理拍卖活动的拍卖模式；为买卖双方提供第三方安全支付的模式，如支付宝；为卖方提供虚拟销售平台的虚拟市场模式，如淘宝商城；还有以商户模式为主，兼有代理模式的互联网企业，如京东商城。

（三）信息中转模式

信息中转模式即互联网企业挖掘有价值的消费者个人信息和消费习惯等数据，然后再应用于目标市场，如一些行业协会网站。互联网企业发挥了信息媒介的作用。信息中转模式主要包括：让广告商能够进行大规模市场运作的模式；在线监测观众数据进行调查研究的模式；对观看完整广告或弹出式广告的浏览者付费的模式。

（四）广告模式

广告模式即互联网企业在提供免费的产品或服务时，通过引入广告商投放广告，收取广告费用来盈利，例如百度搜索引擎、360安全卫士，只有当大众用户基础非常广泛时，广告模式才可能正常运作。广告模式主要包括：为用户提供信息检索服务的搜索引擎模式，通常搜索网站会产生大量的访问流量，为用户定制个性化的服务和广告；用户注册模式，注册用户必须允许网站追踪用户的访问习惯；绑定广告模式，将软件和广告捆绑在一起，弹出广告链接或窗口，投放精准广告，或者在用户访问前必须先观看广告。

（五）会员模式

会员模式即互联网企业为特定的消费者提供定制化的服务。互联网企业为用户提供了短信、微信、电话、邮件等全方位触点的个性化营销方案，通过大数据为用户实现定制化信息推送，为用户提供深度交互的差异化选购体验，最大限度地满足不同用户的不同需求。通常，与一般用户相比，成为会员的用户能够享受专属产品的优惠，获得通用优惠券，或者享受现金回馈。

（六）社区模式

社区模式即互联网企业为用户提供的社会化交流平台，用户往往在社区里投入大量的时间和情感，互联网企业的收入则来自付费服务、广告或无偿捐助。互联网非常适合社区商务模式的发展。社区模式主要包括：基于共同的兴趣、经历、职业、爱好等互相联系的模式，如Facebook、腾讯社区；为用户提供交流和互动平台的模式，如天涯论坛；开源软件模式，如通过全球的程序员社区，开放并共享源代码共同协作开发软件；由志愿者编辑、提供全球性的内容，供用户公开访问，如维基百科；常常应用于非营利性质的公共广播、电视。

（七）订阅模式

订阅模式即互联网企业为用户提供高附加值的内容以获利的模式。订阅模式主要包括围绕某些主题，为会员提供文字、音频或视频内容，如知乎；网络服务商为会员提供每月定制的内容和服务；个人与个人之间相互订阅，获取对方发布的信息；还有信托服务管理平台，会员严格遵守规定，为信托信息支付订阅费用。

➡ 思考题

1. 创新的内涵和特点是什么？
2. 创新有哪些类型？其分类的不同依据和标准是什么？各个类型之间有什么区别和联系？
3. 互联网商业模式的特征有哪些？具体有哪些类型的互联网商业模式？

➡ 课后案例讨论

京东“白条”

2014年，京东商城的用户数量已接近2亿，在这个用户基础上推行京东“白条”成为可能，这是电商企业在互联网金融领域的新尝试。

京东“白条”横空出世

2014年2月，京东“白条”以首批50万个名额开始公测，涉足面向个人消费者的在线消费金融。京东用户的最高信用额为1.5万元，可以享受“先消费后付款”的信用赊购服务和30天内还款免息等政策。由于存在一定的风险，“白条”是一项面向个人消费者的消费金融业务，不同于互联网上的金融理财业务，完全由京东自己包揽，不会影响到银行和供应商的账款周期。两个月的公测完成后，京东校园“白条”正式上线。

“白条”申请者可在1分钟内完成申请和授信，且仅需支付银行相似业务费用的一半。目前，京东“白条”的首轮客户为数百万大学生，大学生可享受到“先消费后付款”的个性化定制服务，大学生的信用额度最高可达8 000元，可以在最多24期内分期还款，前30天内还款还可享受免息政策。未来，京东会针对不同类型用户的需求，逐渐推出不同附加条件的“白条”产品。随着“白条”产品的推出，产品功能和用户体验不断完善，保险公司被引入以全额保障用户资金安全，到期前短信提醒次数增加，支持“白条”付款的银行数量上升到20多家。这些政策的出台和完善，将会极大刺激用户在京东商城的消费。

“白条”背后的风险防范

那么，京东如何评价用户的信用值呢？什么资质的用户可以获得最高额度？京东在过去十年内积累了大量高质量的用户数据和消费数据，通过对消费记录等大数据的深入挖掘和分析，京东对用户的信用、消费数据建立了一套自己的信用评价体系。

在申请“白条”信用额度的过程中，京东要求用户提供身份证号码，并根据用户在京东的消费记录、配送信息、退货记录、购物评价等数据来决定风险评价，恶意订单、退换货记录会降低个人用户的授信。同时京东也达到了接入人民银行征信体系的条件，可以合法地查询、上报客户的违约信息。京东“白条”申请和授信过程可在1分钟内完成和实施，完备的风险控制的底气在于，这些信息都可以通过大数据挖掘和分析很快得出。京东就是这样抓住了防范金融风险的本质。

挑战传统金融

京东“白条”自2014年2月成功推出以来，利用互联网、大数据等新技术优势，在电商金融、消费金融领域率先突破创新，加强了京东消费者的用户黏性，扩大了京东用户的消费空间。与传统银行相比较，无实物卡的虚拟信用卡京东“白条”不仅具备传统信用卡的全部透支功能，还更加便利、更加低廉，这对传统金融的中间业务收入造成了一定冲击，标志着互联网金融对传统金融业务的逐步渗透。

京东“白条”产品兼具信用卡和消费信贷两大功能，而且京东具备授信的完备信用评价体系，这为风险更大的消费金融扫除了很大障碍，成为继P2P网贷、互联网理财后又一互联网金融创新模式。传统金融采用的是被动信用评价和授信体系，没有挖掘信用的手段和能力，导致信用配置效率低下。京东“白条”具有传统金融不具备的优势，将蚕食传统银行最核心的信用业务和收入来源。

资料来源：洪文锋，陈庆麟．京东“白条”不是你想打就能打．(2014-02-14)．金羊网；余丰慧．从“京东白条”看互联网金融创新的潜力．(2014-10-03)．中国经济网；李丽梦．京东白条依托“厚数据”创新消费金融．(2014-10-22)．赛迪网；王超．白条是京东对虚拟信用卡的先行先试．金卡工程，2015 (4)．

结合案例内容，回答以下问题

1. 京东商城的“白条”有哪些创新之处?

2. 如果让你为京东公司的“白条”制定信用评价体系，你会选择哪些定性或定量的信用指标?你认为“白条”背后存在的风险包括哪些?

3. 京东商城的新型金融“白条”将对传统金融带来哪些冲击和改变?

第 8 章

企业社会责任

先天下之忧而忧，后天下之乐而乐。

——范仲淹

一个人的价值应看他贡献了什么，而不应该看他取得了什么。

——爱因斯坦

学习目标

1. 了解企业社会责任的发展及其深刻内涵
2. 明确企业社会责任的重要性
3. 掌握企业社会责任的主要形式

➡ 引　例

企业社会责任的“哈佛论战”

从字面上理解，企业社会责任要求企业作为社会成员的一分子，对社会履行一定责任，承担应尽的义务。然而，很长一段时间，在对企业社会责任内涵的理解上存在纷争。早期对企业社会责任比较有影响力的界定，来自诺贝尔经济学奖得主、美国著名经济学家弗里德曼（M. Friedman）。他认为，企业唯一的社会责任就是在法律法规允许的前提下，为股东获取最大的经济利益，即股东利润最大化。除了保障股东的经济利益，企业不应该承担任何其他形式的社会责任。弗里德曼还认为政府才是承担社会责任的主体，政府应该运用各种政治、经济手段解决诸多的社会问题。总之，企业对股东负责，政府对社会负责。

基于弗里德曼的观点，哈佛大学的两位教授进行了激烈的辩论，成就了著名的“哈佛论战”。其中，伯利（A. A. Berle）教授拥护弗里德曼的观点，是传统企业理论的支持者，他认为企业是股东利益的被委托者，应该唯股东的利益是从，在经营过程中只需要考虑股东的权益。而多德（E. M. Dodd）教授站在了弗里德曼的对立面，强烈反对这一论调。多德认为，企业既是一个利益经济体，也是一个社会职能机构，它不仅要对股东负责，更要对包括员工、消费者在内的社会大众负责。两位教授各执己见，在辩论中激烈交锋，最终，多德教授的观点被学术界以及社会大众所认可，意味着这场持续20多年的论战以伯利教授的失败而告终。

资料来源：夏炉娟．企业社会责任在全球的80年．华人世界，2007（5）；裴敬伟，汪劲．中国企业为什么不屑于社会环境责任的承担：对排污企业环境管制不力的公权力影响因素分析．中国环境法治，2007（1）．

第1节 企业社会责任的起源与内涵

一、企业社会责任的起源和发展

1923年，英国学者谢尔顿（O. Sheldon）首次提出企业社会责任的概念，他认为企业的社会责任应该包含道德层面的因素，企业经营者应该满足与之相联系的各种人群的需要。[①] 20世纪50年代，鲍恩（H. R. Bowen）出版了其代表作《商人的社会责任》，在书中他明确提出企业应该承担一定的社会责任，从而引发了有关企业社会责任的研究热点。[②]鲍恩的研究成果将社会责任的研究对象从个人转换到企业，让更多的学者参与到了企业社会责任内涵的讨论中。

20世纪60年代，美国经济学家弗里德曼提出企业的社会责任是在不违反法律法规的前提下，为企业股东获取尽可能多的利益，也就是追求股东利润最大化。[③] 他认为企业是一个经济体、营利组织，存在的意义是为了获得良好的绩效。只要企业可以创造财富，就是履行了社会责任。弗里德曼的说法一时得到了学术界及实务界的广泛认同，成为整个60年代对企业社会责任最具影响力的界定。根据弗里德曼的解释，企业在追求利润之外的社会责任是一种单纯的利他行为，是“外部性”问题，不应该推崇。

进入20世纪70年代，弗里德曼“股东利益最大化”的论调逐渐受到质疑，企业应该承担社会责任、为社会尽到应尽的义务成为社会各界的共识，鲜有学者继续反对企业承担经济目标之外的社会责任。在学术界，企业是否应当承担社会责任已经不再是争论的焦点，更多的研究聚焦在企业社会责任的内涵是什么，存在哪些企业社会责任的具体形式，企业如何承担社会责任。

---

① Sheldon O. The Philosophy of Management. New York: Routledge (Reprint), 2003.

② Bowen H R. Social Responsibilities of the Businessman. University of Iowa Press (Reprint), 2013.

③ Friedman M. The Social Responsibility of Business is to Increase its Profit. New York Times Magazine, 1970 (9).

二、企业社会责任的内涵

对于企业社会责任的内涵，至今没有统一的界定。其中，颇具代表性的概念术语有利益相关者、可持续发展、企业公民等。利益相关者的定义最早由弗里曼（R. E. Freeman）提出，他认为影响企业目标的实现或受企业目标实现所影响的组织或个人是企业的利益相关者。[①] 企业存活于社会中，必然会与之产生联系，但并非社会中的所有人都会与企业产生交集，只有特定的个人或组织会影响企业的生存发展。例如企业的员工、供应商、消费者、股东、债权人、政府机构等，这些个人或组织或多或少都对企业的绩效产生影响。利益相关者可分为内部利益相关方和外部利益相关方，不同的相关方群体有不同的期望。[②] 可持续发展是一种可以持续到未来的发展模式，提倡在不损害下一代人满足需求能力的前提下保障当代人的需求。在概念提出的初期，可持续发展的焦点问题在于保护环境和节约资源。随着人们认识的深化，解决贫困问题、缩小贫富差距、维护社会公平等也纳入了企业社会责任的范畴。只有解决了这些社会性的问题，才有可能实现可持续发展，而企业作为社会的活力细胞，是解决这一系列问题的重要力量，企业社会责任的履行过程就是帮助解决社会问题的努力阶段。所谓企业公民是指一个国家在法律上享有权利并承担义务的企业法人，和普通公民一样，企业公民在享有权利的同时必须履行义务，社会责任就是其义务的一种重要体现。

1979 年，卡罗尔（A. Carroll）提出企业社会责任的金字塔模型，受到学术界的广泛认同，颇具影响力。卡罗尔将社会责任划分为四大结构成分，即"企业责任包含了在特定时期内，社会对企业经济上、法律上、伦理上和慈善上的期望"[③]。根据这一界定，企业社会责任涵盖四个方面：经济责任、法律责任、伦理责任和慈善责任（见图 8－1）。卡罗尔认为经济责任是企业最基本、最重要的责任，但不是唯一的社会责任；法律赋予企业生产产品获得收益的权利，相应地，企业也必须履行法律规定的义务和责任；在法律之外，社会约定俗成但并未写入法规的伦理规范也是企业社会责任的一项重要内容。此外，社会大众对企业还存在一些不可言明的期待，这些期待完全是出于企业自我判断的一些自愿行为，包括向社会捐款、救助贫困等。

对企业社会责任的最新理解是将其划分为两大类：狭义的企业社会责任和广义的企业社会责任。狭义的企业社会责任仅仅包含经济和法律责任之外的伦理、慈善责任，而广义的企业社会责任全方位涵盖法律、经济、伦理、慈善。狭义的企业社会责任更强调环境保护、资源节约、社会风气、公共服务等非经济领域，而广义的内涵则强调企业所需承担的所有责任的总和。本书认为，企业作为社会的能动细胞，所承担的责任都应纳入社会责任的范畴。因此，参照卡罗尔金字塔的划分，企业社会责任是指企业在法律允许的范围内追求经济效益并承担的对利益相关者、环境以及社会大众的责任。

---

① Freeman R E. Strategic Management：Stakeholder Approach. Pitman Publishing Inc.，1984，p. 31.

② 阿奇・卡罗尔，安・巴克霍尔茨．企业与社会：伦理与相关利益者管理．北京：机械工业出版社，2004.

③ Carroll A. A Three-Dimensional Conceptual Model of Corporate Performance. Academy of Management Review，1979，4（4）：497－505.

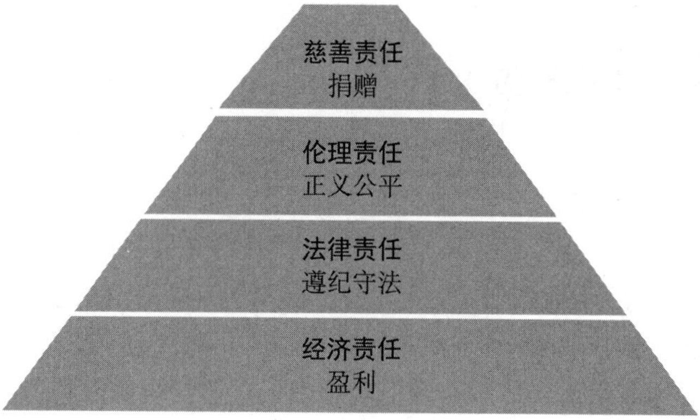

图 8-1　企业社会责任的金字塔

资料来源：阿奇·卡罗尔，安·巴克霍尔茨．企业与社会：伦理与相关利益者管理．北京：机械工业出版社，2004.

三、企业社会责任的作用

传统经济学认为社会责任会加重企业的负担，对企业绩效有不良影响。事实上，履行社会责任非但不会给企业带来负面价值，还对企业的长远发展有重大的意义。

首先，履行社会责任能树立良好的企业形象，带来更多的机遇。有调查显示，企业越注重社会责任，其产品和服务越有可能占据更多的市场份额。因为企业履行社会责任的过程中，往往伴随着知名度的提升，形成不断增长的忠诚客户群，这为企业的进一步发展带来了机会。我国很多知名企业如海尔、华为都非常积极地承担社会责任，这让它们在消费者中树立了良好的形象，在同类竞争者中，更容易赢得消费者的好感。

其次，履行社会责任能促进企业创新，提高企业的增长和转型速度。当企业罔顾社会责任，片面追求高额利润时，很有可能陷入过度掘取短期利润忽视长期发展的陷阱。而企业社会责任具有一定的约束力，它会督促企业从长远的视角考虑问题，重视创新和改革，以确保赖以存续的动力。一旦企业能够站得更高，看得更远，就更能把握住不断变化的环境，通过内部的技术、管理和制度创新跟上时代的步伐，一方面保持增长的动力，另一方面在遇到环境变革时可以迅速转型。社会责任意识还可以帮助企业避免压榨员工、欺诈顾客的行为，找到新的盈利方式和增长方式。

再次，履行社会责任能帮助企业与社会各群体之间形成良性互动，带来更多的关系资源。当前企业的发展环境已经从单一的生产销售升级为受多个利益相关者共同影响的多元环境。政府、商业伙伴、员工、消费者、社区等群体无时无刻不对企业的运营发展产生影响。企业履行社会责任，积极满足利益相关群体的诉求，有助于维护多边关系，建立友好的发展环境。协调好与利益相关群体的关系，可以帮助企业获得更多的政府和社区支持，增强内部员工的凝聚力，提升企业品牌在消费者群体中的形象，为企业在后续的发展中争取更多的关系资源。

最后，履行社会责任有助于节约资源保护环境，实现企业的可持续发展。从企业内部而言，技术的革新可以提高资源的使用效率，降低能耗，同时减少各个生产环节对环境的污染。同时生产成本的降低使得企业产品价格在市场上更具竞争力。从企业外部而言，企业可以共同参与社区环境维护，建设环保公益设施，缓解经济发展和资源环境之间的冲突。人与自然、发展与环境和谐共处才能为企业的长远发展营造良好的氛围。

第2节 企业社会责任的主要形式

一、经济责任

企业是以营利为目的的组织，要求企业履行社会责任也必须保证其基本的社会属性，因此企业的经济责任是社会责任的基础。企业经济责任最直接的体现是盈利，这种盈利可以是短期内持续保持盈利状态，也可以是在较长一段时间内最终获得盈利。企业盈利的直接目的是保护广大股东以及债权人的权益，因此企业在履行经济责任时，除了保证基本的盈利状况还应该积极采取各项措施来履行对股东和债权人的责任。当代企业应该并且可以做到的有关履行经济责任的两个重要方面是完善治理结构和信息披露。

二、法律责任

遵纪守法是企业存续的基本前提，承担法律责任让企业在制度上更具合法性，是保障企业长久存续的政治基础。法律责任是社会责任的基础环节，企业应该建立相应的管理和监督体系，确保企业行为及企业内的个人行为是合乎法规的。企业履行法律责任的第一步是合规管理。企业应该成立专门负责合规管理的部门，该部门的主要任务是梳理所有和本企业经营相关的法律条例，并对企业员工进行普及培训，组织全体员工的合规教育，为在企业经营中遭遇的法律问题提供指导。同时，合规管理部门还承担了监督的工作，时刻对企业内部的行为进行监督，并建立举报渠道和惩罚机制，鼓励邀请员工及合作伙伴共同参与到监督过程中来，不断完善管理方式。

在实际的管理中，企业最容易产生的违法行为是行贿腐败，利用职务之便以权谋私，损害公众利益。商业行贿向代理人提供某种私利，以让企业获取公平竞争下无法获得的利益。行贿腐败的行为侵害了公众利益，让很多企业被社会所厌恶，严重影响企业及政府的形象。特别是近年来腐败行为的加剧，让社会反腐反行贿的呼声越来越高，政府也不断加强对腐败行贿惩罚的力度。当然，仅靠政府的制裁是不够的，作为直接相关者，企业应积极响应社会反腐败的号召，预防行贿事件的发生，这也是企业履行法律责任的关键环节。企业自身可以通过建立预防体系、监督体系和惩罚体系三管齐下的做法来杜绝行贿腐败问题。首先，要对工作流程中容易发生腐败的环节严加把关，设定预防的关键点；其次，在关键部门开展不定期的自查自纠工作，建立举报机制，加强员工之间、部门之间的监督；最后，对发生的腐败行为，应予以严惩，做到公正透明。

三、伦理责任

伦理责任要求企业的行为合乎情理，不损害利益相关者的权益。企业在发展的过程中要面对很多的利益相关群体，除了承担对股东的经济责任之外，对其他利益群体还有着伦理责任，比较典型的企业利益相关群体有消费者、员工和社区。

保障消费者利益，企业可以从三个方面入手：确保高质量的产品和服务、保护消费者信息和建立良好的客户关系。企业对消费者最大的使命就是提供好的产品和服务，所以履行对消费者的责任的第一要务是提供高质量的产品和服务。企业要确保高品质的产品，首先要培养全体员工的质量意识，将产品质量教育融入员工的培训中，提高全员的产品安全意识。其次，设计合理的质量管理体系，从生产流程的各个环节把控产品质量。最后，在保障基本产品质量的同时，不断改进产品设计和工艺，满足消费者个性化的需求。除了预防，企业还应该建立产品的危机管理机制，一旦产品和服务出现质量安全问题，要及时处理，以免损失扩大。大部分企业都会掌握消费者的部分信息，特别是本企业的忠诚消费者，此时，做好保密工作防止顾客信息泄露格外重要。企业要成立专门部门，建立完善的制度流程对消费者信息进行妥善保管。同时要培养内部员工的保密意识，特别是对可以接触到消费者私人信息的部门员工，应进行专业的培训和严格的监督，防止泄露顾客信息。此外，还要从技术上加强信息系统和内部网络的安全性，防止顾客资料的丢失和被窃取。保障消费者权益的压轴环节是建立良好的客户关系。企业可以通过设立健全的售后服务体系达到这一目标，提升客户满意度。健全的售后服务体系依托于健康的产品咨询渠道，可以让消费者便利地获取真实的产品信息。同时建立良好的售后服务与之相配合，这对巩固产品口碑、提升企业形象非常关键。最后，还要正确处理顾客投诉。消费者对于产品和服务的反馈，对企业而言是最宝贵的信息。面对一些负面声音，企业应以积极的姿态及时做出回应，妥善处理，以维系良好的客户关系。

企业保障员工利益首先要做到公平雇佣，就是让所有的员工在企业内享受公平的待遇，可以得到平等的就业、培训、升迁机会。一要在企业内倡导平等公正的理念；二要从管理制度建设上保障招聘、培训、晋升与选拔的透明性和公平性。在平等对待的基础上，保障员工的健康安全也是企业对员工履行职责的重要内容。安全生产是企业的重中之重，一次安全事故可能造成人员的巨大伤亡。企业应培育安全的内部文化，定期开展培训，规范员工的作业行为，制定并落实安全责任制度。针对有风险的劳动作业，提供有效的劳动防护措施，预防危险的发生。对于员工的健康问题，企业应定期组织全员体检，及时检查员工的健康状况。此外，还应建立健全卫生标准，严格执行，为员工创造舒适卫生的工作环境。健康安全的问题得到解决后，企业应进一步考虑员工的职业发展规划，因为帮助员工不断成长进步也是企业应该履行的伦理责任。职业发展更多是与个人特质相关的因素，取决于个人的理想志向、兴趣爱好、自我期望等。企业并不能完全决定员工的职业发展方向和职业路径，只能在内部资源允许的情况下帮助有抱负的员工实现他们设定的职业目标。在员工的职业发展过程中，企业管理者特别是直接领导者的作用不可忽视。他们要发现下属员工的特质，帮助员工进行自我评估，确定正确合理的职业发展目标。对于有能力的员工，管理者应该给予其更大的发展空间，通过多种方式调动他们的能动性和积极性，帮助他们在实现职业发展目标的同时促进企业绩效的提升。

企业对社区的责任主要体现在环境方面，包括对资源的节约、环境的保护以及开展环保公益等。就资源能源的节约而言，企业应从管理和技术上双管齐下。一方面开展全员培训，让节约意识深入人心，不仅在生产环节注意对资源的节约，更从日常办公中节约水、电、纸张等常规资源。另一方面重视技术的创新和设备的更新改造，提高生产能源的使用效率；推行循环经济，促进资源的循环利用。从保护环境的角度，伦理责任要求企业减少能耗和污染排放，降低运营过程对环境的不利影响，同时主动承担法律规定范围内环境污染的治理费用。企业在项目准备、施工和验收环节应积极进行环保测评，确保作业过程不会对自然环境造成破坏。对于可控范围内的污染排放要做到严格控制、合理排放，通过设备的改造更新，加强对空气污染物、水污染物、噪声的处理和废弃物管理力度。除了资源节约、环境保护之外，企业还可以通过开展环保公益来履行伦理责任。例如，积极参与各种环境公益活动，如支持环境教育，带动社会大众环保意识的提升；从事环境补偿行动，改善经营范围内的生态环境，调动社区环保行动的积极性。

|案例8-1|

白酒行业塑化剂超标风波

2012年11月19日，一篇名为《致命危机：酒鬼酒塑化剂超标260%》的文章刊登在21世纪网站上，指责50度酒鬼酒中所含邻苯二甲酸二丁酯（DBP）高达1.08mg/kg，超标260%，毒性为三聚氰胺的20倍。

就该报道，酒鬼酒公司当日发布公告，宣布11月19日起公司股票停牌。酒鬼酒公司随后表示：质检部门在50度酒鬼酒中未发现人为添加的塑化剂成分，塑化剂的来源可能是转运、包装过程中的迁移。

11月21日，国家质检总局收到湖南省质监局的报告，报告显示，在对50度酒鬼酒样品进行检测后，发现该样品所含DBP最高值为1.04mg/kg，超标2.47倍。21日晚，国家质检总局正式发布了该报告，酒鬼酒塑化剂超标得到确认。

检验结果公布后，酒鬼酒公司表示，公司会依据质检部门提出的要求，对包装和转运中的各个环节开展全面核查，查实可能致使酒产品中出现苯物质的原因，全面整改，并且会向监管机构及时汇报有关事项的进展。

对于问题产品，酒鬼酒公司做出承诺，终端消费者可以畅通无阻地退货；如湖南省外的经销商由于销售压力大，提出50度酒鬼酒的退货申请，酒鬼酒公司也会满足其要求。由于未触及国家强制召回标准，酒鬼酒公司并未主动召回塑化剂超标的白酒。为缓解投资者担忧，酒鬼酒公司还向媒体表示，被检不合格的50度酒鬼酒仅占公司销售的10%左右，对其他合格产品影响不大，消费者和市场投资者可以放心。

然而，在11月23日复牌后，酒鬼酒公司的股票仍然出现数个交易日连续跌停的情形。截至12月4日，酒鬼酒公司的股价已从复牌前的收盘价47.58元跌至27元左右，公司市值蒸发约40%，包括大量专业机构在内的投资者都损失惨重。仅就该事件爆出至11月26日期间，沱牌舍得、水井坊、古井贡酒等酒类公司股价跌幅均超10%。

12月3日，深陷塑化剂泥潭的酒鬼酒公司向公众发布了整改报告。酒鬼酒公司称，其已排查了采购、基酒生产、贮藏、勾兑、包装、运输等每个运营环节；替换了所有可能导致苯物质的生产工具、包装材料、设备设施，以全面清除潜在危险物质的感染和迁移源。截至2012年11月30日，酒鬼酒公司已完成内部整改任务，2012年12月3日重启生产设备。

资料来源：李晓红．塑化剂风波重创酒鬼酒．中国经济时报，2012-11-29；黄丽嫦．茅台遭送检塑化剂7天后见结果 名酒陷恐慌．南方都市报，2012-12-05；蒙湘林．茅台塑化剂风波：舆论质疑犹存 市场选择支持．证券时报，2012-12-14.

四、慈善责任

延伸阅读8-1
企业战略性慈善捐赠

延伸阅读8-2
各国企业社会责任的实践

企业社会责任中，慈善责任的主要形式是慈善捐赠。慈善捐赠是指企业无偿捐赠或赠送合法财产给合法对象的行为，与经济、法律、伦理责任不同，慈善责任是企业自发承担的责任，严格来说并非企业的“分内之事”。企业对于慈善责任的态度应该是在保障顺利履行其他社会责任的基础上量力而行，如果因为过度捐赠而影响企业的可持续发展就得不偿失了。然而，也正因为慈善责任的“自愿性”特征，让企业履行慈善责任的行为更具号召力和影响力，不仅能改善企业的声誉，更能起到社会性的引导作用，帮助构建良好的慈善公益氛围。慈善责任虽然本质上是一种利他行为，但战略性慈善行为可以在实践社会责任的基础上帮助企业增加资源和利润。所以企业在进行慈善捐赠时，应该本着战略性的眼光，找到内部发展和慈善诉求的结合点，实现企业和社会的共赢。

➡ 思考题

1. 简述企业社会责任理念的发展历程及其深刻内涵。
2. 结合自身的经历谈谈企业社会责任的重要性。
3. 企业社会责任的基本形式有哪些？不同形式有何具体表现？

➡ 课后案例讨论

走在责任前端的格兰富集团

格兰富集团（Grundfos）于1945年诞生于丹麦的一个小镇，最初做机器加工，在创始人杰森（P. D. Jessen）的带领下逐渐发展壮大，1968年正式更名为格兰富。格兰富是全球泵类产品的主要生产商之一，核心产品有循环泵、潜水泵、离心泵等，应用领域广泛。多年来，秉承技术创新的理念，格兰富的生产工艺持续改进，产品种类也日渐丰富，市场占有率稳步提升，再加上其全球化的经营理念，发展至今，格兰富已成为知名的国际公司。目前，格兰富在全球 56 个国家创办了近百家分公司，全球员工 19 280 名。

在格兰富集团的核心价值观中，很重要的一点是责任。责任是指对员工、合作伙伴、顾客和社区等利益相关者的责任，这是格兰富价值观的基础。责任与远见和创新共同构筑了格兰富赖以发展的价值体系。

在对社会的责任中，格兰富集团的环保理念走在了很多企业之前。进入中国市场时，格兰富在苏州设立了分公司。格兰富苏州公司在追求企业效益的同时，注重对高新技术园区的环保贡献。工厂的建设采用了最先进的空调循环系统和隔热系统，降低能耗，并预防生产过程中可能导致的环境污染。在排污处理上采用深度技术，污水得以再循环使用，节约能源的同时达到了“零排放”的标准。

可持续性、以人为本、公开诚信、合作共赢、雄心无限、独立自主是格兰富集团的几大价值观，这些观念形象地反映在格兰富的企业行为中。“我们希望可以给员工稳定的工作环境，帮助员工共同规划职业生涯，让他们在公司找到归属感”，格兰富苏州公司的总经理陈念忠说道。格兰富在发展的过程中很注重长远目标，在对待员工时也希望可以培养出更多的精英，并把大家团结到一起共同成长。在工作之余，格兰富积极为员工创造轻松愉悦的休闲氛围。工会定期组织大家到各地旅游，提供排解压力的机会。周末或下班时间，员工可以免费使用公司租用的保龄球、羽毛球和足球等场地，兴趣相投的员工可以找到志同道合的朋友。四年一届的格兰富奥林匹克运动会更是将全球的格兰富人聚到一起，在丹麦举行自己的奥运会，提升企业凝聚力的同时，更是不同国家文化的碰撞与交流。2005 年，格兰富苏州公司极富中国特色的舞龙表演，让来自其他国家的同事大开眼界。

社会福利事业也是格兰富企业文化和实践社会责任的重要环节。格兰富有专门的福利委员会，专门负责筹办和参与各种社会福利活动。如资助贫困学生、帮助残疾儿童的生活和教育、组织企业员工参加无偿献血、给职业技术学校捐赠教学设备等。此外，在人员招聘上，格兰富会预留 3% 的就业机会给有残疾或者工作能力低下的人群，并为他们安排可以胜任的工作。

资料来源：李学丰．格兰富水泵节能分析．科技信息，2009（15）；污水处理解决方案：格兰富产品支持铜仁市环保进程．通用机械，2014（4）；责任 远见 创新：格兰富举办海事媒体推介会．船舶工程，2010（5）．

结合案例内容，回答以下问题

1. 格兰富集团对企业社会责任的履行主要体现在哪几个方面？请一一阐述。
2. 在保障员工利益方面，格兰富集团做出了哪些努力？
3. 你对格兰富集团未来更有效地履行企业社会责任有何建议？

第 3 篇

组　织

第 9 章 组织职能概述

凡治众如治寡，分数是也。

——《孙子兵法·势篇》

我的责任不是建构一个事业；而宁愿是建构一个组织，这个组织建构这事业。

——托马斯·J. 沃森

学习目标

1. 了解组织理论的发展
2. 掌握组织职能的特点
3. 明确组织的基本原则
4. 掌握组织职能的基本构成要素及其关系
5. 熟悉部门划分的依据
6. 掌握职权的种类及其协调

➡ 引 例

谷歌：创新型组织

自成立以来，谷歌一直以极高的创新能力著称，《哈佛商业评论》也对其给予了极大的推崇："自微软以来，还没有哪家公司能够在如此短的时间内取得如此巨大的成功。"1996 年，斯坦福大学计算机科学专业的谢尔盖·布林和拉里·佩奇完成了一个新的算法规则，突破了原有的网络搜索技术，大大提高了效率。1998 年两人创建了谷歌，仅 6 年时间就成功实现在纳斯达克上市，开创了谷歌飞速发展的时代。其中的一个重要原因就在于，创始人本身是技术出身，更加懂得如何管理新一代的知识工作者，对这类人才的需求和价值观感同身受。聪明的企业懂得如何"扫清知识工作者前进道路上的一切障碍"①，谷

① 赵曙明，杜鹏程．德鲁克管理思想解读．北京：机械工业出版社，2009.

歌深谙其道，其独特的创新管理模式有效激发了人才的卓越创新能力，这也是谷歌在这么短的时间内取得巨大成就的关键所在。

类似于其他高新技术公司，对于人才的管理和激励，谷歌也采取了提供高薪和一揽子工资外的福利政策，以此吸引人才、留住人才，不仅如此，还更细致地考虑到了员工的生活需求，比如一流的就餐条件、健身设备、衣物清洗、理发、班车等服务。更重要的是，谷歌清楚地知道知识型技术人才真正想要的是什么，朝九晚五的常规工作只会渐渐磨灭他们的创造力和动力，绝非理想的常态。为此，谷歌强调为员工打造开放自由的环境，其中以小团队自我管理和20%的员工自由时间政策最为独特。

20%的员工自由时间是谷歌激发员工无限创造力的有效手段之一。员工在工作时间兼顾私事是一个普遍现象，曾有报告指出，80%的英国员工这样做了，在美国也一样，大约每个员工每周会浪费5.9小时在这上面，谷歌员工也不例外。但其管理者坦然承认了这一不可避免的现实，与其偷偷摸摸，不如给员工公开支配时间的权力，为此制定了20%的员工自由时间政策，所谓20%指的是员工可自由安排20%的工作时间，开发与谷歌整体目标一致且感兴趣的项目，而80%的时间投入在谷歌要求的任务上。这一举措着实为谷歌带来了丰硕的直接经济成果——大大增加了新型产品数量，比如Google Suggest，AdSence for Content，Orkut等。谷歌通过电子邮件列表、开源代码社区等举措，为这些创新点子寻找一个安身之所，对这些点子感兴趣或者有任何建议的都可以进行评论互动，谷歌高层管理者从中获取最佳创意，从而不断开发新的产品。这不仅激发了人才的无限创造力，为公司带来市场收益，同时创新的满足感也极大激励了员工，提供无限动力。谷歌无疑是创意者的天堂，在这里，他们可以感受到将创意转化为创新，继而转化为创造力的快感，实现自我价值。

这些创意转化为产品的过程，是一个有创造力的过程，为了实现这种转化，在组织运作上谷歌也下了不少功夫。很多技术型公司采用项目制组织工作，谷歌也是如此，但更确切地说，谷歌采取的是小团队自我管理模式。研究表明，高效团队一般为3～4人，当超出这一范围时，团队效率呈现下降趋势。谷歌应用这一结论，将近五成的员工以小团队的形式工作。大项目也都是拆分成多个小团队，每个团队由3～4名工程师组成并负责具体的业务。项目结束后团队解散，人员再投入新的项目中。这种团队设置充分地使组织扁平化，极大降低了管理费用，同时也是一种放权的有效形式，每一个团队拥有一名技术领袖，管理人员只是为之设置任务目标及最终交付成果说明，对具体任务并未做详细要求，更不会限定团队人员该如何完成，只是在一个统一的任务目标下，团队自主设计工作内容，发挥自身创造力，有效促进创新。

凭借创新的组织管理模式，谷歌知识型工作者的潜能得到充分开发，创造力也不断被激发出来，自发地为公司的产品布局提出多样化的观点，同时也满足了自身的创造需求，各司其职，各有所得，不断为谷歌在市场上赢得竞争力，在多强角逐的互联网领域拥有自己的一片天地。

资料来源：邱静．Google、百度的创新管理机制．中国投资，2008（11）；徐晓丽，熊美娟．Google的管理创新．经济视角（中国），2011（5）；马文会．Google管理“知识工作者”十原则．经营管理者，2006（4）．

管理大师巴纳德指出组织具有两项职能：一是促进组织和个人之间合作关系的形成，通过建立组织结构，使组织中的个体在结构和程序的规则下各施其能；二是建立组织和个人合作关系后促使个人为组织服务，通常是依赖领导职能进行激励以及人本管理等手段。本书正是按照这种逻辑进行阐述的，本章将详细介绍组织职能的基本原则、部门划分、职权分配、结构设计等，以及如何进行组织变革以应对日益复杂的环境，其后各章详尽介绍如何依赖领导职能的有效发挥促使个人为组织服务。

第 1 节　组织的内涵

一、组织理论的发展

“组织”一词自古便有，在“饬国人树桑麻，习组织”（《辽史·食货志上》）一说中，“组织”指的是经纬相交，织作布帛的意思。到 20 世纪初，西方国家开始出现对组织的系统性研究，目前为止大致经历了传统组织理论、行为科学组织理论和现代组织理论三个阶段。

第一阶段：传统组织理论。传统组织理论亦称古典组织理论或经典组织理论，盛行于 20 世纪初至 30 年代，起源并应用于当时西方国家的工商企业组织和政府组织，其代表人物有：提出科学管理理论的泰勒、提出一般管理理论的法约尔、提出官僚制度理论的韦伯。这一阶段的研究着重于组织管理的一般原则和组织结构层面的探讨，涉及组织目标的设定、分工与协调、职权关系、管理层次、管理幅度、授权、集权、分权等。与后期组织理论的发展相比，传统组织理论主要从静态角度出发，以事和物为中心，着重考虑组织内部因素，而忽略外部环境因素对组织的作用，以效率为目标研究组织内部结构的合理化，以此实现管理的效率化。

第二阶段：行为科学组织理论。20 世纪 30 年代后，组织理论研究出现了新的热点——人际关系，行为科学组织理论随之而至。这一阶段涌现出了许多理论，美国学者梅奥等主持的霍桑实验揭示的人际关系理论，美国学者巴纳德在《执行者的职能》中提出的均衡理论，以西蒙为代表的行政行为理论①，以及马斯洛（A. Maslow）的需求层次理论②，麦格雷戈（Douglas McGregor）的 X－Y 理论③，赫茨伯格（Frederick Herzberg）的双因素理论④等一系列激励理论，都是极具代表性的行为科学组织理论。行为科学组织

① Simon H A. Administrative Behavior：A Study of Decision-Making Processes in Administrative Organization (4th ed.)，the Free Press，1997.

② Maslow A. A Theory of Human Motivation，Psychological Review，1943，50 (4)：370－396.

③ McGregor D. The Human Side of Enterprise，McGraw-Hill Education，1960.

④ Herzberg F，Bernard M，Snyderman B B. The Motivation to Work (2nd ed.)，New York：John Wiley and Sons，1959.

理论将重心转移到组织中的个体身上，提出了个体与群体行为、人与组织的关系等概念，一反传统组织理论静态的视角，从以研究组织静态的结构为主转变为研究组织中个体及群体的行为活动过程的动态变化，弥补了传统组织理论的不足，开拓了组织理论新领域。

第三阶段：现代组织理论。20 世纪中叶，综合前期的传统组织理论和行为科学组织理论，逐渐发展出了以系统观为主的现代组织理论，既重视人的因素，也结合了组织结构的作用。现代组织理论将研究视角拓展至外部环境，在这一阶段，组织是一个开放的系统，不仅注重系统内各要素的相互作用，也强调组织系统与外部环境之间的相互作用，以此研究组织的运行和发展。组织从最初的被动适应外部环境，发展为组织在内外的相互作用中实现平衡，甚至主动影响环境。

二、组织的概念

从静态上而言，组织（organization）作为一个名词，指的是人们经由分工与合作，为了达到个人和共同的目标而组成的协作集体。该含义至少包含三层要点：一是组织必然存在分工与合作；二是协作的最终目的是为了达成共同目标；三是组织本质上是一个利益共同体。随着社会分工的日益复杂化和专业化，人类活动的组织形式也日益繁多，如文化组织、宗教组织、行政组织、教育组织、企业组织等，政府、学校、社团、企业等都是组织的形态，本书讨论的重点是企业组织。

从动态上而言，组织（organize）作为一个动词，是管理的一项基本职能，组织是为实现协作集体的目标所开展的设计工作、划分管理层次及部门、授予职权、确定各层次及部门间的相互配合关系，设计合理的组织结构的管理活动。组织除了有形的组织结构形式外，更多的是穿插于结构间的无形的组织活动，包括工作设计、分权授权、人力资源管理、协调合作等多项活动，是为支持组织的正常运作和目标实现而行使职能的表现。组织作为一项管理职能而不仅仅是一个协作集体，也是本书后续章节关注的重点。

三、管理与组织的关系

管理与组织的关系是密不可分的，管理是对组织的管理，目的在于达成组织既定的目标。

（一）组织是管理的载体

组织是管理的载体，在管理职能作用下明确努力的方向和激发努力的动力。组织是为了实现共同的目标，按照一定的原则组合起来的协作集体，具有目标一致性和原则统一性，因此组织的运行依赖于目的和效率的结合。而管理，实质上就是通过对组织的管理，实施各项基本职能——计划、组织、领导、控制，在确定努力的方向后，协调组织使资源呈现有机结合和合理分布的状态，朝着既定方向努力，发挥协同效应，共同完成组织的目标。如果说组织是企业的一种“解剖学”，那么管理则是它的“生理学”。组织就如同身体的机体一样支撑着身体的运作，而管理则通过各项职能统筹维持着体内环境的平衡，使个体在体外环境中得以生存。这种机制正如管理作用于组织，使组织能在竞争激烈的市场环境中存活并发展。

（二）组织是管理的重要职能

组织是管理的一项重要职能，是计划职能的自然延伸。计划职能是管理的第一项职能，也是最基本的职能。凡事“谋而后动”，“谋”指的是计划职能，而“动”则依赖于组织职能的发挥。组织职能通过设计工作、划分管理层次及部门、明确规划职位角色、授予职权、确定各层次及部门间的相互配合关系，设计合理的组织结构，保证组织的相互协调性、活动的合作配合性，发挥管理的职能效应。

四、组织职能的特点

（一）过程性

组织职能是一个过程，主要包含组织设计、组织协调、组织运行、组织变革四大方面的重要内容。首先是组织设计，根据既定的组织目标，对目标体系下的必要活动进行分工，进而进行工作任务设计，经由任务整合形成职务，然后划分形成部门，确定各部门及人员的工作职责，构成组织的基本要素。其次，需要进行组织协调，确定彼此之间的关系——职权关系，并完成横向部门的设置和纵向管理层次的划分，充分协调各方工作，统筹各方资源，以实现组织目标。再者，随着组织设计和组织协调工作的开展，组织结构也随之建立起来。依赖于组织结构和组织规则的建立，组织得以顺畅运行。最后，组织并非一成不变，而是一个动态的过程，随着组织内部环境和外部环境的变化，组织不得不进行组织变革，重新进行组织工作，完成新一轮的组织设计、组织协调和组织运行。

因此，组织职能是一个过程。根据组织职能的定义和基本内容，其过程包括以下内容：第一，确定组织目标。组织是为了协调各方资源以实现组织目标，因此确定组织的整体目标极为重要，古人云“上下同欲者胜”（《孙子兵法·谋攻篇》），如果一个组织连“所欲”都不确定，又何来胜？第二，分解组织目标。整体目标的实现依赖于组织中的个体各司其职，对组织整体目标进行逐级分解形成目标体系，使组织中的个体都清楚短期内应该达到什么目标。第三，确定所需工作。根据目标体系的设定，明确必须完成的工作任务，并以此为依据进行具体的岗位设计。第四，确定组织部门与层次。对有助于实现目标的同类工作加以整合，形成部门，划分管理层次。第五，授予职权与职责。为实现组织工作的顺利进行，授予职权与职责，在权力和责任的监督下，按部就班完成工作。第六，以职权关系和信息系统联系各层次与部门。建立和维持信息沟通渠道，使各部门和各层级之间维持协作关系，促进目标实现。

（二）动态性

组织职能具有动态性，并不是一成不变、一劳永逸的，而是随着组织内外部环境的变化而动态变化。通用电气前CEO杰克·韦尔奇曾说，"凡有变迁就有机会，因此让组织动起来而不是让它瘫痪"。现代组织理论以系统的观念解释组织职能，除了关注组织内部要素的变化之外，还应该着眼于组织外部环境的变化，在内外变化的过程中不断调整自身以达到平衡。静态的组织最终必将导致体制僵化而走向瘫痪，进而在变幻莫测的未来环境中停滞不前，惨遭淘汰。组织变革也是组织的重要环节，这一点毋庸置疑，随着市场环境的日益复杂化，它将愈发成为管理的关键所在。

（三）二元性

组织可划分为正式组织（formal organization）和非正式组织（informal organization）两种类型。其中，正式组织指的是随着组织结构的正式建立而形成的组织，有明确的职权关系，我们一般谈及的企业组织都是指正式组织。而非正式组织指的是在成员志趣相投的基础上自发形成伙伴关系，从而形成具有共同情感的团体，比如员工的午餐聚会，共同参与的唱歌、运动等娱乐活动，或者从事其他自发性的活动。非正式组织一般具有以下特点：

第一，非正式组织的存在满足了员工在感情上和心理上的需要，是员工在某一领域同质化的表现。非正式组织的存在和发展依赖于组织中成员之间的同质化，比如年龄、学历背景、经历、地域、兴趣、技能、价值观等，都可能成为非正式组织关系维护的基础。这种同质化的默契随着长期工作的磨合而潜移默化地形成，尤其是在工作中遇到障碍时，或者感觉自身利益受到侵犯时，从非正式组织成员中寻求慰藉的欲望就更加强烈。

第二，非正式组织形式灵活。正式组织是在共同的组织目标基础上形成的，具有明确的目标导向性，并在这种导向下形成明确的职权划分关系。但非正式组织并非如此，非正式组织并没有明确规定成员间的关系，只是在某些同质化基础上形成的彼此之间约定俗成的关系，基本上不存在制度、规则、等级关系等因素的制约，因此表现为一种无明确边界的灵活形式。

第三，非正式组织与正式组织相比，稳定性较差。正如前面所谈及的，非正式组织是一个不规范的无明确边界的组织，既没有法定的领导权威，也没有明确的制度约束，人员流动也具有随意性，因此有时表现出稳定性差的特点。

管理者应善于利用非正式组织的特点，拓宽信息沟通渠道，调动员工积极性，协助正式组织达成组织目标。由于非正式组织建立在彼此之间拥有共同点的基础上，相比于正式组织，成员更能感受到认同感和社会满足感，同时也提供了很多的沟通机会。特别是在大规模组织中，个人地位相对渺小，而非正式组织的存在增强了员工的归属感、地位认同感和社会满足感，从而弥补了这种不足。管理者应善加利用，引导良好的舆论氛围，通过非正式组织这个反应迅速且易于接受的传播渠道收集员工反馈的信息，树立组织价值观，从而与正式组织相辅相成。日本企业中的工作会就是非正式组织成功运作的典型例子。

延伸阅读9-1
日本企业中的工作会

第 2 节　组织的基本原则

关于如何进行组织工作，对于不同的组织而言，具体做法可能千差万别。早期的管理学者为我们提供了一些原则用于指导组织工作，尤其是法约尔提出的 14 项管理原则，至今仍发挥着重要作用。为支持组织工作的顺利进行，一般应遵循以下原则。

一、目标统一原则

目标是组织工作的出发点和落脚点。只有在目标统一的情况下，协调组织中员工的努力方向，才不至于出现南辕北辙、相互矛盾的情况。在这一过程中，管理者应始终坚持以事为中心，强调因事设人、因事设岗，反对因人设事、因人设岗。组织工作是围绕统一的组织目标展开的，在目标统一的基础上明确组织需要完成什么样的工作，进行合理划分从而形成岗位、职务、部门、管理层次等，并明确组织中每一个岗位需要配备什么样的人才，在针对性的岗位要求基础上才能有效进行人员配备，各司其职，按部就班地完成组织工作，实现目标。

二、分工协调原则

所谓分工，是管理层次、部门、职权之间的分工。劳动分工是组织设计的一个基本原则，也是最原始的原则之一，由于劳动分工的产生，才出现了组织的运作。分工是提高专业化程度和组织运作效率的基本途径，根据目标层次的划分将任务划分为不同岗位、不同部门、不同层次进行管理，明确的分工有效保持了组织工作运作的有条不紊。所谓协调，是管理层次、部门、职权之间的协调。组织是一个整体，分工提高专业化和效率的最终目的是使组织达到最高效益，实现目标，因此，有效地解决不同管理层次、部门、职权之间的磨合则依靠协调原则的发挥。组织整体目标的实现离不开内部的分工与协调，但随着分工专业化程度的提高，协调难度也大大增加，管理者需把握好分工与协调之间的均衡关系，在最大限度发挥个人潜能的同时提高组织整体效益。

三、精干高效原则

高效来源于组织的分工协作，而唯有合理的分工协作才能有效地保持组织的精干高效。精干高效原则的前提是有效的管理幅度，即管理者直接管理的下属数量应该适中，减少不必要的管理层次，在合理分工的同时实现横向和纵向的协调运作。一个人的精力、时间、知识、经验、能力是有限的，管理者也如此，管理幅度太大，会导致管理者负荷过高，管理不过来，管理不到位。1933 年，法国管理顾问格兰丘纳斯（V. A. Graicunas）证明了这一点：$C=n\left(2^{n-1}+n-1\right)$，其中，$C$ 代表可能存在的人际关系数量，包括上下级之间的关系，下属与下属之间的关系，以及各种组合关系；n 代表管理幅度，即直接管理的下属人数。[①] 显然，按照这种指数级的增长速度，管理幅度受到一定限制，不可能无限增大。但如果管理幅度过小，又容易造成资源浪费，组织臃肿，并且由于管理者对下层员工的束缚太多、员工负担过重等，可能会打击员工的积极性。因此，管理者应秉持经济原则，维持管理幅度和管理层次的合理化，精简管理机构与人员，坚持分工合理性，发挥纵向和横向协调作用机制，实现有限资源利益最大化。

四、权责一致原则

职权和职责是组织职能的两个基本要素。职权一般源于正式组织的等级和头衔，是赋予管理者做出决策、发布指令并指派人员执行指令的正式权力，组织级别越高的管理人员拥有的职权越大。而职责是完成指定工作的义务，是对职权的一种约束。权责一致原则指的是职权与职责对等、协调、平衡、统一，拥有多大的职权就应该承担多大的职责。为了提高组织效率，管理者在某些情况下会对下属进行授权，但上级仍然对下属的行为负有最终责任。正如法约尔的管理箴言所述，“凡权力行使的地方，就有责任”。但若仅仅有责无权，则会打击员工的积极性，不利于组织的长远发展。如果职权过大，则可能导致管理者滥用职权，形成官僚主义；如果职责过大，则导致积极性不足，无法履行职责。

五、统一指挥原则

统一指挥原则最早由法约尔提出，也是管理遵循的传统原则之一，指的是下级只接受一个上级的指挥，保证命令的单一性和统一性，避免多头指挥。即使是多人领导也应该在协商后下达统一的命令，多头指挥往往会出现相互矛盾的目标和指令，令下属无所适从。更混乱的是，一旦出现问题，也很难追究到确切的责任源，容易出现推卸责任的现象。上级对下级也应该逐级指挥，不能越级指挥。由于对直接下属的不信任或不完全信任，管理者通常会忽略这一原则，事必躬亲，对下级的下属也进行直接指挥，从而造成不同管理层次同时进行指挥的杂乱局面，加剧了不同管理层次之间的矛盾和不信任感，给组织运行带来负面影响。

---

① Graicunas A V. Relationship in Organization. the Bulletin of the International Management Institute，1933.

六、均衡性原则

在维持组织统一指挥的同时，也应该注意权力的制衡，对执行权、决策权、监督权等各项权力进行分离，避免机构、人员之间的苦乐不均。对于这一点，国外企业做得更好一些，譬如供应商清单的程序，总公司掌握对供应商的认证权，只有通过总部认定的供应商才能进入供应商清单，才有资格为公司供应材料，而各地分公司的采购经理只拥有在供应商清单中选择供应商的权力，而不具备认证供应商的权力，这种认证权与决策权、执行权的分离，有效地避免了分公司采购环节产生腐败，从程序上入手，有效且简易地实现了对分公司的掌控。

七、集权与分权相结合原则

集权是为了确保指挥的统一性，有利于资源合理配置，实现组织目标；而分权则有利于调动下属的积极性，更大限度地挖掘潜力，将高层管理者从组织的日常琐事中解脱出来，集中精力抓大事。组织中没有绝对的分权，也没有绝对的集权，两极分化必将导致失败。根据组织的实际需要和发展阶段，组织分权的程度也会有所差异，一般组织发展初期多采用集权程度较高的方式，有利于统一目标、提高效率。随着分权的推行，必将出现授权的情况。布利斯原则是被称为“授权法则”的管理良方，授权时把整个事情托付给对方，同时赋予足够的权力使其做出必要的决定。合理授权、恰当授权也是组织过程中很关键的环节之一，涉及精湛的管理技巧。

八、稳定性与适应性相结合原则

普华永道变革整合小组提出了另一管理悖论——积极的变革需要稳定的基础。[①] 这与《基业长青》一书提出的理念极为相似，所有长寿企业基业长青的共同特征在于高瞻远瞩，不断跟随市场潮流进行自我变革。在组织运行的过程中，保持核心和刺激进步阴阳结合，维持组织的基业长青。所谓保持核心就是保持组织的稳定性，这种稳定性来源于长期坚持核心理念，长期培养像宗教一样的企业文化，长期进行内部提拔。另一方面，刺激进步则是不断提高其适应性和组织柔性，不断树立更为胆大包天的目标，进行多方尝试和创新，永远不够好，永远在改进[②]，积极地变革以减少外界环境变化造成的冲击。

---

① 普华永道变革整合小组．管理悖论：高绩效公司的管理革新．北京：经济日报出版社，2002.

② 詹姆斯·柯林斯，杰里·波勒斯．基业长青．北京：中信出版社，2002.

案例 9-1

沃尔玛的组织优势

1962年，山姆·沃尔顿（Sam Walton）在阿肯色州创立了沃尔玛（Wal-Mart），历经半个多世纪，沃尔玛早已成为美国零售业传奇，目前是世界上最大的连锁零售企业，也是以营业额计算全球规模最大的公司。仅30年时间，沃尔玛就超过了当时零售业全美排名第一的西尔斯（Sears），雄踞榜首。截至2017年年底，沃尔玛形成了以美国、中国、英国、加拿大、墨西哥为主，超过28个国家的国际连锁大布局形态，拥有11 700多家分店以及电子商务网站，包括沃尔玛商店、山姆会员商店、沃尔玛购物广场、沃尔玛社区店四种经营形式。

顾客至上的组织文化

沃尔玛奇迹的背后绝不仅仅是市场机遇，创业的成功一定是从机遇开始，但几十年如一日的成功，绝非如此简单。沃尔玛始终信奉“帮顾客节省每一分钱”的宗旨，为顾客提供价格便宜、服务一流的商品，这种顾客至上的组织文化通过组织的实践真真切切地传递给每一个消费者。为此，沃尔玛推出“一站式”（One-Stop Shopping）购物新概念，消费者可在最短时间内以最快的速度、最便宜的价格购齐所需商品。为保证商品的品类齐全，沃尔玛引进超过8万种商品，并配备精准配送中心实时补货。在沃尔玛购物，无须担忧在琳琅满目的商品中找不到所需的商品，在调查研究的基础上，沃尔玛采用最科学的方式摆放商品。更重要的是，走进任何一家沃尔玛店，任何时候找不到商品，都可以快速找到服务员进行询问。在沃尔玛门店经常可以看见这样的标语：（1）顾客永远是对的。（2）顾客如果有错，请参照第一条。从组织文化到组织运作的全过程，沃尔玛无时无刻不在践行这样的标语。针对不同的消费者群体，沃尔玛采取了不同的战略。针对中层及中下层消费者，推出平价商店，始终坚持为顾客节省每一分钱的宗旨；针对上层消费者，则主打沃尔玛综合性百货商店；会员层级在当时属于较为新颖的概念，沃尔玛抓住时机推出山姆会员商店。这种针对性地攻占细分市场的战略，成为沃尔玛超越西尔斯，成功晋升美国第一零售商的重要原因之一。然而，论及沃尔玛是如何进行组织运作以落实这些战略举措的，就不能不提其内部组织结构的优势。

集中决策，分散经营

沃尔玛组织结构的最大特点是“集中决策，分散经营”，采用了首创于20世纪20年代通用汽车的斯隆模型——事业部制结构，打破传统零售业金字塔结构，在先进信息技术的保障下，实现组织的扁平化和分权化。经历了集权到分权的变革历程后，沃尔玛CEO之下设置四个事业部，对沃尔玛购物广场、山姆会员商店、国际业务和物流业务分别进行管理，再下层则是庞大的连锁分店系统。四大事业部自主经营、独立核算，各自负责所对应的细分市场。另外，沃尔玛设置两个商店管理事业部，仅通过四个管理层次直接对各地分店进行管理，分别是执行副总裁、区域副总裁、区域经理、店铺经理（如图9-1所示），直接对店铺选址、物品采购、产品库存、销售策略、产品促销、人员配备、人员培训等各项事务进行管理。

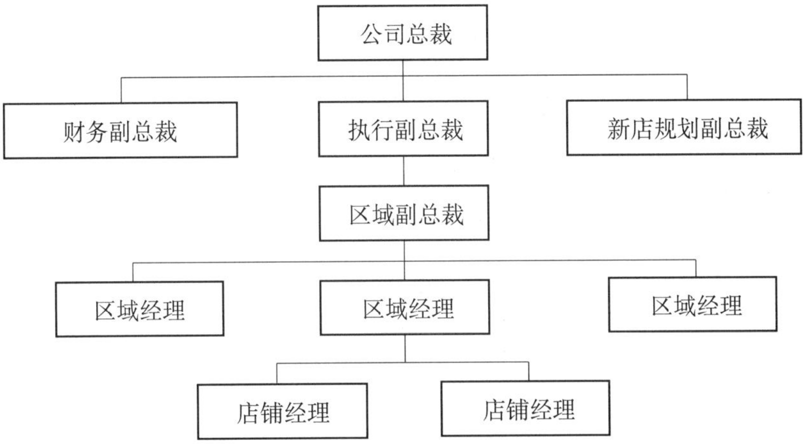

图9-1　沃尔玛组织结构图

资料来源：邱羚，秦迎林．组织行为学案例集．北京：清华大学出版社，2014.

快速反应机制

沃尔玛的连锁经营不可避免地也会遇到商品采购、配送、库存、销售等问题，在这些环节的高效运作，是沃尔玛多年来傲立于市场的核心竞争力。20世纪70年代，沃尔玛就开始实现计算机自动化管理，至少比竞争对手提前了10年。几十年来一直拥有先进的计算机系统，比微软总部服务器还要多，仅次于美国军方系统，用以进行配销中心管理、库存管理、商品管理和客户管理等。80年代，沃尔玛投资4亿美元用于购买商用卫星，首次实现了全球联网，组成了目前最大的民用卫星通信系统，可随时跟进全球各个门店各项商品的销存状况。信息技术的发展使沃尔玛实现组织扁平化成为可能，沃尔玛在信息技术上的应用可谓成功典范，不仅减少了不必要的管理层次，更是显著降低了运营成本，极大提高了对市场的响应速度。

在配送方面，沃尔玛实行连锁经营，统一采购配送，除基于保鲜要求的考虑，部分生鲜食品自行采购外，其余都通过事业部的采购部门进行统一采购，并由物流部门统一配送。对于零售业而言，配送环节既是不可避免的环节也是关键环节，为通过科学合理的配送降低成本，沃尔玛对于配送中心的选址做了一番考究，一般选址在100多家零售店的中心位置，通过UNIX配送系统同步数据，实现一天一次的配送频率，而其他竞争者一般是五天一次，沃尔玛配送成本仅占销售额的2%，至多为竞争对手的一半。在供应链方面，沃尔玛总部与全球各家分店各供应商在开放式平台上共享信息，享有共同的配送系统、共同的EDI（电子数据交换）条形码、共同的补货系统，标准化的信息交流大大节省了沟通成本，并且可快速精准地进行补货、统计、结算、监测等各项活动。此外，沃尔玛通过信息系统的应用，保存了各店销售数据，包括商品具体规格、价格、销售数据等，节省了数据收集的成本，也有效实现了商品的预测和淘汰，如什么商品热销，什么商品需要淘汰，库存量定为多少，采购时间点和采购量为多少时达到最优，在大数据的支撑下，都可以进行优化计算。同时，这些信息共享到供应商、生产商的系统中，使它们详细地了解到什么颜色、什么材质、什么规格的产品热销，从而可以快速调整生产计划，避免市场信息反馈滞后，真正建立企业本身及其上下游整个战略伙伴系统的快速响应机制。

资料来源：邱羚，秦迎林．组织行为学案例集．北京：清华大学出版社，2014；陈玲，肖继新．大型综合超市的经营特征和组织管理——沃尔玛、家乐福、易买得经营管理比较分析．特区经济，2010（4）；张秋彤．沃尔玛的绿色供应链管理．市场周刊（理论研究），2011（2）；窦玉生．沃尔玛：叱咤风云的“零售帝国”．走向世界，2007（17）．

第3节 组织职能的要素

一、组织职能基本构成要素

组织是一个具有无限活力的能动系统。作为一个系统，首先要具备各项要素；其次，各要素之间存在关系，并且这是一个与外界有着信息交换的机制。对于组织而言，其要素是多种多样的，其中主要有：

其一，部门。根据不同的依据，组织对内部工作进行划分从而形成的在某一领域有管辖权限的机构，称为部门。在特定的部门中包含了特定的工作，为这些工作进行人员的配备、职务与职位的设置、职权与职责的划分也随之展开。

其二，人员。不同于以往对于资源的定义，人作为组织中最核心的要素，也是组织投入的一种资源，并且是能动性、创造性最强的资源。人员的有效配备是组织工作正常运作的基础，各司其职，进而实现组织目标。

其三，职务与职位。职务指的是组织中人员从事的事务，这些事务的开展是完成组织目标所必须进行的工作。然而同样的工作和业务通常无法由一个人完成，需要很多人完成同一类事务，因此组织需要设置从事相同工作的职位，比如客户经理、采购员、会计等职位。

其四，职权与职责。一般是由于身处某个职位，由组织等级所赋予的有助于进行决策和执行的一种权力。而职责与职权通常呈现出一种相辅相成、相互制约的关系。职责也是由于身处职位伴随而来的履行工作使命、负责工作结果、承担组织职能的责任。

各个要素之间存在的这些关系相互平衡、相互影响。组织中的员工担任某些职务；不同的职务、不同的职位按照某种依据和原则，整合规划形成部门；担任不同的职务、处于不同职位的员工，组织赋予其相应的职权和职责，相互制约，协调运作。各要素各关系按照某种规则形成一定的结构，从水平层次到纵向层次有条不紊地进行作业，构成所谓的组织结构。

二、部门划分的依据

组织设计的关键步骤在于确定必须要进行的工作，把相似的工作整合为一体，即部门化的过程，此后进行职权的分配，为完成相应的工作授予相应的权力，协调以促进组织目标的实现。部门划分的标准是多种多样的，组织可根据不同的依据进行划分。

（一）按照人数划分

按照人数的多少进行部门的划分，是一种极为简单且方便的方式。但正是由于这种简单性，在日益复杂的企业组织中应用并不广泛，一般常见于军队和基层组织。比如军队的班排连营，按照这种方式进行划分的部门比较容易管理。

（二）按照时间划分

按照时间划分也是比较简单的方式，一般适用于基层组织。有些企业由于工作时间的需要，特别是工厂排班制度，按照时间划分为早、中、晚三班制进行生产活动，延长工作时间，满足特定需要。

（三）按照职能划分

按照职能划分部门的基本思想是围绕企业必须完成的核心职能对业务活动进行集合，其本质是按照管理业务活动的性质和所需技能的相似性进行归类。根据主要业务工作或者主要管理职能进行的划分，例如把一切关于产品宣传广告的活动划入营销部门，把一切与生产产品有关的活动划入生产部门。针对管理职能进行划分也是按照职能划分的一种，比如计划、生产、控制、行政等工作。

按照职能进行部门划分是目前很多组织普遍采用的方式，由于将相同性质并且需要同样技能的活动归在一起，充分发挥了专业分工的优势，通常与规模经济联系在一起，突出了业务重点，但这种划分方式也存在一定的不足。由于职能不同，各职能部门各自独立，本位主义比较突出，容易产生部门隔阂，引起沟通障碍，增加了协调的困难性，造成职能割裂，影响组织弹性和柔性。而且，在职能的专业性要求下，培养的专才型人才较多，而复合型人才较少，由总经理一人负责所有职能部门之间的协调，随着产品的种类增多和复杂程度提高，协调起来愈发困难，这降低了组织的反应速度。

（四）按照地区划分

根据地理因素设立部门也是一种常见的做法，适用于地区之间差异较大的组织，譬如政府机构、连锁店经营、跨国组织等将某一地区的业务全部归于一个部门进行管理。生活中最常见的按地区划分部门的组织是政府机构，中央以下设省级、市级、区级等级别。其最大的特点就是因地制宜，针对性地结合各地区情况，制定更加符合各地区特点的决策和战略，有利于提高决策的适应性、行动的针对性，有效调动各地区的积极性。同时，对各地区管理人员要求较高，须独立进行内部所有事务的协调，有利于综合管理人才的培养。同样，这种划分方式也存在不足，地区之间容易存在本位主义，不易协调。

（五）按照产品划分

按照不同的产品或服务类别进行划分也是一种常见的方式，也称为事业部制。这是一种分权制组织，总部将权力下放到各部门，要求各部门领导对产品开发到市场运作的一系列活动负责，一般适用于多样化生产经营的大型企业，这类组织的产品生产经营一般存在较大的差异。

按产品划分部门具有明显的优点，每个部门主管对所负责的产品给予了最大关注，全面负责一系列活动，有利于产品的开发与改进，对市场的反应比较灵敏。这种组织形态也成为公司高层管理者的培养基地，因为每个事业部部门主管每天需要面对形形色色的从产品研发、市场推广到财务绩效等一系列活动，在协调的过程中管理能力不断提升。缺点是，每个产品部门相当于一个小型的公司，因此对管理人员的要求很高，而且可能会出现昂贵的重复投入，各产品部门之间的关系也不易协调。

（六）按照服务对象划分

按照服务对象划分与按照产品划分类似，不同的是根据不同的客户群，专门以服务对象的需要进行划分，主要适用于不同服务对象差别较大的组织。例如，服装企业面临着大相径庭的客户群，一般按照客户群的特质划分为女士部、男士部、儿童部；律师事务所也如此，根据服务对象的不同需要划分部门，有公司客户和个人客户之分，诉讼部和非诉讼部之分。其特点是强调顾客导向，满足客户需求，提供更细致、更具针对性、更周到的服务，但同样面临着部门之间协调困难、资源重复配置的难题。

（七）按照设备进行划分

按照设备划分部门一般常见于设备的使用方法和应用差别较大的组织，例如汽车制造商根据冲压、装焊、喷漆、组装等所需设备不同进行部门划分；鉴于医疗器械的专用性，医院也是如此，如CT室、X光放射科等，目的是更加经济地使用设备，同时便于设备的维护和保管。

（八）部门划分依据的混合使用

部门划分依据多种多样，各有利弊。在现代企业中，尤其是在大型企业，为满足组织内部的不同需求，很少单独采用一种方式进行划分，一般都是采用混合依据，既满足不同功效，也合理地规避各种不足。如案例9-1所述，沃尔玛既运用事业部划分沃尔玛购物广场、山姆会员商店等部门，实现了扁平化和分权化，同时也利用职能规模效应，设立统一为各分店配送的物流部门，解决了各事业部的一大难题，与此同时还运用按地区划分的方式进行连锁经营，设置区域级、区级、分店级。在多种方式的共同划分下，各取其利，既实现有效协调、经济运作，又不失组织弹性和柔性。

三、职权

横向层次组织结构确定之后，需要对各部门各职位的职权和职责进行明确具体的规定，否则无法形成协调一致的管理工作系统，组织工作无法顺畅进行。职权，简单而言，就是职务范围内的权力，这种权力是为了确保组织整体目标的实现，管理者对所必须进行的工作对下属如何执行实施的一种约束力量和促进力量。职权一般划分为三种类型：直线职权（line authority）、参谋职权（staff authority）和职能职权（functional authority），它们相互协调、相辅相成，共同维持组织运作机制。

（一）职权的种类

1. 直线职权

组织中存在两种身份制度，其中一种是等级身份制度。这种身份制度是由正式组织结构中上级与下级的关系决定的。这种上下级之间存在的职权关系，开始于组织最高层，一直延伸到最底层，由上而下进行职权的传递，由上级负责决策和发布指令，下级贯彻执行，这种职权就是直线职权。直线职权，也就是通常所说的指挥权，是管理者拥有的发布指令，执行决策，指挥下级工作，解雇、评估和奖励下级的权力，直接为组织的目标做出贡献。例如，区域经理对具体分店店长拥有直线职权，店长对店内服务员拥有直线职权。在组织结构图示上，这种职权表现为一条由上级指向下级的直线，所以被形象地称为直线职权。每一层次的直线职权应该分明，在职权范围内做出决策，下级对唯一直线上级负责并报告工作。

2. 参谋职权

另一种身份制度就是职能性身份制度，这种身份并不是建立在等级和管辖权之上，而是基于专业技能。但这种非等级制度并不是指不同的职能性身份都处于同等地位，技能的熟练程度和权威程度也存在差异，比如会计师也有初级和高级之分。而参谋职权就是建立在某一领域的专业知识或技能上，在被认可的情况下为组织提供咨询与建议，以辅助性服务协助其他部门做好工作的权力。尽管并不直接参与组织的业务活动，但间接对组织的战略目标做出贡献。在某个领域具有权威性提供专业的建议，这种职权自古就有，中国古代的军师、食客、谋士等智囊团身份的存在，就是参谋职权的一种体现。在企业组织中，这种由于专业知识而产生的与组织的联系，通常承担某一方面的职能，虽然相关部门和人员习惯上也称之为职能部门和职能人员，但实质上其拥有的职能又与职能职权有着本质区别，参谋职权并不拥有指挥权。

与直线职权相比，参谋职权不得向其他人员发布指令，职权通过自身专业知识影响组织的决策和行动，并且只在某一专业领域内发挥作用，很容易理解，一个高级会计师在医学领域不会有任何参谋职权。同样的职能在不同的组织中发挥的职权也不一定是一致的，譬如律师事务所里的律师拥有的是直线职权，但在他担任某公司咨询顾问角色时，则属于一个参谋人员，拥有的是参谋职权。

3. 职能职权

职能职权是一种特殊的权力，某种程度上相当于介于直线职权和参谋职权两者之间的一种职权。参谋人员所具有的原属于直线主管的部分权力，在被授权的职能范围内行使的指挥权就是职能职权，因此职能职权是经由直线主管授权产生的特殊权力。职能职权的产生是为了提高管理效率。一开始，由于参谋人员具有专业性，对各项业务提出建议，但他行使的仅仅是一种辅助性的职权，并不真正地拥有决策权和指挥权。随着业务活动的复杂化，部门主管能力再强也不可能精通所有的业务，即使是在参谋人员的建议下，也很难做出高效准确的决策。为解决这一难题，部门主管将自身部分直线职权授予参谋人员，于是便产生了职能职权。也正因为直线组织的上级管理人员授权于参谋人员是按照一定的程序和制度进行的，并且是在一定的条件和范围下生效的，因此职能职权的最大特点就是范围有限，参谋人员只在某些业务活动中行使该项职权，而非全部。

（二）不同职权之间的协调

各项职权对于组织的运行都起到了缺一不可的作用，但这是建立在协调基础上的，一旦职权之间出现了混乱，无论是其中任何一种职权拥有绝对的地位，还是相互抗衡，都可能对组织造成不可挽回的损失。唯有坚持以下基本原则，在协调配合的情况下才能发挥最大的效用。

第一，直线职权是组织职权的主体。组织运行必须维持直线职权的主体地位，确保决策权、指挥权、用人权的统一。同时，正确处理直线职权、参谋职权、职能职权三者之间的关系，直线职权应该与组织的直接绩效成果挂钩，而参谋职权和职能职权与支持组织绩效成果的活动挂钩。

第二，积极发挥参谋职权的重要作用，参谋职权应独立提出建议。鼓励参谋人员提出真知灼见，避免参谋职权成为组织的一种摆设，切实发挥参谋职权的作用。组织应该建立参谋制度，从制度的角度保障参谋职权的发挥。必要时赋予参谋人员一部分职能职权，在某些业务范围内行使指挥权，提高参谋人员参与的积极性。积极发挥参谋职权的作用，不仅是对直线职能的补充，更是有效防止直线人员在某些领域知识能力的缺失而导致的重大失误。此外，也要维持直线职权不为参谋职权所左右的局势，参谋职权的任务主要在于建议，而不在于指挥，应该保证直线职权的决定权。直线人员虽然应该认真考虑参谋人员的建议和推荐，但必须在考虑之后客观做出决定并经由直线组织发布指令，贯彻实施，不应为参谋职权所左右，听之任之。

第三，适当限制职能职权的使用。职能职权不应该违背统一指挥的原则，直线职权必须保证命令的集中统一，对本部门工作拥有决定权。职能职权应尽可能维持在直线主管人员下属的第一层级，不宜再往下延伸。应防止底下层级出现多头指挥的现象，产生混乱。职能职权还应尽可能集中在最为接近的机构，以保证指挥的统一性。同时，由于职能职权本位主义的影响，可能造成流程的割裂，在这种情况下也应该重新调整职权的分配，适当限制职能职权的使用。

➡ 思考题

1. 组织理论是如何演变的？
2. 什么是组织职能？试根据自己的理解予以概括。
3. 组织包括哪些要素？它们之间有什么关系？
4. 基于对组织职能的理解，谈谈如何进行有效的组织工作。
5. 如何合理地划分部门？对组织管理有什么意义？
6. 谈谈职权的类型以及不同类型之间的协调。

➡ 课后案例讨论

巴林银行的破产

1995年2月26日，巴林银行（Barings Bank）宣告破产。消息一出，震惊了整个金融市场，在世界上引起了轩然大波：东京股市英镑对马克的汇率跌至两年最低点，道琼斯指数下降了 29 个百分点，伦敦股市也出现暴跌。有 230 多年历史的英国巴林银行，最终也没能逃过倒闭的命运，而原因竟是一个 28 岁的交易员进行的巨额投机行为失败所累，据不完全统计，造成了 10 多亿美元的损失。在英格兰银行（Bank of England）一周的拯救失败后，不得已宣布破产。后经英格兰银行斡旋处理，英国高等法院 3 月 6 日宣布了巴林集团由荷兰国际银行保险集团（ING）接管的裁决，该集团以象征性的 1 美元价格收购了巴林银行。

巴林银行的辉煌

18 世纪 60 年代初，巴林银行在伦敦成立，并以全球首家"商业银行"的身份亮相。在其勇于创新的开拓下，很快便在国际金融领域大获成功。甚至在 1803 年，刚刚建国的美国购买南部路易斯安那州所需的资金全都来自巴林银行，其经济实力不容小觑。20 世纪初，英国皇室成为巴林银行的尊贵客户，巴林家族更因此荣获 5 个世袭的爵位，奠定了国际名声显赫的基础。直至破产前，巴林银行总资产逾 94 亿美元，旗下管理的资产高达 460 亿美元，根据资产排名位居英国第 18 名。

尼克·李森与巴林银行

1989 年，尼克·李森（Nick Leeson）正式成为巴林银行的职员，1992 年被外派至新加坡分行担任期货经理兼首席交易员，主要负责巴林银行在新加坡的期货交易。期货交易市场时不时会出现人员的疏忽操作，比如买入卖出的操作失误，巴林银行存在一个"99905"的错误账户专门用于记录这些错误操作，这本是金融体系中程序范围内的一个错误账户。而 1992 年，伦敦总部负责全面清算工作的哥顿·鲍塞（Gordon Bowser）为减轻总部的清算工作量，要求李森重新开设一个错误账户，以记录本地小额差错并自行处理，取"8"的吉祥意义，命名为"88888"错误账户。数周之后，巴林银行更换电脑系统，但决定仍然使用"99905"错误账户向总部报备，而被忽略了的"88888"错误账户却没有清除，仍正常存在于系统中。正是这个被忽略了的错误账户，后来成为李森"赌博"的工具，从此改写了巴林银行的历史。

错误账户的一再动用

1992 年 7 月 17 日，一名交易员在客户要求买进 20 份日经指数期货合约时操作失误，卖出了 20 份，李森当晚进行清算工作时发现，按当日收盘价计算足足亏损了 2 万英镑，须买回 40 份才能弥补亏损，为此李森第一次动用了错误账户，一笔代理业务衍生为一笔自营业务。数日之后，日经指数上涨了 200 点，损失一度扩大，由原本的 2 万英镑增加到 6 万英镑。而当时李森的年薪还不足 5 万英镑，更加不敢将失误向总部申报了，于是无人监控的错误账户就成了李森逃避失误的一大法宝。

此后，李森一发不可收拾，一再动用错误账户。在接下来不到半年的时间里，错误账户吸收了新加坡分行 30 多次失误操作，为应付月底总部的核查，李森甚至将个人佣金转入账户以弥补亏损，由于亏损金额不大，因此逃过了总部的核查。1993 年 1 月，李森手下的一名交易员再次发生操作失误，并且数额不小，一笔 100 份的期货合约误操作为全部买进，价值高达 800 万英镑，还有一笔 420 份的期货合约没有卖出。李森仍然动用错误账户吸收了错误操作，亏损数额达到 600 万英镑。幸运的是，到 1993 年 7 月，错误账户竟然由于自营获利而略有盈余。然而正是这一次的侥幸，使得李森越来越深陷于错误账户中。李森在自传中描述："我为自己变成这样一个骗子感到羞愧——开始是比较小的错误，但现已整个包围着我，像是癌症一样。"①

然而，侥幸只是一时的。随着行情的不利波动，实际到 1993 年 12 月损失已高达 1 900 万英镑，而报告仍显示盈利 900 万英镑。李森对于金额的概念已逐渐麻木，1994 年损失金额一路高飙，由

---

① 尼克·李森．我是如何弄垮巴林银行的．北京：中国经济出版社，1996.

2 000 万英镑、3 000 万英镑到7月已达5 000 万英镑。为了应付总部核查，李森甚至伪造了一笔来自花旗银行的5 000 万英镑巨额存款。其间，总部曾派专员核查新加坡分行的账目，但无人核查该笔存款的真伪。李森又顺利逃过一劫。

巴林银行的垮台

为了弥补巨额亏损，1994 年下半年起，李森对日本日经指数期货产生极大兴趣。他认为，日本经济走出衰退，股市必大有作为，并一味认定日经指数将在 19 000 点以上浮动，因为一旦跌破此点，日本政府必定干预救市，故想一赌股市劲升。当然，这一切仅仅是李森个人的猜想。1995 年 1 月，李森付诸实践，动用 270 亿美元买入日经指数期货。不料，指数一路下跌，受 18 日日本神户大地震影响，指数更是大幅狂跌，李森为此蒙受了更大的损失。娄子越捅越大，李森深陷其中无法自拔，以各种理由从总部获取资金，购买更大额度的日经指数期货合约，寄希望于上涨到理想价格。据事后数据统计，至 2 月 10 日，李森已手握 55 000 份日经指数期货合约及 2 万份日本政府债券合约，创下了新加坡交易所纪录之最。而所有这些记录都进入了错误账户，交易越大，损失就越大。

1995 年 2 月 23 日，李森对日本股市市场走向的误判以彻底的惨痛失败告终。日经指数跌至 17 885 点，然而，巴林银行坐拥 6 万余份日经指数期货合约，空头风险部位已达 26 000 份合约，所造成的损失数额震惊了世界——86 000 万英镑，直接压垮了巴林银行。当晚，意识到无法挽救的李森仓皇出逃。1995 年 2 月 27 日，尼克·李森在德国法兰克福机场被捕，根据新加坡《证券交易法》，李森因欺诈罪被判有期徒刑 6 年半。

最终，世界上最古老的银行之一——巴林银行宣告破产。

资料来源：令狐冲．巴林事件周年祭．国际市场，1996（2）；张德．借鉴知名案例防范内部风险——浅淡巴林银行、大和银行事件的启示．理论观察，2000（2）；赵希田．李森弄垮巴林银行．经济纵横，2000（8）；郑田．不见过程的落败：从内控看巴林银行倒闭．理财杂志，2005（4）；蔡奕．巴林银行 10 年祭．深交所，2005（9）．

结合案例内容，回答以下问题

1. 从组织的角度而言，巴林银行存在哪些隐患？
2. 讨论分析巴林银行破产是否由尼克·李森一人导致。其根本原因是什么？
3. 如果当时你是巴林银行伦敦总部的高层管理者，你会在组织职能上做什么调整？

第 10 章 组织设计与组织结构

不在其位，不谋其政。

——《论语·泰伯》

组织架构排名第二的公司，最后在市场上也只能居于老二的位置。

——百事前 CEO 韦恩·卡洛维

学习目标

1. 了解组织结构的概念及组织设计的影响因素
2. 明确组织的管理层次和管理幅度的概念及其关系
3. 了解集权制组织和分权制组织的特点
4. 了解授权的内涵及基本原则
5. 熟悉各组织结构类型的适用性和优缺点

➡引 例

稻盛和夫：阿米巴经营的诠释

1959 年，稻盛和夫创立了京瓷公司，并一举打造了一家 500 强企业。然而其成就却并没有止步于此，1984 年稻盛和夫又创立了第二电信电话公司，并再次闯进世界 500 强。一生中创办了两家曾经是世界 500 强的企业，不可不谓之商业奇才。究竟稻盛和夫是如何打造出这两家 500 强企业的呢？在管理实践中，稻盛和夫创造性地提出并应用了“阿米巴经营”模式，该模式被誉为“京瓷成功的两大支柱之一”。

“阿米巴”是一种变形虫（amoeba）的音译，阿米巴组织实质上是对这种类似于变形虫的形态不定的灵活组织的形象称谓。京瓷创立初始，出于统一指挥的考虑，稻盛和夫独自一人负责产品从开发、生产、销售到核算的一系列环节。当京瓷发展到 200 人左右时，他开始感到力不从心，萌生了《西游记》中孙悟空分身术的想法，企图从组织中“分身”

出许多个小组织、小经营者，这便是阿米巴经营的由来。在此基础上，稻盛和夫细化了阿米巴经营模式，根据生产过程中产品类别或工序、客户或地区的不同进行整个组织的重新划分，形成很多生产小组，构成公司的最小生产单位，也是最基层组织。其中，每个小组按照中小企业的形式独立经营，独立核算。比如陶瓷这类产品，按照工序划分包括混合、成型、烧结、精加工四道工序，则依此划分为四个阿米巴组织。整个大组织经营权下放，每个阿米巴都配备独立的经营者，负责全面经营，包括制定计划、工作协调、业绩管理、劳务管理、采购销售等一系列组织活动，以独立核算的组织形式存在，无论销售额、成本还是利润都以阿米巴组织为单位进行核算。

既然阿米巴是一个独立核算的小组织，那么就要求所有阿米巴领导者至少具备最基本的会计知识，但这在当时的京瓷是不可能实现的。因此，必须形成一种非专业人士也能明白的核算机制——“单位时间核算表”，这是稻盛和夫专门为阿米巴组织设计的简化而又精确的核算表，不仅考核了每个阿米巴的经营者，也考核了每个员工每小时产生的附加价值。单位时间核算表不仅包括收支情况，还包括购销，这关系到最终利润成本的核算。因此，作为买方的阿米巴基于利润的考虑，如果认为质量不达标则不会进行采购。这便大大降低了达不到后续工序质量标准的半成品流入的可能性，无形中阿米巴之间的采购活动成为质量关卡，在严格执行的过程中质量得到了保证。

阿米巴可能是随着一个订单的到来而临时组成的行动组，随着客户交付的结束这个组织也就解散了，随时都能够根据环境的改变而变形，极具适应性和灵活性。同时，每个阿米巴都在追求销售额最大化和经费最小化，因此原有的由稻盛和夫一人的创造力追求利益最大化，变成了同时激发至少3 000人的创造力来为此努力，这也许正是阿米巴组织强大的活力所在。

资料来源：稻盛和夫．阿米巴经营．当代经理人，2010（10）；曹岫云．“阿米巴经营”．中外企业文化，2009（12）；耿德科．京瓷公司阿米巴经营的制度经济学分析．日本学论坛，2007（3）；石丹．京瓷：用“阿米巴”释放现场创造力．商学院，2010（7）．

第1节 组织设计

一、组织设计的主要内容

（一）组织设计的核心任务

组织设计的核心任务是组织结构设计。组织结构（organizational structure）是指表现组织各部分排列顺序、聚集状态、隶属关系、联系方式的模式，是组织的基本框架，描述了组织中各个要素相互联结的关系。一般用三种特性来描述组织结构，分别是：

第一，复杂性。组织结构复杂性指的是组织中各要素间的差异性，这种差异表现为横向差异和纵向差异。部门数量越多，职位设置越多，分工越明细，横向差异越明显，组织的复杂性也越高；组织管理层次越多，纵向差异越明显，组织的复杂性也越高。复杂性是一个加入组织的人对于组织的第一印象，即显而易见的组织要素：专业分工、职位名称、部门数目和种类、组织层级等。[①] 组织复杂程度的不同，也使复杂性问题变得更加复杂，更加难以协调。

第二，规范性。规范性表现为组织内部行为规范化和标准化的程度高低。简单而言，组织规范包含了组织内部行为准则、规章制度、工作程序和工作标准化流程等方面，在这些方面越是完善，规范程度就越高。规范性是组织对内部要素的一种控制机制，有利于形成对个体行为的规范和约束，但这种规范化的内容，比如程序、规则、制度是权宜应变的，随外界环境的变化和组织变革的开展而演变，并非一成不变的文字记载。组织规范性的形成过程一般是通过对规章制度、行为准则、工作程序、政策方针等的文字化、形式化、标准化，同时通过培训、教育、工作渗透等途径将这种规范性内化于企业文化，并植根于员工心中。

第三，分权性。组织中集权与分权所关注的“权”主要是指决策权，分权性指的是组织内部决策权的分布情况，在哪些点集中以及在这些集中点的集中程度。当组织决策权越多地掌握在高层手中，集中在越少的部门中，其集中程度就越高，分权性也就越低。分权性存在的意义一方面是由于管理者个人能力有限，权力下放可以使组织效率提高，同时有利于高层管理者腾出时间和精力考虑组织更为宏观层面的战略，高瞻远瞩，更快速地对外界变化做出反应。另一方面，通过分权允许下层员工参与到组织决策的事务中来，可以提高员工积极性，达到激励员工的目的。

（二）组织设计的最终结果

组织设计的最终结果是以文字和图形的直观方式呈现为组织结构图和职位说明书。组织结构图，又称组织树，是指以图形的直观方式表示组织内的管理层次、管理部门、职权关系以及主要职能。另一项可视成果是职位说明书，是用以阐述组织内各职位的名称、主要职责职权、组织内各职位的关系以及与外界人员的关系等的文字说明。组织结构图与职务说明书共同构成了组织手册，明确说明组织目标、组织结构、权责关系以及职务内容等。

二、组织设计的影响因素

组织结构的影响要素主要包含以下四种：

（一）组织规模

在组织理论研究中，大量的数据表明组织规模是影响组织结构设计的一个重大因素。大型组织，通常指的是雇员超过 1 000 人的组织，其分工专业化程度越高，部门越多，规

---

① Richard H H. Organizations: Structures, Processes, and Outcomes. 8th edition, Englewood Cliffs, New Jersey: Prentice-Hall, 2002.

则制度也越完善。相比于小型组织，大型组织要复杂得多，这必然提高了组织协调的难度。相应地，为适应这种协调难度，组织结构的设计也将更加复杂。然而，一旦组织规模超过某个程度，组织规模对组织结构设计的影响作用将会减弱。比如，一个原本拥有2 000名雇员的组织，即使再增加200名雇员，也不会与组织的原有运作模式产生太大冲突；但对于一个原本仅有200名雇员的小型组织，如果同样增加200名雇员，原有的运作模式很可能会不堪重负，导致协调紊乱。这种情况下，组织规模对组织结构设计的影响就十分显著。

（二）外部环境因素

在当今社会，组织面对的是一个极其复杂的外部环境，经济全球一体化，产品创新的速度不断加快，顾客需求日益多变，服务质量要求越来越高，这些都是在不断挑战组织的环境因素。因此，组织需要从结构层面改变以提高适应环境变化的能力。一般而言，组织结构对环境的适应可从以下几方面改进：

第一，相应地增加某些职能部门以提高组织结构复杂性。在相对稳定的社会环境中，组织的主要精力在于提高组织常规业务的运作效率，对于外界的关注相对较少。但在变化的环境中，组织却不能忽视该因素的影响，执行计划职能时应该将对未来环境的预测纳入考虑范围，尽可能降低变化的环境带来的风险。同时，保持与外界的紧密联系，如设置售后服务、公共部门、资本运作、数据挖掘等职能部门，使外部信息收集和反馈更为迅速。

第二，降低组织结构规范性和集权性，增强组织结构柔性。与柔性组织相对的是刚性组织，处于急剧变动环境中的组织结构为柔性结构，处于稳定环境中的组织结构称为刚性结构，即机械性结构。柔性结构，又称为有机性结构，其主要特征表现为：一是分权特征。柔性组织权力下放，形成决策权分散的状态，组织中的成员和团队在这种组织结构下获得独立解决问题的能力，有助于应对各种突发情况。二是弹性领导关系。尽管柔性组织也具有正式的组织结构，但其指挥关系不太明确，灵活性的临时组织使其具备高度动态性，领导关系也时有变动。三是横向沟通能力强。各部门和各岗位的职责和分工比较笼统，组织内部主要依靠横向沟通，经常通过横向协调调整各自的工作任务和职责，强调对多元化信息的处理能力。柔性组织的这些特性在稳定的外界环境下，表现出工作效率不高的弊病，但却恰恰适合多变的外部环境，便于组织的随时调整，有利于组织变革和创新。

第三，加强组织内部协调。此外，随着复杂程度的提高，组织需加强内部之间的协调，改变组织内层级式的信息交流结构和方式。对于分工过细的职能部门，适当进行部门合并和鼓励团队工作方式，降低沟通协调成本。

（三）技术因素

组织结构也因技术因素的变化而变化。基于任务多变性和问题可分析性的不同，可以将技术划分为四种类型：常规技术、非常规技术、工艺技术和工程技术，针对不同技术与组织结构之间的关系进行研究，从而突破了制造业技术的局限。对于常规技术，以钢铁生产、汽车生产、石油提炼为代表，任务的多变性不强，只有极少的例外情况，这类组织一般拥有高度规范化和集权化的结构。非常规技术，如航天飞机的开发，很可能出现例外问题和难以分析的情况，更多的是依靠组织的创新能力，适应于分权化、规范程度低的组织，常见的有科研机构、高新技术产业等。工艺技术，比如服装设计、烹饪等技术，这类技术例外情况比较少，但工作更多依靠直觉和经验，很难进行程序化管理，这类组织规范程度适中，分权程度较高。工程技术，有较多的例外情况，但可以通过理性的程序化流程进行分析处理，譬如桥梁建筑就属于这种技术，应适当地分散决策权，维持较低的规范化以保持组织的灵活性。无论是在制造业还是在非制造业，关于技术与组织结构关系的研究最终都是殊途同归，视情况而定，技术的不同导致与之相适应的组织结构也有所不同。

（四）战略因素

新市场的美好前景和现有市场的激烈竞争激发了组织对战略的调整，比如地理扩张战略、产品多样化战略、横向一体化战略、纵向一体化战略，这些都要求管理者处理好组织战略与组织结构之间的关系，使得调整后的组织结构更加符合战略的实施。只有与战略相匹配的组织结构，才可能发挥支持战略实施的作用。如果不从组织结构层面进行改变，是很难从实质上改变组织当前战略的，不仅如此，与战略相违背的组织结构甚至会成为战略实施的一股强大抑制力，限制并阻碍组织的战略发展。

第 2 节 管理幅度与管理层次

一、管理幅度

（一）管理幅度的概念

管理幅度（管理宽度、管理跨度，span of control），指的是管理者实行有效监督、直接进行管理的下属数量。管理幅度是一个古老的话题，关于管理幅度的初次记载可追溯到《旧约》中的《出埃及记》。希伯来人领袖摩西的岳父乔叟发现摩西花费过多时间在处理琐碎事务上，于是建议他将有才能的人选拔出来，从一千人中选出一个人处理事务，称为千夫长，依次选拔百夫长、五十夫长、十夫长，由他们负责处理日常的琐碎事务，若有大事再呈交给摩西处理，这大大减轻了摩西的负担。现代企业组织的管理模式本质也是如此，挑选有管理才能的人管理一部分员工，分担最高层管理人员的负担。位于最高层的管理者不可能无限制地直接管理所有的下属，并指挥协调他们进行组织所必需的所有工作，因而产生了管理幅度的有限性。管理幅度的有限性成为划分管理层次的理论基础。

（二）管理幅度的影响因素

事实上，管理幅度的确定受很多因素的影响，比如上下级的素质、面临问题的种类、工作任务的协调难度、授权的程度、计划的完善程度、组织沟通状况、下属职能的相似性、下属的空间分布、组织的稳定程度等。然而，这些因素影响的权重比例却很难确定，更无法确定管理幅度为多少时最为适合。长久以来，关于这些问题有很多企业组织和学者进行过大量的研究，但都没能找出一个通用的方案。尽管管理无定式，但有一点是不可否认的，即平衡，管理总是在平衡各方要素的考虑下做出最适合的抉择，同样，管理幅度的确定也是在各要素的影响下寻求一个平衡点。

二、管理层次

（一）管理层次的概念

管理层次（hierarchy）指的是组织从最高管理层到基层员工的纵向管理系统所划分的管理级别的总数。当组织规模小且工作简单时，一个管理者就可以管理所有员工，因此在最开始的简单组织中并不存在管理层次这一概念。当组织规模和工作任务量扩大到无法由一个管理者承担时，为了使组织能维持顺利运行的状态，管理者不得不委派他人承担一部分管理工作，这便使组织层次增加了。从某种意义上，管理层次是一种不得已的产物，但也是不可或缺的产物。

（二）管理层次的分工

管理层次也是通过划分实现分工合作的，但无论如何划分，都遵循一定的原则，即管理层次都是从上而下逐级行使指挥权的，下一层次执行上一层次的决策并做出反馈。各管理层级的功能并非完全相同，不同的管理层级有不同的管理重心，按照其管理成果一般分为战略规划层、战术计划层和运作管理层。顾名思义，战略规划层更多的是考虑有关组织战略层面的问题，诸如核心业务的定位、项目的启动、组织未来的方向、战略目标等事务，一旦决策失误很可能带给组织重大损失，在方向错误的情况下效率越高亏损越严重。战术计划层更多的是关注在确定的战略方向下应以怎样的策略实施，如何进行组织和安排，比如考虑依靠什么策略打进市场这类问题。最后一个层次，也是不容忽视的一个层次，运作管理层，关注的是如何落实策略的问题，即具体的实施和执行，比如营销的具体策划、执行人员、预期效果等细节的安排。任何一个管理层次都有其存在的必要，无论是战略规划层的方向错误，战术计划层的策略失误，还是运作管理层的执行乏力，都会给组织造成损失，唯有三者协调并进，在其位谋其政，才能提高组织绩效。

三、管理层次与管理幅度的关系

组织纵向结构设计的关键在于确定管理层次，而管理幅度是确定管理层次的基本因素。现代心理学定量研究证明，对于大多数人而言，同时思考两个以上问题，其思维效率会大大降低。面对组织中大大小小的事情，管理者更是如此，思维效率逐渐下降，导致管理者不可能任何事情都亲力亲为，因此就产生了管理幅度。一定的管理幅度虽然能够减少管理者必须从事的工作量，但随着管理幅度的增大，彼此之间任务的协调增加了管理者的工作量，这也决定了管理幅度的有限性，从而导致了管理层次的产生。

管理层次和管理幅度是组织设计的两个重要参数，两者之间呈反比关系，即管理幅度越大，管理层次就越少，反之亦然。基于这种关系，科学合理地设置管理层次和管理幅度成为建立良好组织结构的关键。根据管理层次和管理幅度的不同组合，可以形成两种截然不同的组织结构：高长型组织结构和扁平型组织结构（如图 10－1 所示）。

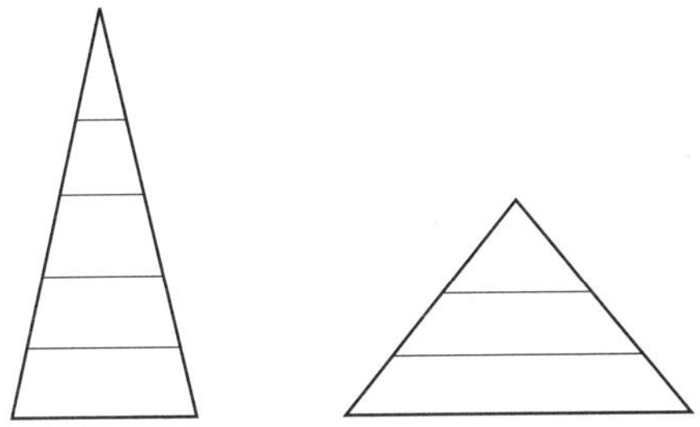

图 10－1　高长型组织结构与扁平型组织结构

高长型组织结构指的是相对而言管理层次较多而管理幅度较窄的结构，被形象地称为“金字塔”式组织结构。这种结构属于相对集权化的组织，具有高度权威性和统一性，规范性较强，其内部分工比较明确，上下级之间、同级之间易于协调，同时管理岗位较多，为下属提供了较多升迁机会。但由于层次过多，沟通渠道较长，容易造成信息失真或交流迟缓，在纵向沟通方面的问题尤其明显。而扁平型组织结构与高长型组织结构恰恰相反，层级的减少使得信息沟通渠道大大缩短，有利于信息的传递，指挥效率的提高。扁平化的过程常常伴随着分权化，可以有效地激发下级员工的积极性，发挥才能与潜力，使组织更具灵活性和弹性，但在有效监督和控制方面则显得不足。当今环境的多变性对组织提出越来越大的挑战，高长型组织结构反应迟缓的弊端也越来越明显，所以近年来组织扁平化成了一股不可阻挡的潮流。

四、集权、分权与授权

管理幅度与管理层次的组合产生了组织的不同形态，而平衡集权与分权的关系则形成了组织不同的运作方式：集权制（centralization）组织和分权制（decentralization）组织。

（一）集权制组织

区分集权与分权的关键在于决策权在组织不同层次的集中程度。集权是一种决策指挥权集中在管理高层，下级部门依上级命令执行指令的指挥方式。集权制组织有以下特点：第一，集权制组织的经营决策权主要集中于高层，中下层只负责日常事务的决策和执行，落实上级决定，一般不参与组织决策过程。第二，对中下层的控制较多，处理问题一般通过严格的规定程序，上级对下级的工作进行经常性监督与控制，控制强度较大。第三，集权制组织进行统一经营、统一核算，独立性较差。部门协作通常由高层进行调整，倾向于以一致的方式，采用行政手段协调内部不同部门间的工作。

集权制以其决策的高效性在组织中得到广泛的应用。实践表明，成熟行业中的大型企业采用的通常是集权制组织。集权制组织采用一种较为规范的模式和较为僵化的组织结构来管理所有的业务，权力的集中节约了进行战略调整和业务协调的时间和成本，使得组织运作效率更高，这对处于稳定环境下的大型企业而言十分适合。

（二）分权制组织

分权制组织是一种大多数指挥决策权下放给部门管理者的组织方式，最明显的特质就是下放的决策权，在变化较快的环境下，分权制组织显得更加适合。分权制组织具有以下特点：第一，分权制组织决策较为分散。中下层拥有较多的决策权，表现为各层拥有各自决策权的形态，并且上层的决策过程往往有下层的参与。第二，对中下层的控制较少。与集权制相比，分权制对下层的控制力度弱很多，这也是分权制组织需要特别关注的问题——如何在分权的状态下实现对下层的有效控制，必须把组织整体的统一当作一种能力，将组织归属感当作组织文化来培养。第三，分权制组织各部门独立经营、独立核算，更具有独立性。无论是在财务上还是行政上，部门协作都主要依赖于部门本身，并非由总部统一进行协调分配。

分权制组织以其更高的创造力和更快的反应能力而不断增强自身的影响力，越来越多的企业倾向于采用分权制组织形式。下放的决策权使得组织个体对资源的开发和利用能力更强，组织鼓励创新和承担风险的氛围，组织个体的才能得到更充分的发挥，能够对顾客需求的变化做出更快速的反应，这常常是在当今竞争激烈、快速变化的环境中取胜的关键。

（三）集权与分权的影响因素

现实生活中，根本不存在极端集权和纯粹分权的组织，真正能在市场上存活下来的企业都是介于这两种形式之间的综合体。管理需要在集权和分权之间进行权衡，而集权和分权受很多因素的影响。

第一，决策的重要性。所涉及的决策越重要，也就表示决策失误的代价越高，与此相关的权力越应往上集中；越是常规化的决策，失误代价越低，越适合分权。

第二，组织规模。随着组织规模的扩大，需要解决的问题会更多，容易造成决策迟缓、协调困难，为了防止这一弊端，一般采用下放决策权的方式，提高反应速度，分权管理相比集权管理更加经济有效。

第三，组织历史。一般而言，组织都是从小规模逐渐发展壮大的，人们总是更愿意遵循原有的模式，习惯性地行使原有的权力，维持集权的可能性就会更高。但另外一种形式，譬如合并、收购形成的组织形态，很大程度上会维持自身的独立性，这种组织一般分权程度很高。

第四，管理哲学。若组织整体更加强调的是创造力和积极性，则倾向于分权；如果更加关注的是统一性，则倾向于集权。

第五，主管人员的数量及素质。若管理人员较少，且乐于授权，则分权程度较高；相反，管理人员较多，同时又偏于专制型，则分权程度较低。

第六，控制技术。无论组织如何分权，管理者总是需要对其下层组织产生的结果负责，因此，如果控制技术较高，就能有效地保持组织上下层之间的联系，及时掌握信息，则分权程度较高；否则，则倾向于集权。

第七，外部环境。外部环境变化迅速，特别是在经济高速发展的开放环境中，机会稍纵即逝且竞争激烈，则分权多一些；相反，在比较稳定的市场环境中，特别是成熟行业的大型组织，则集权多一些。

案例 10-1

小米的管理之道

2014 年，小米以 450 亿美元估值成为当时全球最大的科技初创企业，2014 年和 2015 年连续两年拿下中国智能机销量冠军。但 2016 年它突然身陷危机。这一年小米国内销量仅 4 150 万部，相比上年同期的 6 490 万部下跌 36%。而 2017 年小米销量回来了，并且以 9 240 万部创造了历史最高点。2018 年 7 月 9 日，小米在港交所正式挂牌交易，上市集资额达 47 亿美元，仅次于阿里巴巴的 250 亿美元和 Facebook 的 160 亿美元，总市值约 473 亿美元。自 2010 年创立以来，小米一直以独特的饥饿营销而闻名，却很少有人深究在这独特的表象背后究竟有什么独特的管理之道。

小米是一家切切实实的战略驱动型企业，在成立的 8 年时间里经历了三次战略变革。如今，小米再次站在战略转折的风口浪尖上，选择了特殊的产业链扩张之路——搭建智能硬件平台的生态圈。一经转型，小米立刻腹背受敌，无论是华为、联想这样的传统厂商，成千上万的硬件创业企业，还是阿里巴巴、京东等互联网巨头，都纷纷涌入这场争夺战，因为物联网和智能家居时代即将到来，很可能导致市场地位的重新布局。正因为小米选择了一条与所有其他同类企业不同的路，也决定了小米将走上一条不同寻常的管理之道。

小米管理的核心不在于制度，而在于雷军。雷军在小米的管理上无不体现了其强势的一面，在所有决策中雷军都拥有最终决定权，他主要负责两极——战略和产品细节。这样的管理与雷军的理念有着不可分割的联系。曾经在金山工作的雷军经历了被互联网公司超越的强烈挫败感，他要求一切都要是快的！在金山，可能一年才升级一次版本，而小米 MIUI 要求一个星期至少更新一次。过去是慢时代，而如今是快时代，雷军认为不再有时间以制度来保证长时间的项目运行，需要的是一种可以随时调整的模式，因此他必须一直管到底。

然而，小米并非我们所认为的集权度极高的组织，恰恰相反，小米的扁平化结构众人皆知。这种结构的核心在于全员直面客户，把管理员工的权力从上级转移到客户身上。雷军将权力下放到合伙人身上，他们各自在擅长的领域分管 2～3 块业务，在该业务板块的合伙人拥有较大自主权，且互不干预，类似于封侯自治，比如林斌分管战略合作，洪锋负责 MIUI，王川囊括小米电视、盒子和内容，刘德则主管工业设计、生态链等，供应链由雷军负责，这种合伙人模式也是小米独特的管理方式之一。同时，这些部门之间没有任何层级关系，小米偌大的公司，仅三层结构：联合创始人—部门负责人—员工。这表示无论在其他公司是高级工程师、主管、总监还是总经理，在小米都是工程师，一视同仁，所有级别都一样，表现优秀即加薪，不存在晋升激励。而且，所有的工程师都必须直面客户，通过线上线下各种渠道与用户沟通，根据用户的需求设计产品、改善产品。在员工管理上，小米的做法更是让业内人士觉得不可思议。小米的员工上下班从来不打卡，但却普遍遵循朝十晚十的工作时间。同时小米内部也基本不开会，都在米聊里沟通做出决策，就连报销也是截图就可以了。更不可思议的是，小米没有关键绩效指标（KPI），即使是互联网公司也没有不做绩效考核的。据内部员工说，公司节奏太快了，任何一个环节慢下来，他们就会被贴上“瓶颈”的标签，并且直截了当地被告知成了公司的瓶颈，这种压力是极大的，谁都不愿意成为众矢之的，唯有不断努力工作跟上节拍才得以摆脱。这种异常扁平化的结构必然要求职能划分足够细致和清晰，同时也对合伙人的专业能力和管理能力提出了很高的要求。

小米的管理模式无疑是快时代下的产物，也是小米成功的功臣。在智能家居浪潮来临之际，小米不愿意错过任何一个可能爆发的领域，但这样随意的扁平化架构以及缺乏明确的机制和流程，也决定了无法在内部进行大规模产品线扩张，局限性愈发明显。如果是IBM决定进军100个智能硬件领域，它有足够的资源和明确的机制保证同时运行100个项目组，并有众多的研究院提供支持，但是小米不行。同时，雷军也担忧小米规模扩大会导致大公司病，更致命的是与用户距离会越来越远，无法对市场需求做出快速反应将使小米深陷泥沼无法自拔。因此，小米明智地杜绝了内部的盲目扩张，而选择了投资第三方进行外部扩张。

管理方式很难厘清究竟孰是孰非，至少就目前而言，小米的管理方式与其发展之路相得益彰，尽管独特却恰恰迎合了小米。然而，在即将到来的物联网和智能家居时代，小米是否能够独领风骚，仍是未知数。

资料来源：宋玮．解密小米．财经，2015（9）；李善友．向雷军和小米学习组织创新．企业家日报，2013-10-09；董军．小米寻找新支点 雷军称“坚持创业心态”．中国经营报，2013-07-22；张珺，陈钦．小米回归之路．财经，2018（7）．

（四）授权

1. 授权的内涵

管理者受限于时间、精力、专业知识，因此，授权是必需的。那么，授权究竟是什么？所谓授权（empowerment），是指上级给下级授予一定的权力，使下级在一定的监督之下有相应的自主权与行动权。不少管理者错误地将授权当作弃权对待，有人还曾戏言其为“最彻底的授权”。管理者需要认清，授权只是管理方式的一种改变，并非管理工作的割离，授权的过程往往伴随着授责，但管理者仍对授权产生的工作结果负有责任。管理者对下属进行授权，是赋予下属完成任务的权力。管理者授权并不意味着卸下重担，而是通过有效的监督让下属把事情做好。下属不可避免地会犯某些错误，授权伴随着授责正是体现于此，对于授权结果的失败，下属必须承担义不容辞的责任，但对其进行监督以及指导也是上级义不容辞的责任，因此，无论是未授权的工作还是已授权的工作，管理者都负有责任。

2. 授权的基本原则

如何进行有效授权是管理极具操作性的实践，唯有适度授权才能实现有效授权，为此需要做到以下几点：

第一，视能授权。授权，首先应该明确所授权的工作，根据工作选择合适的人员配备，称为视能授权。被授权者的才能、素质、知识水平，与该项任务是否匹配都是授权时应该考虑的因素。一旦发现被授权者无法胜任该项任务，应该明智地及时停止授权。

第二，授权明确。确定授权对象之后，应该明确授权的内容，主要包括两大方面：一是任务所要求达到的预期成果；二是所要承担的职责，对工作范围、权力范围、资源范围、评判标准等进行明确界定。如果管理者本身连做什么和该做到什么程度都不明确，那么被授权者很难完成任务，实现目标。

第三，不越级授权。现代组织各层级都拥有自己的权力，授权实质上是将自身职务范围内的一部分权力授予直接下属，若越级授权，实际上是将下属所拥有的权力授予下属的下属，从而侵犯了直接下属的权力，容易产生隔阂与矛盾，因此应尽量避免越级授权。

第四，适当控制。不进行控制的授权不是真正意义上的授权，而只是弃权，是管理者不负责任的表现。一方面，管理者必须实施指导，有效监督，维持授权的可控性，但管理者应该注意这并不等同于干预；另一方面，被授权者应自觉向授权者汇报工作进度，及时反馈。

第五，相互信任。信任被认为是授权的第一定理①，很多管理学者都认可这一点。管理学大师柯维（Stephen R. Covey）认为授权并信任才是有效的授权之道。对管理者而言，要做到从内心真正信任下属可以把事情做好，并愿意托付给下属。松下电器创始人松下幸之助说："最成功的管理是让人乐于拼命且无怨无悔。"显然这依靠的是信任，给下属无限的激励和归属感。

第 3 节 组织结构类型

随着管理实践的不断发展，人们创造出了各种组织结构形式。从组织结构的发展历程来看，最早出现的是直线型和职能型结构，在早期企业规模较小、产品单一、管理简单的情况下比较适用。19 世纪末 20 世纪初，与大批量、低成本、标准化的生产导向相适应，开始盛行垂直一体化的功能型组织，表现为直线职能型组织。第一次世界大战后，在产品导向的影响下，出现了一种比垂直一体化组织更适应市场的组织结构——事业部制。直到 20 世纪六七十年代，管理系统纵横交错形成了矩阵型组织结构，企业内部职能与产品实现了更好的结合。20 世纪末，市场环境发生了天翻地覆的变化，社会分工日趋细化，消费者需求快速变化，创新产品不断推陈出新，原有的组织结构不再占据优势，因此出现了组织的新形式，一种精干的中心结构——网络型结构，以应对这些变化。

一、直线型结构

直线型结构是一种再简单不过的基础组织结构。所谓直线指的是垂直领导方式，下属

① 边俊杰，王欣，曾国华，等．管理能力．厦门：厦门大学出版社，2014.

部门直接接受一个上级领导的指挥，各管理层对所管辖工作全权负责，职权从组织最高层向最底层流动，形成所谓的金字塔结构（见图10－2）。

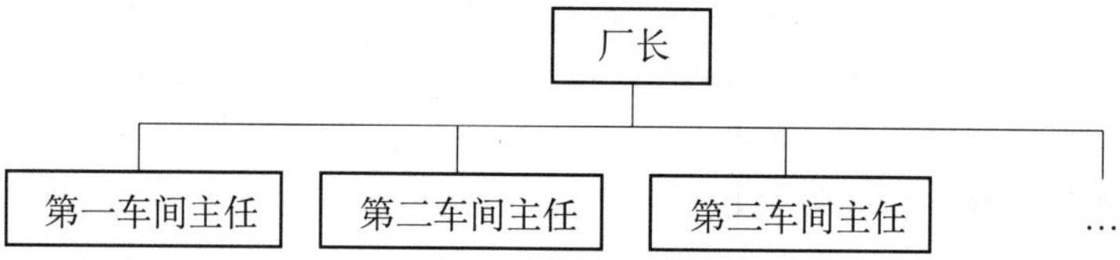

图10－2　直线型结构

这种结构最明显的优点在于权力集中，保证命令的统一性，并且管理层的职权职责十分明确，便于统一指挥、集中管理。这种简单模式只适用于小型组织的原因在于其存在明显的缺点。各层级管理者必须负责该层级所有事务的安排和协调，随着任务复杂程度和专业化程度的提高，任何一个管理者，即使是最高层级管理者也不可能是一个全才，无法处理好所有的业务，这就限制了直线型组织在分工越来越专业的社会中的发展。目前已经很少有组织采用单纯的直线型结构，只有一些小型组织、军队组织和现场作业管理仍在使用。

二、职能型结构

职能型结构也是应用比较久远的组织结构之一，起源于20世纪初法约尔在经营煤矿公司时创建的组织结构，故也称为“法约尔模型”。职能型结构，就是按照职能划分部门，从企业的高层到基层，按照承担相同职能的人员结合在一起的原则形成部门，从而呈现出各职能部门林立态势的职能型组织（见图10－3）。

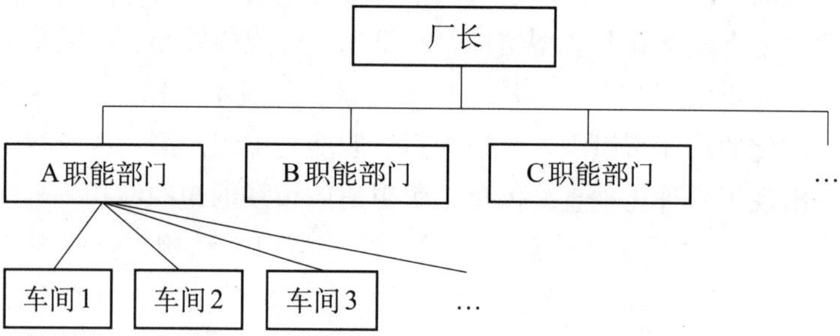

图10－3　职能型结构

职能型结构实现了组织高度的专业化分工，弥补了知识、能力结构的不足，但其缺点也十分明显。职能型结构造成了多头领导，项目实施过程中协调困难，容易出现不同项目争夺资源而无法协调的现象，并且缺乏一个直接对项目最终结果负责的个人、团队或部门。因此，职能型结构主要也是适用于中小型组织、产品结构单一、技术简单的企业，纯粹的职能型结构在现代企业中并不多见。

三、直线职能型结构

直线职能型结构，顾名思义，是一种将直线型和职能型结合在一起的组织结构，即直线管理人员配备一些专业职能人士协助管理。这种组织形式是目前在我国企业中应用比较广泛的形式之一，特别是在中小型企业和政府部门适用性很强。具体而言，直线职能型组织是在各级直线管理者之下，设置相应的职能机构，从事各项事务的管理。其中，直线管理者由上至下逐级行使指挥权和决策权，而各职能机构管理人员并不拥有指挥权，仅仅对同级直线管理者起到参谋作用，行使参谋权。在保证直线管理人员统一指挥权的前提下，充分发挥了职能管理人员的参谋作用，有效地适应了越来越复杂的业务活动（见图 10－4）。

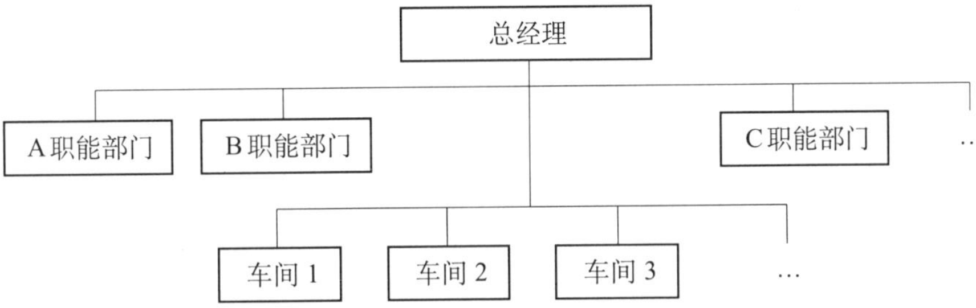

图 10－4　直线职能型结构

相比于传统的直线型和职能型结构，直线职能型结构拥有明显的优点。它既继承了直线型组织的优点，管理权力高度集中，命令统一，有利于高层管理人员对整个组织实行统一指挥和严格控制，同时也发扬了职能型组织分工明确、专业化程度高的优势，部门职责界限清晰，强调专业化、标准化，有助于实现规模效益。更重要的是各级管理者有相应的职能人员发挥参谋作用，弥补了管理者个人专业知识薄弱的缺陷，使管理真正适合业务日趋专业、复杂的形势。任何组织结构都存在缺点，直线职能型结构也不例外。由于按照职能划分部门，每个部门的人都从自身职能角度出发，看待整个业务流程的视角和利益出发点有所不同，部门本位主义作祟使得彼此之间的关系难以协调，导致流程割裂。此外，总经理一人需要负责研发、生产、销售、财务等各职能部门的协调工作，一方面负担过重，陷于繁杂事务中顾此失彼，忽略全局性问题，另一方面也不利于培养高层管理人员。

四、事业部制结构

事业部制结构，有时也称为产品部制结构或战略经营单位。事业部的盛行是由于企业规模扩大形成跨区域经营和多样化经营的状态，原有的组织结构对企业的发展形成束缚，对组织结构的设计提出了新的挑战。事业部制结构打破了依赖职能进行划分的组织设计，第二层级的划分依赖的是企业的产品、地区或者顾客等。每个事业部独立拥有各自的产品和市场，在总体战略的基本方向下，自行制定发展战略、自主经营、自负盈亏，负责产品或服务生产销售的全过程。事业部内部仍拥有自己的组织结构，一般采用职能管理部门结构。尽管如此，单独的事业部并不具有独立的法人资格（见图 10－5）。

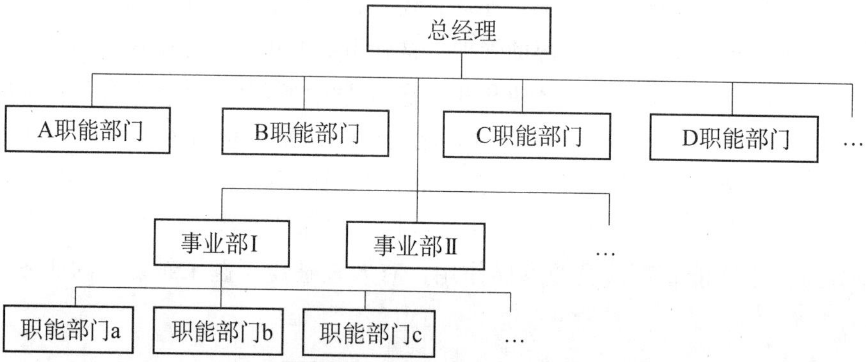

图 10－5　事业部制结构

事业部制结构起源于美国，简称为 M 型结构（multidivisional form），也称为联邦分权制，极具美国特色。最早应用事业部制的其实是杜邦公司，1920 年杜邦公司改组时由皮埃尔·杜邦（Pierre DuPont）提出，但当时只是比较粗略的形式。今天提到事业部制不能不提美国通用汽车公司。1921—1922 年，该公司的总裁斯隆（Alfred P. Sloan，Jr.）推行了更为彻底的事业部制，主导了一场从集权走向分权的变革。此后，这种组织结构几乎风靡企业界和商界。案例 10－2 是美国通用汽车公司当初的变革历程。

案例 10－2

通用汽车公司的破茧重生

19 世纪末 20 世纪初，交通和通信革命率先在美国完成，长距离运输和信息成本的大幅下降成功孕育了大批资本密集型新兴产业，汽车产业就是其中之一。1908 年，威廉·杜兰特（William C. Durant）在别克汽车公司的基础上组建了通用汽车公司（General Motors Corporation，GM）。

大规模扩张埋下危机

杜兰特 1908 年创建 GM 后，进行了大规模的扩张。到 1910 年，先后收购了 17 家汽车公司，取得了谢尔顿汽车公司、凯迪拉克公司、费舍汽车公司、奥克兰公司、加拿大的麦克劳林汽车公司和 10 家零部件公司一定程度的控股权。急速扩张使得 GM 的经营摊子越铺越大，缺乏合适的组织结构和管理策略，GM 的经营状况如一盘散沙，每况愈下。到 1910 年 9 月，仅 3 年时间，GM 就陷入了财务危机，杜兰特引咎辞职。此后 5 年，新管理层不断采取措施对其进行补救，但并没有实质性进展。1916 年，杜兰特再次入主 GM，此时，阿尔弗雷德·斯隆出任副总裁。斯隆提交了 GM 内部管理弱点的报告，但杜兰特只是表示赞赏，却仍然坚持以扩张消除经营困境，进行了新一轮的并购，将联合汽车公司、雪佛兰公司、代顿公司、嘉典公司等纳入旗下。GM 四伏的危机，终于在第一次世界大战之后全面爆发，大量成品汽车堆积，占用高达 8 490 万美元资金，公司股价大幅度下跌，濒临破产。杜邦公司和摩根公司趁机买下 GM，GM 易主，由皮埃尔·杜邦担任新总裁。

在集权与分权中挣扎

由于 GM 是在不断兼并收购下发展壮大的，沿袭杜兰特一贯的管理方式，GM 最初采用的是几乎完全分权的制度。杜兰特所收购的汽车公司得到了经营管理一切如前的允许，而这种一致的程度从现金流管理层面上尽显无余。每一个业务单位都有权处置所拥有的现金，业务单位所有的收入也都存在本单位账户名下。总公司并没有任何收入来源，如果公司需要支付股息、税款或支出其他费用，只能通过向各单位索取以应付。但是，问题在于各单位都希望保有更多的现金进行经营活动，因此总是在上缴金额时试图抵制，相互扯皮。在业务部门各自为政的态度下，GM 这个所谓的大公司实质上形同虚设。在饱受分权之苦之后，GM 不得不重建体制，形成高度集权的现金管理机制。所有业务部门的任何收入支出都记在 GM 名下，由总部总会计室负责，也由总部进行所有业务金额的调拨。

发动机事件与斯隆改革

然而在高度集权体制下，问题也随之而来。引发斯隆进行组织改革的是当时的风冷发动机事件。GM 总部研发出的一种革新型风冷发动机得到了总裁皮埃尔·杜邦的大力支持，决定在各分厂应用，但这一举措遭到了各分厂的强烈抵制，理由是风冷发动机尚未在生产和使用上得到验证。后来斯隆建议在总部研发部设置一个特别机构，迅速研发与风冷发动机配套的汽车，事实证明，在当时的技术条件下确实不实用。斯隆从管理的角度对此次事件进行了反思。在 1919—1920 年间，斯隆撰写了一份关于 GM 的组织研究报告，主张在集权和分权中寻找平衡以适应组织发展，坚持“集中政策，分散管理”，提出了两条原则：一是各事业部负责人的职责不应该受到限制，应该具备各项必要的职能以保证其充分发展；二是为保证 GM 整体的合理发展，需要将一些职能集中起来，实施适度的控制。

1920 年 12 月 30 日，斯隆提出事业部制改革的具体计划，得到了董事会的一致认可。1921 年 1 月 3 日，该计划在 GM 全面推行。斯隆废除了杜兰特遗留下来的大多数附属机构，将实力最强的汽车制造单位集中规划为几大部门，形成多部门结构（见图 10-6）。与此同时，斯隆也希望享有规模经济效益，因此机械零件部、电气零件部、车身装配部等其他单位也同样拥有经营自主权，与其他汽车单位相互配合，打造 GM 整体的竞争力。但同样，为避免各自为政的财务危机再次发生，总部掌握各分部的财务大权。

GM 的破茧重生

斯隆的改革使 GM 得以重生。1921 年，GM 生产了 21.5 万辆车，从 1921 年到 1927 年，短短几年时间，GM 的市场占有率从 7%上升到 43.3%，曾经的霸主福特公司则备受打击，市场份额从 1921 年的 56%一路下滑到 1940 年的 19%。此后，GM 一直是美国乃至世界汽车行业的翘楚。斯隆本人也因此被称为“现代组织之父”，备受管理学界和企业界推崇。

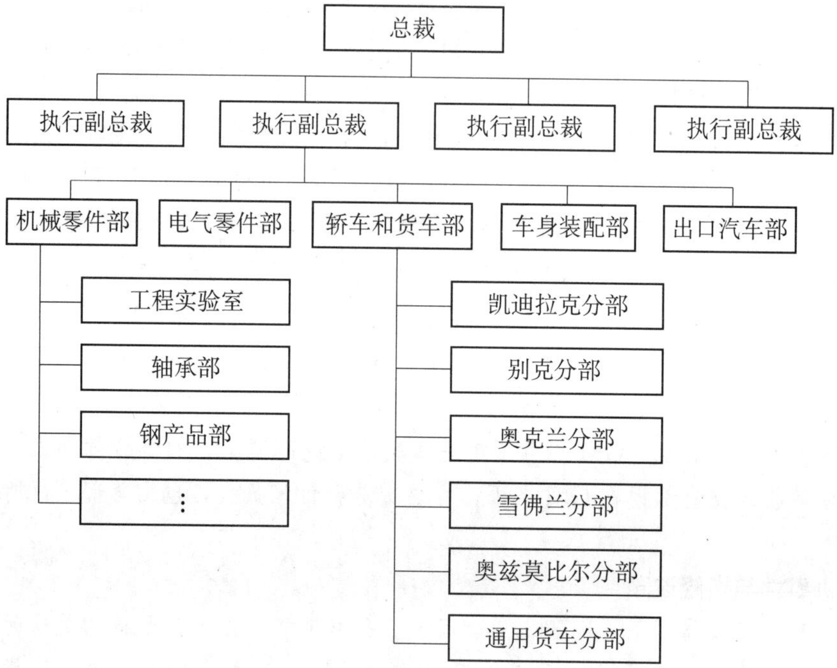

图 10-6 通用汽车公司事业部制组织结构简图

资料来源：Alfred P. Sloan，Jr. My Years with General Motors，Crown Business. 1990；昀熙．斯隆：二十世纪伟大的CEO. 现代企业文化（上旬），2013（10）；张玉利．管理学．3版．天津：南开大学出版社，2013；王宪平．斯隆：管理设计大师．商，2012（21）．

事业部制之所以能在现代企业组织中得到广泛应用，原因就在于其在迎合迅速变化的市场环境方面所具有的优势。对于组织高层管理人员而言，事业部制有助于管理者摆脱烦琐的日常管理，专注于战略决策，真正从大局着眼把握组织整体战略方向。具体而言，各事业部自负盈亏，专注于各自的产品和市场，能够更加灵活地应对市场的变化，在变化的市场需求中更具灵敏性。事业部制组织结构以分权为特征，权力的下放既激发了各事业部的积极性，也为各事业部对市场做出快速反应提供了可能。同时，由于各事业部更接近市场，按照市场需求制定事业部各项生产经营活动，也有利于管理人才的培养。与直线职能组织结构相比，事业部制中各职能之间的沟通更加顺畅，因为每一个事业部都是面向同一类客户、同一个地区或者同一种产品，整个事业部的目标是统一的，便于协调。同时，有利于实施更严格的问责制度，本质上说一个事业部就是一个利润中心，而事业部的总经理则承担着该事业部的收入和利润指标压力。完美的组织结构是不存在的，事业部制也存在不足。对于一家拥有多个事业部的公司而言，每个事业部都拥有同样的职能部门，无疑造成了机构的重复和资源的浪费。另外，各事业部之间配合较差，特别是对于面向同一类顾客的事业部，员工通常是从自身部门利益出发而非组织整体利益出发，相互争夺资源，彼此竞争。总而言之，事业部制更适合在不确定环境下的多样化经营大企业。

五、矩阵型结构

矩阵型结构指的是纵横管理系统交错而成的组织结构，包括纵向垂直领导系统和横向职能领导系统。日益复杂的环境对产品线的快速反应能力提出了更高的要求，同时也对知识技能有了更专业化的要求，为同时满足两者，一种打破了统一指挥原则的新型组织结构，即矩阵结构，应运而生。在矩阵结构中，员工接受的是双重指挥，一方面是专业分工产生的职能部门经理，另一方面是为整个项目负责的项目经理。矩阵型结构比较适合组织内的临时性项目，在项目结束之后，人员依然回归原有的部门，其中一种常见的形式是将以产品分类的项目团队叠加到职能部门上（见图 10－7）。

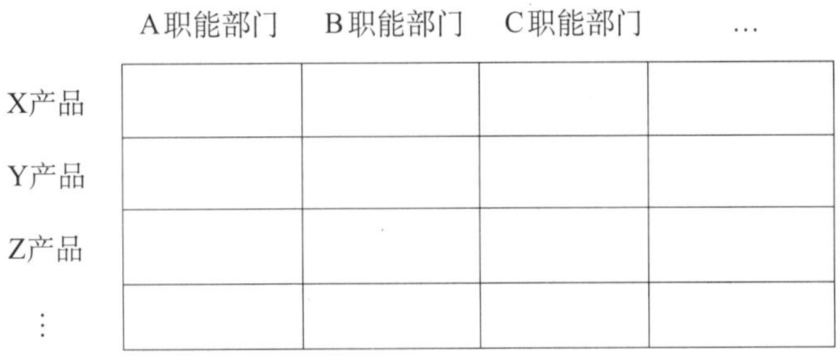

图 10－7　矩阵型结构

矩阵型结构的独到之处在于巧妙结合了事业部制和职能型组织结构，同时具备两者的优点。既加强了各职能部门之间的横向联系，也提高了纵向项目小组的协调性，实现了集权与分权的结合，具有很高的灵活性、机动性、适应性。其不足之处在于，双重领导下问责机制不明显，容易出现扯皮。由于项目组成员是临时成员，人心不稳定，与职能部门和本项目组的协调工作繁重，这些都对项目负责人提出了较高要求。

六、控股公司型结构

控股公司型结构与前述的组织结构有很大的区别，严格意义上讲，并非同一公司中的组织结构形式。一个公司通过持有另一公司一定数量的股份进行控制，前者称为母公司，后者称为子公司，这种形式也称为母子公司制，并随着控股权的延伸出现孙公司。母公司对子公司的控制权不仅体现在财务上，也体现在经营上，甚至在任免高级管理人员方面母公司也拥有控制权。但必须明确的一点是，子公司是独立法人，拥有独立的经营管理机构，在法律上独立于母公司（见图 10－8）。近年来随着资本的壮大和公司的扩张，这种组织结构更加普遍，特别是在大公司或企业集团中应用更为广泛。

控股公司型结构的最大优点在于有效地隔离了组织风险，一旦子公司出现任何问题，特别是财务性问题，对总公司造成的损失会大大降低，也因此成为企业扩张时采用较多的方式。巴林银行破产案如今仍是业界十分典型的谈资，如若当年的巴林银行采用了控股公司型结构，或许如今还能看到它的身影。但同时，控股公司型结构也存在一定的不足。由于任何一家子公司都需要善于协调各项业务的管理层，因此对管理人员的管理能力要求较高。

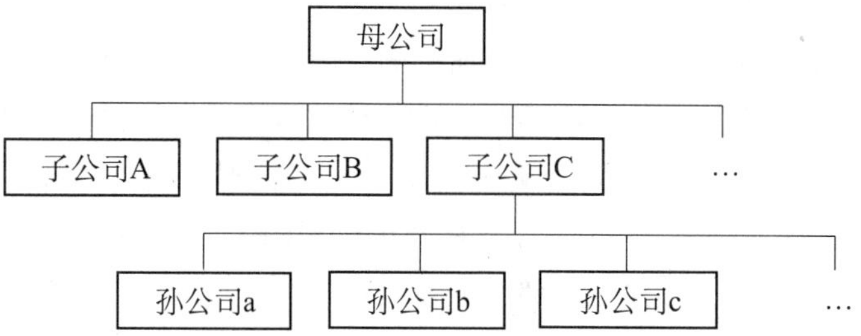

图 10-8 控股公司型结构

七、多维立体型结构

1976年，美国道康宁公司（Dow Corning）创造性地打造出一种综合了事业部制和矩阵型组织结构的全新形式，称为多维立体型结构。所谓多维是因为这一模式是在矩阵型二维结构的基础上，再增加三个维度形成的，即三个管理系统：一是产品利润中心，即按照产品、项目或服务划分的部门，为事业部形态；二是地区利润中心，即按照地区划分的管理机构；三是职能利润中心，即按照职能划分的专业职能机构，如生产、技术、质量管理等。

从本质上看，多维立体型结构是矩阵型结构的扩展模式，因此仍然表现出多重领导和各部门相互配合的特征，只是系统多重性更为突出。多维立体型组织是基于多系统的角度进行整体最优决策，具有减少产品、职能部门、地区之间摩擦的优点，同时有利于形成群策群力的氛围和资源共享的协作关系。因此，这种结构更适合跨国跨地区的巨型组织，但这种结构大大提升了管理难度，对组织的管理能力提出了很大挑战。

八、网络型结构

大企业机构庞杂、组织臃肿、制度僵化、官僚作风、效率低下等问题，严重阻碍了组织的发展。追溯组织发展历程，“大而全”“小而全”状态的组织比比皆是，资源的分散和效率的低下导致核心竞争优势的缺失，在分工日益细化的社会不再占有优势。20世纪90年代时就产生了这样的趋势：一些公司只保留了自身最擅长的经营活动，将其余环节交由外部专业组织完成。于是一种保持自身核心优势的精干中心结构就产生了，依托于其他组织，以契约关系为基础，从事各项经营活动，我们称之为网络型结构，有时也称为集成式公司（见图10-9）。

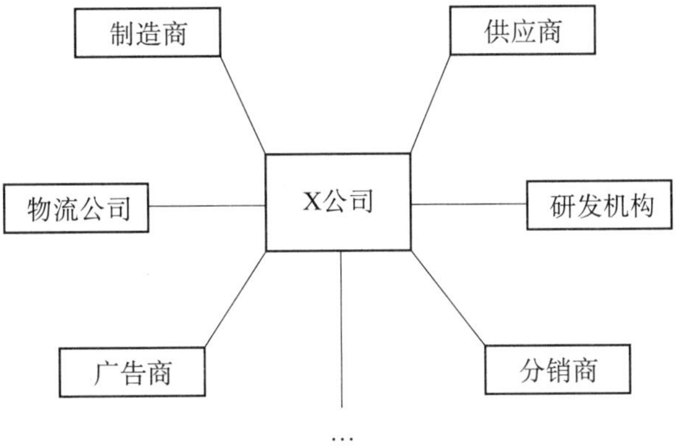

图 10－9　网络型结构

这种结构形式中的一种较为成功的模式是虚拟公司（virtual corporation），即组织拥有经营活动所需的一系列功能，如设计、生产、营销、财务等，但在组织内部并没有实现这些功能的部门，仅保留其最关键同时也最具竞争力的功能，同时借助"外部资源整合"策略，实现其他功能。这种结构既保持了核心又精简了规模，有利于组织降低成本和风险，具有更强的市场应变能力和环境适应能力。其不足之处在于，网络型组织结构维持的基础并非传统的内部协调，而是一种外包（out-sourcing）思维，依靠利益关系来维持，组织对各合作伙伴的控制比较有限。

➡ 思考题

1. 什么是组织结构？组织结构的设计受哪些因素的影响？
2. 什么是管理层次和管理幅度？两者之间有什么关系？
3. 什么是集权制组织？什么是分权制组织？
4. 如何理解授权对于组织管理的意义？
5. 如何进行合理授权？
6. 组织结构有哪些类型？各自的优缺点是什么？

➡ 课后案例讨论

耐克：虚拟生产的转型

美国俄勒冈州的比弗顿市是家喻户晓的耐克公司的总部所在地，这里的耐克员工只忙于两件事：一件是维护并开拓全球营销网络，另一件是管理耐克遍布全球的公司和合作伙伴，在这里你看不到一台生产设备，看不到一座仓库，耐克却缔造了一个遍及全球的品牌。

40 多年前，耐克只是一家年销售额徘徊在 2 000 万～3 000 万美元的日本运动鞋进口商。1982 年，耐克也曾经历了举步维艰的阶段，在阿迪达斯、匡威、锐步等强劲对手步步紧逼的形势下，销售额锐减。在蓬勃发展的美国市场，耐克也仅仅是个不起眼的角色。然而，在总裁菲尔·奈特（Phil Knight）带领下的短短 10 年间，它一举成为美国最大的鞋业公司，闻名世界。耐克究竟是如何做到的？

究其原因，耐克的成功与其采用的虚拟组织结构实现与战略的无缝对接功不可没。为应对竞争者在各细分市场的夹击，奈特决心增加产品品种，推动产品线的差异化。从原先的以篮球为主的产品格局转变为同时开拓高尔夫运动用品系列、足球运动用品系列等多系列并存的格局，建立耐克品牌王国。在有限的资源下如何落实这一战略成了菲尔·奈特日夜思索的问题，他终于找到了出路：必须从根本上改变现有的生产流程组织模式，集中资源发展优势环节，借助外界资源实现共赢。

菲尔·奈特认定设计和营销是运动鞋生产领域最主要的职能，也是利润来源价值最高的环节。为此，他集中所有人力、物力、财力投入产品设计和市场营销两大部门，这在后来也成为耐克的核心竞争力所在。而除此之外的职能和环节，则采用向外部借力的虚拟化策略。具体而言，耐克借助外界的优势资源和能力完成自身的生产职能，不需投资厂房、购置设备、雇用工人等，本质上其生产能力为零，因此所谓虚拟化生产只是一个形象的称谓。按照计划，首先将整个公司的生产加工全部外包出去，耐克负责提供图纸样式，生产厂家严格按照设计稿进行生产并保证质量，确保没有问题后贴上耐克商标，经由耐克的销售网络进行全球销售，这种模式大大降低了耐克在生产设施和人员上的投资。由于耐克一般都是将生产加工任务外包给东南亚等地的发展中国家，既可以发挥其生产产能的优势，还可以利用当地廉价的劳动力，这极大地降低了生产成本，也是耐克运动鞋以较低的价格、较高的质量战胜其他竞争者的原因之一。在这种运作模式下，耐克的经营业绩实现了快速增长，大大提升了耐克品牌的知名度。

计算机技术的发展也为耐克的虚拟化生产提供了强大的技术支持。从1999年开始，耐克就已经实现了使用电子数据交换方式与供应商合作，直接就产品款式、颜色、数量等特性以电子数据交换方式下单，有效地将交货期缩短为三四个月。另外，为实现各地区之间产品的流通，耐克公司将运输环节也交由第三方物流公司完成，利用物流公司的优势弥补自身的劣势，耐克只承担从产地到耐克各地区办事处仓库间的物流成本，耐克在各地区都拥有众多代理公司，这些代理公司自行到办事处仓库提货并承担运输费用。

此外，同众多企业一样，耐克公司也采用收购扩张的策略壮大规模，扩充产品系列。1988年之后，耐克相继收购了休闲鞋品牌Cole Haan、冰鞋制造商Bauer、滑板及服饰制造商Hurley International、运动鞋制造商Converse。这些公司的共同点在于其产品能够补充耐克产品系列的空白，并拥有一定的研发能力。在进行外部扩张的同时，耐克也极为注重对内部进行改造。为加速产品的研发进程，耐克将一个大的鞋类部门拆分为不同的小部门，各自分管一种体育项目。另外，耐克对其供应链也进行了调整，尤其是存货控制体系。耐克利用价格折扣政策，要求经销商必须提前6～8个月预定其总销量的80%，并给予10%的折扣，在降低耐克存货压力的同时，也提高了市场需求应变能力。

随着耐克知名度的不断提升，由其主导的虚拟化生产也成为焦点，众多企业纷纷效仿，一时间，无论是耐克还是虚拟生产模式都备受关注。

资料来源：谢建成．以耐克公司为例看鞋类产品的虚拟模式．西部皮革，2009（22）；林慧．耐克公司：虚拟生产的典范．企业活力，1999（3）；巫汉峰．向未来挑战：NIKE“虚拟经营”之路．现代营销（经营版），2009（5）；李桂芳．为什么耐克公司不生产耐克鞋？．管理现代化，2003（5）．

结合案例内容，回答以下问题

1. 耐克是如何进行虚拟化生产的?
2. 分析耐克公司成功突围的因素。
3. 耐克的成功之路对李宁等本土品牌的发展有何启示?

第 11 章
组织变革

世异则事异，事异则备变。

——《韩非子·五蠹》

凡有变迁就有机会，因此，让组织动起来而不是瘫痪它，就成了最高指导原则。

——杰克·韦尔奇

学习目标

1. 熟悉组织变革的动因
2. 了解组织变革的趋势
3. 了解学习型组织的概念及特征
4. 掌握学习型组织的五项修炼及其关系
5. 掌握业务流程再造的含义
6. 了解业务流程再造的应用和原则

➡引 例

IBM：大象也能跳舞

郭士纳（Louis Vincent Gerstner，Jr.）用自己的实践记录了拯救 IBM 的传奇——《谁说大象不能跳舞：IBM 董事长郭士纳自传》。他也是个成功的导演，领导一只步履蹒跚的大象在商界上演了一支绝佳的舞蹈。1993 年 4 月 1 日，郭士纳接手 IBM 这个烫手的山芋。当时的 IBM 亏损已高达 160 亿美元，深陷拆分危机。1987 年，IBM 股价 43 美元，而到了 1992 年已跌至 6 美元。媒体称其“一只脚已经迈进了坟墓”，就连比尔·盖茨都认为 IBM 只剩下倒闭这一条路。一个完全不懂技术的“外行人”郭士纳，究竟是如何让濒临灭亡的 IBM 重铸辉煌的？

郭士纳接手IBM的首要任务就是诊断IBM。1981年，IBM推出个人电脑（PC）产品，堪称当时最先进、最成功的技术。然而，在大型计算机业务上取得的巨大成功催生了整个组织的傲慢与自负，面对IT行业的日新月异，IBM对PC业务的无动于衷所导致的危机终于在1991年爆发，利润直线下滑。郭士纳曾谈到自己刚到IBM时的发现，“我发现的是一大批被外界评论所禁锢的员工，他们不知道是什么给他们带来了危机”。郭士纳相信公司拥有雄厚的基础和品牌信誉，但经营存在重大问题，具体表现在：主机价格太高导致市场份额萎缩，现金流告急；事业部分权意识根深蒂固，部门关系紧张，难以协调；受PC业务冲击，遭受巨大损失。

郭士纳的第一步也是最关键的一步，就是维持现金流的正常运作，一旦资金链断裂，根本不会有翻身的可能。而这最关键的一步也是最常见的一步是降价。郭士纳领导IBM打破自身对大型机价格的垄断，以卓越的品质、优惠的价格挽回市场，给IBM赢得了喘息的机会，但这并不能从根本上改变IBM。曾经的辉煌导致IBM傲慢自负，将客户视为理所当然购买产品的对象，然而时移势迁，这一理念给IBM带来了极大困扰。为破除这种观念，郭士纳重新制定了公司的战略——“以客户为中心”，定期走访关键客户，解决客户难题，挖掘客户真实需求。在此基础上，IBM推出捆绑式销售，只要购买IBM电脑，即可购得与之相匹配的基础技术产品、配套软件等，极大地节省了客户的采购成本，更关键的是打破垄断价格，以优惠的配套价实行整合服务，维护IBM的完整性，这无疑是IBM的优势所在。此外，郭士纳尤其强调服务，将其视为IBM完整性的关键。1996年，郭士纳从销售部门中独立出服务机构，成立“全球服务部”，为用户提供整套系统的服务，事后证明，这项业务成了IBM最成功的盈利来源。

在推行“以客户为中心”的同时，郭士纳也对IBM内部进行了变革。半年内裁员45万人，精简后的扁平化组织大大提高了运作效率。同时，加强了IBM内部的联合，“One IBM”成为IBM的口号，推动IBM在共同的使命下奋斗，拯救IBM。此外，郭士纳还对IBM的发展战略进行了重新布局，重整了大型机业务，向PC业务进军，拓展服务业务范围。1995年，郭士纳宣布一项关键性的举措——向“网络化计算”发展，它后来成为IBM新的优势收入来源，并使得IBM进入计算机行业关键性领域。

1994年年底，IBM获得了20世纪90年代以来的第一次盈利。1996年，股价一度上涨到每股145美元。当郭士纳2000年离开IBM时，IBM的销售收入达到850亿美元，再一次成为当之无愧的“蓝色巨人”。进入21世纪，IBM重新占据了IT行业的领军者地位。

资料来源：郭士纳．谁说大象不能跳舞：IBM董事长郭士纳自传．北京：中信出版社，2006；郜友会．扭亏为盈的“管理魔术师”．新远见，2010（10）；兰杰·古拉蒂，安东尼·梅奥，尼汀·诺里亚．管理学．北京：机械工业出版社，2014；郭士纳与IBM的复兴战略．管理学家（实践版），2010（10）．

我们正处在一个快速变化的时代，为了生存和发展，组织变革（organizational change）成为管理不可或缺的部分。

第 1 节 组织变革概述

一、组织变革的内涵与意义

组织变革指的是根据内外部环境的变化，针对组织内部进行有计划的变革性调整，综合运用行为科学和管理理论研究群体和个体的行为变化、业务流程再造和组织再设计等问题，提高组织效能，以适应环境的变化。

《财富》调查数据表明，寿命不超过 5 年的美国企业大约占 62%，超过 50 年的仅 2%。更令人感慨的是，即使是在全球范围内名列前茅的企业也很难逃过这种命运。根据 Interbrand 历年全球最佳品牌排行榜（见表 11－1），1990 年以来，仅可口可乐、IBM、麦当劳一直保持在最佳品牌前十名。20 多年来消费者的口味发生了很大的改变，市场上还涌现出一系列的功能性饮料和替代性饮品，但凭借敏捷的动态变革能力，可口可乐成功地获得了全球性的品牌认可，一直保持前三名的优势地位，而大部分的企业则没有那么幸运。例如，仅 5 年时间，诺基亚就从 2009 年的第 5 名一路跌至 2014 年的第 98 名；1990 年排名第 4 的柯达，2009 年直接被淘汰出百名排行榜。无论是多么优秀的企业组织，在不断变化的市场环境中都不可能依靠一成不变的战略和组织维持原有的竞争优势，必须不断进行组织变革以适应环境，适者生存，优胜劣汰。《经济学人》杂志上的一句话很好地诠释了这一真谛：The business of business is business，言简意赅地表达了生意的关键。而企业生生不息的态势则依赖于组织变革，变革不仅无处不在，而且持续不断，这已然成了常态。企业应时刻准备采取措施以更好地适应环境的变化，赢得未来市场。

表 11－1 全球最佳品牌排行榜

排名	1990 年	2000 年	2009 年	2014 年	2017 年
1	可口可乐	可口可乐	可口可乐	苹果	苹果
2	索尼	微软	IBM	谷歌	谷歌
3	梅赛德斯奔驰	IBM	微软	可口可乐	微软
4	柯达	英特尔	通用电气	IBM	可口可乐
5	迪士尼	诺基亚	诺基亚	微软	亚马逊
6	雀巢	通用电气	麦当劳	通用电气	三星
7	丰田	福特	谷歌	三星	丰田
8	麦当劳	迪士尼	丰田	丰田	Facebook
9	IBM	麦当劳	英特尔	麦当劳	奔驰
10	百事	AT&T	迪士尼	梅赛德斯奔驰	IBM

资料来源：Interbrand. Best Global Brands，at www. interbrand. com.

二、组织变革的动因

事实上，组织变革最根本的动因在于调整自身以寻求在内外环境中的平衡状态，从而维持其市场竞争优势。但逐步深究，所谓的变革动因又各有侧重，主要分为外部动因和内部动因两部分。

（一）外部动因

有时创新是一件很简单的事，就是回归最本质的市场需求，而目前组织所面临的外界环境——多层次的市场变化，日新月异的科技变化，知识经济的资源变化，社会、政治、经济环境变化，无一不加速了市场需求的不断更迭，促使组织不得不实行变革以适应市场的变化。

1. 市场变化

正所谓万变不离其宗，满足市场需求是企业经营的出发点和最终归宿。[①] 市场变化是多层次的，围绕供求关系的客户本质需求、产品服务提供者的动向、销售区域及途径的变化，都可能导致现行运行机制与之不匹配，促使组织实行变革。全球经济一体化的盛行，是导致市场变化的一个极其重要的因素，开放了新的市场，同时也带来了新的竞争对手。对于本地企业而言，将面临来自国内外的压力，抓住全球一体化契机，化威胁为机会，迫使组织不得不实行变革。对于外来企业而言，产品和服务本地化的市场需求也要求企业进行变革，市场中新竞争的出现直接推动了组织的变革。例如，面对微信等 OTT（Over The Top）业务的崛起，中国移动、中国联通、中国电信三大运营商的短信业务几乎被扼杀，业务模式的变革创新迫在眉睫。

2. 科技变化

科学技术日新月异的变化也会推动变革。进入 21 世纪，新科技信息容量每两年翻一番，更是加速了变革的进程。一方面，科技进步改变了人们获取信息、销售产品的渠道，也极大地改变了我们的生活和工作方式，已然成为当今竞争环境变化当之无愧的最强推动力。信息技术的发展取代了传统的人工监督和信息收集渠道，尤其是互联网的盛行，极大地降低了信息收集和沟通的成本，金字塔型的组织架构逐渐显现出冗余的弊端，并被扁平化的组织结构所代替。德鲁克指出，对于企业而言，如果围绕信息构建组织，其管理层将迅速减少，至少减少一半，通常会减少 60%。[②] 科技的进步渗透到商业领域的每个环节，产品设计、采购管理、生产作业、库存管理、经营销售、人力资源、财务控制等都要进行技术改造。另一方面，技术发展在对市场产生极端影响的情况下，也将对整个行业产生颠覆性的影响，即突破性创新。一般而言，突破性创新技术产生于市场的边缘领域，但却给市场带来了截然不同的价值。尽管突破性创新技术通常由行业领先者推出，但由于一开始只能满足边缘小市场的需求而在推广过程中被遗弃，但正是这种技术通过不断的发展而颠

①② 赵曙明，杜鹏程．德鲁克管理思想解读．北京：机械工业出版社，2009.

覆整个行业，原本优秀的企业则因未及时进行前瞻性变革而被不断蚕食。在数码摄影的冲击下，柯达最终退出市场的结局就是鲜活的例子。

| 案例 11－1 |

柯达帝国：从辉煌到衰落

2012 年 1 月 19 日，柯达在纽约提出了破产保护申请。尽管挣扎了十年之久，柯达还是走到了这一步，这家创立于 1880 年的“百年老店”——全球第一大影像产品及服务生产商、供应商，在数码浪潮的冲击下走向了衰落，不得不面对破产的惨败结局，不禁令人唏嘘。

柯达是一家拥有 130 多年历史的企业，作为胶卷的研发者和第一架非专业人士用相机（“傻瓜”相机）的生产者，无愧为影像行业的王牌企业。在柯达引领的胶卷时代，柯达垄断了全球 2/3 的市场份额。2005 年，哈佛商学院的研究数据表明：截至 1975 年，柯达占据了美国 85%的相机市场和 90%的胶卷市场份额。而作为柯达重要的竞争对手——富士胶卷，直到 1997 年也只抢占了区区的 17%的市场份额。在柯达最辉煌的时期，全球员工超过 14.5 万人。

这样的盛况持续到了 1997 年，柯达 100 多年的辉煌历史在数码浪潮的冲击下遭遇不可逆转的毁灭。自 1997 年起，柯达再无年度盈利。直至 2000 年，柯达为维持美国数码相机第二大市场份额的地位，不惜以每台相机亏损 60 美元的代价销售。2001 年成为影像行业的一大拐点，数码市场爆炸式增长，传统胶卷需求锐减。在这种形势下，短短三年时间，柯达影像部门的销售利润从 143 亿美元跌至 41.8 亿美元，跌幅高达 71%，公司深陷困境，不得不大量裁员，缩减开支。短短数年的市场更替中，即使是曾经如此优秀的柯达也不堪一击，更可悲的是，柯达竟是自己的掘墓人。1976 年，数字相机技术首次出现，而这一技术正是出自柯达之手，并成功应用于航天领域。在技术上，柯达无疑是最先进的，1991 年就生产出 130 万像素的数字相机。但作为胶卷时代的巨头，一方面，柯达担忧其胶卷业务受到冲击，一直未敢大力发展数字业务；另一方面，对于尚未明朗的数码市场，也不敢贸然进入而持谨慎观望的态度。到 2000 年，柯达在数字产品上收入 30 亿美元，只占总收入的 22%。2002 年，在富士胶片产品数字化率达到 60%时，柯达仅占可怜的 25%左右。

面对毁灭性的冲击，柯达不得已实施变革，大举削减相机业务预算，资金转移到喷墨打印机业务，以期自救。2003 年 9 月，柯达正式宣布放弃传统胶片业务，战略重心转向数字产品。为表明决心，2006 年，柯达毅然更换了自 1971 年开始使用并闻名世界的“黄盒子”和“K”图标，以坚定的态度与胶卷时代决裂。变革的脚步似乎从未停止，三年后，柯达再一次实施了战略重组，裁员高达 50%，但成效甚微。由于错过了变革的最佳时机，柯达一系列的挣扎越发显得苍白无力，终究无法阻止走向衰落。

1997 年至今，在声势浩大的数码产品潮流下，柯达仅 2007 年实现了盈利，市值从 1997 年最高的 310 亿美元一路下滑到 21 亿美元，十余年间市值蒸发了 99%。2012 年，柯达提出破产保护，拥有最先进数字技术的柯达逐渐被数字化潮流淘汰。2013 年 8 月 20 日，柯达脱离破产保护方案通过，其 CEO 安东尼奥·佩雷兹（Antonio Perez）表示，柯达将重回市场，不过规模将大大缩水。

资料来源：曹健．柯达没落的根源．IT时代周刊，2012（Z1）；唐健．柯达破产重组的原因及启示．现代商贸工业，2012（10）；牛海荣．百年柯达的惨痛教训．中外企业文化，2012（3）；宁向东．老死的柯达．中国企业家，2012（3）．

3. 资源变化

组织的顺利运行倚仗于各种资源的协调运作，这些资源包括土地、劳动力、人力、资本、技术、信息等，当这些资源的使用方式和效用发生改变时，组织也将进行相应的变革以便更好地协调。越来越多的组织意识到，我们正从“物本时代”向“人本时代”演变。20世纪，生产设备是企业最有价值的资产；21世纪，组织最有价值的资产将是知识工作者。[①] 知识经济的兴起，要求组织必须采取更加人性化的方式进行管理，这也需要组织结构、管理方式等发生相应的变革，学习型组织的新模式应运而生，愈发成为组织变革的热点。同时，许多组织也通过培训、教育、激励等手段，日益加大对员工的潜力开发。

4. 社会、政治、经济环境变化

国家相关法规政策的调整、宏观经济环境的变化、社会发展趋势的走向都可能促使组织发生改变。例如，可持续发展的观念逐渐深入人心，环保因素逐渐被纳入企业可持续发展的衡量指标，传统的以牺牲环境为代价的组织不得不进行组织变革，重新设计业务流程，以免被淘汰。

（二）内部动因

外界环境的改变对行业的竞争格局产生显著影响，内部环境则常常被人忽略。然而，恰恰相反，企业对外界环境的控制能力是微弱的，但却能对组织内部环境施加重大影响。因此，了解组织变革的内部动因极为重要。

西方管理学家西斯克（N. L. Sisk）提出，当组织出现以下征兆时，表明组织需要变革：第一，组织决策失灵。具体表现为决策形成过程过于缓慢，或者经常形成错误决策，错失市场良机。第二，组织沟通不良。分工不合理，职责关系不明确，造成组织工作不协调，产生人事纠纷，效率低下。第三，组织效率发挥失常。组织主要功能效率低下，如计划延迟、产品质量下降、市场萎缩、员工绩效下滑等。第四，组织缺乏创新。缺乏创新模式适应不断变化的新环境、新市场，致使组织停滞不前等。

延伸阅读 11-1
组织变革的阻力

促成组织变革的最大内部动因就是组织和战略之间的不匹配，直接表现为市场业绩持续下滑，尤其是在战略已经适应外界市场环境的情况下。所有这些因素都导致了组织对环境的不适应，当内部环境紊乱阻碍组织的有效运转时，进行相应的组织变革势在必行。相对于外因而言，组织内部各要素的调整更加可控。

① 德鲁克．管理未来．北京：机械工业出版社，2006.

三、组织变革的趋势

（一）扁平化

组织扁平化是组织变革的热点趋势之一。所谓扁平化组织（horizontal organization），是指为适应激烈的市场竞争和快速变化的市场环境，从而减少管理层次，增大管理幅度，由垂直结构向扁平结构转化的组织形式。信息技术的迅速发展为组织扁平化提供了可能，高层与基层可以通过信息系统对接，而高层与高层之间的沟通也更加便捷，使得管理幅度大大增加，管理效率大大提高，因此组织中间层的功能被弱化。另外，为了适应经济快速发展的要求，组织必须更具柔性、更灵活，传统金字塔式高长型组织结构的弊端则更加明显，组织扁平化的趋势也就更加显著。众多优秀企业的变革，也反映了组织扁平化趋势是一股势不可当的潮流。有“世界第一 CEO”之称的杰克·韦尔奇，执掌通用电气 20 年，在任期间对拥有 40 多万员工、12 个管理层级、130 多名副总裁、29 个工资级别的通用电气进行大刀阔斧的改革，砍掉 350 多个冗余机构，将管理层次削减到不超过 5 层。而等级制度最为森严的日本企业，比如丰田汽车，也把 21 层的决策等级缩减为 11 层，以应对快速多变的市场。

（二）顾客导向化

以顾客为中心进行组织变革，围绕顾客需求重新界定业务流程，开发技术创新是组织变革的另一趋势，苹果公司是贯彻执行这一思想的典范。苹果公司始终坚持“Switch”的口号，但并非为了变革而变革。苹果公司认为技术的先进性并不代表市场的需求，往往只有最符合客户的需求，甚至是出乎客户意料的惊喜才能最终赢得市场。他们始终在考虑“消费者需要什么”，围绕客户价值进行创新，因此每每推出新品都能赢得市场的称赞。而自比大象的 IBM，也曾因机构臃肿而举步维艰，郭士纳对其进行组织扁平化变革之前，第一步就是将公司的工作重心转移到关键客户身上，在此前，IBM 将客户定位为理所应当购买公司产品的对象，这种以顾客为导向的转变从根本上改变了公司的文化，重新与市场接轨。

（三）动态柔性化

在环境日益复杂的情况下，不确定性所带来的风险急剧上升，为应对 21 世纪愈演愈烈的风险态势，组织的动态柔性化变革趋势也步入了白热化阶段。所谓柔性化，指的是一种面对意料之外的情况可迅速调整自身应对的能力。柔性化组织呈现出一种动态变化的状态，通常而言，这类组织的团队合作并非建立在固化的组织结构上，而是以任务为基础形成的灵活的合作团队，分权意识也较为明显，在环境变化的情况下可快速敏捷地调整团队、组织结构、资源投入等，自适应能力十分强大。对市场变化快速反应的特性也为这类组织赢得了市场竞争力，越来越受到关注。然而事实上，柔性化组织并非某种特例，而是一种管理理念，在这种理念下出现了迎合柔性化的变革趋势，比如扁平化组织变革、组织边界虚拟化、学习型组织的建立、业务流程再造等。

第2节 学习型组织

一、学习型组织的内涵

（一）学习型组织的提出

学习型组织理论是当今世界最前沿的管理理论之一，最早可追溯到1956年美国麻省理工学院教授杰伊·弗里斯特（Jay Forrester）所创建的学习型组织（learning organization）的理论基础。从20世纪80年代开始，西方出现了研究和推广学习型组织的热潮，杜邦、英特尔、微软、联邦快递等纷纷开始变革传统管理模式，进行学习型组织的应用及推广。将学习型组织从概念上升到理论层次的标志性事件是，美国麻省理工学院教授彼得·圣吉（Peter M. Senge）和其同事在吸收管理精髓的基础上，于1990年出版了《第五项修炼——学习型组织的艺术与实践》一书，系统性地解释了学习型组织的内涵和本质，详尽地阐明了实现学习型组织所必须具备的五项修炼。该书集学习型组织研究之大成，也是系统动力学核心思想演变的结晶。就字面意义而言，学习型组织很可能被误认为仅仅是一种学习理论，但其本质上是一种管理理论。过去只依赖组织领导者，下层遵循上层指示，应声附和的模式已不再适应如今的时代，真正能在未来获得成功的组织，一定是那些通过有效途径激发各级人员的学习能力并真心为组织付出的组织。

（二）学习型组织的概念

彼得·圣吉提出，学习型组织的基本含义是持续开发创造未来的能力的组织。[①] 具体而言，学习型组织可定义为，促使每一位成员努力学习，不断变革自身，并对相互依赖、不断变化的外部环境做出有效反应的组织。学习型组织具备以下特征：

一是善于不断学习。不断进行学习是学习型组织的本质特征，也是学习型组织的真谛——持续增长的学习力。学习型组织所提倡的持续不断的学习力是一种创造性的学习力，同时也是最本质的竞争力。敢于对自我、对组织提出批评，质疑组织中既有的模式和规则，这种学习动力、学习毅力、学习能力正是学习型组织的创造力之源。

二是由善于不断学习的个体组成创造性组织。学习型组织以“自我超越人”为人性假设，组织中的个体善于不断学习，进而超越自我，其结果是为实现共同愿景而不断创新。关于什么是学习型组织，圣吉说，“如果用两个字回答，那就是创造；如果用四个字，那就是持续创造”。

三是自主管理。学习型组织的管理方式是自主管理，自主管理是实现工作学习化和学

① 彼得·圣吉．第五项修炼：学习型组织的艺术与实践．北京：中信出版社，2009.

习工作化的方法。组织个体自主发现问题、选择团队、分析问题、确定目标、解决问题，以开放求实的心态相互磨合，不断学习新知识，提高组织应变的能力和创造未来的能力。

四是扁平化结构与组织无边界形式。自我管理的实现，使学习型组织扁平化成为可能。在自主管理过程中，决策权下移，个体拥有充分的自主权，对产生的结果自我负责，形成合作协调的高效机制。自主管理打破了传统金字塔垂直结构的边界，使资源和信息迅速流动和交流，大大提高了工作效率。

二、学习型组织的学习内容

学习型组织的关键在于学习，组织学习不仅包括在学习过程中提高学习的能力，也包括学习内容。学习型组织学习的第一大内容是系统性地解决问题，通过五项修炼中的核心修炼——系统思考，打破过去分割式、碎片化的片面思维模式，提高解决问题的能力。二是试验。系统性地解决问题处理的是当前已经发生的难题，而试验则是一种面向未来的创造性活动，主要包括持续性试验和示范性试验。持续性试验的关键在于持续，这种持续性体现为在明确的目标下持续创造知识，积累知识。示范性试验指的是在某一界定范围内进行新模式的初次尝试，成功应用或不断改良后应用于全局。三是从过去的经验中学习。古人云“温故而知新”，错误的发生往往并非偶然，而是某种必然的因素作用，唯有从失败中深挖隐藏其中的非特殊因素，才能避免再次犯错，但同时，也应该区分有意义的失败和无意义的成功。四是向他人学习。企业组织是一个开放的系统，内部固然是学习的重要来源，外部却是更丰富、更及时的来源，主要包括向同行学习和向顾客学习，观摩优秀企业运作模式，获取有价值的行业竞争信息，同时也有效地掌握顾客需求信息。五是组织内的知识扩散。知识唯有分享才能产生更大的价值，如果只是某些部门的一部分人掌握了知识，并不能达到学习型组织对于知识流动性、全员学习性的要求。因此，学习的成果也成为判断学习型组织的基本标准：组织成员能否不断检验自身经验；组织成员是否生产知识；组织成员能否自觉分享知识；组织学习是否与组织目标息息相关。

三、学习型组织的五项修炼

圣吉提出建设学习型组织的文化，需要管理者转变过去的思维模式，通过进行五项修炼来改善个人和组织，这种修炼不是一个人的修炼，而是集体的修炼，从基层到高层皆如此。这五项修炼是紧密相连不可分割的一个整体，分别是：

（一）自我超越

自我超越（personal mastery）是一项不断加深个人愿景，拉近与愿景之间距离的修炼。拥有自我超越修炼的人，能够一如既往地为实现内心深处的追求而不懈努力，将学习视为持续不断、永无止境的过程，全身心投入，终身学习。自我超越修炼是学习型组织的基础，是五项修炼的精神基础。进行自我超越修炼，首先必须明确真正重要的个人愿景，很多人在生活或工作的琐事和单一模式中渐渐忽略了最高的理想，忘记了走上这条路的初衷；其次是学习客观观察目前所处的境况；最后是比对目前境况与理想愿景之间的差距，保持不断缩小差距的动力。组织学习依赖于个人的学习，只有个人自我超越修炼的实现，组织才有可能不断学习，不断进步。

（二）改善心智模式

所谓心智模式（mental models），是一种在长期生活、学习、工作中认识和看待世界的思维模式，在不断自我强化的作用下根深蒂固，同“江山易改，本性难移”一样难以改变，也称为思维定式。为什么心智模式需要改善？人总是具有时间上和空间上的惯性思维，盲目地学习过去的经验，却不知昨天成功的经验很可能恰恰是今天的障碍，因为所谓经验，是在一定的时代背景下形成的。在心智模式钝化的情况下，总是无法分清有价值的失败和无意义的成功，譬如守株待兔。个人心智模式的钝化，导致组织也是如此，谨防心智模式的钝化，是提高决策效率的关键。改善心智模式的修炼，有助于冲破禁锢，开发创新性思维。

（三）建立共同愿景

建立共同愿景（shared vision）包含三个要素，分别是共同目标、使命和价值观。对于IBM而言，使命是服务；对于苹果而言，使命是创造客户最需要的产品；对于星巴克而言，使命是为客人煮好每一杯咖啡，这种归属感和追求为组织提供了强大的凝聚力。而学习型组织的愿景也分为三个层次：个人愿景、团队愿景、组织愿景。从个人愿景到团队愿景的统一，再从团队愿景到组织愿景的统一，学习型组织最终追求的理想状态是三者的融合统一。然而，这并非易事。从个人愿景到组织愿景的飞跃，不是简单的愿景声明，很多公司只是把愿景变成图文并茂的公司宣传册，甚至大多数内部成员都不清楚组织的愿景是什么，成为一纸空文，而非被认可的共同愿景。这样的组织缺乏将个人愿景转变为共同愿景的修炼，只有当个体真心接受其为共同愿景时，才会为之不懈努力，付诸实践。建立共同愿景的修炼需要很多的技巧，不是服从，也非强求，而是发自内心真诚地接受和认同。唯有如此，才能激发个体的强烈信念和行动意愿，硬性地指派只会产生适得其反的结果。

（四）团队学习

进行团队学习（team learning）修炼的目的就在于使团队学习的效果大大强于个人学习之和，激发潜在的团体智能，使组织做出正确的决策。加强团队学习的修炼从“对话”（dialogue）开始，即敞开心扉沟通，互动学习，更关键的在于深度汇谈。深度汇谈是团体学习的主要方式。有效进行深度汇谈，必须做到两点：第一，彼此自由交流，提出真实看法，以多元化观点看待问题，弥补个人思维局限，高效应对组织遭遇的难题。第二，善于聆听。所谓听，中国古代汉字“聽”，充分地表达了听的技巧，以耳听，以目观，以心悟，真正达到倾听的目的。在进行深度汇谈的过程中，应该明确存在个人自我防卫心理这一大障碍，主动去察觉、克服并解决。

（五）系统思考

系统思考（systems thinking）的修炼要求以系统的、动态的、本质的观点考虑问题，看待问题。该项修炼包含三个层面：防止分割思考，要整体思考；防止静止思考，要动态思考；防止表面思考，要从本质思考。尤其重要的是，系统思考要求组织高度关注蝴蝶效应和青蛙现象。蝴蝶效应首次出现于 1979 年 12 月 29 日美国科学促进会的一次演讲上，洛伦兹（Hendrik Antoon Lorentz）说："可以预见，一只蝴蝶在巴西扇动翅膀，可能在美国的得克萨斯州引发飓风。"实际上，现实生活中这种现象比比皆是，一些比较敏感的初始条件的微妙改变，在系统不断放大下，可能对结果产生截然不同的影响。而组织恰恰是由一系列息息相关又彼此影响的因素所构成的系统，牵一发而动全身。组织系统的放大效应尤其明显，一些小事件的爆发、一些小决策的错误经过系统的放大，可能带来严重后果。但是，有些影响并非立竿见影，青蛙现象描述的就是这种非突发性影响，唯有经过日积月累才能显现，而组织总是在良好的自我感觉中浑然不知，在过分关注局部的过程中无法识别这些影响，等到危机降临，为时已晚。很多企业在经历巅峰阶段之后，在自满情绪中逐步衰退，最终不知所措地退出市场，却不知因由。加强系统思考的修炼，可以通过加强信息收集以掌握组织全局，透过现象看本质，培养全局思考能力、动态思考能力和辩证思考能力。

系统思考是五项修炼的核心，也是决定组织成败的关键所在。但毋庸置疑，系统思考也只有在其他四项修炼的配合下才能充分发挥潜力。改善心智模式和团队学习是一个人进行学习修炼和组织发展为学习型组织的基础。而自我超越和建立共同愿景则会产生向上的张力，自我超越引领个人不断努力达到理想境况，建立共同愿景促使组织上下为同一愿景而努力。唯有在系统思考的作用下，各项修炼才能融为一体，发挥各自的效能，共同为建立学习型组织创造价值。①

第 3 节 业务流程再造

一、业务流程再造的起源及特征

事实上，业务流程再造这一说法是托马斯·达文波特（Thomas H. Davenport）在《斯隆管理评论》上发表的一篇文章中最先提出的。但真正进行诠释并引起关注的是哈默（M. Hammer）于 1990 年在《哈佛商业评论》上发表的《再造：不是自动化改造，而是推倒重来》一文，提出了业务流程再造（business process reengineering，BPR）的概念。1993 年，哈默与钱皮（J. Champy）合著了《改革公司——企业革命的宣言书》一书，系

① 彼得·圣吉．第五项修炼：学习型组织的艺术与实践．北京：中信出版社，2009.

统地对业务流程再造做了进一步阐述，定义了业务流程再造是对企业的业务流程做根本性思考和彻底重建，其目的在于在成本、质量、服务、速度等方面取得显著改进，使企业最大限度地适应以3C，即顾客（customer）、竞争（competition）、变化（change）为特征的现代企业经营环境。[①] 不同于以往的管理思潮，业务流程再造代表的是一种从根本上、本质上彻底地改变原有工作流程，使企业更适应未来竞争环境的管理哲学，被形象地喻为“打破鸡蛋才能做蛋卷”，是组织变革和创新的主要方向之一。这一概念一经提出即震撼了整个管理学界，迅速成为管理的热门话题。

从本质上而言，业务流程再造具有以下特征：其一，着眼于明确的顾客导向、竞争导向、环境导向。业务流程再造以客户为中心，从基层员工、经理到高层管理者都直接面向客户的需求，为客户而非为领导者服务，由客户评定工作绩效。其二，以流程为再造对象。即再造的对象是流程，业务设计和决策的着眼点在于缩短流程过程中信息沟通的时间，提高信息传递效率，整体上提高对顾客和市场的响应速度。其三，追求显著的绩效提升效果。业务流程再造追求的不是绩效的小幅提升，而是获得绩效的突飞猛进，比如大幅度降低成本、改善质量、提高市场响应速度等。通过业务流程再造，福特公司负责贷款支付的员工数量从500人锐减到25人，费用减少95%；IBM信贷公司，其融资服务周期从7天变成4小时，周期缩短幅度高达98%。其四，根本的、彻底的改革实施力度。进行根本性核心问题的思考，比如做事的初衷、运行的模式等，不是对企业业务流程的小修小补或渐进性改良，而是放弃已有的过程和结果，从根本上重新建构组织结构和业务流程。

二、业务流程再造的应用

业务流程再造在中外企业得到了广泛应用，应用过程应始终坚持业务流程再造理念：从职能导向朝流程导向转变，以流程为中心，注重整体流程最优思想，按照整体最优而非局部最优重新设计流程，最大化增值活动，最小化无效或非增值活动；实施团队工作法，提倡团队合作，关注团队能力。在此过程中，明确流程目标，关注团队中成员的互补能力，重视发挥每个人在业务流程中的作用，引导团队成员的协作意愿，良好沟通，恰当领导，适当授权，发挥团队的最佳工作效用；摒弃原有的组织决定流程的管理思想，采用流程决定组织的思维，并且明确流程负责人；职能部门成为流程管理团队的人力资源库，时刻为流程的实施配备人员；充分利用信息技术，建立信息的一次处理和共享机制，实现操作或活动的自动化，解决各流程资源共享之间的冲突，通过应用自动化协调达到最优；打破职能层级体制界限，朝扁平化方向发展。

企业通过业务流程再造进行组织变革时，除了关注基本理念外，还需要关注如何识别与分析组织中哪些地方需要进行业务流程改造，如何进行改造，以及关注为什么进行业务流程改造，避免陷入业务流程再造陷阱。

---

① 迈克尔·哈默，詹姆斯·钱皮．改革公司：企业革命的宣言书．上海：上海译文出版社，1998.

（一）识别与分析

企业的资源是有限的，人们总希望“把钱花在刀刃上”，变革也是需要资源投入并且具有巨大风险的。因此，在进行业务流程再造之前，有必要对企业进行分析，识别出首先需要再造的部分。一般采用以下三个原则进行识别：

一是绩效低下原则。绩效越是低下的流程越是需要改造，以期显著提高业绩。

二是位势重要原则。对于组织而言，越是重要的流程越需要改造，在同等投入的情况下，收益越大。

三是再造可能性原则。落实再造可能性越大的业务越优先改造，可能性的大小关系到流程范围、再造成本、再造者自身因素等。

这三个原则并非相互独立，识别关键流程的改造，应该采用更科学的思考方式——矩阵思维。如图 11－1 所示，在矩阵中，明显可见绩效低下并且重要性程度较高的流程，其中再造可能性更大的优先进行业务流程再造。

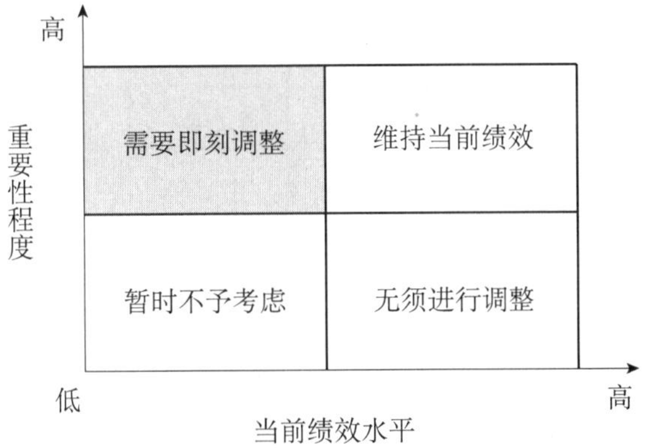

图 11－1　识别关键流程的绩效表现-重要性矩阵

（二）改造

如何进行业务流程改造是最难的一个环节。对于每一个组织而言，需要根据具体的情况进行方案设计，同时如何落实以及实施过程中如何应付可能遭遇的阻力都是需要考虑的问题。尽管解决措施多种多样，但其背后总存在一些理念或原则。这里，简单介绍一下 ESIA 原则，该原则是业务流程再造的一个基本思路：

第一，清除（eliminate）：清除不增值活动。丰田公司调查估计，以制造业工厂为例，任何时候都有大约 30%的人在为增加库存而工作。所有企业都一样，一定存在不增值的活动，首先应该将其识别出来并清除。

第二，简化（simplify）：清除了不增值的活动后，有必要对剩余必要活动予以简化。

第三，整合（integrate）：对经过简化的必要活动进行整合，使之更为流畅连贯，同时节省资源。

第四，自动化（automate）：对于那些比较烦琐并且可重复的、乏味的、危险的工作实现自动化，有效提升管理效率（见表 11－2）。

表11-2　ESIA原则的主要适用对象

清除	简化	整合	自动化
库存积压	单据	相关性强的活动	数据采集、传输、分析
活动间的等待	表格	供应链合作伙伴	乏味的工作
不必要的运输	程序	顾客	危险的工作
故障缺陷	人际沟通	团队	脏活、苦活、累活、难活
返工	流程		
无效动作			
重复检验			
跨部门协调			

➡ 思考题

1. 什么是组织变革?
2. 如何理解组织变革的重要意义?
3. 组织变革有哪些动因?
4. 阐述组织变革的趋势。
5. 基于自己的理解，谈谈什么是学习型组织。
6. 什么是学习型组织的五项修炼？它们之间有什么联系?
7. 什么是业务流程再造？如何进行业务流程再造?

➡ 课后案例讨论

苏宁的云商之路

2013年2月17日，一份来自苏宁董事长张近东在公司新春团拜会上的演讲文稿险些在网络上刷了屏，苏宁一直秘而不宣的大变革开始拉开帷幕，与此相关的报道铺天盖地席卷而来。2月21日，苏宁在南京召开了“2013年新模式、新组织、新形象”媒体通报会，以“专衍、云融、开放、引领”为主题昭示了苏宁的转型方向，备受瞩目。同时，苏宁将公司名称变更为苏宁云商集团股份有限公司，正式开始了新的十年变革，迎接未来的挑战。2018年，为了统一企业公司名称与渠道品牌名称，突出智慧零售主业，进一步提高品牌知名度及美誉度，苏宁云商升级成为苏宁易购。

危机四伏的零售业

2012年年底CCTV年度经济人物会场，互联网界企业家马云和地产界企业家王健林以中国零售业未来为筹码，下了1亿元的赌注，赌未来10年电商能否占据整个大零售市场的50%。按照这样的趋势，现有的传统零售商都将失去利润和生产能力。面对互联网的冲击，曾经的非同行变成了同行，曾经的非对手变成了对手，互联网渗透到每一个行业中分一杯羹，这不仅是苏宁面对的挑战，更是整个零售业要迎接的挑战，甚至是整个实体业的挑战。同时，传统零售商过度依赖商业地产模式，忽略消费者真实的需求，可谓危机四伏，而此时各品牌商在互联网背景下积极触网，更对零售业造成不小打击。新春团拜会上，张近东提出了“但旁观者终究是旁观者，零售业的春天只能由零售企业自己去开创。未来的零售企业，不独在线下，也不只在线上，一定是线上线下的完美融合，没有线上就没有线下，有了线下才能有更好的线上”，只言片语，却道出了苏宁大变革的方向所在。

苏宁云商模式大变革

尽管苏宁易购早在几年前就已提上日程，苏宁模式的转型已然开始，但具体模式尚不清晰。时隔几年，在电商领域的初尝试下，苏宁提出了更为具体清晰的云商模式大变革，开始了零售业新的征程。正如张近东所提出的线上与线下相融合的概念，苏宁云商模式可以概括为“店商 + 电商 + 零售服务商”，以云技术为核心基础，依托多品类扩张打造综合购物中心，创造线上与线下融合的全渠道服务能力，整合苏宁产业价值链。目前，苏宁已然进入全品类、全渠道和全客户群的中国零售云商模式（如图 11 - 2 所示），虚实融合，实网做虚，虚网做实，提供员工云服务、供应商云服务以及融合了物联网和集成智能家居的消费者云服务，并以此模式为核心进行内外调整全面部署。

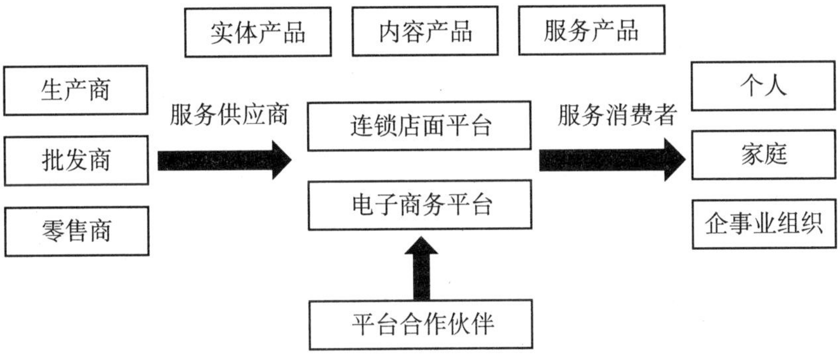

图 11 - 2　苏宁云商模式结构图

启动新视觉识别（VI）系统

为给大众展示一个全新的苏宁，苏宁实现了从里到外的全新部署，首先进行了给大众带来最直接、最具冲击力的 VI 系统改革。为了全面实现“超电器化”，2 月 20 日，苏宁电器股份有限公司正式更名为苏宁云商集团股份有限公司。正如淘宝商城更名为天猫商城，目的在于摆脱消费者对其低端品牌的认知，同样，苏宁电器更名为苏宁云商也是如此，希望通过更名传达新的品牌理念。去电器化，甚至超电器化，这是苏宁实现“全品类”战略的关键一步。除了更名以外，苏宁更是启动了全新的 VI 系统，推出新的 Logo，并对 1 700 多家实体店的装修进行 VI 系统升级，从广告、媒体层面进行推广，全面进行去电器化，媒体评论苏宁的超电器化颇有一番动真格的意味。

内部重组的战略部署

从苏宁电器到苏宁云商的蜕变，远不止是口号性的品牌改变，而是深入到组织架构重组的战略转型。三年的时间，苏宁易购一路高歌猛进，今天看来实质上是在为云商变革铺路。在此过渡期，苏宁易购和苏宁电器里里外外难免有混淆的地方，内部结构如此，外部认知更是如此。在此前苏宁易购的初尝试基础上，苏宁云商将实现内外兼修、表里如一的重组变革，苏宁副总裁孟祥胜以“专业、垂直、开放、融合、扁平、自主”囊括了内部重组的特点，其中最大的转变在于事业部结构的转型。苏宁从原本的矩阵型组织结构调整为 28 个事业部，涵盖了管理、经营、大区等多个层面。如图 11 - 3 所示，苏宁在总部管理上划分了连锁开发、服务物流、市场营销、财务信息、行政人事五大部门。从经营层面上形成了电子商务、商品经营、连锁平台三大经营总部 28 个事业部的格局，其中电子商务经营总部定位于线上平台的开发，设置了网购事业部、商旅事业部、金融产品事业部、云产品事业部、物流事业部等，新设了移动购物事业部和本地生活事业部，这两者也是未来苏宁云商的关键部门。移动购物事业部的成立表明了苏宁在未来移动市场的部署，而本地生活事业部更是电商未来方向大势所趋，与苏宁所拥有的丰富线下资源结合，必将成为苏宁未来市场的重中之重，总体上形成了“平台共享 + 垂直协同”的经营组合，支撑着未来苏宁线上线下融合的战略部署。而在大区经营层面，苏宁一举缩减“大区—子公司—运营部”三级管理为“大区—终端城市”两级管理模式，海内外大区数量从44个扩充到60个，终端城市也由100多个扩张为200多个，试图通过渠道下沉和数量扩张增加全球覆盖。“融合”成为苏宁云商之路的重点所在，通过线下线上两大平台的融合以及28个事业部的支撑，发挥“1+1>2”的融合效应，全力推动云商模式的实现。

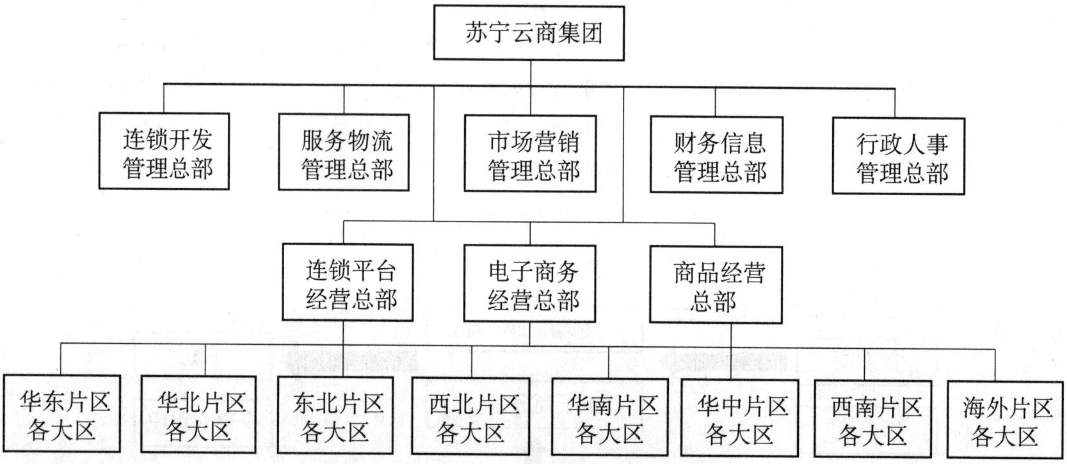

图11-3 苏宁云商集团整体组织架构

资料来源：周健工．张近东内部讲话怎么不提易购？．（2013-02-18）．福布斯中文网；舒彤，等．苏宁：基于云端的“超电器化”革命．互联网周刊，2013（10）；于璇．新名称 新组织 新标识 苏宁“云商”变革开启．电器，2013（3）；吴兴杰．苏宁：改名背后的业务转型．企业管理，2013（5）；蔡亮．苏宁：“去电器化”进程全面提速．沪港经济，2013（4）。

结合案例内容，回答以下问题

1. 请分析苏宁实施变革的动力。
2. 苏宁如何实现变革之路？具体有哪些措施？对苏宁的云商之路起到了什么作用？
3. 谈谈苏宁变革对我国零售业未来业态的启示。

第 4 篇

领　导

表 彰

第 **12** 章

领导职能概述

欲治兵者，必先选将。

——张九龄

管理不是独裁，一家公司的最高管理阶层必须有能力领导和管理员工。

——盛田昭夫

学习目标

1. 掌握领导的定义和领导活动的要素
2. 了解领导工作的职能和有效领导应达到的效果
3. 掌握不同领导类型的特点
4. 掌握组织人员配备的基本方法
5. 了解领导力的基本来源

➡ 引　例

黑莓手机——从风靡全球到一败涂地

RIM 公司创始于 1984 年，由当时年仅 23 岁的麦克·拉扎里迪斯（Mike Lazaridis）和他的好友道格·弗莱金（Doug Fregin）共同创立。这家加拿大公司成立伊始只有一间小办公室，甚至连成立资金都是向政府借的。但是，在无线传输领域经营多年之后，RIM 推出了一款具有划时代意义的产品——第一代“黑莓 950”邮件传输设备。

黑莓 950 在当时可以当之无愧地称为创新程度最高的产品，在当时的无线通信领域，大部分公司都专注于手机通话和短信业务，对于邮件业务重视不够，而具有较高消费能力的商务人士恰恰对邮件业务有着较高的要求。黑莓 950 并不具备通话功能，而是一个手持的可移动邮件终端收发设备，它较大的体积和所配置的物理键盘非常适合商务人士经常收发邮件的需求，封闭的系统设计又使它兼顾了商务人士对安全性的要求。在第一代黑莓邮件传输设备的基础上，RIM公司于次年推出了具有通话功能的黑莓RIM6230。

随后RIM公司又开发了一系列风靡全球的手机，奥巴马在入主白宫时使用的就是黑莓手机。2005年时，黑莓手机在全球智能手机市场的份额达到了10亿美元。黑莓手机的成功在于它所提供的优质服务，它的核心功能推送邮件（push mail）深受商务人士的欢迎。此外，客户还可以使用黑莓手机访问网站、进行语音通话、记录行程等。在“9·11”事件、2003年美国东部大停电及卡特里娜飓风中的可靠表现，更使它在全球获得了广泛的赞誉，在巅峰时期股价达到了150加元。

从2007年开始，RIM公司的发展遭遇重挫。从其外部环境来分析，最主要的原因是苹果公司在当年推出了颠覆手机行业的iPhone手机，其推出的iOS操作系统为RIM公司的目标顾客提供了更好的客户体验，将智能手机的发展推上了一个新高度。另一家互联网巨头谷歌紧跟着也推出了安卓平台操作系统，其开源系统能够为顾客提供更加多样化的服务。一时间，RIM公司失去了绝对的市场优势，不仅在其重要的美国市场节节败退，在其大本营加拿大的表现更远逊于美国，iOS系统和安卓系统不断蚕食黑莓的市场。

然而，RIM的领导者在面临市场转变时做出了错误的反应。当行业转折点来临时，RIM的联合CEO麦克·拉扎里迪斯和吉姆·巴尔西利没有快速对市场做出反应，相反，他们仍然坚持已有的发展思路，以封闭的黑莓系统和顾客使用的安全性作为RIM公司产品和服务的核心卖点。但是，普通客户对手机使用的安全性要求并不高，在智能手机时代，产品的丰富性和友好的客户体验对于提升市场份额具有更加重要的作用。在他们因业绩表现不佳被罢免后，继任者索斯滕·海因斯（Thorstein Heins）也没有立即采取措施对公司的发展战略做出调整。在错误发展思路的指导下，黑莓手机在全球的销售额急剧下滑，股价从最高时的150加元跌落至11加元左右，市值缩水90%以上。

资料来源：文创，杨丽华．黑莓手机困境及对策分析．现代商贸工业，2014，26（18）；水月半．黑莓手机，理想与现实的差距．计算机应用文摘，2007（9）；David Taylor．黑莓手机：迟来的业务再聚焦．新营销，2012（5）；林剑萍．黑莓手机是如何从巅峰跌落的？．中国对外贸易，2012（11）．

第1节 领导概述

一、领导的定义

在管理学中，领导（leadership）是组织中的一种职能活动。所有组织都是为了达成一定的目的而存在的，这些组织又都是由不同的部门和人员构成的，为了使这些部门和人员协调一致，为达成共同目标而努力，领导活动必不可少。

（一）领导活动的要素与界定

一般来说，领导职能与以下要素密切相关：

1. 目标

领导活动的目的就是为了达成某项目标，这是领导活动的起点。究其原因，是目标在领导活动的全过程中起着指引作用，被领导者通过目标得知自身行为的意义所在，领导者则通过对目标意义的阐述来号召被领导者共同行动。

2. 职权

职权是组织中的某一职务所具有的权力，这种权力是由法律或组织制度规定的。通常而言，领导者都在组织中具有一定的职务，因此能够通过职权对被领导者产生影响，要求被领导者听从命令。

3. 影响力

影响力不是来自组织的强制规定，而来自领导者的个人素质，这种影响力或者是来源于高尚的人格魅力，或者是来源于高超的知识或业务水平。在领导活动中，职权只能让被领导者尽分内之事，而个人魅力则可以使被领导者出于精神感召尽最大努力完成工作。

综上所述，领导是运用组织赋予的职权和自身影响力，鼓励、引导组织成员为实现组织目标努力工作的一种行为过程，其中，领导者个人的影响力起着重要作用。因此，领导者在职权之外，还需要具备一定的软实力，能够从精神和情感层面感召组织成员，带领成员共同奋斗。

（二）领导与管理的关系

领导与管理经常被不加区别地使用，但实际上，二者是联系紧密又互相区别的两项组织活动。

1. 领导是管理的一项职能

领导与管理都是实现组织目标的重要手段，都以组织的存在为前提。从内涵上看，管理所涵盖的内容要比领导更加宽泛，管理包括组织、计划、协调、领导和控制诸多职能，领导只是管理职能的一个方面。从具体实践上看，领导职能的内容是通过合理决策来制定组织的愿景和目标，并通过对下属的鼓励和引导，带领他们为实现共同目标而奋斗。而管理职能的内容则是通过运用包括领导在内的各项职能，协调、整合组织内部的各类有效资源，为实现组织目标创造良好的制度环境。从性质上来看，领导活动更具艺术性，而管理活动更具科学性。

2. 领导工作更具战略性

从目标导向上看，领导更加关注全局战略，从战略高度对组织未来的发展方向进行规划，关注组织长期的、未来的目标的实现。管理活动的范围则更广，管理既包括领导活动，也包括更为具体的不断循环地进行的组织、协调、控制工作。从目标范围来看，管理工作包含的内容更多，也更系统，领导工作包含的内容则相对较少。对企业而言，这二者都具有十分重要的作用。

3. 领导工作更关注风险

领导与管理是两种目的导向不同的活动，这导致它们在面对风险时会采取不同的态度。由于领导活动的最终目的是实现组织的可持续发展，因此，在面对发展风险时，领导活动更倾向于接受挑战，选择能为组织带来最大收益的活动，即使这项活动风险较高。而管理活动更重要的目的是维持组织的有序经营，使组织中的各项安排都能够有条不紊地进行。因此，管理活动倾向于选择风险较低的活动，避免出现波动。

4. 领导权威多来自非职位权力

与管理权威基本来自组织的正式制度不同，领导权威部分来自个人的魅力。通常认为，具有魅力的领导者是自信的，拥有强烈的、充满感染力的个人特质，在人际关系中处于支配地位，领导者身上的某些优秀特质会对下属产生巨大的影响，从而影响他们的行为。因此，管理者应该严格要求自己，提高自身的领袖魅力，以榜样作用鼓励、引导下属为实现组织目标而努力。

二、领导工作的职能

领导工作是组织中的一项复杂活动，一名优秀的领导者在管理组织的过程中至少应当担负起以下职能。

（一）决策职能

领导的决策职能指引企业的发展方向。任何组织，包括企业在内，从创始阶段开始就会面临无数需要解决的问题。这就需要领导者在领导活动中，考察组织的内外部情况，利用科学的决策手段和洞察力，从可供选择的解决方案中选出一个最优解，并在实施方案的过程中不断根据实际情况进行修正。实际上，领导工作的日常内容就是不断做出决策，从企业的发展方向到直接下属的工作方式，都包含在领导决策中。现实的纷繁复杂使得领导者在制定决策时会受到相当多的干扰，领导者的经验和素质起着十分重要的作用。事实证明，一个拥有卓越决策能力的领导者能够把企业带上巅峰，而平庸的领导者则会由于决策错误给企业带来惨重损失，甚至使企业走向衰亡。

（二）沟通激励职能

沟通激励职能是指领导者将组织中分散的各类资源通过沟通有效配置，并通过激励使其成为一个能够协调运作的有机整体。这一职能包含两方面的内容。领导者首先应当规定组织内部的分工协作模式，在此基础上运用有效的沟通对企业的生产要素进行匹配，并对各分工系统的工作进行合理协调。分工是细化组织内工作的必要步骤，使组织内的各项工作都由专业人员承担；协调则是使各项分工紧密联系起来，为组织带来更大的效益。

领导者还应当在工作中合理运用多样化的激励手段，鼓励员工积极投入工作，从而有效地提升工作效率。在组织中，制度是规定和约束组织成员行为的最基本因素，在制度的指导下，大多数员工都能够明白自己的工作内容和应当遵守的工作规范，而激励则能使员工超出组织的制度要求来工作，使员工发挥更大的工作主动性和积极性。

（三）文化塑造职能

领导的另一项重要职能是在组织内部塑造适合本企业特点的文化。无论是领导者的决策，还是组织内部的规章制度，都是枯燥的文字、规定。组织成员可能会出于希望得到奖励或避免惩罚的心理接受领导者的决策，遵守公司的制度，但他们不会因为这些就对公司产生感情，为企业付出额外的劳动或牺牲。因此，领导者必须有目的地引导组织内部形成优秀的文化，以精神的、情感的方式激励员工，满足员工在精神方面的需求，提高他们的组织归属感，从而激发员工的工作热情和创造力，增强企业的凝聚力。

（四）外部协调职能

领导者作为企业的代表，需要在企业对外交涉时承担起责任。在现代社会，任何组织都不可能完全孤立，隔绝在社会之外，这就需要组织中有代表与各种外部组织如政府、竞争对手、合作伙伴等进行交流联系。在全球化日益深入的背景下，企业更是会与各种外部力量博弈。这就要求领导者具备较强的对外交流能力，能够充分维护本集团的利益，树立良好的外部形象。

三、有效领导应达到的效果

通常而言，组织内的领导活动应当达到以下效果：

（一）明确组织目标

在一个组织中，成员各自的目标可能不完全相同，但一定会有一个为组织成员所共同接受的总体目标，否则成员就失去了在一个组织内共事的必要性。共同的组织目标是企业开展活动的第一步，基本上所有组织活动都是在共同目标的指引下开展的。这是因为，组织目标不仅说明了企业未来的发展方向，也是企业中自上而下所有成员的行动指南，是组织进行决策、协调和考核等一系列活动的依据。

根据组织所面临的内外部条件，制定出符合组织发展需要的共同目标，就是领导活动的一项重要职能。这是因为，相对普通组织成员，高层领导者有着更加丰富的从业经验、更加多元化的消息渠道、对行业环境更强的洞察力。此外，高层领导者还有普通员工所不具备的各种权力，因此他们在把握机会，使企业的资源和能力得到充分利用方面具有不可比拟的优势和不可推卸的责任。优秀的领导者能够在各种条件下筛选出组织各种可能的发展方向，并从中找出最合适的共同目标，凝聚组织成员共同奋斗。

（二）协调部门工作

绝大多数企业在发展到一定阶段后都会成立不同的部门，来负责组织中分工后的各项工作，以实现总体目标。但无论事前的规划如何详细，在实践中都不可能避免冲突，会影响组织的工作效率。这是因为，所有部门的工作都有各自的考虑，很难达到完全一致。例如，销售部门可能会强调产品的生产效率，从市场盈利角度出发，催促提高产量，而质量监督部门则需要保证产品的合格率，因此反对轻易提高产品产量。在这种情况下，部门间的冲突就出现了，而且它们的主张都是从企业的利益出发，并没有绝对的对错之分。这时，就需要领导站在上级主管部门的立场上，从企业的全局出发，分析市场发展趋势和企业自身的能力，来判断应做出何种决策。同时将决策的原因和结果以恰当的方式告知冲突部门的负责人，化解他们之间的矛盾。

（三）激励员工奋斗

作为不同的个体，企业中的员工有着不同的诉求和期望，他们的个人目标虽然在很大程度上与企业的共同目标是一致的，但有时也会出现偏差。这就需要领导运用激励手段，通过增加工资、提高福利待遇、给予奖励等手段使员工对自己在组织内的待遇感到满足，从而将自己的个人目标努力向组织目标靠拢，将组织目标的实现视为自己努力的方向。

需要强调的是，员工个体间的差异是巨大的，领导在使用激励手段时，必须考虑到员工需求的不同，综合使用多样化的激励手段。当前 80 后、90 后开始进入职场，他们对工作的期望与老员工差异颇大。领导者使用的激励手段也应与时俱进，使员工的合理需求得到最大限度的满足。

（四）引导组织氛围

对于领导者来说，在组织中的一个重要任务就是塑造融洽、信任的组织氛围。这一方面是因为领导授权管理的需要，任何领导者都不可能事无巨细地关注组织中的所有问题，而要对员工授权，让他们进行自我管理，使员工可以在授权范围内自主安排工作进程和制定工作目标，这大大降低了领导的成本和控制活动的必要。在这种情况下，组织内的信任是十分重要的，只有当领导者和员工都相信对方会做出兼顾组织与员工个人的合理决策时，对员工的授权才是有效的。

另一方面，组织内部存在一系列非正式关系，会对企业的正式工作产生影响。这些关系的存在也增强了在组织内塑造信任氛围的必要性。相对于矛盾较多、私人关系恶化的组织氛围，融洽的组织氛围更能够使员工心情愉悦，全身心地投入到工作中去，从而实现较高的工作绩效。

（五）塑造企业形象

领导者作为组织企业外部活动的重要负责人，在塑造企业良好的社会形象方面具有不可替代的关键作用。首先，领导者的个人形象将在很大程度上影响外部公众对企业的看法。这是因为，领导者个人形象在公众眼中直接代表着组织形象，公众一旦对领导者产生了固定印象，也就意味着对组织产生了特定的印象。因此，领导者个人形象的提高有助于塑造良好的企业形象。其次，领导者是企业形象塑造工作的决策者，企业形象的塑造不是一朝一夕的工作，而是在企业长期的发展过程中通过宣传、口碑、舆论等逐渐完成的。具有较强领导能力的管理者能够站在长远发展的高度，为企业制定周密的形象塑造规划，从而为企业树立良好的内外部形象。

第 2 节　领导类型

虽然任何组织都需要领导，但领导的表现方式并不一致，领导者通常都有不同的领导风格。通过对不同的领导类型进行研究，管理学家试图界定每种领导类型的特点和影响，寻找最佳的领导方式。

一、按领导者与下属关系划分

管理学家一直都十分关注领导者与下属之间的关系，并从他们之间的关系入手研究不同的领导风格及其影响。目前在管理学领域影响较大的有勒温等人提出的民主型、专制型和放任型等领导类型①，以及伯恩斯（James MacGregor Burns）和巴斯（B. M. Bass）等人提出的交易型与变革型类型②。

（一）民主型领导、专制型领导与放任型领导

心理学家勒温等人的研究辨别出三种鲜明的领导风格，即民主型领导、专制型领导和放任型领导。

民主型领导倾向于在组织中塑造一种民主平等的氛围，工作方式和进度都是由组织成员自己决定的。领导者比较关心组织成员的需求，以鼓励和帮助的方式引导组织成员完成自己的工作。在这种情况下，组织的权力并不集中在某些领导身上，而是属于全体成员，领导者在团队中起到的仅仅是一种指导或协调作用，组织的工作目标、实现方法等要征求团队成员的意见并尽量获得多数成员的同意。共同协商在民主型领导的团队中有着重要的作用。因此，在民主型领导风格的团队中，组织成员之间，包括领导者与被领导者之间会形成一种比较亲密的关系，心理距离较近。

专制型领导不关心组织成员的情感或感受，仅关注工作任务的完成和工作效率的提高，用强制性的命令来要求组织成员完成自己的工作。在这种团队中，组织的权力集中在某些领导者身上，被领导者无权参与决策过程，领导者也不关心被领导者的看法，团队共同工作目标和工作进度都由领导者制定，具体的工作事务如资源分配、人员安排等团队成员也无权插手，团队成员的工作绩效也依赖于领导者的个人判断。即使团队成员向领导者提出意见，也不受领导者欢迎。因此，在专制型领导团队中团队氛围相对冷漠，领导者与

① Lewin K，Lippitt R. An Experimental Approach to the Study of Autocracy and Democracy. A Preliminary Note. Sociometry，1938，1：292-300.

② Bass B M. From Transactional to Transformational Leadership：Learning to Share the Vision. Organizational dynamics，1991，18（3）：19-31.

被领导者之间很难形成互相信任的情感关系，团队成员在工作过程中更容易有挫折感，领导者与被领导者之间的心理距离较大。被领导者在团队中只是消极地完成工作任务，团队中缺乏融洽、友好的氛围和创新、合作的精神。

放任型领导采取的则是放任自流的领导方式，这一类型的领导者对工作效率和团队成员的情感都不重视，团队中的工作完全靠成员自觉，领导者仅仅起到分配工作任务的作用。在这种团队中，组织的权力分散在团队中，领导者仅仅是分配任务和传递信息，对工作目标和工作进度缺乏具体的指导，对组织内的安排和人员分配也不做明确的要求，由员工自行解决，各行其是。因此，在放任型领导团队中工作效率不稳定，组织中会出现很多与工作无关的冗余现象。团队成员之间的关系较为冷漠，互不关心，领导者与被领导者之间心理距离较大，被领导者在完成工作时消极应付的情况较为明显。

勒温等研究者在比较了三种领导风格后发现，民主型领导风格的团队具有较高的工作质量和工作满意度，工作完成量也更高；放任型领导风格的团队工作绩效最低；专制型领导风格的团队工作完成量也较高，但工作质量和工作满意度低于民主型领导风格团队。但是，在后来的研究中，研究者发现这一结论并不总是正确的，民主型领导风格在某些情境下不一定能够带来更高的工作绩效。这再次验证了“领导是一门艺术”这句至理名言。

（二）交易型领导与变革型领导

伯恩斯的研究认为，交易型领导（transactional leadership）“是领导者与成员通过协商达到互惠的过程，组织成员在最大利益和最小损失的前提下，共同努力达成目标”。巴斯认为，交易型领导是“领导者明确员工的工作内容，使员工有工作指导，同时了解并满足员工的需求，从而使员工努力工作”的领导类型。交易型领导是以交换理论为基础的，领导者和员工彼此依赖以实现他们的共同目标和个人目标。领导者需要员工的工作来完成组织目标，而员工则需要在领导者指导下完成工作，并在工作完成后获得报酬。需要指出的是，交易型领导者与下属之间并不是纯粹的物质交换关系，交换性质可分为低品质的和高品质的。低品质的交换主要是物质的交换，例如领导者用奖励激发下属的工作热情，这种交易行为主要发生在关系较为疏远的上下级之间。高品质的交换更多地涉及领导者与下属之间的情感，例如信任、忠心等，这种交易多发生在领导者与其心腹下属之间。

伯恩斯将变革型领导（transformational leadership）定义为“领导者通过较高的理念与道德价值，激发、鼓舞员工的动机，使下属能够全力投入工作，进而提升下属成为领导者，而领导者则成为推动改革的原动力。它是领导者和下属相互之间提升到较高的需要层次及动机的过程”。巴斯则将变革型领导定义为“通过让员工意识到所承担任务的重要意义，来激发下属的高层次需要，建立互相信任的氛围，促使下属为了组织利益牺牲自己的利益，并达到超过预期的结果”。变革型领导理论是以需求理论为基础的，实施变革型领导行为的领导者通过提出更高的理想和价值，如人生价值、公平正义等，提升组织成员的内在动机，鼓励他们追求更高的人生层次，更高的组织目标。变革型领导者在工作过程中能够赢得下属的尊重和忠诚。

与交易型领导者相比，变革型领导者更关注成员内心的需求，能够在更大程度上激发员工的工作热情。同时，变革型领导者更擅长在组织内创造一种鼓励变革的气氛，喜欢提出新颖的、富有远见卓识的想法。更为重要的是，变革型领导者对下属具有情感上的号召力，能够有效地鼓励和推动下属为了组织的远大目标勤奋工作。

二、按领导风格划分

领导风格是指领导者在工作中表现出的某种比较固定的特质和倾向，这些特质和倾向会对领导工作的效果产生明显的影响。根据领导风格的不同，管理学家将领导划分为事务型领导和愿景型领导两种类型。

（一）事务型领导

事务型领导也称为维持型领导，这种类型的领导者通过明确规定组织内部的工作任务和分工，要求下属根据相关要求完成自己的工作。他们是致力于维持组织稳定运行的领导者，其目的是使企业在现有情况下能够高效率地运转。但他们也并非不近人情的领导者，在管理企业的过程中，事务型的领导者也会在充分考虑下属需求的基础上安排工作。

从工作导向上来看，事务型的领导者希望在组织内部保持有序的工作状态，希望企业的各项计划都能够按部就班地落实，严格遵守企业的各种规章制度，尊重企业的价值观。在事务型领导者的带领下，组织内部的各项活动进行得都会比较平稳，较少发生意外情况。

（二）愿景型领导

愿景型的领导者能够在考察企业内外部环境的基础上，提出真知灼见，为企业找到一个理想的，同时又能鼓舞、凝聚全体员工的愿景。企业中的员工总是分散的，仅仅依靠制度或物质激励是不能让他们团结在一起为了共同的目标而奋斗的，但在领导者的鼓动下，愿景能够打破分工所带来的隔阂，将所有员工的愿望凝聚在一起。

有效的愿景型领导必须满足以下几个方面：第一，领导者提出的愿景必须是清晰的，令人信服的。这并不是说企业就不能提出宏伟的理想，而是企业的愿景必须以一定的现实条件为基础。第二，企业的愿景确定下来以后，不能随便更换。频繁改变企业的愿景会使员工无所适从，愿景也会失去说服力。第三，企业的愿景必须是可传递的，可说明的。领导者应当利用一切机会让组织内部成员明白企业愿景的重要性，只有这样才能提高组织的凝聚力。如果不能有效传递愿景，企业的愿景就是没有意义的。

第 3 节　领导理论

一、领导特质理论

特质是个人所具有的特点，包括品格、能力、性格、习惯、体质等多方面的因素。早期的管理学家认为优秀的领导是企业成功的关键因素，他们试图从领导者的特质（leadership traits）入手，研究领导者与被领导者在特质方面是否有显著不同，以及一个优秀的领导者应当具有什么样的特质。

斯托基尔（R. M. Stogdill）在研究中指出，有六个方面的特质与领导者的成功有紧密联系：身份特征、社会背景特征、智力特征、个性特征、工作特征和社交特征（见表12-1）。[①]

表12-1　领导特质内容

特质	表现
身份特征	身高、外表、精力等
社会背景特征	社会经济地位、受教育程度等
智力特征	智力、敏感性、表达能力、创造力、判断力等
个性特征	适应性、果敢力、自信、情商高、自控力等
工作特征	工作责任心、主动性、毅力、创新能力等
社交特征	合作意愿、人际协调能力等

资料来源：Stogdill R M. Personal Factors Associated with Leadership：A Survey of the Literature. Journal of Psychology Interdisciplinary & Applied. 2010，25（1）：35-71.

多数有关领导特质的理论认为，个人特质确实是影响领导者能力的关键因素，但管理情境、被领导者特质也会对领导有效性产生影响。从实践来看，平庸的领导者是绝对无法带领企业实现持续发展的，而优秀的领导者则都具备一些普遍的优秀特质，如勤奋、富有进取心、意志坚强、具有完善的知识储备、性格富有魅力等。

二、领导行为理论

领导行为（leadership behavior）是领导职能的外在表现，是可以直接观察到的领导活动。管理学家从不同的视角出发，研究领导行为与领导效率之间的关系。

（一）工作导向型领导与员工导向型领导

密歇根大学的研究团队在对领导行为的研究中，分辨出两种不同的领导类型：工作导向型领导和员工导向型领导。[②] 工作导向型领导风格的领导者将团队任务的完成看作最重要的任务，关心工作过程和结果，并在工作中运用监督、控制、惩罚等手段迫使员工按照其要求完成工作，以取得较好的工作绩效。对于工作导向型领导而言，员工仅仅是领导者完成任务的工具，而不是有着情感需求和社会需求的伙伴。员工导向型风格的领导者则恰恰相反，他们也关心组织任务的完成，但会将领导重心放在对员工的关注上，关心员工的

---

① Stogdill R M. Personal Factors Associated with Leadership：A Survey of the Literature. Journal of Psychology Interdisciplinary & Applied. 2010，25（1）：35-71.

② Kahn R L，Katz D. Leadership Practices in Relation to Productivity and Morale. Institute for Social Research，University of Michigan，1952.

职业生涯发展，并注重培养组织内部的文化氛围，重视人际关系的融洽。员工导向的领导者相信在保证组织目标高效完成方面，对员工的关心比单纯的监督更有效果。这两种不同的领导行为会在组织中引起不同的工作效率和工作满意度。在工作导向型领导风格的团队中，工作效率和工作满意度都低于员工导向领导风格的团队，同时还伴随着相对较高的离职率和缺勤率。

（二）管理方格理论

布莱克（P. R. Blake）和莫顿（J. S. Mouton）将领导行为划分为关心员工和关心生产两种类型。[①] 与密歇根大学的研究不同，他们将关心员工和关心生产划分为 9 个等级，由此划分出 81 种不同的管理风格（见图 12－1）。在他们看来，关心生产并不意味着对员工的忽视，对生产和员工的关照可以同时发生。领导者可以根据他们的需要，采用最适合的管理方式。

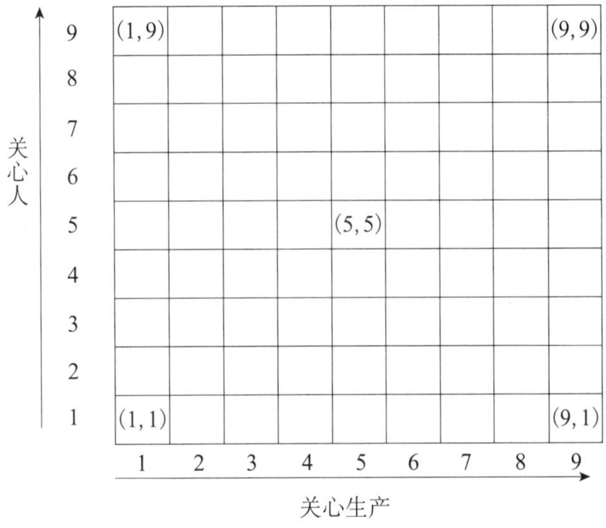

图 12－1 领导方格理论

资料来源：Blake R R，Mouton J S. The Management Grid. Houston，TX：Gulf，1964.

布莱克和莫顿阐释了具有典型意义的五种管理方式：

第一，（1，1）贫乏型管理：领导者对组织漠不关心，仅以最小的努力来应付工作。这是一种比较极端的管理方式，会导致组织任务的失败。

第二，（1，9）乡村俱乐部型管理：领导者注重在组织内部塑造一种轻松的氛围，对生产工作的关注度较低，实现组织工作目标的积极性不高。

第三，（9，1）任务型管理：领导者关注工作任务的完成和工作效率的高低，注重计划的完成和对员工的控制，对员工重视度很低，较少鼓舞员工的士气。

第四，（9，9）团队型管理：领导者对工作和员工都给予足够的重视，希望将员工的个人目标与组织的共同目标结合起来，通过对员工的关心和对工作的仔细规划，在完成工

① Blake R R，Mouton J S. The Management Grid. Houston，TX：Gulf，1964.

作目标的同时，保证组织内员工较高的工作满意度。

第五，（5，5）中庸型管理：领导者既重视鼓舞员工士气，也重视工作规划。但无论哪方面都维持在平均水平上，缺少进取心。

布莱克和莫顿认为，团队型管理是一种较为理想的管理方式。在实践中，必须根据现实情况的需要仔细斟酌后，选择最为合理的领导方式。

（三）领导行为连续统一体

坦南鲍姆（R. Tannenbaum）和沃伦·施密特（Warren H. Schmidt）从决策的角度提出了领导行为连续统一体理论（continuum of leadership behavior），他们认为，领导行为并不能简单地分为专制型与放任型两种，在这两者之间，还存在多种过渡的领导方式，构成了领导行为的连续统一体。[①]

从图12-2可以看出，随着领导者赋予下属更多的职权，领导的方式由独裁型向民主型过渡。在领导行为连续统一体中，并没有绝对的最佳领导方式，成功的领导者应当在具体的时间、地点、情境下运用适当的领导方式，取得理想的管理效果。

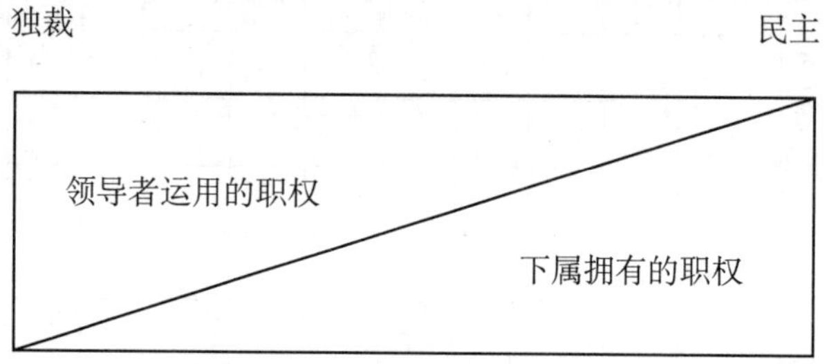

图12-2　领导行为统一体理论

资料来源：Tannenbaum R，Schmidt W H. How to Choose a Leadership Pattern. Harvard Business Review，1958（36）.

三、权变领导理论

权变领导理论（contingent leadership theory）是继领导行为理论之后发展起来的一个理论，与领导特质理论或领导行为理论相比，权变领导理论的研究范围更广。权变领导理论认为，领导方式不是孤立起作用的因素，它不仅关注领导本身，还关注会对领导方式产生影响的环境，如所处行业、员工构成、组织氛围、文化背景等。因此，相比特质理论或行为理论，权变领导理论在解释领导的复杂性和现实性方面更具优势。菲德勒（F. E. Fiedler）是最早对权变领导理论进行阐述的研究者，他认为不存在一种永远适用的领导类型，在考虑领导的有效性时，应将领导方式与领导情境结合起来分析。

① Tannenbaum R，Schmidt W H. How to Choose a Leadership Pattern. Harvard Business Review，1958（36）.

（一）领导方式

菲德勒认为，领导者的特质和行为之间具有相当大的差异，这种差异首先是由他们本身的心理需求决定的。因此，在相关研究的基础上，菲德勒开发了 LPC（least preferred co-worker）问卷来测量领导者的行为倾向。在问卷中，领导者被要求回答他们对最不喜欢的同事的评价，如果回答者在评价中使用了较多的积极词汇，则说明该领导者比较重视组织中的人际关系，趋向于人际关系型领导方式。如果回答者在评价中较多地使用了敌意词汇，则说明该领导者趋向于工作导向型领导方式。菲德勒认为，采用哪种领导方式属于比较稳定的人格特质的一部分，不会在短时间内轻易改变。对于工作导向型的领导者来说，他们的首要目标总是完成工作任务，在此基础上兼顾员工关系。而人际关系型的领导者则优先追求组织环境的融洽，当组织氛围较好时，再追求工作任务。领导方式与领导目标关系图如图 12－3 所示。

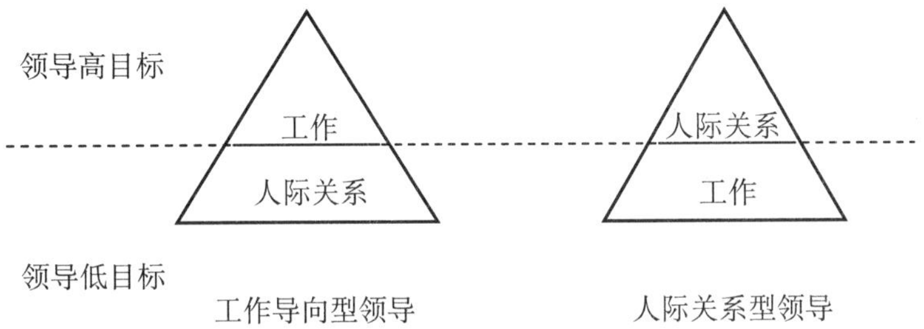

图 12－3　领导方式与领导目标关系图

（二）领导情境

在菲德勒看来，哪种领导方式有效最终取决于领导情境。不管领导者采取哪种方式，最终目的都是要取得最好的领导效果，而领导活动的成功，则由领导方式是否与领导情境相匹配所决定。他将领导情境分为三方面的因素：职位权力、任务结构和上下级关系。

职位权力是指领导者所具有的权威和掌握的权力大小，即领导者在组织中获得的权力能在多大程度上影响组织成员。这些权力一般包括权威、惩罚权、升迁权、任务分配权等。领导者的职位权力越大，领导情境越好。任务结构是指组织目标的明确程度和组织成员工作内容的界定程度，即组织的目标是否被全体成员所明白、组织的分工是否合理、组织成员是否对自己的工作有足够的责任心等。组织内的任务结构越明确，领导情境越有利。上下级关系是指领导者与其下属之间的关系，它包含上下级之间的互信、合作和友谊，以及下属对领导者的追随程度等。上下级关系越好，则领导情境越好。在这三种情境中，上下级关系在领导情境中的作用最为重要。因此职位权力和任务结构都可以通过组织结构调整、目标规划等常规工作来提升，而上下级关系的亲密度则较难控制，需要领导者和下属在长期的合作关系中形成，对领导者的个人能力有更高的要求。

延伸阅读 12－1
领导生命周期理论

延伸阅读 12-2
路径-目标理论

（三）领导有效性

领导的有效性是领导方式与领导情境共同作用的结果。根据三种领导情境各自的情况，可以知道领导者对情境的控制程度。菲德勒发现，在领导情境较差和较好的情况下，工作导向型领导能够取得较好的绩效，而在领导情境一般的情况下，人际关系型领导能够得到更好的领导效果。当领导方式与领导情境不符时，有两种解决方案：替换合适的领导者以适应领导情境；重构领导者的职务和组织工作任务，改变情境以适应领导。

其他权变领导理论还包括领导生命周期理论、路径-目标理论等。

第4节 人员配备

领导职务的一项重要职能就是对组织内的各个岗位进行人员配备，使组织的各项职能有序运转。尤其是在知识经济的背景下，“人”作为企业中最重要的生产要素起着不可替代的、根本的作用。因此，领导者应当全面筹划企业的人员配备工作，在员工选聘、考评、培训和解聘等各方面都做好详尽的规划，保证企业的各个岗位都有合适的人才，将企业的人才储备维持在较高的水平。

一、员工选聘

员工选聘是指企业在明确自身的人才需求情况和了解组织内外部人才供给情况之后，选择合适的招聘和选拔方式，寻找到符合企业要求的人才的过程。人员配备的所有后续工作都是在员工选聘的基础上进行的。

（一）员工选聘原则

1. 立足全局

人力资源规划是通过对企业内部人力资源的分析，预测企业对人才的需求，并在此基础上确定人力资源管理方法的一项活动。合理的人力资源规划是员工选聘工作的第一步，能够有效指引企业进行员工选聘工作。为了使企业内部的人力资源配置尽量达到最优状态，企业的人员选聘工作必须在人力资源规划指导下进行。好的人力资源规划应当站在企业全局的高度，在兼顾现实各方因素的基础上，制定长远的、科学的人力资源规划，阐明人力资源管理的方针，明确管理预算。

2. 规范流程

为了减少员工选聘过程中的常见错误，企业需要制定科学、详细的选聘计划，加强员工选聘流程的规范化。一家企业在员工选聘过程中，从开始决定需要什么样的人才，到选聘渠道、筛选标准、面试方式等，都应该有明确的规则。这不仅可以减少企业选聘工作中的错误和不确定因素，也能够吸引更多的优秀人才。因为规范的流程能够使求职者感到这家公司用人唯贤，是比较正规和可以信赖的。相反，员工选聘流程标准混乱的公司则会使求职者对其经营能力产生怀疑。

3. 关注细节

企业中每一个工作岗位都有各自的作用和意义，对工作岗位的分析能够使员工选聘工作的管理者清晰地知道企业需要什么样的人才，在每个工作岗位上的员工应具备哪些工作技能。如果说人力资源规划是从宏观的角度对企业内的人力资源管理状况进行分析，那么工作岗位分析就是从企业的微观层面具体化企业对每一个员工的特殊要求。全面细致的工作岗位分析能够使选聘的员工更加符合企业的实际需要，为企业带来更大的效益。

（二）员工选聘渠道

企业既可以从组织内部选聘员工，也可以从组织外部选聘员工，这两种选聘方式各有优缺点，企业可以根据企业文化和用人需要，选择合适的选聘方式。

1. 内部选聘

内部选聘是指从企业内部选拔或调用人才。内部选拔是指在某一职位空缺时，企业将较低职位的员工提升到较高职位。内部调用则是指将同等级的员工调到某一空缺职位上。企业在内部选聘时，必须综合考虑被选拔员工的综合表现，个人才能、品行、资历等方面都必须符合空缺职位的要求。

内部选聘的优点是员工对工作比较熟悉，适应过程比较短。同时，内部选聘方式比较容易在企业内部形成积极向上的文化，员工知道他们的努力与晋升是挂钩的。此外，内部员工对企业文化一般是比较认可的，更容易接受企业的价值观。因此，一般企业在有职位空缺时都倾向于从内部寻找合适的人选。但是，内部选聘的员工长期处于同一个组织中，不太会给企业带来变革，企业更容易自我封闭，优秀人才难以进入，最终降低企业的活力。

2. 外部选聘

外部选聘是指企业从组织外部寻找合适的人才填补组织的空缺。外部选聘的主要途径有利用人才交流市场、刊登招聘广告、通过猎头公司、进行校园招聘等，这几种选聘方式特点不一。外部选聘的优点是能够根据职位的要求在大范围内不拘一格选择人才，外部竞争者也会使内部员工感受到压力，从而保证良好的工作状态。但是，外部选聘的人才一般难以立刻进入工作状态、融入组织，对组织已有文化的接受程度也不如内部选聘的人才。因此，企业在从外部选聘人才时，一定要注意所选聘人才与公司文化的契合度，避免出现员工与企业价值观不合的现象。具体而言，每一种外部选聘方法都有自身的特点。

人才交流市场的求职者较多，企业的人力资源管理人员可以现场与求职者交流，人员选聘所需时间也较短。但是人才交流市场上求职者众多、素质不一，筛选工作量大，求职者与企业之间达成意向较为困难。因此，对于被招聘者专业水平要求较低的公司，如劳动密集型产业的公司，会较多在人才交流市场招聘。

招聘广告是指企业利用各种公众媒体向社会宣传招聘计划，延揽人才。这种招聘方式较为公平公正，可以从大量应聘者中择优录取。但与人才交流市场类似，这种招聘方式的筛选工作量大，应聘者水平不一，不适合针对性太强的工作岗位。

猎头公司是专门为企业延揽人才的机构。当企业需要聘任对企业有重大意义的高管时，会倾向于专业的猎头公司。这种招聘方式的好处在于猎头公司能够根据企业的要求，以其专业优势高效、快速地为企业遴选出合适人选，而且被选聘者一般无须额外的培训。但这种方式花费较高，企业一般不会用在中下层员工的选聘上。

校园招聘是指企业到校园中招聘合适的人才，这种招聘方式一般适用于对专业性要求较高的公司。公司在招聘时应综合考量各个学校的专业与排名，以及与公司的匹配性，选择出能够为企业提供最优秀、最合适人才的学校举办校园招聘。校园招聘的优点在于能够为企业提供有发展潜力的优秀人才，但这种招聘方式相比其他方式更加费时费力，还要与学校提前协调。因此，一般都是比较有实力、看重人才培养的企业采用这种方式。

熟人介绍也是企业从外部选聘员工的一种方式，当企业对某种人才有需求时，可以通过组织内外部的熟人推荐，经筛选后录用。这种方式花费较少，针对性也较强，能够帮助企业找到合适的人才。但熟人介绍并不是一种稳定的选聘模式，还有可能在组织中形成裙带关系，因此必须慎用。

| 案例 12-1 |

宝洁公司的用人之道

宝洁公司是世界上最大的日用消费品公司之一，在全球约70个国家设有分公司或工厂。在谈及宝洁成功的秘诀时，宝洁前董事长理查德·德普雷（Richard Deupree）说："如果你把我们的资金、厂房及品牌留下，把我们的人带走，我们的公司会垮掉，相反，如果你拿走我们的资金、厂房及品牌，而留下我们的人，十年内我们将重建一切。"事实上，宝洁曾多次入选《财富》杂志的"全美十家最受尊敬的企业"，在吸引和保留人才方面有着上佳表现。

用人唯新吸引人才

招聘是一个公司人力资源管理工作的起点，有了质量过硬的招聘工作做基础，后续的人才培训、培养和保留会顺利许多。与喜好员工具有丰富工作经验的公司不同，宝洁将校园招聘作为引进人才的重点，坚持吸纳应届毕业生。宝洁之所以坚持这样的招聘策略，是因为它认为个人的潜能是员工身上最为重要的特质。在宝洁看来，员工的潜能主要表现在以下几个方面：诚实正直、组织及领导能力、创新和借鉴能力、果断的思考与行动能力、团队协作能力、良好的表达交流能力和以纪律规范言行的能力等。只有具备这些特质的人才，才是有益于宝洁长期持续发展的宝贵财富。招聘是人力资源管理的第一环节，宝洁在招聘时特别注重吸引具有以上特质的人才。

随着公司对人才重视程度的提升，宝洁现在对校园招聘的重视程度进一步提高，将招聘前倾化作为延揽人才的一项重要创新，在各大高校成立宝洁俱乐部，定期举办活动，并从参加俱乐部的会员中直接选聘优秀人才。这意味着宝洁不仅会在每年的毕业季进入高校招纳人才，而且将人才的吸引和培养工作提前至他们的学生阶段。在宝洁看来，这种招聘策略的优势是能够最大可能地让员工的价值观与宝洁的文化相契合，从而发挥员工的最大潜能。

在职培训培养人才

充足且多样化的培训是宝洁培养人才的一个重要手段。要使招聘进来的员工尽快成为符合宝洁要求的人才，富有成效的培训体系是必不可少的。宝洁的整个培训体系在业内颇有名气，无论是美国总部还是中国的分公司，宝洁都有专门的培训学院为员工提供极具特色和针对性的培养计划。全程培训以及上司与下属之间的“一对一”培训是宝洁培训体系最为鲜明的两个特点。

在宝洁，员工的培训计划贯穿他们职业生涯的始终，这种由始至终的培训体系能够使员工不断提升自身的职业素养和能力。在内容方面，宝洁的培训课程涵盖了从最基础的办公软件培训、语言课程到系统提升业务能力的综合课程，这些课程安排都会被提前公示在内部网站上，任何员工都可以在与领导协调一致的情况下脱岗参加培训。此外，宝洁每年都会根据业务需求，了解员工的技能缺陷，提供有针对性的培训。“一对一”培训是宝洁培训体系中最为核心的内容，这种培训不同于授课式的培训，而是由指定的经理对下属在各方面进行“一对一”的指导。在宝洁看来，这种培训不仅能够为员工提供业务上的指导，还可以在员工与领导者之间建立亲密的师徒关系，有助于员工在宝洁的个人发展。

内部提升留住人才

内部提升是宝洁用人制度的核心，宝洁是为数不多的坚持采用内部提升的公司之一。宝洁创业初期的经验使公司的创始人坚信，一家公司成功的最主要因素在于使员工对公司产生较强的归属感，使员工与公司的价值观相契合，内部提升是实现这两方面目标的有效手段。因此，内部提升可以说是宝洁一项历史悠久的传统。宝洁的历任 CEO 都是从基层经理做起的，他们对宝洁的产品、经营理念和组织架构有深入的了解，最重要的是，他们也都是宝洁文化的忠实拥护者。他们跟随公司的发展一起成长，这种忠诚感可以很好地维持公司的凝聚力。当然，内部提升也可能带来公司内部同质性强，组织缺乏活力等问题。为了克服这些问题，宝洁强调引入外部因素以保证组织的活力。这些因素包括重视市场调研，强化与研究机构、上下游合作伙伴的配合，以此解决内部选拔机制带来的弊端。可以说，内部提升是宝洁文化的核心部分，也是宝洁取得竞争优势的重要原因。

资料来源：花雷，刘江．宝洁公司的用人之道．中外管理，2000（3）；单薇．宝洁公司人才激励制度浅析．经济视角（下），2011（10）；黄琴．浅析宝洁如何吸引和留住人才．商情，2013（27）；肖洒．宝洁：人才成就一流．企业研究，2008（1）；陈振华．企业如何进行有效的招聘：宝洁公司校园招聘的启示．消费导刊，2006（12）．

二、员工考评

考评是企业人员配备的重要环节，是考察员工是否称职的最重要手段，也是员工晋升、人员调整的重要依据。通过考评，企业可以全面了解组织内部的人力资源水平和需要改进的方向，将企业人力资源管理中的问题反馈到选聘环节，并为员工的培训活动提供指导，使培训活动能够最大限度契合公司需要。

（一）考评原则

1. 科学规范原则

企业是一个由员工协调运作的整体，不同层级、不同部门的员工从事的工作存在一定的差别。因此，企业在制定考评原则时，应当有的放矢，根据具体情况，建立具有针对性的能够切实反映员工工作表现的考评系统。例如，对组织中高层领导者的评价可以采用目标管理法等较为复杂的评价方法，对一线员工则可以采用等级鉴定法等操作简单、标准单一的方法，这既能提高考评的效率，也能提高考评的效果。

2. 公开公正原则

考评的一个重要原则就是公开、公平、公正。考评者对所有的员工都应该一视同仁，客观地评价每个员工在工作中的表现，并将考评过程公开，提高员工对考评过程的认同度。考评活动的重要目的就是提升员工的表现，如果员工质疑考评的合理性，那么他们对考评活动的配合度就会降低，更不会根据考评结果积极改善工作行为，考评活动也就失去了意义。

3. 结果及时反馈原则

在考评过程中，企业应当充分倾听员工的声音，考虑员工的心理需求，将员工的意见当作制定考评系统的重要参考因素。考评结束后，应当将考评结果以适当的方式反馈给员工以及人力资源管理部门。

（二）考评方法

企业会根据管理需要选择不同的考评方法，按照不同的标准，可以将考评员工的方法划分为按考评对象划分和按评价方法划分。

1. 按考评对象划分

按照考评对象的不同，可以将对员工的考核划分为上级考评、平行考评、下级考评、自我考评和综合考评几种不同的方式。

第一，上级考评。顾名思义，上级考评是上级对考评对象进行评价，在这种评价方式中，领导者因为比较了解员工平时的表现，对考评的目的也比较清楚，能够对其工作绩效做出正确的评价，而且领导者的权力使得员工对考评结果比较信服。但这种方式对领导者的个人品质有着较高的要求，只有公平公正的领导者做出的评价才具有权威性，能令员工信服考评的结果。如果领导者在工作场所拉帮结派、搞裙带关系，就很有可能对员工的表现做出有偏见的评价，使得考评结果与现实不符。

第二，平行考评。平行考评是由考评对象的同事对他们的工作进行评价。这种评价方式的好处在于，同事与考评对象相处的时间较长，能够清楚地了解他们的工作情况，可以对他们的工作表现给出综合评价。但使用这种方法时，同事之间的私人关系会在很大程度上影响评价结果，大部分人为了同事关系的和睦都不会对考评对象给出负面评价，使得考评活动失去意义。

第三，下级考评。下级考评是指下属对自己上司的工作情况进行评价。这种评价方式能够在组织中培养民主的氛围，员工敢于指出上司的不足，上司通过员工的反馈提升自己的工作绩效。同时，下属一般对领导者的工作能力、道德品质、个人作风等方面都比较了解，可以提出比较中肯的意见。但在实践中，下属会由于害怕上司的报复而不敢讲真话，因此在使用下级考评的过程中，必须做好保密工作。此外，上司也可能会为了较好的考评结果而讨好下属，甚至在组织内形成小派系，这也是设计考评系统时需要考虑的问题。

第四，自我考评。顾名思义，自我考评就是让员工对自己的工作表现进行评价。出于对考评结果公平性的考虑，自我考评的结果通常不计入考评成绩，但它也起着十分重要的作用。因为自我考评是员工对自身的主观认知，与客观的考评结果往往存在一定的差异，但从自我考评的结果看，考评者能够了解到员工对自己工作的想法，从而能够帮助考评者完善考评体系，进行更综合全面的考评。需要指出的是，自我考评一般在帮助员工自我提升等工作中使用较多，在评定薪酬、职务提升时，通常还是较多地使用客观评价法。

第五，综合考评。随着考评方式的进步，企业在实际考评中很少只考虑单一来源的、断点式的评价，而是会综合考虑各方的意见，并利用持续的互动推动工作的进展。目前较为典型的综合评价方法有 360 度考评法和目标管理法。

360 度考评法是员工考评较新的一种方法，也称多源评价法。使用这种考评方法时，组织成员的上级、同事、下级、顾客、其他部门人员都会作为考评人员对员工的表现进行评价，考评者会根据多方面的评价，对员工的表现做出最后判断。360 度考评法通过多个来源对员工做出评价，可以更为准确、可信地评价员工，使员工全面了解自己的工作水平。但这种考评方法耗时长，需要处理的信息量大，对考评人员也有较高的要求，不同的评价主体之间还有可能出现相互矛盾的结论。因此，企业必须聘用经验丰富的考评者来实施 360 度考评，同时做好必要的工作准备。

2. 按评价方法划分

除了按照考评对象进行划分外，还可以通过具体使用的考评方法对考评方式进行划分。目前使用较多的考评方法包括小组考评法、等级鉴定法、强制分布法和关键指标考核法等，这些方法可以划分为两个基本类型：考试法和指标考核法。

第一，考试法。考试法主要用来衡量员工的素质和能力，比较常见的考试法为在一定的知识范围对考评者进行笔试和面试，从而了解员工的各项基本素质和对特定知识的掌握情况。相对而言，笔试的方法比较简单易行，只需在考察内容中选择重要的知识点，并组织考试、评分即可。但仅使用笔试会使得考评内容过于单一，容易出现被考评者高分低能的现象。面试则能够考察被考评者的知识水平、应变能力、思考速度等多方面的能力，可以更加全面地反映被考评者的能力。但面试考评的结果容易被考评人的主观想法所影响，所以在挑选面试官时，要以才德兼备作为选拔标准。

第二，指标考核法。指标考核法是指考评人使用一定的评价标准，对被考评者的工作表现做出评价。目前使用较多的考评方法有小组考评法、等级鉴定法、强制分布法和关键指标考核法等。

在小组考评法中，由多名熟悉员工的领导者对员工的工作表现进行评价，这些领导者将组成一个评价小组进行绩效考核。这种方法的优点是操作较为简单，灵活性也较强，同时领导者对员工的了解程度也较高，能够更全面地评价员工的工作表现。但这种评价方法也有主观性较强的缺点，较多地依赖于领导者的品德和能力。因此，这种方法应当作为客观评价方法的补充，避免对员工的评价产生偏差，引起不满情绪。

等级鉴定法是一种使用时间较长，使用起来也比较方便的方法。在使用等级鉴定法时，考核人员会事先确定需要评定的内容，将评定要素列在表格内，并在每项考评题目后列出不同的评价供考评者选择，如满意、一般、不满意，每一项评价都会被赋予一定的分值。评价者将被考评者的得分加总用以确定考评结果。这种方法成本比较低，操作起来也比较便捷，便于在员工之间进行横向评价。但这种方法的考核深度较差，可能会忽略掉一些关键因素。

强制分布法是按照正态分布原则，对考核结果进行强制分布，使一定比例员工的考核结果归类在不同的等级内。这种方法常用于等级鉴定法等客观评价方法之后的调整，以避免考评标准过于宽松达不到考评目的。但员工的实际表现有可能与正态分布不符，这就会降低考评活动的客观性，引起员工对考评体系的不满。

关键指标考核法是一种系统的考评方法，考评人员首先从企业战略高度出发，了解对企业成功至关重要的原因有哪些，然后由上而下层层分解这些指标，使得企业的指标考核与总体战略目标一致。在制定关键指标时，要坚持精简的原则，不能要求事无巨细、面面俱到，否则可能使员工的工作失去重点。因此，关键指标考核法的核心不在于考核指标数量的多少，而是要找到对企业发展具有重要作用的指标。

三、员工培训

现代社会知识的更新速度加快，反应不够敏锐、知识更新不够快速的企业不可能在激烈的市场竞争中取得优势。为了使企业的成员保持较高的知识水平，实现企业与员工共同进步，企业必须持续地为员工提供各项技能培训。通过有效的培训，员工能够在专业技能和读写等通用技能等多个方面取得进步。

（一）培训原则

1. 全员培训原则

企业的发展是全体员工共同努力的结果，因此，员工培训的对象也应该是企业所有员工。尤其是在当前技术更新换代较快的背景下，无论是领导还是普通员工，在日常工作中不仅会遇到常规问题，也会碰到需要学习的新知识和新技术，这些问题导致他们在工作中会遇到许多障碍。因此，企业必须不断地提高成员的素质，使他们在工作能力方面不断进步，适应新的发展趋势，不断提高工作的效率和质量，为企业的长远发展奠定人才资源基础。

2. 统筹规划原则

培训的最重要目的是对企业的发展有所助力，因此，任何企业在开展培训活动前，都应当根据自身的实际需要，做出认真的调查分析，看自己需要哪方面的培训，应当为哪些员工提供培训。在实践中，有些企业在培训员工时缺乏实用性和针对性，盲目随大流，看最近有哪些培训课程就为自己的员工提供一样的培训，或是根据领导者的喜好确定培训内容。这样的培训内容往往让员工感受不到参加培训的必要性，浪费了他们的时间，也降低了他们的学习热情，企业为培训投入的资源也没能起到预想的作用。

3. 职业规划原则

企业在制定培训计划时，应当建立一个完整的培训体系，并将这一体系与员工的职业生涯发展结合起来。在设计培训项目时，充分考虑到不同发展阶段员工的需求，并根据需求设计相应的培训项目，使员工在每一个发展阶段都能得到有效的指导和提升。通过将员工的培训与职业生涯发展相结合，企业不仅为员工提供了持续的学习计划，还能够使员工的个人发展与组织的整体发展有效地结合起来，从而实现组织和个人的双赢。

（二）培训方式

企业可以通过多种培训方式实现提升员工素质与能力的目的，根据员工获得培训的方式，可以将员工的培训方式划分为在职培训和脱产培训。

1. 在职培训

在职培训是指通过在工作岗位上的锻炼提升工作技能，与脱产培训相比，这种培训方式成本更低，也更具针对性。在实践中较为常见的在职培训方式有导师制、职位轮换、设置副职等。

第一，导师制。企业在发展过程中会积累许多知识，这些知识中既有可以通过书面文件传播的显性知识，也有只可意会不可言传的隐性知识，而这些隐性知识在员工的个人发展中也起着非常重要的作用。导师制是企业将隐性知识传承给新入职员工的重要手段，这种培训方式类似于以往的“传帮带”，企业在分析每位新员工的性格特点、职业技能水平后，将给他们指定一位导师，这位导师通过各种途径将自己的知识传递给新员工，使新员工在岗位上得到更好的发展。一般来说，导师都是由组织中经验丰富的员工担任，他们同时可以充当员工未来职业发展的良师益友。

第二，职位轮换。职位轮换是让员工在企业内部不同的岗位上工作，以了解企业的总体情况。这种培训方法主要针对新员工或企业的储备干部，目的在于让他们在工作中得到最大的锻炼，提升他们对企业全局的认识。但这种培训方式也可能带来员工组织归属感不强的问题，因此对计划职位轮换的员工，更应该在入职培训时加强他们对企业的认同感。

第三，设置副职。设置副职是组织中较为常见的一种在职培训方式。通常而言，企业会选择有发展潜力、有领导能力的员工作为干部储备，并让他们在重要岗位的副职上任职一段时间。通过这样的方式，员工既可以在担任重要职务前充分了解工作内容和工作重点，也能够从担任正职的领导者那里学习到宝贵的经营教训。

2. 脱产培训

第一，课堂授课。课堂授课是最传统的培训方式，由企业聘请专业人员或是企业内部的高管对下属传授知识或经验。这种方法的针对性和目的性较强，能够使员工在较短的时间学习到有用的知识，员工在课堂上也可以跟老师适度交流。但这种培训方式时间一般较短，而且需要员工离开工作场所，对培训效果的反馈程度也较低，因此常用于专业理论知识的培训。

第二，影视教学。影视教学是通过专业的视听技术对员工进行培训，其培训目的和方法与课堂授课比较相似，区别在于影视教学中教师不用亲临现场，但影视教学的内容比课堂授课要更丰富一些，还可以使用宣传片等对员工进行教育。这种方式的缺点是缺少互动，员工在课堂上容易分心，同时难以对员工的学习情况进行反馈。

第三，情境模拟。这种培训方法是由培训的引导者使用专业技术带领学员在各种模拟情境中锻炼技能，再由其他人或老师在模拟后对学员的表现进行评价。情境培训的好处在于能够有针对性地提升员工的能力，实践性较强，对需要在某方面提升能力的员工具有较好的效果。

第四，参观访问。有计划的参观访问也是员工培训的一种方式，它是指企业组织员工就某一项目或环境进行实地参观和考察。一般而言，企业会事先安排好参观的地点、事项和人员，以便员工能够从参观项目中学习到新的知识，提升职业技能。需要强调的是，安排员工参观和寻找访问地点都需要企业花费时间和金钱，因此，企业应当选择有典型意义的参观地点，尽可能提升培训效果。

第五，研讨会。研讨会是针对某一具体议题而召集，邀请相关专业人员在会议上进行交流、讨论的会议。在技术含量较高的行业中，企业更容易使用这一方法对员工进行培训。通常而言，研讨会都是针对行业内的某个主题进行研究，专业性非常强，非专业人员即使参会意义也不大，因此研讨会基本都是行业内的专业人士参加。

第六，入职前培训。每个员工对企业都有一个从陌生到熟悉的过程，尤其是刚步入职场的新员工，对企业和自己的工作会有一段迷茫和过渡期，会有较大的压力。这时企业就应当为他们提供恰当的指导，使新员工尽快进入工作状态。通常来说，企业对新员工的教育分为两部分：一是对企业的介绍，主要包括企业的发展历史、企业文化、所在行业的发展情况等；二是对具体工作的介绍，主要包括工作流程、岗位职责、工作目标等。这些培训内容可帮助员工早日融入工作环境，开展正式的工作，因此是员工培训体系中不可或缺的重要组成部分。有些企业仅靠发放员工手册或带领员工进行简单的参观来进行入职培训，很难达到理想的培训效果。

四、员工解聘

当企业发现员工的工作能力、价值观等与企业的要求不符时，或是企业发展遇到瓶颈需要缩减公司规模时，就需要解聘部分员工。对于企业来说，这是保证组织减少冗余，能够继续发展的一项必要活动。

（一）员工解聘原则

在企业解聘员工时，应遵循一定的原则和方法，避免解聘行为对劳资双方造成伤害，引起不必要的纠纷。

1. 合法合规原则

随着相关法律法规的完善，国家对劳动者权益的保护更加重视，也更加正规。企业的人力资源部门需要熟悉国家的相关法律规定，与员工签署正规的劳动合同，在解聘员工时要根据劳动合同和法律规定，采取恰当的处理方法，在必要时给予员工适当的经济赔偿。

2. 合情合理原则

在解聘员工时必须有充分的理由，或是员工的表现确实与企业要求严重不符，或是企业确实必须调整人员构成。如果没有充分的依据就随意解聘员工，不仅会使被解聘员工产生不满，还会使在职员工产生严重的工作不安全感，影响工作状态。在这种情况下，企业的文化培养和员工的忠诚度也就无从谈起。

此外，无论是因为何种理由需要解聘员工，企业都必须认识到，员工的尊严是需要维护的。企业尊重被解聘员工能够减少双方发生纠纷的概率，避免对企业产生潜在的威胁。同时也能减少员工被解聘时的失败感，使他们更快投入下一份工作。

（二）员工解聘处理流程

在解聘员工时，合理的流程能够最大限度地降低解聘带来的不利影响，使企业维持正常运转。

1. 评定员工工作表现

工作表现是决定是否解聘员工的最根本因素。部门主管应当与人力资源部门仔细沟通，确认员工是否真的表现不佳，以及员工能否通过调岗在企业内找到合适的位置。如果员工确实不能达到企业对人员的要求，企业就可以做出解聘人员的决定。

2. 与员工沟通解聘事宜

在做出解聘决定后，企业应当采取恰当的方式通知员工这一决定。负责解聘的工作人员应当寻找合适的时机和场合通知员工解聘决定，耐心向员工陈述公司的决定，并仔细倾听员工的意见，以免引起被解聘员工情绪的大幅波动。此外，人力资源部门还要与员工沟通与解聘有关的财务事宜，减少双方发生纠纷的可能。

3. 办理离职手续

在接到解聘通知后，员工应当按照组织的规定办理相关手续，将属于企业的办公用品归还给相关部门。人力资源部门应当准备好离职核对单等文件，确保解聘工作流程符合相关制度规定。

第 5 节 领导力

领导力从实质上来说是管理者对他人施加的一种影响力。[①] 这种影响力为实现组织目标服务，具体体现为对下属和组织行为的改变及推动。领导力也可称为领导权力，被领导

---

① 克里斯托弗·阿川，罗伯特·罗瑟尔．卓越领导力：理论应用与技能开发：第 4 版．北京：清华大学出版社，2010.

者多大程度上愿意服从领导，取决于领导者对权力的有效驾驭程度。领导力的来源主要有两个方面，一是职位权力，二是非职位权力（见图12-4）。①

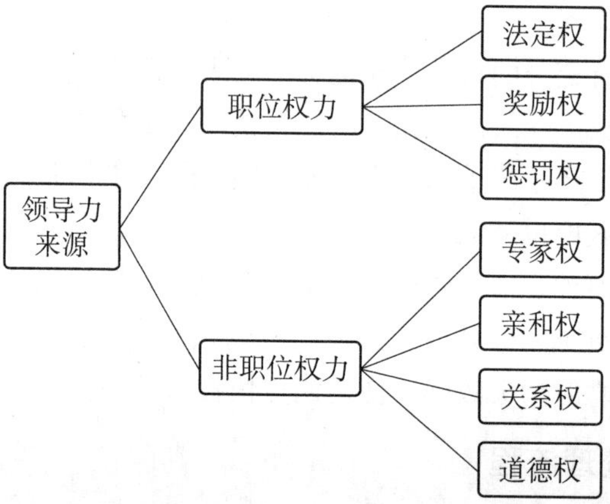

图12-4 领导力来源

资料来源：刘刚．中国传统文化与企业管理：基于利益相关者理论的视角．北京：中国人民大学出版社，2010.

一、职位权力

职位权力是组织正式授予管理者并受到组织规章制度保护的权力。缺乏职位权力，管理者就很难实施真正的领导，对下属施加影响力。职位权力包括法定权、奖励权和惩罚权。职位权力只与管理者所在的职位相挂钩，和特定的个人没有必然的联系。任何人处在同样的职位上，都享有同样的权力，即随着职位的变动而变动，不随任职者的变动而变动。

（一）法定权

法定权是组织内领导职位所固有的、合法的、正式的权力，通过任命来实现，组织正式授予管理者一定的职位，从而使其占据权势地位和支配地位，有权对下属发号施令。法定权既可以体现在领导向下属发布指示、下达命令，也可以体现在组织内部的政策、程序以及规则上。不同的组织管理者因为所处的组织地位不同，享有不同的法定权力。法定权是其他两大职位权力的基础依托，奖励权和惩罚权从本质上来看是依托法定权而存在的。奖励权和惩罚权是领导者运用法定权进行激励的具体表现，奖励权体现了正向激励，惩罚权体现了负向激励。

与法定权紧密相关的一个管理问题就是领导者关于在位和谋政的抉择。在位是法定权的具体体现，谋政则是领导者运用法定权进行管理的具体体现，可以说在位是谋政的基本前提。在企业中，如果没有正式的职位任命，领导者就缺乏法定权；没有法定的名分，领导者也就不可能有效地开展管理工作。所以，“正名”很重要，领导者的法定权是其履行

① 祁凡骅．领导学：理念、行为与艺术．北京：中国人民大学出版社，2012.

职责的先决条件。然而，在有些情况下，即使企业给了领导者法定名分，领导者也未必会运用这种法定权来有效实施管理，这时候的法定权就形同虚设，对企业没有实质作用。由此，根据在位与否和谋政与否可以建立一个领导者行为矩阵，见图 12－5。

	不在位	在位
谋政	越位/补位	到位
不谋政	归位	缺位

图 12－5 在位与谋政的矩阵组合

资料来源：刘刚．中国传统文化与企业管理：基于利益相关者理论的视角．北京：中国人民大学出版社，2010.

在位即拥有法定权，领导者拥有法定权与否和谋政与否形成了四种行为方式：到位、缺位、越位、归位。对于领导者而言，到位是最佳的行为方式，但必须建立在“正名”的基础上，即企业要赋予领导者法定权，领导者才能为企业做出贡献。企业中时常会出现领导职位空缺而指定临时负责人的情况，但这种指定往往带来不甚理想的管理绩效，其根本原因在于没有正名。没有正式的任命会导致领导者在管理的过程中缺乏底气，也会让员工犹疑不决，不愿意服从其领导。缺位是指领导者享有法定权却不作为。领导不作为的原因很多，可能是能力不够，或者是觉得自己的职责没有价值，也可能是对上司不满故意采取不作为的方式与之为敌。不管是何种原因，缺位都会给企业带来极其恶劣的影响，如打破企业内部的合作机制、影响组织公平性、打击员工积极性等，应该杜绝。越位/补位的直接体现是领导者干了原本不应该他干的事，这种情况可能是体制造成的，也可能是个人因素作用的结果。越位和补位都是不在位而谋其政，但两者造成的结果截然不同。企业体制失衡，特别是部门设置不合理，职责范围模糊很容易造成领导者的越位现象。此外，有的领导者能力很强，往往不认同其他人；对权力把控过强，也会导致越位现象的发生。与缺位相比，越位似乎更能让人理解和接受，甚至可以解读为是有责任心的表现。然而事实上，领导者越位对于企业的危害也是不容小觑的。越位行为会打破企业规定的层级秩序，逐渐使内部的运行陷入混乱，不利于企业的长期可持续发展。企业对待越位行为，要如同缺位一样，时时监督，严格避免。而补位则是对现有体制中职责空缺的填补，能更有效地促进企业内部的流动性，是应该提倡的组织行为。归位要求领导者能明确自身的职责和权力，对自己的角色定位清晰，不会越俎代庖，插手职责范围以外的工作。可以说，归位是到位的基础，也是杜绝缺位和越位的有效措施。归位的实现一方面依靠企业制度的完善，另一方面也依靠管理者自身修养的提升。

（二）奖励权

奖励权是指领导者通过奖励的方式对下属施加影响力的过程。领导者可以在下属完成任务时对其实施奖励，这种奖励包括物质奖励和非物质奖励，物质奖励包括奖金、提薪等，非物质奖励包括精神鼓励、晋升等。基于交换原则，奖励权可以理解为领导者通过一定的经济和心理奖励来换取下属的遵从。下属感觉到领导者有能力满足他的需要，就愿意追随和服从领导者的指示。通常而言，奖励手段越丰富的领导者，拥有的权力就越大。人在获得认可时会有积极的心理反应，因此奖励权是管理者很好地实施领导力的有效措施。[①]奖励权的运用核心是建立良好的示范效应，引导被管理者表现出更多领导者所期望的行为。

案例 12-2

沃尔顿的草裙舞

世界第一零售巨头沃尔玛有着很独特的娱乐性企业文化，这与其领导者山姆·沃尔顿的领导特质有很大的关系。山姆·沃尔顿作为沃尔玛的创始人，是美国乃至世界零售业的传奇人物。他的管理哲学中有很多关于轻松工作的箴言，曾经提倡沃尔玛的员工要“吹着口哨工作”。在他的带领和提倡下，沃尔玛形成了独有的娱乐文化，工作中的娱乐甚至成为沃尔顿实施奖励权的重要方式。

沃尔顿长期观察沃尔玛员工的工作状态，发现大部分员工在刚来的时候都比较有干劲，随着时间的推移，他们的工作热情逐步减退，工作积极性也逐渐减弱。沃尔顿花了很多时间来思考如何解决这一问题，最终发现娱乐性的企业文化是良药。一次，沃尔玛的总裁预见公司当年的利润率会超过8%，而沃尔顿却一口咬定当年利润率不会超过7%，于是两人立下赌约，约定赌输的人要穿上夏威夷草裙到华尔街上跳舞。这个赌约在沃尔玛内部快速传开，员工们听到后兴奋不已，很多部门私下讨论下决心把业务做好，看沃尔顿事后的表现。在全员共同努力下，当年的企业利润率果然高于8%，员工们一下子沸腾了，都等着看沃尔顿如何处理赌约。沃尔顿知道后，毫不犹豫地穿上了夏威夷草裙，在华尔街上跳起草裙舞。沃尔玛全体员工为之哗然，美国媒体也惊诧不已。至今，1984年沃尔顿在华尔街扭腰起舞的形象仍为美谈。

还有一次，沃尔顿和沃尔玛的副董事长用当年12月份的消费额打赌，输了之后按照赌约，他戴上假发，穿上粉色裤子，骑着白马招摇过市。这一次次的赌约给沃尔玛的文化注入了丰富的娱乐色彩，沃尔顿履行赌约的行为激发了员工的工作热情。

沃尔顿的这些行为本质上也是奖励权的一种运用，他信守诺言，建立了员工的可预期性，维护了彼此之间的信任，大大提升了领导威望。

资料来源：段慧群．沃尔顿的草裙舞．职业，2012（5）；能量．跳草裙舞的抠门老头：沃尔玛创始人山姆·沃尔顿．小学教学参考，2004（18）；冉净斐．解读沃尔玛的经营圣经．创新科技，2003（1）；当众跳草裙舞的总裁．读书文摘·经典，2010（6）；刘刚．中国传统文化与企业管理：基于利益相关者理论的视角．北京：中国人民大学出版社，2010.

（三）惩罚权

惩罚权是领导者通过惩罚他不满意的行为来影响下属的行为、迫使下属服从的权力。在特定的情况下，领导者要凭借强制权威来达到威慑的作用，从而对下属施加影响。对于一些心怀不满或者不服管理的下属，他们不会主动地听从指挥，领导者通过惩罚权来迫使

① 乔恩·豪威尔，丹·科斯特利．有效领导力．北京：机械工业出版社，2003.

其服从，让下属清楚地认识到不服从命令将要受到惩罚，能发挥惩罚权的最大影响力。对惩罚权的合理运用是领导者发挥领导力的重要部分，如何恰如其分地运用惩罚权是每个在位领导者必须思考的问题。惩罚权的运用不是为了惩罚特定的人或事，其本质目的在于用一种明显的形式昭告组织成员哪些行为是组织鼓励和允许的，哪些行为是组织限制和禁止的。对于管理者而言，惩罚权的使用是为了对下属产生明确的预警作用，让下属明白哪些行为是管理者所期望的，哪些行为是管理者不期望的，从管理上达到行善去恶的效果。

二、非职位权力

非职位权力是领导者自身的特质，如品德、技术、个人魅力等带来的权力。领导者的个性、兴趣、生活理念、价值观等都会对被领导者产生影响。[①] 非职位权力的特点是不随职位的变动而消失，在领导者担任职务时，能增强其在这个职位上的影响力；在职务之外，也可以发挥对他人的影响力。非职位权力包括专家权、亲和权、关系权、道德权。

（一）专家权

专家权是指领导者具备专门的知识或者特殊技能，能够受到其他组织成员的尊重和佩服，从而在特定的领域或专长上发挥重要的影响力。下属感知到领导者的专业知识或技能可以帮助他们排除障碍，更好地完成任务实现组织和个人目标，因而愿意跟随服从。专家权往往体现在扎实的教育背景或者丰富的实战经验方面，但仅限于专长的范围内，影响力的基础比较狭窄。知识就是力量和权威，在大多数情况下，人们比较愿意相信专家的建议。因此，当领导者成为某个领域的专家时，员工更容易服从其领导，这就是专家权的具体体现。与业务不精的领导者相比，一个专业素养很高的领导者，更容易让员工信服。专业技能很差，即使身处高位也未必会得到大家真正的信服；反之，专业能力很强，即使负责细小的领导工作，也会得到员工的信任，形成很大的号召力。在分工越来越精细化的现代社会，领导者提升专业知识和能力是提升自身竞争力的必要环节，特别是对于一些空降的领导者，想要在短时间内快速提升自己的威信，建立员工的信任，就必须适时发挥专家权，凭借专业素养快速有效地开展工作。

（二）亲和权

亲和权是领导者与下属建立融洽的感情基础所带来的影响力。亲和力实际上就是与下属打成一片的能力，有亲和力的领导者很少会因为身处高位而打官腔，高高在上；有亲和力的领导者能和员工建立朋友关系，平时与下属说话像拉家常，工作起来也将下属当作朋友，共进退；有亲和力的领导者更会积极主动地与员工交流，不断拉近彼此之间的情感关系。

领导者亲和力的构建主要从“亲”与“和”两方面入手。所谓“亲”就是领导者要放下架子，与员工建立很好的情感联系，很多时候要换位思考，站在员工的立场来想问题。

① 阿戴尔．有效领导力开发．上海：上海人民出版社，2011.

所谓“和”就是要温和、谦和，在建立情感联系的过程中以及建立联系之后，保持谦逊低调的态度，多沟通、多倾听，要多听不同声音，容下不同意见。当然，有亲和力不代表放弃原则，领导者的亲和权应建立在坚持原则的基础上，恰当处理与员工的关系，把握好亲和的“度”，这才是真正有价值的亲和力。

（三）关系权

关系权是领导者因拥有特殊的血缘关系或者人际关系背景而获得的权力。中国的古语中有很多思想涉及领导者的关系权，如孟子思想中有关于“左右逢源”的论述，认为君子要培养自己的德行，建立良好的关系资源，做事才能得心应手。左右逢源最早是用来描述道德修养的方法，在管理学的情境中，更多是在说明交往广密的关系权。当领导者能够善用关系权时，这能成为企业管理的一项重要资源。有研究表明，与高层领导者的关系会正向影响下属的“谏言”效果，领导者要想激发下属的“谏言”，获取真实有效的管理反馈，应先改善威权作风，通过增强上下级的关系来增强组织自尊与内部人身份意识。[①] 企业的领导者要学会善用关系权，首先平时要注意建立和维护自己的关系资源，与上下级和同事建立融洽的人际关系；其次要学会在适当的时机发挥关系权的作用，达到事半功倍的效果。

（四）道德权

道德权是领导者以身作则，杜绝特权主义，树立榜样以影响下属的权力。在若干非职位权力中，道德权是最富有精神魅力的领导力。领导的关键在于“正”，如果领导者自己身正，那么下属的行为也没有不正派的。领导者身正，即使不下达命令，下属也会按照他的意思完成任务；领导者身不正，即便下达了命令，下属也不会服从。所谓“正”，即领导者要具备领导的道德品质，包括诚信、关爱、尊重、公平、宽容和谦逊等，而个人的道德发展水平、需求和特质、组织情境是领导者道德品质形成的影响因素。[②] 领导者严于律己、率先垂范是实施道德权的前提。[③] 在企业管理中，领导者的行为处事不正派，无法以身作则，何谈矫正下属员工呢？所以道德权是领导力很重要的来源，企业领导者必须深刻认识到道德管理的规律，充分发挥道德权的价值。

➡ 思考题

1. 什么是领导？请根据自己的理解做出说明。
2. 领导与管理的区别是什么？
3. 领导的职能和有效性体现在哪些方面？
4. 主要的领导理论有哪些？
5. 领导的主要类型有哪些？
6. 企业人员配备的工作包括哪几个方面？各自的原则和方法是什么？

---

① 汪林，储小平，黄嘉欣，等．与高层领导的关系对经理人“谏言”的影响机制：来自本土家族企业的经验证据．管理世界，2010（5）．

② 李秀峰，白洁．领导力与领导伦理研究．领导科学，2013（11）．

③ 曹旭．提升企业领导力的有效途径与方法．管理学家（学术版），2014（1）．

7. 职位权力包括哪几个方面？非职位权力又包括哪几个方面？

➡ 课后案例讨论

汽车行业的传奇——李・艾柯卡

李・艾柯卡（Lee Iacocca）在美国商界是英雄般的存在，他仅仅用了三年时间就将濒临破产的克莱斯勒汽车公司从困境中拯救出来，通过艰苦的工作使克莱斯勒在汽车市场重获辉煌战绩。李・艾柯卡进入汽车行业绝非偶然，在父亲的影响下，他从小就对汽车十分感兴趣，从普林斯顿大学毕业后，他放弃了其他薪水优厚的工作，直接进入福特公司，并一路晋升至福特公司的总经理。在担任福特公司总经理的 8 年间，他为福特公司赚取了 35 亿美元的利润。然而，就在他为福特公司创造了辉煌战绩的时候，他被公司的总裁亨利・福特解雇，遭遇了人生的重大挫折。但也正是这次挫折，开启他了职业生涯的一段传奇。

在艾柯卡离开福特后，不少公司都向他抛出橄榄枝，他大可以选择汽车公司顾问等清闲又回报丰厚的工作。但为了证明自己的能力，他选择接受他人生中的最大挑战——到陷入困境的克莱斯勒汽车公司担任总经理。克莱斯勒在第二次世界大战前曾创造过辉煌的业绩，在销售和技术方面都颇有建树，成为全美第二大汽车公司。但此一时，彼一时，在艾柯卡接手克莱斯勒时，美国汽车业正处于高速发展的黄金年代，而克莱斯勒公司由于连年的经营混乱而持续亏损。在艾柯卡之前，克莱斯勒公司已经更换过两任 CEO，但他们面对公司的困境，未能扶大厦于将倾。因此，当艾柯卡出任克莱斯勒的总经理时，他面临的是一项极其艰巨的任务。就任之后的艾柯卡在认真分析公司出现困难的原因之后，从不同方面入手，励精图治，让克莱斯勒公司重获荣光。

精简机构，裁撤冗员

在谈到克莱斯勒 20 世纪 70 年代的经营困境时，许多人都认为管理理念的落后是克莱斯勒当时经营不善的最主要原因。在那时，美国大多数公司都最大限度地追求利润，并将这一指标与员工的晋升和薪水挂钩，这就使得许多公司经理有可能牺牲公司的长远发展来谋求自身的利益，这种情况在克莱斯勒尤为严重。因为当时的克莱斯勒公司缺乏科学的管理体制，各个部门互相孤立，各自为政，而且管理机构庞杂，公司仅副总裁就有 35 名，效率极为低下。各部门都以自己的利益为出发点，试图从公司获取最大的利益，而不考虑公司整体的发展。臃肿的管理机构使公司的管理陷入混乱，在艾柯卡改革之前，克莱斯勒这样一家大规模的公司居然没有一套完整的财务制度。

在找到问题所在之后，艾柯卡采取了一系列卓有成效的举措。他首先把公司高层中身居要职却毫无建树的庸才从公司中撤换掉，先后辞退了 33 名副总裁，撤换了 24 名高级经理。之后，他开始大规模地精简机构，撤销公司内功能重叠的部门，又用了一年的时间，解雇了公司内百余名员工。此外，他还从老东家福特请来一批优秀的人才，又从公司内部提拔一批有潜力的员工。公司内部的组织和人事方面的障碍终于被清除了，管理混乱的局面也随之结束，这为艾柯卡接下来的改革打下了坚实的基础。

以市场为导向，推出新产品

20 世纪 70 年代，中东石油危机导致全球范围内石油价格暴涨，为了应对这一危机，美国政府甚至制定了专门的法案，要求汽车公司必须推出节油型汽车。通用汽车和福特公司斟酌市场趋势后，适时推出了节油型轿车，而克莱斯勒公司则盲目追求利润，仍然坚持公司的一贯方针，坚持生产利润更高的大型汽车。但石油禁运使得油价暴涨，许多消费者在购车时都将低油耗作为一项重要指标，克莱斯勒没有顾客所需要的小型汽车，导致公司财务收入锐减，损失惊人。

艾柯卡上任后，决定吸取公司以往失败的教训，决心以市场为导向科学地制定公司未来的发展规划。他领头组建了一个市场调查小组，针对与汽车市场有关的问题进行深入的调查分析，为公司决策提供可靠的信息和依据。在这种发展思路的指导下，艾柯卡带领克莱斯勒先后推出了颇受消费者欢迎的K型车、H型车和“纽约人”牌汽车。到1983年时，克莱斯勒公司年盈利9亿美元，1984年盈利更是达到24亿美元。除了领导公司生产适销对路的产品，艾柯卡还根据汽车市场的特点，推出了一系列售后服务政策，提供在当时绝无仅有的各类保修服务，这无疑从另一方面刺激了克莱斯勒汽车的销售。

以企业家精神感召员工共渡难关

为了使克莱斯勒免于破产，艾柯卡积极奔走，说服美国政府向克莱斯勒公司提供了15亿美元的担保贷款。在拿到贷款后，艾柯卡首先将自己的千万美元年薪降为1美元，这一举措不仅使得被降薪的高层经理不再埋怨，也感召了克莱斯勒的全体员工。要知道，艾柯卡是当时年薪最高的高管之一，并且他深深以此为傲，认为他所取得的高薪证明了他的工作成就。但在面对公司的发展困境时，他以自己个人利益的牺牲向公司员工表明了他将和所有人一起为公司而战的决心。不仅如此，在艾柯卡担任克莱斯勒总经理期间，他还频繁地出现在生产车间，与工人直接交流，感谢他们为公司所做的贡献。在员工大会上，他公开感谢工人们在艰苦的环境中与公司休戚与共，并向工人们承诺，一旦公司经营状况好转，他将迅速提高员工薪酬。可以说，正是在他的感召下，克莱斯勒才迅速走出困境。

到1984年时，克莱斯勒公司的销售额高达49亿美元，重拾往日的荣光。毫无疑问，艾柯卡的成功来自他卓越的管理才能和果敢的改革精神，正是他的高瞻远瞩，使得克莱斯勒公司起死回生。与艾柯卡的时代相比，现代大企业的发展面临着更加多变动荡的环境，但艾柯卡这种热爱事业、勇于追求的企业家精神永不过时。

资料来源：李·艾柯卡．克莱斯勒怎样直面自己的错误．IT时代周刊，2007（22）；刘戈．艾柯卡与克莱斯勒的起死回生（下）．商业价值，2014（5）；牛凯旋．“不倒翁”艾柯卡．东北之窗，2008（9）；董海洋．让克莱斯勒浴火重生的艾柯卡．IT时代周刊，2007（23）．

结合案例内容，回答以下问题

1. 艾柯卡身上体现出了哪些领导特质？
2. 在管理克莱斯勒的过程中，他的权威来自哪些方面？你认为他属于哪种类型的领导者？
3. 在管理理念和实践都飞速发展的今天，艾柯卡身上的哪些特质仍然值得当今的领导者学习？

第13章
沟　通

下情求不上通，谓之塞；下情上而道止，谓之侵。

——《管子·明法》

一个人必须知道该说什么，一个人必须知道什么时候说，一个人必须知道对谁说，一个人必须知道怎么说。

——彼得·德鲁克

学习目标

1. 掌握沟通的内涵和分类
2. 了解沟通的主要方式
3. 掌握正式沟通的特点及管理
4. 掌握非正式沟通的特点及管理
5. 了解文化差异
6. 掌握跨文化管理的概念及基本模式

➡ 引　例

首席信息官——大数据时代的新贵

随着数字化程度的加深，企业都试图利用信息系统更好地实现与顾客、供应商以及企业内部的沟通。许多企业已经在这方面有所建树：梅西百货使用基于SAS的管理系统确定顾客的需求和内部库存，实现对7 300万种货品的实时调价；沃尔玛在其官方网站Walmart.com设计了自有搜索引擎，对沃尔玛的在线购物系统进行管理，使其网站的在线购物提升了10%。

毫无疑问，各行各业在未来的竞争中想要脱颖而出就必须对大数据进行投资和管理，以精确的数据指导改善业务流程和提升整体业绩。在未来，企业的信息管理者很有可能会得到与财务、营销、人力资源管理者同等的地位，首席信息官将成为企业的一个常设职务。首席信息官将在不同方面起到关键作用以帮助企业获得竞争优势。首先，首席信息官应当通过对大数据的挖掘和分析，提出企业最有前景的发展方向和构想，向业务部门说明未来应当采取的战略。一个优秀的信息管理者会在信息部门、业务部门和技术供应商之间建立畅通的交流网络，从而最大限度保证企业能够发现好的商业构想。其次，首席信息官应当设法从各种来源收集数据并分析这些数据，在数据挖掘的基础上了解顾客的产品需求，帮助业务部门开发迎合市场需求的新产品。在产品开发过程中，首席信息官还需要协调各方利益，制定一套系统的沟通战略，保障产品开发的顺利进行并追踪产品的盈利状况。首席信息官应当了解企业内部的人才状况，帮助人力资源部门激励和留住对企业贡献最大的人才，使得企业在人才储备方面处于有利的位置。此外，首席信息官还应当对企业内部的各项规章制度进行梳理分析，制定相关章程，保证企业内部有合情合理的制度环境。

必须指出，首席信息官的工作并不限于IT管理系统，在商业实践中，首席信息官必须在企业的平稳运营和提升绩效之间寻找平衡点。因此，他们必须像首席执行官一样去思考，将公司的愿景和战略纳入大数据管理的重点，以公司的战略作为指导公司信息管理工作的原则。在未来，随着信息管理技术的进一步成熟，优秀的信息管理系统将对企业的持续发展起到更加重要的作用，任何想要基业长青的企业都不能够忽视企业内外部的信息管理和沟通工作。

资料来源：仲超生．企业CIO与信息资源管理．情报杂志，1998（6）；康志晏．浅析我国企业首席信息官（CIO）的培养问题．学术交流，2004（3）；左美云，毛基业．中国企业首席信息官的状况和影响研究．管理科学，2005，18（4）．

第1节 沟通概述

正如被称为通用电气史上最佳CEO的杰克·韦尔奇曾经说的：“21世纪将是一个新的经济时代，这时企业间的竞争将会是企业管理的竞争，竞争的焦点将会是企业内部组织成员同外部组织之间的有效沟通，企业管理的秘诀就在于有效的沟通、沟通、再沟通。”

一、沟通的内涵与分类

沟通（communication）是指信息从一方传递到另一方的过程，在这一过程中，沟通的内容既有含义十分明确的书面文字、语言等，也有含义比较隐晦的语气、情感等，需要依靠当时的情境来理解，因此，沟通双方的认知能力对沟通的效果起着极为重要的作用。沟通的目的则是双方达成理解或者完成信息的传递。根据以上定义可知，可以将沟通的过程划分为以下几个方面：沟通的主体、信息编码、信息的传递渠道、信息解码、沟通客体、沟通的反应和反馈，以及沟通背景中存在的噪声（见图13-1）。

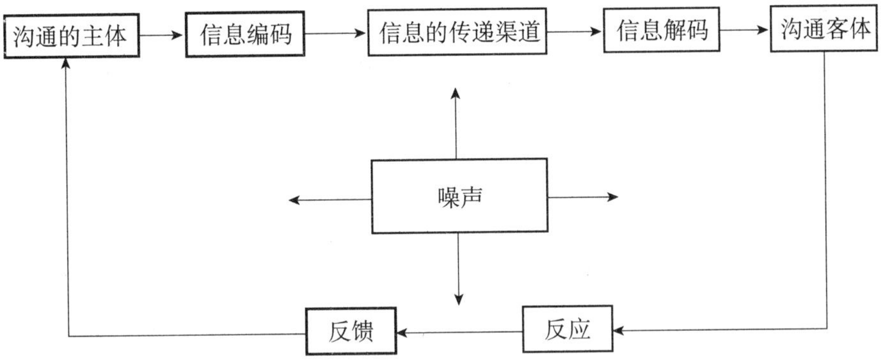

图13-1 沟通过程

信息的主体是沟通活动的发起者，由他们将需要传递的内容进行编码并通过各种信息传递渠道将沟通内容传递给信息的接收者，信息接收者收到信息后，通过自己的认知和理解能力对信息进行解码，并将反馈内容通过能使用的信息反馈渠道传递给信息的发起者，完成了这一循环才是一个完整的沟通过程。同时，在沟通过程中，沟通的背景如沟通双方的文化背景、对彼此的了解、认知能力、情绪态度等会产生噪声，从而影响到沟通的效果。因此，一个高效的沟通系统应当对沟通的每一个环节都有所控制，将沟通中的不利因素减到最少。

二、沟通的主要方式

在实际的沟通过程中，沟通双方会根据高效、便捷的原则选择恰当的方式完成沟通过程。根据沟通媒介的不同，使用较多的沟通方式主要包括口头沟通、书面沟通、电子邮件、即时通信软件和内部网络等方式。

（一）口头沟通

在所有的沟通方式中，出现频率最高的是口头沟通，主要形式包括：口头汇报、会谈、讨论、演讲、电话联系等。这种沟通方式的优点在于快速的传递和反馈，信息可以在最短的时间内进行传送并得到对方的反馈，但口头沟通也有着不够正式、效率较低、参与人数有限制、失真的可能性较大等缺点，因此对沟通过程的控制不力。需要注意的是，在进行口头沟通时，还要注意沟通双方的表情、语气、动作等非语言内容，当这些内容与语言结合起来时，会使沟通的内容更加复杂和丰富。

（二）书面沟通

书面沟通是组织中传递信息的一种重要方式，主要形式包括：备忘录、文件、信件、传真等。这种沟通方式的一大优点是能够保存沟通记录，因而可以随时了解沟通的进度和结果，便于事后查询。同时，书面形式也使得信息的沟通者进行更加理性的思考，因此沟通内容的逻辑性和严谨性都有所提升。但是，书面沟通耗费的时间较长，同时缺乏足够的反馈来证明信息接收者已经了解了沟通的内容。因此，书面沟通有时也会辅以其他沟通方式以提升效果。

（三）电子邮件

随着信息技术的发展，电子邮件成为包括企业在内的众多组织进行沟通的重要工具。严格说来，电子邮件等信息技术时代的沟通方式也属于书面沟通，但相对于以往的交流方式，电子邮件可以快速书写并存储在电脑中，同一封邮件可以快速发送给众多收件人，且对阅读时间无限制。同时，与传统的文件相比，电子邮件成本更加低廉。但这种沟通方式也不可避免地存在一些缺点，其中最明显的是电子邮件很容易令使用者分心，可能会导致员工在工作时间处理私人事务。另外，与口头沟通或手写信件相比，电子邮件这种形式会令信息的接收者感觉缺乏情感关怀，从而引起沟通冲突。

（四）即时通信软件

即时通信软件本质上与电子邮件一样，都是使用先进的通信技术来进行沟通，并可以将沟通内容保存在各种终端中。目前国内常见的即时通信软件有 QQ、微信等。即时通信软件与电子邮件的不同在于，它一般用来处理信息量较小、需要及时沟通的问题，在发送篇幅较长的信息时大多数人依然会选择使用电子邮件。虽然这种沟通方式实现了快速反馈，但依然会带来令使用者分心的问题。

（五）内部网络

内部网络是组织内部人员才能使用的信息网络，通过内部网络，分布在全世界范围内的组织成员可以就某一事件交换自己的看法。随着这种信息手段的不断发展，内部网络的使用并不局限在一家企业内，企业可以同自己的供应商和合作伙伴一道建立便于交流的内部网络，实现信息的顺畅沟通。

三、沟通的作用

从实践看，无论是个人之间的良好交流还是企业的顺利运转，都需要有效的沟通。个人间的沟通主要是为了实现信息交流和情感表达，而在组织场所环境下进行的内外部沟通，在信息与情感交流的基础上，还有着提升组织效能和解决组织冲突的作用。

（一）实现信息传递

沟通的首要作用就是实现信息的传递。对于个人沟通而言，这一过程较容易实现。对于组织而言，信息的传递过程则更为复杂。企业的各部门在工作中难免会有交流，有时为了完成业务还可能会有比较密切的合作关系，在这一过程中就会出现大量需要在部门间流动的信息。为了实现信息的传递，各部门间要依据企业实现计划的沟通渠道进行及时的沟通，认清各自的工作内容和工作目标，明确每个部门的权力、责任和义务，在工作过程中互相支持，形成一个交流顺畅的团队。在团队内部出现误解时，要及时与相关责任人员沟通，解除信息传递过程中出现的失误，从而保证部门合作时所依据信息的准确性，提升部门间合作关系的质量。

（二）实现情感激励

每个员工既是企业的成员，也是独立的人格个体，有得到情感慰藉和实现自我价值的需求。对于员工来说，他们是否愿意尽全力完成工作，是否愿意在工作职责外为企业付出更多的精力，是否能够从心底认同企业的价值观和文化，在相当大的程度上取决于其是否感受到来自企业的关怀和鼓励。从来源上看，员工感受到的一部分情感关怀来自同事，这是因为员工在工作中会由于各种正式或非正式的接触与同事建立关系，并在与同事的沟通、互动中获得情感需求的满足。此外，员工感受到的情感关怀还来自上级的激励，管理者在工作过程中根据每位员工的实际情况，采用不同的方式与员工进行沟通，表扬他们在工作上的成就，从而使员工感受到来自领导的重视，并以更大的工作热情和积极性投入到工作中去。

（三）提升组织效能

企业作为一个组织，需要各个部门相互协作，仅靠一个部门是无法完成企业目标的。组织规模越大，组织结构越复杂，组织各部门间的相互依赖、相互协调的程度也就越高，而良好的沟通是完成协调工作的关键。如果缺乏适当的沟通，同事之间对彼此的工作就会不了解，从而对自身和组织的工作目标产生误解，导致较低的工作效率。而有效的沟通则能够使企业各部门协调一致高效运转，从而提升效率，保证工作任务的顺利完成。

（四）解决组织冲突

组织内各部门之间、员工之间的工作目标和对工作内容的理解不可能是完全一致的，这就使得组织内部的冲突不可避免。通常而言，组织内的冲突既包括由工作引起的冲突，也包括由个人利益和情感引起的冲突，尤其在需要合作完成组织任务的部门和成员间，更容易由于各自的利益诉求或是误解引起冲突。这就使得组织在同一协调的过程中，面临着由冲突带来的障碍。而有效的沟通则能使组织冲突的影响降到最低，设计良好的沟通机制更可以作为一种固定的协调机制，融入企业日常的工作过程，成为解决日常冲突的有效手段。

四、沟通的障碍

在沟通过程中，经常会出现信息的丢失与曲解，从而造成沟通的障碍，影响沟通效率。从沟通的构成要素来看，引起沟通障碍的原因主要有沟通主体差异、沟通渠道不畅和沟通双方文化背景差异较大、沟通态度不佳等。

（一）来自沟通双方的障碍

沟通始于主体发出信息，结束于客体对信息的反馈。然而沟通双方由于地位的差异、已有经验的影响、认知的偏差、沟通时的情绪等，很容易对沟通的内容产生误解，从而影响沟通效果。例如，沟通的主体在传递信息时过于主观，不能站在沟通客体的立场上想问题，仅仅简单地把信息传递出去就认为沟通工作已经完成，而不管信息接收者是否真正接收、理解了所传递的信息。而沟通的客体在接收到信息后也仅仅以自身以往的经验和知识来理解信息，不考虑信息发出者的各种背景条件。这样的沟通明显达不到预期效果，甚至会引起矛盾和冲突。因此，沟通的主体在发出信息之前，应当从客体的角度出发，选择恰当的语言和形式将信息编码，沟通的客体也应当从主体的角度出发，以平和、开放的心态来理解信息，消除不必要的偏见和误解，从而保证信息在沟通双方之间的顺利交换。

（二）来自沟通渠道的障碍

沟通渠道是指信息流动的方向和方式，每种沟通方式都有各自的优缺点，因此，选择合适的沟通渠道是完成有效沟通的重要保证。从现实情况来看，个人之间可根据沟通的需求自由地选择使用口头通知或是电子邮件等进行沟通。一般来说，由于个人之间的反馈过程较短，信息量也相对较少，沟通对象数量也较少，因此选择沟通渠道相对容易，而组织的沟通渠道设计则相对复杂得多。组织中既有通过规章制度构建的正式沟通渠道，也有在组织中自发形成的非正式沟通渠道。在使用正式沟通渠道时，能够保证信息按照预定的方向流动，但会出现信息经层层传递后失真、扭曲的问题。信息在非正式渠道中流通时，也会出现信息的流动和质量难以控制、保密性低、容易引起谣言等问题。因此，沟通的主体在发出信息之前，应当充分考虑沟通的目的，选择适宜的沟通渠道，保证信息的传递按照预定的计划进行。

（三）来自沟通背景的障碍

在沟通中，沟通者的情绪、信息的过载和泛滥、沟通决策的时间压力、组织的氛围和不自觉的信息过滤等，都会对沟通的效果产生不利影响。举例而言，随着互联网技术的进步，公司内部信息的传递变得十分容易，但也正因为如此，员工每天都要面对大量的信息，这就使员工在分辨重要信息时，需要付出更大的努力。又比如，在时间压力下，沟通主体可能会在没有仔细考虑之前就确定了要传递的信息内容和使用的渠道，使得传递的信息与初衷相悖，从而令沟通的目的无法达成。这些因素在实践中都可能引起沟通的不畅，因此，要以谨慎的态度对待沟通的各环节，以免出现失误。此外，沟通双方的空间距离、组织机构的臃肿等都会影响沟通效果，在沟通背景中产生噪声。

第2节 正式沟通

鉴于沟通对组织生存和发展的重要性，所有组织都会在内部规划正式的沟通系统，以保证沟通工作的顺利进行。通常而言，组织都会通过正式的规章制度，将组织内正式沟通的方式、媒介和渠道固定下来，以提升组织内沟通工作的效率。组织内部的文件传达、会议指示、上下级之间的定期信息交换等都是典型的正式沟通方式。

一、正式沟通的特点

正式的沟通网络一般遵循权力系统的组织方式，按照明文规定的渠道，以垂直或水平的方式传递与工作相关的信息。在传播效果上，正式沟通具有以下特点：

（一）权威性高

正式沟通是通过组织中正式的沟通渠道来传递信息，无论是信息的发送者还是接收者，都知道由正式沟通所传递的内容代表了组织的官方意见。组织的重大决策和重要文件基本都通过正式沟通来传递，因此，通过正式沟通渠道发布的信息具有较强的可信度。

（二）保密性高

正式沟通是沿着组织设计好的沟通渠道进行的，沟通的信息基本上都能够按照预定计划传递给正确的对象。尤其是企业的机密信息，更会在沟通之前就制定好保密协议，这就使得企业能够保证重要信息不外传。

（三）约束力强

通过正式渠道沟通的意见、制度、态度等，代表了官方意见。因此，无论是在组织内部还是外部，达成一致的沟通意见对沟通的对象都有较强的约束作用，正式沟通中的信息接收者会更加自觉地按照沟通达成的决议行事。

（四）灵活性低

在正式沟通中，由于信息需要按照规定层层传递，使得沟通过程非常刻板，信息传递和反馈也比较慢，不能得到及时的修正，同时还容易出现信息丢失和扭曲的问题。

二、正式沟通的基本模式

从沟通方向上看，在组织内部存在四种基本的正式沟通模式：下行沟通、上行沟通、平行沟通和外向沟通，每种沟通模式都有特定的作用和特点。

（一）下行沟通

下行沟通是组织中自上而下的沟通，即组织的高层管理者向较低层次的管理者和员工传递信息的方式。在企业的经营过程中，下行沟通是组织中最主要的沟通方式，因为中低层管理者和基层员工在组织中毕竟是多数，高层管理者需要将指示通过层层沟通传递给他们。管理的基本职能如计划、控制、协调、激励等，都是通过下行沟通来实现的。因此，下行沟通的目的通常是管理者为员工分配工作、做出工作指示、反馈工作绩效、传递决策意见等。为了使下行沟通顺畅进行，管理者会根据沟通目的灵活地选择沟通方式，一般来说，在下行沟通中常见的方式有书面指南、公司制度、报告、各种会议、口头谈话及指示等。

下行沟通在企业中面临的最大问题是随着组织规模的发展，企业中势必会出现更多的层级和部门，信息在自上而下的层层传递过程中，非常容易由于个人理解、沟通等方面的失误出现失真或扭曲，从而使上层管理者与基层的管理者和员工之间出现隔阂。此外，管理者的封闭心态、员工沟通技能的缺失等都会使下行沟通的效用降低。因此，管理者需要树立全局沟通的心态，制定精简的沟通计划和沟通环节，建立简约、有效的机制完成组织中的下行沟通。

（二）上行沟通

上行沟通的信息流动方向与下行沟通相反，是组织中较低层次的管理者和员工向高层管理者传递信息的沟通模式。组织中的成员通常利用上行沟通向管理者汇报工作进展和成果，并反馈工作中出现的问题和整个组织的运营情况，管理者也依赖上行沟通从而达到对企业整体情况的掌控。与下行沟通不同的是，上行沟通虽然也会通过组织部门层层上报，但也有越级上报的情况出现，即在上行沟通中，信息可能会在不相邻的层级之间流动。对于企业而言，上行沟通是管理者听取员工意见和建议、达到有效管理的重要手段。为了保证上行沟通的顺利进行，企业一般会设立意见箱、制定建议制度、组织意见座谈会等。其中一个典型的例子是一些企业采用的“开门政策”，即员工可以直接进入管理人员的办公室直接报告，无须经过组织的批准。

上行沟通也会受到来自组织层级结构的影响，层级越多，员工向上反映情况的难度就越大，信息的失真程度也会越严重。但对上行沟通而言，最大的障碍来自专制、僵化的企业文化，在这种氛围中，管理者在主观上不鼓励员工向自己传递信息，认为自己有足够的能力掌控企业情况，员工也缺乏向上层管理者进言的动机，上下级之间缺乏信任。因此，保证上行沟通最有力的措施就是在企业中建立起鼓励沟通的文化，制定出行之有效的上行沟通渠道和制度，在组织中形成信任的氛围，鼓励员工为了企业的利益积极建言献策。

（三）平行沟通

平行沟通是沿着组织的平行方向进行信息沟通，主要发生在属于同一个群体的工作人员之间，在他们之间，不存在直线权力关系，如不同部门领导者之间的沟通或是员工之间的沟通。平行沟通是增强部门间合作、强化部门内凝聚力、弥补上下行沟通不足的重要手段，对于提升组织的整体利益有着十分重要的作用。尤其是随着组织扁平化的发展，跨部门、跨职能的沟通在组织中会起到更加重要的作用。上下行沟通的诸多方式，都可以在平行沟通中使用。

在平行沟通中，由于信息不在组织层级间流动，因此沟通的有效性不会受到组织结构复杂性的影响。平行沟通的障碍主要来自部门间的冲突。在组织中，不少成员会抱着部门本位主义的想法，一旦占据资源便无视其他部门和组织的整体利益，从而导致沟通受挫。组织分工不明，导致部门间权责不清、扯皮应付，也是部门间沟通困难的重要原因。此外，部门间的空间距离如果较远，也会使得沟通不易顺利进行，沟通双方难以互相理解。鉴于此，组织在分工时，应当明确规定各部门的职责，根据组织发展情况动态调整组织架构，指明沟通渠道，为沟通创造有利条件。针对需要经常进行交流的不同部门，还可以设立横向的协调部门，从而使各部门成员都能够知道彼此的工作，促进交流和分享。

（四）外向沟通

作为在社会中存在的组织，企业还必须与外部的各种组织打交道，与它们进行沟通。有效的外部沟通能够帮助企业树立良好的形象，获得必要的社会资源和支持，而失败的外部沟通则会给企业带来不必要的麻烦，甚至会使企业蒙受巨大的损失。

企业的外部沟通对象众多，其中对企业发展至关重要的主要有政府机关及主管部门、新闻媒体、客户、所在社区、非营利组织、合作伙伴、竞争者、金融机构等。不同的对象对企业发展的意义不一，但都需要企业慎重发展，拟定专门的沟通方案，使得有用的信息在这些外部组织与企业之间顺畅沟通，实现企业的利益最大化。企业在与这些组织打交道的最大障碍就是不重视这些外部组织，在不了解必要信息的前提下，盲目沟通，这样不仅不能实现沟通的目的，反而有可能弄巧成拙，影响企业形象。

三、正式沟通的管理

为了使正式沟通发挥应有的作用，企业应当采取适当的手段，引导正式沟通按照预定的计划发挥作用。

（一）设计完善的沟通系统

在设计沟通系统时，还应当以科学管理为原则，以高效、合理、尊重员工为评价标准对沟通系统进行提升改进，沟通渠道的宽窄、长度、数量，沟通的层次结构，沟通的效率，沟通障碍的避免等都是企业在设计沟通系统时需要审慎考虑的问题，一个好的沟通系统应当是精简、高效、开放的。

（二）选择合适的沟通模式

组织中各项日常事宜应当跟谁沟通、怎样沟通，一旦确定下来就应当以制度的形式固定下来，以减少工作中的沟通困扰和成本。企业沟通方式的选择通常与组织背景、文化背景、组织规模、沟通氛围等有很大关系。因此，组织在进行沟通模式的设计时，应当将组织在发展过程中形成的一些习惯模式作为重要影响因素加以考虑。例如，如果企业在初创时期，总经理习惯并乐于从员工那里获得各种信息，那么企业在设计沟通制度时就应当考虑到这一因素，以免设计出的沟通模式与企业传统相悖。Facebook 的创始人扎克伯格就是一个非常喜欢跟员工沟通的人，Facebook 在每周五下午都会安排专门时间，召开座谈会，方便员工就关心的问题与扎克伯格进行交流。

（三）建立完善的反馈机制

组织中的正式沟通主要是为了传达各种正式的决策和意见，使得高层领导的决定能够迅速到达组织的各个角落。但沟通的目的不只是为了传递信息，而是使信息能被正确地理解和使用。为了保证信息能够被有效接收和理解，管理者还必须善于倾听下属的意见，这不仅有助于管理者掌握信息的传递情况，也能够使管理者及时修正沟通过程中出现的失误，从而保证沟通工作的有效进行。

第3节 非正式沟通

组织中除了有明文规定的正式沟通外，还存在自发形成的非正式沟通，与正式沟通相比，非正式沟通不由组织的层级结构决定，而是来自成员间的人际交往。组织成员通过工作接触、兴趣爱好等，会建立起独立于企业之外的私人关系，这种关系的首要作用是满足员工的情感动机和需求，但同时也会对组织中的工作氛围和工作绩效产生影响。

一、非正式沟通的特点

与正式沟通相比，非正式沟通具有不同的特点。

（一）自发性强

与正式沟通是由组织明文规定的不同，非正式沟通源于组织成员的自发行为。尤其是当正式渠道中的沟通不能满足员工的需求时，员工就会更多地借助私人渠道来获取信息。

（二）灵活性强

非正式沟通基本不受组织束缚，在有沟通意向的成员间，信息可以通过各种渠道和媒介进行交流，并在必要时快速地传播出去。

（三）权威性低

非正式沟通中传递的信息并没有得到组织的正式认可，因此信息的可信度经常受到怀疑。尤其某些成员在传播消息时带有强烈的个人色彩，更使经非正式沟通传播的消息真实度不高。

（四）控制度低

由于非正式沟通基本是由成员自发进行的，不能通过正式的组织或规章制度进行管理，就使得企业难以控制信息的内容和流向，导致组织中有可能会出现谣言等不利现象。

二、非正式沟通的基本模式

与正式沟通不同，非正式沟通没有规定的路线，信息流动的方向随意性较强，并具有较强的个人情感和态度色彩。从非正式沟通中消息扩散的方式来看，非正式沟通模式有单线式、流言式、群体式和随机式。

单线式沟通如图 13-2（a）所示，非正式消息由一个成员传递给另一个成员，在这种方式中消息传递的速度较慢。

流言式沟通如图 13-2（b）所示，即由一个成员将非正式消息告知其他所有组织成员，在这种方式中，小道消息如同独家新闻一样。

随机式沟通也称为偶然式沟通，如图 13-2（c）所示，是指由某个组织成员随机地将消息传递给某人，其他人也随机传播消息，在这种方式中，很难追溯消息的传播途径。

群体式沟通如图 13-2（d）所示，是非正式沟通中常见的一种形式，由几个人分别将消息告知自己熟悉的同事或朋友，他们的朋友和同事又将消息进一步在熟人圈中扩散。

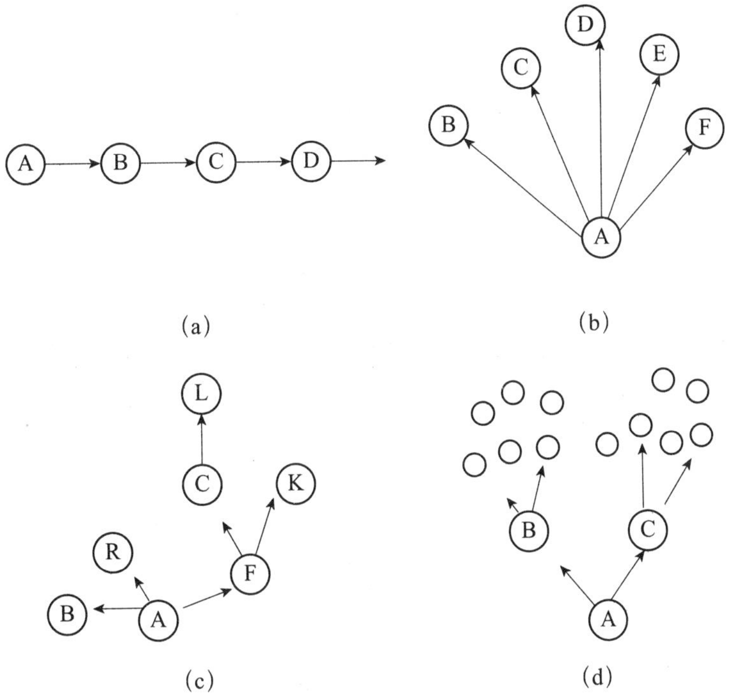

图 13-2 非正式沟通模式

三、非正式沟通的管理

从非正式沟通的特点可以看出，组织中的非正式沟通一方面可以使员工自由表达真实意见、密切员工与领导者之间的私人关系，使领导者得到真实的反馈；另一方面也会降低组织的正式沟通渠道的权威性，在组织内部滋生谣言，严重时甚至会影响企业的组织目标和工作计划的实现。因此，企业决不能因为非正式沟通是自发形成的就不加以管理，任由其发展，给组织带来隐患。

（一）正视非正式沟通渠道的存在

非正式沟通自发地存在于组织内部，并且它的存在是一种必然，管理者没有必要，也没有办法将它从组织内部彻底根除。作为组织管理者，应该正视它的存在，并注重因势利导，充分发挥它形式灵活、渠道广泛、及时准确、参与面广的优点，使它更好地为组织服务。

（二）将非正式沟通作为正式沟通的有益补充

非正式沟通具有的正反两方面作用以及它的自发性和随意性，决定了它不能代替组织内部规范、权威的正式沟通，而只能成为一种有益的补充形式。因此，在利用非正式沟通时，需要因势利导，充分发挥它的积极作用，利用非正式沟通增强组织凝聚力。非正式沟通轻松随意，对缓解工作压力，增进人际关系有很大好处。组织管理者可以有意识地创造机会，在组织内部正确引导非正式沟通，从而使上下级之间或同级之间有更多的机会了解、沟通，最终使组织健康发展。

（三）塑造鼓励沟通的企业文化氛围

随着组织的发展，沟通在组织内部不断进行，并形成独特的沟通文化。优秀的沟通文化具有善于分享的开放心态、尊重他人的团队氛围、鼓励沟通的组织设计等特征，在这种文化氛围中，信息能够更加顺畅地传递，即使出现沟通失误，也能够很快地纠正。相反，封闭的沟通文化则会使组织成员不愿意将自己的想法、意见与领导或同事交流，造成组织成员互不信任，导致组织僵化，沟通难以进行。

案例13-1

丰田的非正式教育

丰田公司成立于20世纪30年代，业务领域涉及汽车、钢铁、橡胶和玻璃等产品，每年的营业额近千亿美元。作为一家连续多年进入世界500强的公司，丰田成功的一个重要经验就是它所实行的非正式教育。这种特殊的教育模式不仅大大提高了员工的素质，也使得员工之间的关系更加亲近，增加了员工的组织归属感。

丰田的非正式教育是一个十分独特的教育体系，在公司内部被称为“人与人之间关系的各种活动”。与一般的员工技能或素质教育不同，丰田的非正式教育是对成员的思想意识进行教育，目的是在领导者与下属之间、员工之间创造一种和谐的人际关系，使得员工在工作场所也能找到归属感。为了达到目标，丰田在公司内部创造了一系列的活动形式，并将这些活动作为培养人才的重要手段在组织中固定下来，纳入公司的日常运营。在这些活动中，最主要的是员工的团体活动和领导者的个人接触活动。

公司内的员工团体活动是指根据员工的性格特点和爱好等，允许员工在公司内部组成自由的小团体。活动经费由员工个人的会费支持，小团体的领导人则由小团体内部成员选出，每过一段时间轮换。团体内部的成员可以随意接触，参与门槛也很低，同时，员工可以根据自己的意愿加入不同的团体，参加喜欢的活动。这种方式有助于提升员工的团体意识，通过参加这些活动，员工既能够在工作之余享受社交生活，也能够与组织中的成员建立密切的伙伴关系，同时每位员工还都有机会成为小团体的领导人，来锻炼自己的能力。为了使这种团体活动顺利进行，丰田公司专门建造了集会厅、体育馆、会议厅等公共设施，供组织内的小团体自由使用。

为了让新入职的员工更快地熟悉公司环境，进入工作状态，丰田提出了“热情欢迎新员工”的口号，并采取了领导者与个人接触的方式。通过这种方式，每位员工在进入丰田时，公司都会根据情况，指定一名“专职前辈”对他进行教导。专职前辈不仅要负责对新人进行工作上的指导，还要在生活上、人际关系上给予新人关怀与照顾，使他们能够很快融入陌生环境，在工作中和情感上都获得安全感。不仅如此，在员工入职的第一个月，班组长还会给他的家人寄丰田画报和写信，对员工的辛勤工作表示感谢。除此之外，丰田对车间里的工长、班长和组长也实行“个人接触”制度，由丰田管理层的骨干人才对他们进行工作上的指导，帮助这些基层管理者获得系统的技术知识和管理经验。丰田作为一家典型的日本企业，管理层的人才都有丰富的基层经验，积累了很多的智慧和知识，通过这种个人接触式的教育，丰田能够将组织中积累的知识有效地传递下去。

随着时代的发展，新一代员工的世界观和价值观发生改变，对他们来说，有吸引力的工作环境比单纯的物质奖励更为重要。丰田公司通过不断努力，创造出各种有效的方式，为公司员工提供满意的环境，从而最大限度地尊重人才、留住人才。正是通过这种方式，丰田公司创造出了独特的企业文化，也创造出了令人赞叹的工业奇迹。

资料来源：流泉．灵性主义企业文化的优势与缺陷——日本丰田公司的企业文化实践带来的启示与思考．现代企业教育，2000（12）；丰田的人力资源管理与企业文化透析．人才资源开发，2005（7）；吴树廷．丰田企业文化及其对企业文化建设的启示．石油教育，2008（6）；郭威．丰田文化：为百年企业奠基．销售与市场（评论版），2011（8）；欧阳雅芬．浅析丰田企业文化．企业研究，2013（22）．

第4节 跨文化沟通与管理

随着经济全球化的发展，组织的沟通范围也随之扩大。一方面，大型跨国组织在世界各地都有分支机构，它们的员工来自多个国家和地区，彼此之间差异颇大，组织内的有效沟通面临着更大的挑战。另一方面，许多企业开始更多地与国外的组织打交道，与来自不同背景、不同文化的人员打交道，并且已经成为企业的常态。这就使企业不可避免地要处理好跨文化沟通的问题，以充分应对国际化带来的机遇和挑战。

一、文化差异与跨文化沟通

（一）文化差异

荷兰学者霍夫斯泰德在对 IBM 全球雇员进行文化研究的基础上，提出了迄今为止在跨文化研究领域最有影响力的文化五维度理论。他认为，个体和组织所在社会的文化会从五个方面对组织的管理活动产生重要影响。① 通过对这五个维度的研究，可以划分出不同国家所属的文化类型，从而直观地了解不同文化下人们的行为和态度倾向。

1. 权力距离

权力距离是指群体中的成员对组织中权力不均衡这一现象的接受程度，可以直观地理解为管理者与员工之间的距离。在权力距离较高的文化中，组织的层级结构比较明显，组织地位和威望能够赋予管理者较大的权力，组织成员更倾向于服从而不是质疑管理者的决定，因此组织决策多采用自上而下的方式。而权力距离较低的文化中，组织结构更加扁平化，管理者和员工之间的地位比较平等，管理者乐于接受员工的建议，员工也更倾向于对管理者说出自己的想法。中国、俄罗斯和日本等均属于权力距离较高的国家，而美国和北欧国家的权力距离则较低，这直接导致了这些国家的公司具有很大的不同。

2. 不确定性规避

不确定性规避是指一个社会群体在面对未来的风险和模糊情境时的态度和行为，不同的文化在面对不确定性时具有显著的差异。高不确定性规避的文化中，人们认为不确定性会带来不良结果，是对生存的一种威胁。因此，人们倾向于采用制定明确的规则、具体的指令和详细的计划来规避可能出现的未知风险，在这种文化中，管理者习惯给出具体的工作方案，员工也乐于在管理者的指挥下工作。例如日本文化就表现出典型的高不确定性规避倾向。

低不确定性规避的文化中，人们认为不确定性是生活中的正常现象，对未来持一种乐观态度，更喜欢迎接生活中的挑战，不喜欢过于详细的规定，对稳定的要求较低。美国文化就是典型的创业文化，对不确定性的接受程度较高。

3. 集体主义和个人主义

集体主义和个人主义是指群体中成员关心集体利益和个人利益的程度。集体主义导向的文化中，组织结构比较严密，个人对组织有较强的利益和情感依附，人们相信组织的权威，并愿意为组织的利益做出贡献。而个人主义导向的文化中，人们更加关注个体的权利和尊严，不太愿意为了组织的利益而牺牲自己的利益。中国和日本文化较多地表现出集体主义倾向，美国文化中个人主义则更为明显。

4. 阳刚气质和阴柔气质

阳刚气质和阴柔气质是指不同文化所表现出的性别倾向。阳刚气质的文化较多地强调竞争、自信、坚强，将个人事业的成功放在非常重要的位置，整个社会对工作成就、物质财富等给予更高的评价。阴柔气质的文化则更强调人际关系的和谐、更高的生活质量以及宽松的社会氛围等。通常可以从对性别角色的定位、对家庭生活的重视程度等来考察一个社会的性别倾向。像日本这种典型的“男主外，女主内”国家就是明显的阳刚气质国家，女性嫁人后成为全职家庭主妇的比例非常高，而北欧国家阳刚气质则明显要弱很多。

---

① Hofstede G. Culture and Organizations. International Studies of Management & Organization，1980：15－41；Hofstede G. Culture's Consequences：International Differences in Work-Related Values. Sage，1984.

5. 长期导向和短期导向

长期导向和短期导向是指一个群体对待价值的观念导向。长期导向的文化以长远的眼光来看待组织和个人的发展，在这种文化中，人们更倾向于储蓄和节约，以审慎的态度处理事务，以求达到一个长期的良好效果，注重行为的长久影响。例如，相对于其他国家，日本的公司更加关注长期发展，希望通过一步一步的努力达到长期目标，对年度收益的关注度并不高。而短期导向的文化中，组织和个人则更看重当前的利益，人们虽然也关注和尊重传统，但眼前的收益才是最重要的。美国文化就是典型的短期利益文化，因此美国公司关注每一季度和每一财年的利润，要求公司业务在最短时间内盈利。

需要强调的是，文化的属性并不是一成不变的，随着社会的发展，某个文化的属性可能会发生巨大的转变。例如，新中国成立前中国存在很强的男尊女卑思想，而新中国成立后妇女解放运动等则大大提高了女性的地位，因此在性别倾向上，当代中国文化的阴柔气质要明显高于日本和韩国。这就使得进行跨文化沟通时，必须具有动态的眼光，具体问题具体分析，不能局限于定式思维。

（二）跨文化沟通的内涵

从最广泛的含义来看，文化是指人类创造的一切文明的综合。人类学的研究指出，文化是一个社会中成员所共同接受的知识、艺术、道德、法律、习俗等的总和，可以影响一个群体的普遍行为。跨文化则是具有两种以上文化背景的群体或个人之间的交流，在这种交流中，不同的文化在同一时间和空间内碰撞，既使得不同群体在交流时面临种种障碍，也为不同群体互相学习、共同进步带来机会。

随着经济全球化的深入，来自不同文化背景的群体对理解彼此的需求越来越高，跨文化沟通也就成了一件不可避免的事情。无论是国家之间的经济政治活动，还是企业在全球化时代进行的国际化经营，或者是民间自发的文化交流，都需要与来自不同文化背景的组织和个人进行沟通。这就需要沟通双方深入了解对方文化与自身文化的差异，并在互相尊重的基础上展开交流。

（三）跨文化沟通能力

在不同文化群体的交往中，有诸多因素会影响到沟通双方对彼此言谈举止、风俗习惯和价值观的理解，通常而言，可以将这些因素概括为三个方面的能力：情感、认知和行为。

1. 情感能力

情感能力主要是指个体感知来自不同文化对象情感的能力，这种能力能够帮助沟通者在沟通过程中敏感地察觉沟通客体的情感变化，从而更好地理解对方的意图。例如，中国人一般习惯比较委婉地表达自己的意见，即使语气比较平静，也可能表达了比较强烈的意见，而中东地区的文化则习惯于加强语气和表情，在表达意见时态度激烈。

2. 认知能力

认知能力是指沟通双方能够理解母国与其他文化的差异，从而改变对情境的认知，进而采取正确的行动。一个笑话非常能够说明这个问题。一艘船遇到火灾，需要乘客跳船求生。船长对美国人说“跳下去你就是英雄”，对英国人说“跳下去你就是绅士”，对法国人说“请不要跳下去”，对德国人则说“跳下去，这是命令”。在这个场景中，这位船长就是通过对不同文化的认知，采取了合适的劝说方法。虽然这只是一则笑话，却也在某种程度上说明了文化认知能力对行为的影响。

3. 行为能力

行为能力具体是指人们在跨文化沟通中采取合适的行动以完成沟通目标的能力，这些能力包括传递信息能力、互动交流管理能力、行为灵活能力和社交技巧等，只有具备了这些能力，沟通双方才能在理解彼此情感和认知的基础上完成交流。举例而言，来自不同国家的人们在交流时，如果使用共同的语言则能减少沟通的障碍，中国人只有说英语才能跟来自英语国家的人交流，而一个只会说中文的人，是很难顺利完成这样的沟通的。

二、跨文化沟通的障碍

当来自不同文化的人们试图进行交流时，将会面临许多困难，如果不能圆满解决这些问题，跨文化沟通几乎不可能取得成功。从实际情况来看，人们在进行跨文化沟通时必须关注的问题包括语言差异、文化差异、客观环境障碍等方面。

（一）语言差异

文化不同，人们所使用的语言和语言规则就不同。面对不同语言的沟通对象，沟通者要么需要重新学习掌握一门外语，要么需要借助翻译完成沟通，无论哪种形式，都容易忽略一些不明显但可能带来巨大损失的问题。因为语言背后总有惯性的文化思维存在于不同的语言体系中，往往很难完全精准地翻译某个词汇或句子。人们对事物的评价和解释都是建立在自身的语言基础上的，在跨文化沟通中，也难免将这一习惯带进去。这种无意识的语言迁移，会对沟通结果带来重要影响。

需要注意的是，身体语言的差异也是造成沟通障碍的一个重要因素。已有的经验常识会让人们依据自身的理解去解释沟通对象的内在情绪和感受，解释沟通对象所要传递的信息。不同国家的人在表达问候时有不同的习惯，中国人相对含蓄，习惯用握手和微笑表示礼貌，而欧美地区的人则习惯于拥抱和亲吻，在信奉佛教的泰国，人们习惯双手合十表达问候。

（二）文化差异

文化隔阂是影响沟通主客体解读信息的最重要因素之一。不同国家和文化之间的差异主要体现在信仰和风俗习惯等方面。这是因为，信仰和风俗习惯来自多年的文化积淀，在信仰和风俗方面的不同直接导致不同文化的人在工作导向、家庭生活、饮食习惯、娱乐习惯等方面差异明显。企业在进行跨文化经营时，必须对信仰和风俗进行细心的对比，以免出现这方面的错误导致前期努力付诸东流。

（三）客观环境障碍

除了文化方面的因素，跨文化沟通还面临来自客观环境的限制。跨文化沟通经常出现在地理位置相去甚远的部门和组织之间，在这种长距离的沟通中能够使用的手段是非常有限的，信息反馈的速度也相对较慢，很容易使信息的完整性和准确性下降，从而导致来自不同文化的沟通双方面临更多的信息扭曲和失真。此外，跨文化沟通还经常发生在组织结构较为复杂的企业之间和企业内部，信息的层层过滤与丢失情况更为普遍，也使得跨文化沟通面临着比普通沟通更多的困难。

三、跨文化管理

跨文化管理是在面对来自不同文化的组织成员时，努力找出不同文化的共通点，创造出来自不同文化背景的成员都能够接受和认可的管理方式。在这种管理方式下，企业能够降低文化冲突给组织带来的冲击，提升文化融合给组织带来的优势。

（一）跨文化管理的注意事项

1. 互相尊重

互相尊重是文化背景不同的主体在进行沟通时的首要原则，为了使这一原则在企业文化中得以确立，首先要在管理层建立相互理解的氛围，这就需要公司在制定政策时，将管理层与员工和公司外部团体的沟通放在一个比较重要的位置上，鼓励管理层成员积极地体验、了解不同文化，建立起对陌生文化的尊重。此外，企业还应当培养开放的沟通氛围，在企业中建立各种有效的跨文化沟通机制，让不同文化背景的员工都有机会表达自己的想法。通过这种鼓励沟通的机制，可以使各文化背景的员工充分感受到企业的尊重。

2. 弱化差异

由于历史背景、社会环境和地理位置等的差异，不同的文化在长期发展过程中必然会形成一些差异，这些差异正是来自不同文化背景的人在沟通时出现障碍的主要原因。任何文化都有其独特的背景，但不同的文化之间并没有先进落后之分，因此，沟通的双方应当以积极的态度去理解不同文化之间的差异。首先，沟通的双方应当承认不同文化之间差异的存在，并认识到这是一种正常现象，这是组织成员互相理解的基础。其次，沟通的双方应当有换位意识，设身处地地站在对方的立场上看待问题，排除偏见对沟通造成的困扰。应当说，只有全面、客观地去认识和理解不同的文化，才能有效地消除跨文化沟通中的种种困扰。

3. 取长补短

在跨文化沟通中，保持一个开放的心态是非常重要的。当公司在不同的国家开展业务时，虽然会面临沟通中的种种困难，但也是从不同文化中学习进步的机会。因此，沟通双方如果能互相尊重，以开放的心态增进理解，互相学习，就能达到共同发展的目的。通过这种积极的学习，不仅能够提升沟通的效率，也能够使沟通的双方在交流过程中实现自我提升。

4. 适度妥协

在进行跨文化沟通时，沟通双方需要在某种程度上摆脱自身的本土文化，摆脱原来自身的文化约束，从不同的视角审视原来的文化。但这种妥协是有一定限度的，要做到既不墨守成规、循规蹈矩，也不过度改变、完全放弃，力求在本土文化和对方文化之间找到一个平衡点。例如，中国企业在国际化的过程中，既要反对忽略本国国情，一切照搬西方的倾向，也要反对不顾其他国家特点，盲目地“纯粹中国化”。

（二）跨文化管理的基本模式

在跨文化沟通的过程中，众多企业根据自身的经验设计组织管理策略，形成了不同的管理模式。目前，较为常见的跨文化管理的基本模式包括母国文化主导型、本地文化融合型和文化融合创新型三种。

1. 母国文化主导型

在母国文化主导型跨文化管理模式下，各个地区关联公司的重要职位人选都由母公司直接派遣，以便将母公司所在国的文化全盘移植到子公司所在地区，从而达到使母公司与子公司之间沟通顺畅，以及对子公司进行控制的目的。这些与母公司价值观一致的管理人员，可以潜移默化地影响公司员工的价值观，使公司成员慢慢理解并接受母公司所在国的文化，用与母公司所在国文化一致的思维方式来开展公司的日常工作。因此，各个地区的子公司在战略决策等方面的权力有限，主要是依据母公司已有的管理政策行事。

使用这种管理模式的公司一般在全球范围内具有较强的影响力，在长期的经营过程中形成了成熟的企业文化并得到广泛的认可。其优势是能够在公司内部快速建立起统一的企业文化和管理模式，在员工间达成共识，各分支机构能够和母公司在经营活动方面进行有效的沟通。但这种模式也容易导致母公司与子公司员工之间由于意见不同出现争执，同时，母公司文化的强势使得子公司过于强调对母公司的服从而非重视市场的实际情况，从而增大了经营决策失误的可能性。此外，由于对当地文化了解不够，母国文化主导型公司还存在难以游刃有余地与政府机构打交道等问题。

2. 本地文化融合型

本地文化融合型跨文化管理的思路与母国文化主导型相反，在这种管理模式下，母公司将各个地区的子公司视为互相独立的个体，公司在运营和管理上基本参照当地企业的经营模式和传统，母公司并不会将固定的管理模式强行植入各子公司，而是鼓励各个子公司根据当地的市场情况，制定符合当地实际需求的管理策略。在这种管理模式中，各个子公司无须按照母公司的既定模式运营，在管理人员的任用方面也没有强制性的要求，既可以任用母公司指派的管理人员，也可以从子公司提拔任用有才干的员工，并借助他们熟悉当地的市场动态、法律法规等，以更加深入地了解当地的经营状况。

与母国文化主导型相比，这种管理模式不需要母公司向外派遣工作人员，因此可以降低高昂的管理费用，与当地社会文化的融合程度也较高。这种因地制宜的管理模式非常适合那些与母公司的文化和价值观差异很大的国家和地区，它能够帮助企业以最快的速度适应、融入当地的环境，减少文化冲突带来的隔阂。但是，这种模式也会带来显而易见的缺陷，采用本地文化融合型管理模式的企业，母公司和各子公司之间不能形成统一的管理模式，各个公司之间存在显著的差异，这使得各个分支机构之间难以形成有效的沟通机制。此外，企业在努力融入当地文化的过程中也可能会受负面文化的影响，例如过于注重形式、论资排辈等，不利于企业文化的建设。

3. 文化融合创新型

这种管理模式既不固执于母国的文化，也不盲从东道国的文化，而是面对多样化的文化背景，兼容并蓄，形成包容性极强、独具特色的企业文化。在起步时，跨国公司大多采用母国文化主导型；随着跨国公司进入越来越多的国家，必须转向本地文化融合型；跨国经营进一步深入后，又转向文化融合创新型。

这一模式与母公司文化主导模式的区别在于，它不像母公司文化主导那样，以母公司文化为基础，与关联公司所在地及其原有的文化进行嫁接，而是强调母公司文化与关联公司所在地及其原有的文化平行相容，并在融合之中创新，在关联公司中产生新的企业文化和管理模式。该模式在关联公司中并不以母公司的文化作为其主体文化。母公司文化与关联公司所在地及其原有的文化之间虽然存在巨大的文化差异，却并不互相排斥，反而互为补充，同时运行于公司的经营活动中，充分发挥跨文化优势。但是，这种模式需要耗用更长的时间和管理人员更多的精力，并受到诸多因素的制约。

➡ 思考题

1. 沟通的内涵和要素是什么？请按自己的理解加以阐述。
2. 沟通的障碍主要来自哪些方面？应当如何解决这些障碍？
3. 正式沟通的特点和作用是什么？组织应当怎样管理正式沟通？
4. 正式沟通的方式主要有哪些？
5. 非正式沟通的特点和作用是什么？组织在管理非正式沟通时的注意事项有哪些？
6. 文化差异主要体现在哪些方面？
7. 跨文化管理的障碍主要有哪些？
8. 应当怎样进行跨文化管理？

➡ 课后案例讨论

零售巨头 Tesco 撤离中国

在华经营 10 年后，全球第三大零售巨头 Tesco 开始撤离中国。2014 年 11 月 2 日，位于山东济南经四路的乐购超市突然贴出一则告示："由于 Tesco 与华润万家成立合资公司，自 2014 年 12 月 1 日起，乐购会员卡将并入华润万家体系，享有华润万家会员权益，截至 2014 年 11 月 30 日的原有乐购积分将等值转入华润万家会员账户。"与此同时，乐购在潍坊、青岛、济南的四家门店在同一时间关闭。至 2014 年年底，Tesco 已确定在全国将关闭 10 家门店，山东成为最先启动且关闭门店最多的地区。

2004 年，全球第三大零售巨头 Tesco 收购了顶新国际集团旗下乐购超市 50% 的股权，抢滩中国市场，两年后 Tesco 增持股权至 90%，成为绝对控股方。曾几何时，Tesco 将中国作为亚太地区最重要的市场，制定了雄心勃勃的中国计划。谁能想到 10 年后，Tesco 开店数量不仅远远未达预期，而且多年深陷亏损的泥潭。最终，2014年5月Tesco与华润万家母公司华润创业有限公司成立合资公司，后者将获得80%的控股权。至此，全球第三大零售巨头在进入中国市场10年后铩羽而归。

曾经的雄心

Tesco作为全球三大零售商之一，实力雄厚、经验丰富，在全球拥有超过6 700家门店，年销售额更是达到了惊人的710亿英镑。然而，这样一家拥有强劲竞争力的零售商直到2004年才通过收购乐购超市进入中国，比它的竞争对手沃尔玛、家乐福晚了近10年。导致这一局面的原因之一是Tesco进入外国市场的一贯模式是收购当地超市。例如，Tesco在进入韩国和泰国市场时就分别与韩国的三星集团、泰国的Charoen Pokphand集团合作，实现了对当地市场的快速渗透。在竞争激烈的零售业，这不失为一种有效的策略，毕竟在各零售商完成对当地市场的跑马圈地后，通过与它们的合作能够更容易与当地供应商和消费者建立起联系。

Tesco进入中国后，将中国作为其最重要的市场来经营，拟在5年内新建50个商场和30个购物中心，令Tesco在华的销售额增加3倍以上。为了达到以上目标，Tesco做了大量的基础设施工作，整个零售体系的信息系统、管理架构、供应链、仓储设置等都是按照千亿元销售额的目标来构建的。与此同时，Tesco还利用自己的优势，在乐购超市内陈设了数百种从英国进口的高端商品，形成了自己的经营特色。在当时中国经济发展势头强劲的背景下，Tesco的目标似乎并不遥远。

水土不服的管理方式

然而，乐购超市的发展并不如预想中顺利。在许多业内人士看来，乐购超市更像是一位身着西装的英国绅士，但在经营环境与英国大不相同的中国，这种经营风格却带来了种种弊端。

Tesco依靠收购乐购超市打进中国市场后，做的第一件事就是向中国输入了大量的外籍管理者。在相当长的一段时间内，乐购超市只有两名华人高管，分别负责公司的公关和人力资源工作。这些外籍高管在管理乐购超市的过程中，在企业运营的各方面都打上了鲜明的英国烙印。Tesco入主乐购超市后，首先关停了几家缺乏盈利空间的门店，而当时中国的零售业正值疯狂发展时期，众多零售商纷纷跑马圈地，Tesco却根据已有的经营经验，在需要血拼的时候坚持按照公司原有海外经验制定的战略来发展。这一举措在当时引起了不小的震动，也使得乐购超市错过了在中国扩张门店的最佳时机。此外，乐购超市在选择新店地址时，也沿袭了一贯的英国模式，将超市设置在地广人稀的郊区，依赖顾客驾车前往，这种明显不符合中国国情的选址策略，导致乐购超市一直难以吸引到足够的客流量。

除了在店铺选址上坚持英国特色，Tesco领导下的乐购超市还改变了公司总部与各个大区、门店之间的管理模式。在乐购超市还属于顶新集团时，采用的是大区负责制，各个地区虽然需要听从总部的智慧，但拥有一定的自主权，可以根据所在地区的特色进行个性化的管理。而在Tesco入主乐购超市后，却将这一体制改为中央集权制，各大区和门店只能根据总部的决策来规划日常运营。Tesco的这一管理方式秉承了英国超市管理的一贯经验，在Tesco的本土市场，市场总体规模较小、各个区域之间差别不显著，顾客消费习惯也趋同，因此，采用中央集权制的管理方式可以有效地发挥集约管理的优势，实现协同效应。而中国市场则恰恰具有与英国市场相反的特点，中国市场总量大，地理辐射范围广，各个区域之间有着极大的差异，具有鲜明的地方特色，需要各大区的管理者根据当地情况制定不同的采购策略。例如，华东地区的消费者比较偏好酸甜口味，而四川地区的消费者则更喜欢麻辣口味，全国统一的采购策略根本无法适应不同地区消费者的需要。在这种管理策略的指导下，乐购超市商品的当地化特色远低于其他竞争对手，很多商品因为不符合顾客需求而滞销，销售业绩也始终未能达到预期目标。

乐购的纯英国血统管理方式在经济增速放缓、各种成本提高的中国，没有起到预想中的作用，

Tesco 中国区的财务报表也每况愈下，不容乐观。到了 2013 年，乐购超市在整个中国地区的销售额仅为 223 亿元，与千亿元销售额的目标差距甚大，整体处于亏损状态。而 Tesco 2014 年的财报显示，其上半年税前利润同比下降 90% 以上，第一季度业绩销售额同比下降 3.8%，为近十几年来最差。在这种情况下，Tesco 为了避免进一步亏损，不得不黯然退出中国，放弃被各零售商看好的中国市场。

资料来源：顾仙玉．2012 年中国零售业关店事件盘点．商场现代化，2013（5）；宋爽劲．十年生死．新经济，2013（15）；种昂．Tesco 撤离中国．商周刊，2014（25）；Tesco 败走中国：本土关系缺失．全国商情，2014（22）．

结合案例内容，回答以下问题

1. Tesco 在中国的经营过程中出现了哪些方面的失误?
2. 结合你对沟通的理解，你认为 Tesco 在中国应当采取怎样的策略?
3. 从 Tesco 撤离中国的案例能够得出哪些经验教训?

第 14 章
激　励

香饵之下，必有悬鱼，重赏之下，必有死士。

——《黄石公三略·上略》

世界上唯一能够影响对方的方法，就是给他所要的东西，并且告诉他，如何才能得到它。

——戴尔·卡耐基

学习目标

1. 了解激励的内涵和过程
2. 明确激励的类型和作用
3. 掌握不同类型的激励理论
4. 掌握管理实践中的各种激励手段

➡ 引　例

海底捞管理的秘诀

海底捞是一家川味火锅连锁店，短短时间内其生意就在各大城市做得风生水起。口口相传的良好口碑中，顾客总是对“海底捞式的服务”念念不忘：等座时免费的零食、水果和美甲美发服务；用餐时服务员体贴入微的微笑服务，为顾客特意准备的手机套、眼镜布、发带等，周到地考虑到每一个细节；服务员上餐时别出心裁的精彩表演。这一切都是提及海底捞时，人们脑海里浮现的画面。这是一家服务到极致的餐馆，而关键则在于这一群提供极致服务的员工。这正是海底捞董事长张勇的管理之道，“当员工把心放在工作上的时候，他就会替你去揣摩顾客的心思”。如何才能让员工将心思放在工作上呢？这就是海底捞管理的秘诀所在——把员工当成家人来对待。

海底捞从心底里把员工当成了家人，即使是员工个人的衣食住行这些细节也都是海底捞关心的范畴。薪酬方面，海底捞实施的是领先战略，其员工的收入高出同类企业平均水平的 10%～20%，而更体贴的是即使是一些鸡毛蒜皮的小事，海底捞也为员工做了细心的安排。海底捞为员工提供了舒适的公寓式住宅，配备了空调、电脑等，24 小时可以洗热水澡，甚至还提供了家政服务。公寓距离工作地点只有 20 分钟的路程，几点起床、坐哪路公交车、中午在哪里吃饭、什么时候回家，海底捞都有详细的推荐。此外，海底捞还为员工提供各种培训，不仅仅是工作技能的培训，也有生活方面的培训，比如北京地图怎么看、冲水马桶怎么用、地铁怎么坐等，帮助这些从农村来的员工适应全新的城市生活。也许对于很多企业而言，这些都是员工的生活琐事，但是海底捞的员工一般都是来自农村的文化程度不高的打工人群，对他们而言，这就是实实在在的帮助。对于海底捞而言，家人的家人也是家人，海底捞同样为优秀员工的父母购买商业保险；在员工父母生病时送上慰问金；发奖金时将其中一部分直接寄给员工父母，让他们也感受这种喜悦。不仅是员工的父母，海底捞也同样悉心呵护员工的孩子。教育问题从来都是家长关注的重中之重，海底捞的员工也不例外。为缓解他们的后顾之忧，公司还专门在四川简阳市建立了海底捞寄宿学校，聘请一流的老师，为这些孩子提供教育机会。这一点一滴的关怀，让出门在外的海底捞员工倍感家的温馨，并铭记于心，在工作中涌泉相报。

张勇曾说，“海底捞服务好的非常关键的一点，就是让每个人都能感受到公平的内部晋升机制”。每个人都希望出人头地，而海底捞给了所有员工这样的机会，让他们相信只要努力，人生就会有希望。海底捞为员工提供了两条发展路径，一条是管理路线：从新员工开始，经过合格员工、优秀员工、实习领班、优秀领班、实习大堂经理、优秀大堂经理、实习店经理、优秀店经理、实习大区经理、片区经理、总经理，直到最后一级董事长；另一条路线则是荣誉职称路线，优秀员工晋升为先进员工，连续当选三个月即可升为标兵，连续当选五个月标兵即可成为劳模，连续当选六个月劳模即可评为功勋，相当于店经理的待遇。

不仅如此，在海底捞工作的每一个员工都收获了信任与尊重。即使是一线的普通员工，也拥有先斩后奏的免单权和打折权。只要员工认为有必要，就可以行使该项权力，或者免费加一盘菜、送水果等。海底捞对于员工的放权程度着实令很多企业无法想象。店长级别有 3 万元的签字权，小区经理、大宗采购部部长、工程部部长有 30 万元的签字权，副总、财务总监、大区经理权限可达 100 万元。对于一家民营企业而言，这实在是难能可贵。

当别的企业的员工忙于工作养家糊口时，海底捞的员工是在靠双手改变命运，这正是海底捞管理的秘诀所在。

资料来源：邱羚，秦迎林．组织行为学案例集．北京：清华大学出版社，2014；陈胜军，陈东，周丹．海底捞的微笑链．企业管理，2008（1）；张金峰．“海底捞”的员工管理秘笈．人力资源，2011（4）；黄铁鹰．海底捞的秘密．中国企业家，2011（2）；孟艳华．海底捞一线员工满意度调查与管理特点．现代企业，2014（4）．

第1节 激励概述

一、激励的内涵

激励（motivation）指的是通过某种外部或内部的刺激激发人的动机，使其产生一股动力，从而做出朝目标努力的行为，直至所期望的目标得以实现的过程。本质上，这是在某种刺激下做出的一种通过给予来换取回报的行为。从英文字面上理解，激励是动机的意思，显然，激励与动机两者是息息相关的。人的所有行为背后都存在某种动机，这种动机促使人产生行为，而产生的行为是为了满足一开始促使行为产生的动机，构成一个以动机的激发开始、以动机的满足结束的循环，通过不断的刺激引发新的循环。在管理学领域，很多学者也对激励做出了定义。美国管理学家贝雷尔森（B. Berelson）和斯坦纳（G. A. Steiner）给激励下了这样的定义："一切内心要争取的条件、希望、愿望、动力都构成了对人的激励。它是人类活动的一种内心状态。"因此，激励这一概念应用于管理实践，就是管理者利用各种有效的途径激发员工的工作动机，使其产生工作的积极性和创造性，为实现组织目标而不懈努力。激励是管理的一种手段，也是管理者必须掌握的技能。

二、激励的过程

心理学家研究发现，人的行为产生具有一定的模式，是一个由未满足的需求引起的产生目标导向性行为，直至需求得到满足的过程。如图14-1所示，激励过程是由几个环环相扣的环节构成的。

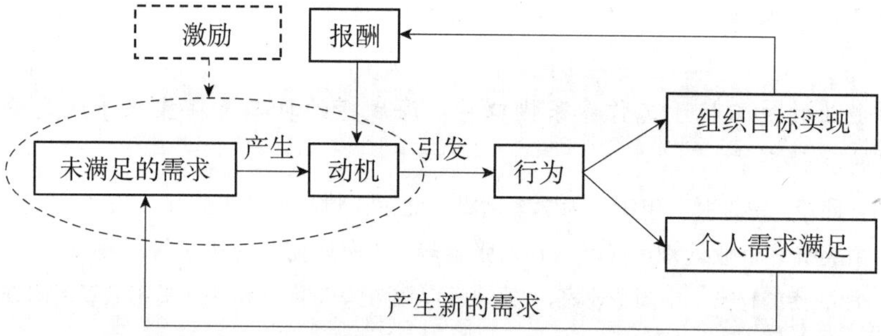

图14-1 激励过程图

资料来源：张玉利．管理学．3版．天津：南开大学出版社，2013.

第一阶段：未满足的需求产生动机。未满足的需求是整个行为机制的起点，也是行为产生的原动力。所谓需求，指的就是人对于某种状态的渴求和欲望。当需求得不到满足时，个体会本能地产生不安和焦虑感，从而出现寻求需求满足的动机。譬如，人在饥饿的时候产生寻找食物的动机，在寒冷的时候产生寻找温暖的动机，等等。这些未满足的需求形成了行为动机的基础，并影响着后续行为的发生，一个人的行为总是直接或间接地为满足需求而努力。

第二阶段：动机引发行为的产生。动机是使人产生某种行为的驱动力。行为的发生依赖于动机，只有在动机被激发的情况下才会产生一种驱动力，驱使行为的发生，即在某种激励下调动了做某件事情的积极性。这正如现实生活中两个能力差不多的人，在同样条件下工作绩效截然不同的根本原因取决于完成某件事情是否具备动机以及动机的强弱程度。

第三阶段：行为的结果使个人需求得到满足。人之所以产生某种行为是因为行为的结果可以使个人需求得到满足，这也说明了行为发生的目标导向性。行为建立在需求和动机的基础上，未满足的需求产生了动机，在动机驱动下引发了行为，行为的发生导致需求被满足，这是行为产生的一个完整过程。在需求得到满足之后又不断出现新的需求，周而复始，往复循环。

三、激励的类型

根据不同的分类标准，激励一般可划分为以下类型。

（一）物质激励与精神激励

根据内容的不同，激励可分为物质激励和精神激励。两者都是针对人的需求层面而言的，只是前者针对的是生理层面，而后者倾向于心理层面。物质激励满足的是人对于物质生活的追求，比如工资、奖金、奖品以及其他福利待遇。随着人们生活品质的逐渐提高，对物质需求的渴望没有以前那么迫切，而是越来越重视精神上的追求，相应的精神激励包括关爱、表扬、荣誉、特权等。随着人的需求的多样化，激励的内容也不再是单一性的，唯有物质激励与精神激励两者相结合才能更有效地调动员工积极性。

（二）正激励与负激励

根据效果的不同，激励可分为正激励和负激励。正激励是当员工做出组织所期望的行为时进行奖励，使这种行为得到认可，从而提高员工积极性。负激励是当员工做出违背组织期望的行为时进行约束或惩罚，使这种行为不再发生，从而引导员工努力的方向。管理者应认识到激励不仅仅是奖励，也应该注意约束和惩罚。这两种激励方式的目的是对行为进行强化。通过正激励对恰当的行为进行正强化，肯定这一行为；通过负激励对不恰当的行为进行负强化，否定这一行为。管理者应始终坚持两者相结合，以正激励为主，负激励为辅，充分发挥激励的作用。

（三）内激励与外激励

根据来源的不同，激励可分为内激励和外激励。内激励是指源于个体内心的激励，这种激励与工作本身有关，是员工在工作过程中获得的内在激励。内激励并不是外界所给予的，而是伴随着工作的进行由内在产生的自我实现、自我锻炼、不断创造的价值，或者是感受工作的乐趣与挑战。外激励则是由外界所赋予的激励，与工作本身无关。这种激励是在员工完成组织所要求的工作之后所获得的报酬激励，可能是薪酬奖赏等物质激励，也可能是荣誉权力等精神激励。两者之间的差异在于一旦停止了外激励，员工的行为也随之停止，而内激励与此截然不同，内激励是由内心引发的自我激励，是一种持久性的激励。因此，管理者在实践中应了解员工对于外激励的依赖程度，尽可能地激发员工的内激励，两者相互结合。

四、激励的效果与作用

关于激励的效果，哈佛大学的威廉·詹姆斯（William James）教授研究发现，一般员工发挥其20%～30%的能力就足以保住饭碗，而受到充分激励的员工，其工作能力可发挥到80%～90%，有效激励的效果竟然可以提高60个百分点的能力发挥，这一量化结果非常值得我们关注。① 无独有偶，1968年，美国心理学家罗森塔尔（Robert Rosenthal）和雅各布森（Lenore Jacobson）在一所小学里进行了一项心理实验，也得出了类似的结论。他们随机抽取了18名学生，并声称他们是高智商人才，这份学生名单交由校长通知各班老师。8个月后，当他们进行跟踪调查时发现，这18名学生确实进步了不少，即使是原本不被看好的学生。许多年后，再对这18名学生进行跟踪调查，结果竟然均在各岗位上表现出了非凡的成绩。回顾这一实验，不难发现接受了名单暗示后的老师采取了友善、信任与激励的方式代替了过去的批评与惩罚，这些学生也因此收获了自信、自尊和自我价值，再后来也都有了超出常人的发展。这就是著名的皮格马利翁效应（Pygmalion effect），也称为期待效应。在管理实践上，同样存在这样的显著效应。管理者对员工的激励和认可给予了员工强烈的心理暗示，从而大大提高了员工的积极性、主动性和创造性，员工潜能也因此得到很大的激发。众多管理实践表明，激励确实在管理中发挥了重大的作用。

第一，激励有助于调动员工积极性，开发员工潜在能力。有效的激励刺激了员工动机的产生，从而调动了员工的积极性。所谓积极性是员工一种能动的心理状态，这种状态有效地促进了员工潜力的开发，并促进了一系列积极行为的发生，比如工作效率的提高、创造力的释放、工作态度的转变等，组织中的成员表现出的这种行为使组织呈现出发展的良好态势。

第二，激励有助于引导员工行为，提高组织绩效。激励的重要作用在于引导员工产生某种特定行为，在激励的作用下，员工的行为既满足了组织的期望，又满足了自身的需求。因此，激励作用的不断强化，有助于引导员工的个人目标不断靠近组织目标，服从组织目标，从而促进个人目标与组织目标的共同实现，提高组织绩效。

---

① 边俊杰，王欣，曾国华，等．管理能力．厦门：厦门大学出版社，2014.

第三，激励有助于组织的未来人力发展。德鲁克认为，未来人力发展是组织绩效的表现之一，而未来人力发展则来源于激励工作的实现。未来人力发展，包括吸引优秀人才和留住优秀人才两方面。许多企业，尤其是实力雄厚的企业，提供高薪、丰厚的福利待遇、快捷的晋升通道来吸引并留住优秀人才。

第 2 节 激励理论

20 世纪 50—60 年代是激励理论蓬勃发展的时期。在这一时期出现了许多重要的激励理论，包括马斯洛需求层次理论、X－Y 理论、ERG 理论、双因素理论、成就需要理论等，主要围绕激励动机的诱因，探索隐藏在行为背后的潜在需求的内容及性质，因此称为内容型激励理论，至今仍在管理实践中发挥着重要的指导作用。这些经典理论解释了提供怎样的刺激能有效地激发动机，但并没有解释动机是如何转化为组织所期望的行为，即激励的过程。因此，以此为侧重点的激励理论逐渐出现，主要以期望理论、公平理论、强化理论、目标设置理论为代表，称为过程型激励理论。

一、内容型激励理论

（一）马斯洛需求层次理论

亚伯拉罕・马斯洛是美国心理学家和行为科学家，他在 1954 年出版的《人类的动机理论》一书中首次提出了需求层次理论，包含两个基本论点：其一，人的行为是由动机引起的，而动机是由人的需求决定的；其二，人的需求有层次高低之分，需求满足的顺序由低层次逐渐到高层次。[①] 马斯洛需求层次理论（Maslow's hierarchy of needs theory），以其直观逻辑性和易理解性在管理实践中得到了广泛的认可和应用。

如图 14－2 所示，马斯洛将人的需求划分为从低级到高级的五个层次：

第一，生理需求（physiological needs）。生理需求是人生存的最基本需求，包括衣食住行及其他方面的基本需求。

第二，安全需求（safety needs）。安全需求是人对于生命及财产安全的关注，包括工作安全、财产安全、预防疾病及防止意外事故等。

第三，社会需求（social needs）。社会需求来源于人的社会本性产生的社会归属，包括对友谊、爱、群体归属等的追求。

第四，尊重需求（esteem needs）。尊重需求指的是人的自尊和受人尊重的需求，包括自尊、成就感等内部因素，也包括受人尊重、获取关注、地位认可等外部因素。

---

① Maslow A. Motivation and Personality，Harper，1954.

第五，自我实现需求（self-actualization needs）。这是最高层次的需求，是一种渴望发挥人的最大潜能，成就其所能达到的任何事情的需求。马斯洛认为，这种需求就是人越变越完美的欲望，人要实现他所能实现的一切欲望。

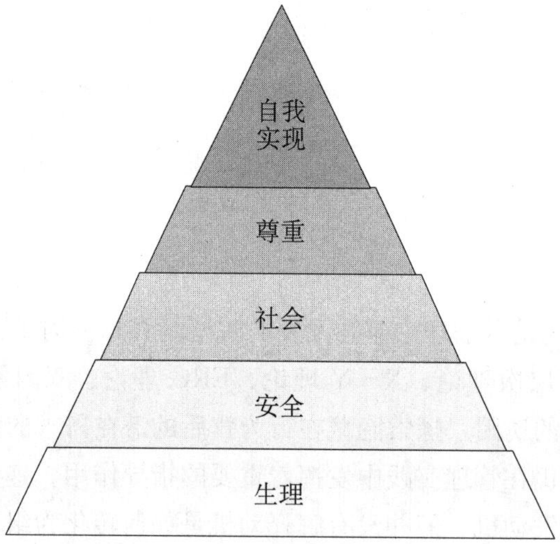

图 14-2 马斯洛需求层次理论

资料来源：Maslow A H. Motivation and Personality，2nd ed.，reprinted by permission of Prentice Hall，Inc.，Upper Saddle River，New Jersey. 1970.

关于需求与激励的关系，马斯洛认为：人产生行为的深层次原因是由于需求得到了满足，这种渴望满足的动机促进了行为的发生。但这种需求是以层次的形式存在的，只有当较低层次的需求得到充分满足之后，较高层次的需求在受到刺激时才能表现出激励作用。同时，当某一层次的需求已经被充分满足时，即使加大激励力度，效果也不再显著。在这种情况下，需求会向更高层次转移，追求下一层次需求的满足成为最大的驱动力，针对这一层次需求的激励也将达到更好的效果。因此，管理者应该尽可能了解下属所属的需求层次和个人特点，有针对性地进行激励。

（二）X-Y理论

20世纪60年代，道格拉斯·麦格雷戈在《企业的人性面》一书中首次提出了X-Y理论，其本质是一种人性假设。[①] X-Y理论提出了人的两种截然不同的本性假设。一种称为X理论（theory X），是一种比较消极的人性假设，认为人天生就是懒惰的，并不是为了个人抱负或者崇高理想而工作，工作的目的仅仅是为了满足基本的生存需求和安全需求，这种人在工作上一般表现为自主性、责任心、积极性不强，心甘情愿接受上级的指挥。另一种是Y理论（theory Y），假定的人性则恰恰相反，认为人天生就是勤奋的，在工作中能够自我引导和自我控制，并且主动承担责任，喜欢富有挑战性的工作，无论是自主性、积极性还是创造性上，都大大强于X理论的人性假设。

根据这两种不同的假设，管理者在管理员工上应该采取不同的措施。根据X理论的观

---

① McGregor D C. The Human Side of Enterprise. New York，McGraw-Hill，1960.

点，管理员工更多地依赖于惩罚和控制，着重于激励员工的基本需求，而非高层次需求。根据Y理论的观点则并非如此，而是认为员工更需要空间发挥个人潜力，管理者的作用并非鞭策和束缚，而是激励和放权，对员工的激励主要来源于个人对工作本身的内在激励。管理者应从管理制度上给予员工更多的自主权，激发员工的创造力，满足员工的自我实现价值。

然而，并没有证据表明任何一种假设的正确性。事实上，X－Y理论的重要意义在于为管理者提供了激励问题的两个视角，在两种极端的情况下应分别采取怎样的措施。在管理实践中，管理者应该考虑员工个人的现状，综合各种因素，采取最为恰当的激励方式。

（三）ERG理论

尽管马斯洛需求层次理论奠定了激励理论的基础，但该理论存在缺乏实证研究的不足，为此，耶鲁大学的克雷顿·奥尔德弗（Clayton Alderfer）提出了ERG理论，即存在—关系—成长理论，对马斯洛需求层次理论进行了修改和补充。①

ERG理论将马斯洛需求层次理论修正为三个层次，分别为：第一，存在（existence）的需要，即人维持存在的物质需要，对应马斯洛的生理需求和安全需求；第二，关系（relatedness）的需要，即人维持与外界的关系并渴望成为其中一员的需要，对应马斯洛的社会需求和尊重需求，表现为个体与他人进行交往、获得他人肯定、寻找归属感的渴望；第三，成长（growth）的需要，即个体渴望挖掘潜力、提高能力的需要，主要对应马斯洛的自我实现需求，还包含了马斯洛尊重需求中的内在因素。

ERG理论是对马斯洛需求层次理论的修改，在需求内容、需求层次排序这些概念上有很多重合的部分，但仍有不少不同之处。ERG理论对马斯洛需求层次理论的修改关键不在于将五种需求简化为三种，而是ERG理论假设这些需求并不受限于僵化的层级。人并非一定得在满足了低层次需求后才会追求高层次需求的满足，并且认为实现满意的过程是复杂的，并非马斯洛所认为的线性依序进行，而是一种迂回往复的路线。未能成功满足高层次需求的情况会促进人们重新追求较低层次的需求，并且迫切程度会更高。三种需要不是彼此互斥的独立存在，而是可以同时并存的关系。

（四）双因素理论

弗雷德里克·赫茨伯格在对马斯洛需求层次理论和ERG理论进行检验的过程中，进行了对工作态度和工作满意度方面的研究。研究结果支持了需求确实存在高低层次之分，但并非所有的需求都能成为激励因素，在此基础上赫茨伯格提出了双因素理论（two-factor theory），也称为激励-保健理论（motivation-hygiene theory）。② 在研究工作态度和工作满意度的过程中，赫茨伯格发现了一个显著的不同。当人们对工作表示不满意时，通常会抱怨外部的因素，比如薪酬、工作条件、安全保障、人际关系、公司政策等；而在表示

---

① Alderfer C. Existence, Relatedness, and Growth: Human Needs in Organizational Settings, New York, Free Press, 1972.

② Frederick H, Bernard M, Barbara S B. The Motivation to Work, 2nd ed., New York, John Wiley and Sons, 1959.

对工作满意时常常倾向于工作本身，比如成就感、认同感、成长与晋升等。因此，赫茨伯格认为导致工作满意和不满意的因素是有区别的，并不是所有的因素都能起到激励的作用。不同于传统观点认为满意的对立面是不满意，赫茨伯格认为存在一个双重的连续体，满意的对立面是没有满意，而不满意的对立面是没有不满意。赫茨伯格的双因素理论如图14－3所示。

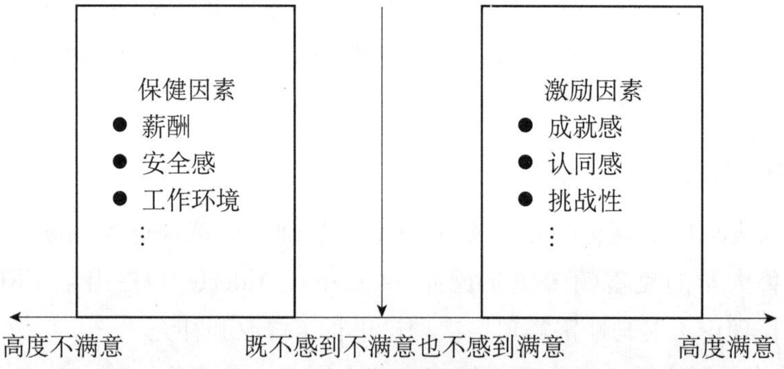

图14－3　赫茨伯格的双因素理论

资料来源：Shani A B. Lau J B. Behavior in Organizations：An Experiential Approach，7th edition，New York：Mc-Graw Hill，2000：242－244；兰杰·古拉蒂，安东尼·梅奥，尼汀·诺里亚．管理学．北京：机械工业出版社，2014.

赫茨伯格将引起不满意的因素定义为保健因素，例如员工总是希望获得高薪、工作有保障、在组织中与同事及上级关系和睦等，一旦这些因素得不到满足则会产生不满意，但即使这些条件都得到满足也只能安抚员工，并不能起到激励的作用。保健因素与马斯洛需求层次理论的生理、安全与社会需求相关。与此相对的因素定义为激励因素，即引起满意的因素，与马斯洛需求层次理论的尊重和自我实现需求相关，这些因素一般包括个人成长、工作本身的价值、个人责任感、成就感等，得到满足的情况下产生满意的情绪，当这些因素得不到满足时，员工对工作持无所谓的态度，并不会产生不满意。双因素理论将激励更细致地划分为由保健因素引起的外在激励驱动型和由激励因素引起的内在激励驱动型，管理者应提供保健因素保障员工的基本需求以消除不满意，但想要真正激励员工必须注重激励因素的刺激，增加满意度以提高组织绩效。

（五）成就需要理论

哈佛大学教授戴维·麦克莱兰（David McClelland）及其学生在20世纪50年代时提出了成就需要理论，也称为三需要理论（three-needs theory）。[①] 这三种需要包括：成就需要（need for achievement），即追求卓越、争取成功的需要；权力需要（need for power），即影响和控制他人行为的欲望；归属需要（need for affiliation），即建立友好密切的人际关系需要。

成就需要重视程度较高者更喜欢在具有个人责任、可以收获工作反馈和具有适度风险的工作情境中工作。麦克莱兰认为，这有助于激发并不断强化其成就需要，大大提高工作积极性。高成就需要者通常会表现出乐于超越竞争对手并采取投机的商业行为，会尽

① McClelland D C. The Achieving Society，Free Press，New York，1961.

量避免接受非常容易或者异常困难的工作任务，这有助于满足其个人的成就需要。但仅仅拥有较高的成就需要的人一般很难成为一个优秀的管理者，因为他们通常更关注个人的成就而忽略对他人的帮助和关系的协调。因此形成了具有讽刺意味的现实，成就比较高的人并不能成为优秀的管理者，同样，很多优秀管理者也没有表现出显著的成就需要。

麦克莱兰对 AT&T 公司进行了长达 16 年的研究，发现超过 50%的高级经理人员有着强烈的权力需要，与此相对，有着较高的成就需要而权力需要较低的员工一般在职业生涯早期就开始崭露头角，却一直处于较低的管理层。[①] 究其原因是由于这些员工在较高成就的业绩中获得满足，但在通过晋升以获得对他人行为控制的权力上并没有过多的追求。强烈的权力需要总是与组织内较成功的管理联系在一起，并且通常随着时间的推移人们对权力需要的依赖程度会不断加深。

而对于归属需要有强烈需要的人，则比较擅长与他人建立和谐的工作关系，同时也善于协调他人的关系，并且乐在其中。他们是成功的人际协调者，特别适合担任项目经理以及管理者这样的角色，在这种工作情境下积极性得到最大的激发，更有助于表现出优异的绩效。

这三种需要是可以同时存在的，只是人们对于三者有着强弱程度不同的满足要求而已。针对不同人的不同偏好，管理者应设置不同的激励情境，实现有效激励，使其各适其位。

二、过程型激励理论

（一）期望理论

期望理论（expectancy theory）是迄今为止最受广泛认可的一种激励理论，是美国心理学家维克托·弗鲁姆（Victor H. Vroom）在 1964 年出版的《工作与激励》一书中提出的。[②] 该理论研究的是个体的努力行为与其获得的最终报酬之间的关系，以此来说明激励的过程，指导管理激励实践的每一环节。

期望理论认为人的行为发生实质上是一个决策过程，在做出某种行为之前人会对行为产生的后果对其本身的价值进行评估，若认为行为的发生会带来期望中的收益，并且这种收益具有吸引力时，将会产生行为的驱动力，从而发生行为。在此基础上弗鲁姆提出了期望理论，期望理论模型如图 14－4 所示，用公式可以表示为：

$$M=V\times E$$

激励力＝效价×期望值

M：激励力，即激励驱动力或激励效果，是指一个人受到激励的程度，促使行为发生的驱动力量。在管理实践中表现为调动员工积极性的程度高低，激发员工潜力的强度大小，依赖于效价和期望值两个因素，只有在效价和期望值都较高的情况下，激励力才会高，员工发生某种行为或做某件事情的积极性才会高。

---

① 杨俊青，兰丕武，蔺哲，等．管理学通论．北京：经济科学出版社，2008.

② Vroom V H. Work and Motivation. Wiley，New York，1964.

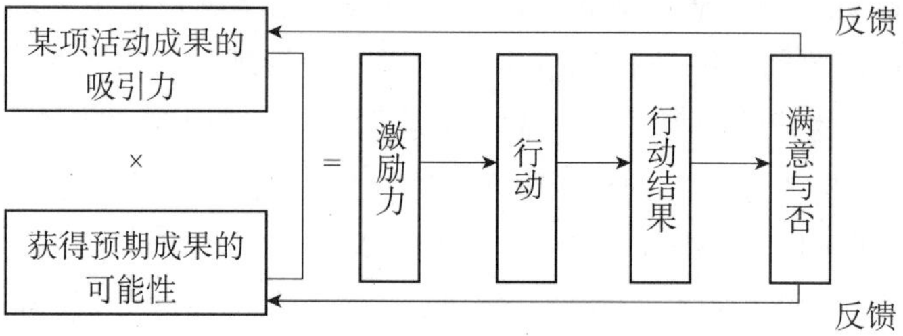

图 14-4 期望理论模型

资料来源：辛枫冬，刘建准．管理学原理．北京：经济科学出版社，2014.

V：效价，指行为发生的预期成果对个人产生的吸引力大小，反映了个人对预期成果报酬的渴望程度。例如，在员工工作出色的情况下，很有可能获得出国深造的机会，在这里，出国深造的机会就是预期成果，但这种成果对每个员工的吸引力却是不尽相同的。对于某些十分渴望出国深造提升自我的员工而言，吸引力很高，即效价很高；对于一个认为出国深造无所谓的员工而言，吸引力可能为零；而对于一个家庭观念较强或者刚刚结婚的员工而言，其吸引力有可能是负的。

E：期望值，是指一个人对完成某项活动并取得预期成功可能性的主观判断，具体表现为达到期望所估计的概率值，这一数值的评估也跟很多因素相关，包括个人的能力与经历、绩效考评程序等。

期望理论说明了激励力与效价和期望值两者有着十分密切的关系。效价越高，期望值越高，激励力则越高。反之，若效价越低，期望值越低，则激励力越低，极端情况下也可能为零或负值。这一研究成果也解释了为什么管理者所提供的看似十分激励员工的措施有时却达不到预期的激励效果。

期望理论具有较强的应用性还在于该理论详细地阐述了激励刺激动机转化为行为的每一环节，为管理实践提供了切实可行的指导。为了提升激励的效果，管理者应尽可能做到：明确对于员工而言，哪些奖励具有较高的吸引力，满足他们内心真正的需求；明确组织所期望的行为和绩效，展示绩效与奖励的明确关系；采取措施提高员工达成组织期望绩效的能力，以便提高激励的效果。

（二）公平理论

期望理论解释了在确定目标下，个体对努力与最终报酬之间的权衡取舍导致行为发生的过程，1965年，美国心理学家约翰·斯塔希·亚当斯（John Stacey Adams）从另一角度对这种权衡关系导致行为发生的过程进行了解释，提出了公平理论。公平理论指出，个体首先会考虑自身投入与结果之间的比率，并将这一比率与他人的投入/结果比率比较，由此产生公平与不公平的主观感受，从而保持或调整行为，因此公平理论又称为社会比较理论。事实表明员工不仅希望他们付出的努力能够获得所期望的报酬，同时也会经常性地将自己与他人的投入/结果比率进行比较，希望自己所获得的奖励是公平的。一旦发现不公平，员工可能就会调整行为使情况变得更加合理。公平理论的关键就在于公平的感受，亚当斯认为这是理解激励的重点。表14-1显示了公平理论中对公平的感受。

表 14-1 公平理论中对公平的感受

比率比较	员工感受
我的投入/结果＜他人的投入/结果	不公平（过高）
我的投入/结果＝他人的投入/结果	公平
我的投入/结果＞他人的投入/结果	不公平（过低）

公平理论提出，人的行为受人的主观感受影响，尤其是公平或不公平的感受。如果员工在衡量了自己与他人的投入/结果比率之后，认为这一比率不相上下，则产生公平的感受；当感觉自己的比率高于他人的比率时，则产生不公平的感受，认为自己获得的结果太少，并试图去纠正它，因此就会产生减少努力的行为，比如增加旷工天数、降低服务质量，甚至是辞职；当感觉自己的比率低于别人时，可能认为自己获得的回报更多，可能就会产生付出更多努力的行为。这种权衡是建立在比较的基础上的，公平理论假设每个人可能根据不同的参照点进行比较，这些参照点包括组织内的他人、其他系统内的他人以及自身过去的情况。

管理者应认识到公平与不公平的感受会影响员工的努力程度，建立科学合理的报酬激励机制，为员工创造公平公正的工作环境。在这方面，美国全食公司进行了实践，公司领导者的薪酬上限不得超过全公司平均水平的 19 倍，而一般 500 强公司是 400 倍。在股票期权方面更是如此，公司 93％的股票期权分配给非管理人员，而其他公司大部分采取的是 75％股票期权分配给 5 个甚至更少的管理高层。

（三）强化理论

强化理论（reinforcement theory）是由美国心理学家、行为学家斯金纳（Burrhus Frederic Skinner）提出的，他认为人的内心活动是一个极其复杂的过程，很难对其进行分析和预测，故将其看作一个“黑匣子”，而人的行为是可见的、有形的，是可以进行研究分析并预测的。1938 年，斯金纳出版了《有机体的行为》一书，提出了“操作条件反射”一说，为了达到某种目的，人会产生某种行为，当行为的后果有利于自身时，则会重复出现；而当这种行为的后果无利甚至有害时，就会减弱或逐渐消失。[①] 这就是强化理论产生的理论依据，所谓激励是对行为的一种强化，通过这种正强化或负强化的方式影响行为的后果，从而起到行为的修正作用，故也称为行为修正理论。

1. 强化类型

强化理论主张管理者应采取各种强化措施影响员工的行为，引导其靠近组织目标。所谓强化就是通过不断改变组织环境中的刺激因素对行为进行修正，使其得到增强、减弱或消失的效果。根据不同的强化方式，可划分为四种强化类型：

第一，正强化。正强化是通过对那些符合组织目标的行为给予奖励性认可，使这种行为得到肯定，从而进一步加强和重复出现。正强化是一种积极的强化手段，通常采用的强化手段有物质性的奖励，如加薪、发奖金等，也有非物质性的奖励，如赞美、表扬、晋

---

① Skinner B F. The Behavior of Organisms：An Experimental Analysis，Cambridge，Massachusetts：B. F. Skinner Foundation，1938.

升、成长机会等。

第二，负强化。负强化是针对后果不好的行为进行矫正，使组织中的其他个体为避免这种后果而努力做正确的事情。比如预先强调采购员吃回扣一旦被发现，将会受到严厉的惩罚，为此采购员将主动修正自己的行为。负强化同样有物质性和非物质性的手段。

第三，惩罚。惩罚主要针对的也是不良的行为，目的是使这种行为减弱直至消失。正强化是积极地使行为重复发生的加强过程，与正强化正好相反，惩罚是使行为少发生甚至不再发生。惩罚也包括物质性和非物质性的手段，比如经理对接收到客户投诉的员工进行严厉批评和扣奖金、开除吃回扣的采购员等。

但需要注意的是，负强化和惩罚是不同的。负强化是在行为发生之前进行预防，告知什么样的行为是不好的，发生这种行为会受到什么惩罚，尽量避免这种行为的发生。惩罚是在行为发生之后施加严厉的惩罚措施，希望这种行为不再发生。

第四，自然消退。自然消退指的是对某种行为采取不予理睬的态度，既不加以肯定也不否定或惩罚，使该行为逐渐自然消退。对行为取消正强化，一定程度上表明了对这种行为的否定，但又并非通过惩罚、负强化等强硬手段进行否定，因为有时强硬的手段会给组织带来更加不利的后果。例如，员工提出了不切实际、天方夜谭的建议，管理者若采取负强化或惩罚的手段予以反馈，将大大抑制员工提意见的积极性，甚至导致组织陷入人人自危、草木皆兵的警惕状态，在缺乏活力的僵化体制中逐渐丧失生命力。前面我们所提到的正强化、负强化、惩罚这类强化手段实质上都是反馈，对行为产生的结果进行反馈影响个体下一次发生行为的决策。而自然消退则是一种不反馈的态度，长时间得不到任何反馈或者正强化的行为会逐渐自然消退。

2. 强化方式

在实际应用强化理论时，还应该注意不同强化方式的适用情况。根据强化发生的频率和间隔时间，可划分为不同的强化方式。在不同的场景、不同的时间，管理者应采取不同的方式对员工行为进行最适当的影响和修正。从频率上看，强化方式分为持续强化和间断强化。持续强化是指每次出现良好行为都予以强化。这种强化方式在新行为推广的过程中十分有效，在每次新行为出现时进行持续强化，逐渐地使这种行为推广开来并且形成一种习惯。但这种强化方式成本很高，并且在持续强化的反馈下，可能会使员工产生一种理所当然的错觉，对组织强化强度的期望越来越高。另一种强化方式——间断强化，在管理实践中的应用性更强。间断强化并不是每次行为发生时都予以强化，具体应用时，又分为几种不同的方式。固定间隔强化，比如全勤奖、年终奖、一年一度的先进评选等，有利于保持员工的良好行为，但并不能使员工积极突破自我。变动间隔强化，比如临时的卫生检查、岗位巡查，对表现好的员工予以奖励，对表现差的员工施加惩罚，这种强化方式比固定间隔强化作用更大，是一种促使员工时刻保持良好行为的约束和激励。固定频率强化，即行为积累到一定数量时予以强化，如计件工资制、月销售目标提成奖励等，对员工起到了较大的激励作用。变动频率强化，强化建立在未知数量上，可能每完成100件就会有奖励，或500件，也可能700件，员工总是处于不断期待的过程中，有可能带来更大的积极性，也可能由于不明确而降低积极性。强化理论在实际应用时应注意因人而异，针对不同的对象、不同的场景、不同的阶段采取不同的强化手段，以期达到最佳效果，同时要注意及时反馈、及时强化、正负结合、以正为主的强化策略。

（四）目标设置理论

1967 年，埃德温·洛克（Edwin Locke）提出了目标设置理论（goal-setting theory），认为设置合理的目标并引导员工努力实现是激励的一种重要驱动方式，对于某些员工而言，达成目标所获得的兴奋感与获得物质激励一样重要。[1] 众多对于目标的研究表明，为促使员工更加努力地工作，设置目标时应注意以下三个重要的方面：

第一，目标必须是被接受的，员工唯有从内心真正认可了目标，才有可能为之付出努力。提高目标可接受程度的有效方式之一就是使上下级共同参与目标的制定。实践目标理论的一个著名理论就是目标管理，让下级与上级一起参与目标的制定过程，在此基础上进行目标的逐级分解，以充分调动下级完成目标的积极性。

第二，目标必须是有挑战性的，但同时也是切实可行的。目标应该是伸手不及跳而可获的，唯有具备挑战性的任务才可能激发员工的潜力和才能，起到激励的作用。无法实现的目标只会降低员工的积极性，在不断挫败中放弃目标。

第三，目标应该是具体明确的、可衡量的。只有合理明确地设置目标，才能指导员工努力的方向，比如具体达到什么程度，如何进一步挑战自我等。为此提出了一个有助于目标制定的原则——SMART 原则。[2]

如图 14－5 所示，在 SMART 原则的指导下，制定的目标必须是明确具体的、可衡量的、可实现的、与组织活动业务相关的、在既定的规定时间内完成的，这样的目标设置往往有利于激发员工的积极性。

图 14－5　SMART 目标原则

资料来源：Doran G T. There's a S. M. A. R. T. Way to Write Management's Goals and Objectives. Management Review，1981，70（11）：35－36.

在设置目标的三个重要方面的支撑下，进一步阐述目标设置理论的激励过程就更清楚了。如图 14－6 所示，通过上下级共同参与式的目标制定过程，制定具有挑战性并且符合 SMART 原则的明确目标，有助于大大提升员工对目标的接受程度，而对目标的接受和认可则激励员工为之付出努力，这种自发的激励有助于实现组织目标和提高绩效，从而为下一轮目标的设置和实现提供一定的借鉴和激励。员工的满意度通常是由组织的高绩效导致的，而并非我们所认为的员工满意度导致高绩效的结果，因此，完成挑战性目标也能进一

---

① Locke E. Motivation through Conscious Goal Setting. Applied and Preventive Psychology. 1996，5（2）：117－124；Locke E. Motivation by Goal Setting，In Robert T. Golembiewski，Handbook of Organizational Behavior，2nd ed. New York：Marcel Dekker，2001.

② Doran G T，There's a S. M. A. R. T. Way to Write Management's Goals and Objectives. Management Review，1981，70（11）：35－36.

步提高组织和员工的满意度和成就感，不断激励员工达成更高的绩效。

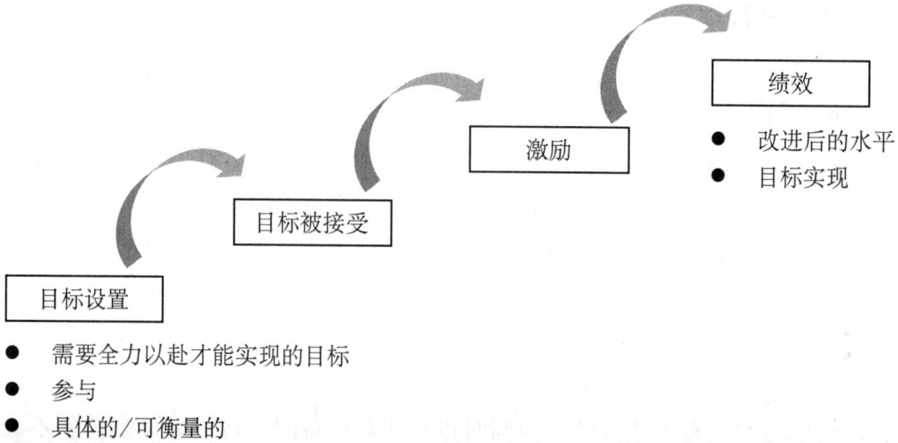

图 14-6 目标设置理论过程

资料来源：路易斯·戈麦斯-梅西亚，戴维·鲍尔金，罗伯特·卡迪．管理学：原理、案例与实践．北京：人民邮电出版社，2009.

正如前面介绍的，目标设置理论的关键在于目标的设置，目标的不合理设置很有可能导致负面的结果，因此组织在设置目标时，应该警惕目标设置的陷阱。21 世纪初，片面地设置财务目标导致的短视行为尤为突出，CEO 的薪酬通常与周期内的财务指标相挂钩，在这种目标的压力下，很多 CEO 选择牺牲长期利益而使短期利益最大化的行为。目标的设置应该避免给员工过多的压力，使其承担过高的风险。从全局角度考虑目标，避免局部性、短期性急功近利的目标，尽量防止未来付出更大代价弥补的情况。目标设置的最终目的是维持组织长期绩效的提升，长远来看，绩效的提升始终依赖于客户的满意与认可。

第 3 节 激励的手段

常见的有效激励方法分为物质激励和精神激励，管理者应该学会在适当的时机加以激励，提高员工积极性。

一、物质激励

通常情况下，为了吸引人才并留住人才，公司会采取提供具备吸引力的薪酬的激励方式。

（一）工资激励

工资激励有多种不同的组合方式，在此简单介绍两种基本的方式。

1. 绩效工资

绩效工资是将员工工作上的绩效表现与工资水平联系起来的一种方式，常见的有计件付酬、销售佣金提成等。绩效工资制直接将行为和奖赏联系在一起，得到了管理者和员工的一致认可，也出现了一些新的方式，比如浮动工资计划，在这种计划中员工报酬的比例并不是固定的，而是依赖于员工的表现和公司完成财务目标的情况。杜邦公司的薪金制度则是员工自愿拿出基本工资的 6%作为风险投资，如果所在部门完成了所要求的利润目标，则员工可拿回 6%的基本工资并获得相应的额外收益。

2. 技能工资

技能工资是根据员工掌握的知识、技能以及能力所涉及的范围、深度、类型等进行工资水平界定，这种工资制度不同于传统的岗位工资制，并非依赖于等级和岗位划分工资。这意味着即使是相同岗位的员工，拥有不同的技能水平也会有不同的工资水平，也可能出现拥有更高技能的下级员工工资水平高于上级的情况。这种工资设计理念受到了各方的关注，成为薪酬领域的新热点。微软正逐渐将岗位工资制转向技能工资制，为技术人员和管理人员设定不同的技术级别，提供两条平行的工资晋升途径。这些技术级别用数字表示，这一数字的确定取决于员工的绩效表现、掌握的技能以及经验阅历，每年都进行员工考核确定技术级别，这在很大程度上激发了员工的潜力。这一工资制度得到了美国大部分企业的普遍认可，在《财富》500 强企业中，有一半的企业对部分员工采取了技能工资制度。

（二）奖金激励

奖金是在工资的基础上进行的激励，也构成了薪酬的一部分。奖金也属于激励性因素，有效地起到了激励员工的作用，其关键在于奖金制度的合理设置。奖金应该与员工的努力程度成正比，正如期望理论所提到的，重要的是要让员工相信自己的努力可以获得相应的奖励。因此，应该关注奖金标准的合理设立，依据应该清晰明确，并且注意不能只重视数量而忽略质量或者更重要的因素。另外，奖金及时发放才能真正起到激励作用，及时激励是最恰当的激励方式，一旦错过时间，激励就会失去效果，还可能使员工对企业产生不信任感。

（三）福利激励

有时深得人心的福利保障制度比高薪酬更能吸引人才，留住人才。尤其在中国，福利激励的效果更为明显。中国人极其关注退休生活保障，“养老”不可避免地成为国人关注的重点，员工也是如此。员工关注的重点正是激励的起点，养老金计划的福利激励显得尤其重要。养老金计划，也称为企业年金，是企业根据自身经济状况对员工提供的补充性退休收入保障，包括缴纳年金和待遇年金两种方式，一般表现为企业和员工按照一定比例缴纳养老保险。福利是组织支付给员工的间接薪酬，养老金计划更是如此，可视为一种对员工延迟支付的工资，但同时又为员工的退休生活提供了安稳的保障。这一福利既体现了组织对员工的长期承诺，有效地降低员工流动率和提高员工忠诚度，又实现了对员工的极大激励。很多企业，只关注眼前的短期利益，忽略了福利激励，实质上完善员工的福利制度是一项长期投资，较强的归属感和较高的满意度可以有效地提高员工的工作积极性，为组织创造更大价值。

（四）股权激励

股权激励是一项长期的激励机制，具体表现为组织中的员工通过一定的形式获取公司的部分股权，也是上市公司主要的激励方式，包括股票期权计划、员工持股计划、管理层收购等。

1. 股票期权计划

股票期权计划（stock option incentive plan）是企业所有者向高层管理人员或其他员工提供股权激励的一种报酬制度，其基本做法是：企业所有者给予高层管理人员或其他员工一种权利，允许他们在特定的时期内按原先约定的某一价格购买一定数量本企业的股票。在股票期权的行使期限内，当股票的市价超过约定价格时，股票期权持有者通过行使这一权利购得一定数量的股票，获得市价与约定购买价之间差价的潜在收益。如果在行使期内股票期权不能获利，其持有者可以选择放弃这一权利。这一长期的激励方式起源于20世纪50年代的美国，目前已被大多数西方企业所采用，中国则是到20世纪末才开始出现股票期权计划。

股票期权计划的优势在于其激励时间长且激励力度大。1998年，通用电气CEO杰克·韦尔奇总收入为2.7亿美元，其中，股票期权收益高达96%以上；强生公司CEO拉尔夫·拉森（Ralph Larsen）6 947万美元的总收入中，股票期权收益高达6 684万美元；迪士尼公司CEO迈克尔·艾斯纳（Michael Eisner）仅股票期权一项的收益就是1.07亿美元。如此高强度的激励极大地提高了员工和管理层的积极性，并且将组织的持续发展与个人联系在一起，同成长，共命运，避免了为追求短期利益牺牲长期利益的行为。但股票期权也存在一定的弊端，股价受很多因素的影响，难以完全与努力程度正相关，容易造成片面追求股价上升，股票回购对股价所起的推升作用助长了股市泡沫。此外，股票期权计划拉大了收入差距，加大了管理难度。

2. 员工持股计划

员工持股计划（employee stock option plan）是一种使员工成为本公司的股票持有者的受益机制，由公司内部员工出资认购本公司部分股份，并委托员工持股基金机构对员工所持股份进行集中管理。对企业本身而言，这一做法有效地激励了员工的工作努力程度，大大增强了员工的主人翁意识，提高了组织与员工彼此之间的承诺和信任感。同时，从企业资金角度而言，扩大了企业的资金来源，减轻了税收负担。对于员工而言，持股计划使员工获得了股东的地位，提供了员工分享公司经营成果和资本增值收益的途径，大大增强了参与意识。

案例14-1

华为的全员持股制

在中国，华为已然是家喻户晓的一家企业。1988年，华为只是由任正非等6人筹资2.1万元成立的为生产公共交换机的香港公司做销售代理的一家小公司，到2017年，华为已迅速成长为全球领先的信息与通信基础设施和智能终端提供商，拥有超过18万名员工，

36 家联合创新中心，14 个研究机构，业务遍及美国、德国、俄罗斯等 170 多个国家和地区。华为从最初 2.1 万元的启动资金稳健成长为 2017 年年销售规模达 6 036.21 亿元的世界 500 强公司，这与华为人的奋斗精神息息相关。

华为靠什么来激发员工的奋斗精神？对于华为的高薪高压体制，很多人多少有些耳闻。确实如此，早在 2000 年，华为年收入超过 50 万元的员工就已经数以千计，100 万元以上的数以百计。而如今，在生活成本不断上涨的社会环境中，这种高薪的强大吸引力更是不言而喻。一批又一批的人才涌进了华为，而华为又是如何使这些人才为其所用的呢？这就不得不谈及华为的激励体制，而更为令人关注的特色所在则是华为的员工持股制。

华为的员工持股制从提出至今，大致经历了三个阶段：创业初期的股权激励、网络泡沫时期的虚拟受限股、经济危机下的配股计划。

华为创业初期股权激励的目的，与其说是为了激励员工，倒不如说是为了内部融资更确切。1990 年，华为第一次提出了员工持股计划。最初华为是依据员工的职位、季度绩效、任职资格等因素以一元一股的股价派发给员工，一般通过员工年度奖金购买或帮助员工获得银行贷款，以税后利润的 15%作为股权分红。对于当时处于创业初期急需资本的华为而言，这样的员工持股计划无疑提供了最为经济的融资渠道，同时也掀开了华为员工持股激励制度的篇章。

华为固定股票分红的持股计划维持了 11 年。2001 年受网络经济泡沫的影响，华为推出了虚拟受限股的期权改革。所谓虚拟股票，指的是公司授予激励对象一种虚拟股票，不同于正常股票的是享有虚拟股票的个体不具有所有权和表决权，但可享有一定数量分红权和股价升值权。受限则意味着华为对这种股份实施了一系列限制，比如该期权的行使期限是 4 年，年兑现额度为 1/4，而中高层的限制则更高，年兑现额度为 1/10。此外，员工本人只需承担 15%的认购资金，其余部分由华为出面以银行贷款的形式解决。

2008 年，美国次贷危机引发的全球经济危机也为华为带来了很大压力，为此，华为又推出了新一轮的配股计划——全员持股计划。2008 年 12 月，华为发布新的配股制度，实行“饱和配股”。此次配股每股为 4.04 元，年利率逾 6%，涉及在华为工作时间一年以上的所有员工，按照工作级别匹配持股上限，比如 13 级员工持股上限 2 万股，14 级持股上限 5 万股，已持有上限额度股量的不参与此次配股。据估计，此次配股规模达到了 16 亿～17 亿股，而 2006 年华为内部股大约为 20 亿股，可见此次计划非同一般。为了激励“有贡献的奋斗者”，华为在持股比例上也做了规定：“30%优秀员工（含核心层、中坚层）集体控股，40%的骨干员工有分量地持股，10%～20%的低层级员工和新员工适当参股”。同时，对于配股后绩效不佳或级别下降的员工，华为有权收回已售股票，以避免获得股票后员工有“一劳永逸”的投机想法。

截至 2017 年 12 月 31 日，华为虚拟股份数量已达 100 亿股以上，员工持股计划参与人数为 80 818 人，分红规模约 168 亿元，分红的丰厚激励令外界叹为观止。如今股票分红已经成为华为员工收入中很大的一部分。

根据华为 2017 年年报，华为是 100%由员工所有的民营企业，股东为华为投资控股有限公司工会委员会和任正非。截至 2017 年 12 月 31 日，任正非的总出资相当于公司总股本的比例约 1.4%。而任正非本人又是如何看待这种持股制度的呢？他在《一江春水向东流》一文中写道："我创建公司时设计了员工持股制度，通过利益分享，团结起员工。那时我还不懂期权制度，更不知道西方在这方面很发达……仅凭自己过去的人生挫折，感悟到要与员工分担责任，分享利益。"但是，走到今天，华为的员工持股计划也出现了不少问题。一方面大规模的员工持股无疑在经济上为华为带来了极大压力，另一方面，本身为了激励员工奋斗的持股制度似乎有点变了味，财富过快增加不免使得一些员工失去了奋斗精神。再者，国家金融监管的政策变化也为华为的持股计划增添了不少变数，2012年3月31日，华为向员工发布《关于2011年虚拟受限股收益分配操作及有关还款等资金安排的通知》，规定员工只能自筹资金购买股票，银行将不再为其虚拟股票购置提供贷款。诸多问题的显现使得华为的持股制渐行渐难，究竟能走多远还需要等待现实的考验。

资料来源：谢琳，余晓明，米建华．危机下的股权激励：以华为公司为例．中国人力资源开发，2009（6）；王旭芳，王海燕．股权激励或内部集资的分析研究：基于华为公司员工持股计划的案例分析．国际商务财会，2012（8）；刘昕．华为的发展历程及其薪酬战略．中国人力资源开发，2014（10）；华为投资控股有限公司2017年年度报告．

3. 管理层收购

企业管理层通过收购所在公司的股票实现控制公司的目的，进而深入解决其内在激励问题，有效地提高企业的经营效率。管理层收购（management buy-outs）的实施过程应注意以下问题：管理层收购价格的公正性，加强管理层收购中的信息披露工作，避免管理层利用信息不对称逼迫大股东转让股权的行为，管理层收购完成后上市公司保持独立性等。

二、精神激励

精神激励主要是一种内在自发的激励方式，主要是精神层面的无形激励，这种激励主要满足员工的尊重需要和自我实现需要。由于涉及员工个人的价值观等精神需求，因此，精神激励是一种深层次的、细致的、复杂多变的激励方式。

（一）工作再设计激励

工作再设计激励主要是涉及员工对其所处工作的态度和感受，是一种通过对工作本身的再设计提高员工工作积极性的激励方式。研究表明单调重复的工作会对员工产生负面影响。改善工作单调乏味的一种做法就是工作再设计，工作再设计的最初尝试是工作扩展和工作轮换。所谓工作扩展即通过给员工分配同样水平的多项工作任务，以取代其原有的重复性的一件工作。工作轮换就是在合理的调配下，使员工有条理地轮换工作。这种尝试一开始确实提高了员工的积极性，但随着时间的推移，员工认为这只不过是用几项同样烦琐无聊的工作代替原本的一项工作，因此满意度开始下降。在此基础上工作丰富化的激励方法被提出来，工作丰富化是使工作更具有趣味性、创造性和挑战性，从工作本身的再设计中产生激励因素。工作丰富化一般采取垂直承担任务的方式来实现，员工拥有更多的权力参与到流程中去，或者是组合任务等方式。研究结果表明，工作丰富化的激励效果十分明显，尤其是随着责任增多的工作丰富化，同时伴随着报酬增加的工作再设计，激励作用则更加有效。[①]

（二）培训激励

企业所处的环境日益复杂多变，在这种知识经济时代背景下，员工必须通过不断学习掌握新的技能以跟上时代的发展。因此对于企业而言，员工培训已经成为一项必不可少的关键支出。同时，员工经过培训掌握了更高的能力，帮助其完成难度更高的任务，这对于员工而言也是一项激励，激发员工的进取心，不断挑战自我、发展自我、实现自我。培训激励一般有三种方式，最常见的是工作轮换、现场培训、影视培训、参观访问等内部培训，此外还包括外部培训和自我培训。

（三）晋升激励

晋升激励，简单而言就是给予工作绩效优秀的员工升迁的奖励。大多数员工有晋升的欲望，这不仅是工资上的增加，更重要的是地位的提升。晋升一般是依据员工在岗位上的表现给予奖励的，在这种激励下，员工会更愿意努力在各自岗位上有突出表现。利用晋升激励员工是大多数公司采取的做法，提供持续晋升的机会，建立清晰有效的晋升路径是激励员工的有效手段。

（四）赞美激励

无论是物质激励还是精神激励，认可和绩效反馈对于员工都是十分重要的。根据强化理论，没有任何反馈的行为会渐渐地消失，因此，对于优秀的员工，企业应该在行为发生后注入有力的强化剂，最直接也最及时的就是赞美激励。大多数人都渴望能够得到别人的认可和赞赏，特别是来自上级的赞美。马克·吐温也曾戏谑说，“我可以为一个愉悦的赞美多活两个月”。管理者时常对良好的行为、优秀的绩效进行赞美和肯定，满足了员工渴望关注和认可的心理，同时有利于激发员工“士为知己者死”的情怀，提高工作投入度。

（五）荣誉激励

荣誉激励与赞美激励一样都是为了满足员工渴望被认可、渴望自尊的心理，荣誉激励有多种方式，赞美是其中一种，此外还包括荣誉证书、赋予头衔、公开表扬、命名成果等。这种激励方式成本极低，效果却十分显著，特别是十分符合中国人认可声名在外的心理特征。

（六）信任激励

古人云：“用人不疑，疑人不用”，这句话在现代企业管理过程中也同样适用。信任本身就是一种激励，管理者对下层员工的信任会使其产生一种归属感，愿意更加努力地为这个集体工作。要做到信任员工，管理者应该懂得适当授权，不必事事过问，否则既增加了自己的负担，也抑制了员工的潜能。

---

① 加里·德斯勒．管理学精要：第 2 版．北京：中国人民大学出版社，2004.

（七）授权激励

授权意味着授予员工一定的权力使其能够完成某项任务，授权建立在对员工信任的基础上，本身也是一种激励方式。授权使得员工有一定的空间发挥自己的才能，满足其追求成就、实现自我的需要，从而促进了员工在责任心作用下，受到激励，更加努力地工作。

（八）目标激励

正如目标设置理论所提出的，设置合理的目标也是激励员工的一种方式，无论是信任、授权还是共同参与都可以提高员工对目标的接受程度，从而使员工愿意为此目标努力奋斗，实现目标，这个过程本身就是一个激励的过程，而目标的实现又再一次促进下一个激励过程的发生。管理者应根据 SMART 原则，上下共同参与设置可行的目标，并将其转化为激励过程。

➡ 思考题

1. 什么是激励？试根据自己的理解加以概括。
2. 激励在管理工作中发挥着怎样的重要作用？
3. 谈谈不同激励理论的侧重点及其对现实中的激励工作有哪些启示。
4. 基于激励类型，谈谈在现实管理工作中有哪些具体的激励措施。

➡ 课后案例讨论

星巴克：赢在人心

星巴克（Starbucks）从一杯小小的咖啡发展为全球知名的咖啡品牌，30 多年的时间，从一间小作坊式的咖啡馆成长为横跨四大洲的连锁品牌店，其扩张的速度令《财富》《福布斯》等顶级刊物津津乐道。提及星巴克，一定会联想到那浓郁的咖啡香味、温馨轻松的店面布置、小资的生活情趣，这正是霍华德·舒尔茨（Howard Schultz）打造星巴克的初衷——专注“咖啡体验”，倡导可供放松的第三空间。

1983 年，舒尔茨在参加一次意大利商展会的过程中，偶然间被当地随处可见的咖啡馆所吸引。除了那浓郁的香味，更引起他注意的是这种独特的轻松氛围所营造的空间，不失为一个社交和放松身心的好去处，于是舒尔茨决意把这种体验带回美国的星巴克。在与经营者几经协调无果的情况下，1987 年，舒尔茨以 380 万美元的价格收购了星巴克，决心按照这种理念打造一个咖啡王国。目前，星巴克在全球 70 个国家拥有超过 2.4 万家门店，市值超过 840 亿美元。1999 年星巴克进入中国，至今在 40 多个城市开设了超过 3 400 家门店。《商业周刊》对全世界 100 个知名品牌的调查结果表明，星巴克是成长最快的品牌之一。20 多年间，星巴克的市值从 2.5 亿美元变成近 900 亿美元。同时，星巴克在广告和市场营销上的投入非常小。星巴克究竟是如何将咖啡体验以如此快的速度、如此低的成本扩张到全世界的呢？

星巴克极其重视咖啡体验，这使其在消费者市场上拥有差异化优势，然而更具优势的是星巴克极其关注员工的体验，不同于以往一般公司所采用的投入巨额广告营销费用打造品牌，星巴克将这笔巨资投资于所有的员工身上。基于这种信任和归属的情感，员工自发成为星巴克极具生命力和创造力的移动广告，生动地向顾客传递着品牌形象，舒尔茨相信，“每个员工都是品牌的代言人”。这种理念并非舒尔茨突发奇想，而是对亲身经历的深切感悟。在舒尔茨 7 岁时，做卡车司机的父亲在送货时意外受伤，而企业却没有支付健康保险和工资，这无论在身体上还是自尊上都给父亲造成了沉重打击。从那时起，舒尔茨便萌生了对底层人员的同情，认为“很多企业都把员工看作可抛弃的东西，但是我们应该给予员工应有的尊重”。最终，舒尔茨在星巴克品牌的创建过程中实践了这一理念。

在星巴克，员工有一个特别的称谓——合伙人。对于这些拥有着伙伴关系的员工，星巴克从薪酬福利、能力发展到共享利润等一系列可能考虑到的方面都给予员工家人般的对待。每年星巴克都会进行一次行业薪酬水平调查，并在此基础上调薪。1988 年，星巴克成为第一家为临时工投医疗保险的企业，只要在星巴克兼职超过 20 小时的都和正式员工一样享有商业保险。随着福利制度的深度扩展，星巴克提供的覆盖范畴不断扩大，包括预防性医疗、健康咨询、精神治疗等各领域。实质上，星巴克的员工大部分是身强力壮的年轻人，在这项保险上的真正支出并不高，但却提高了所有星巴克员工的忠诚度和归属感，无形中也宣传了星巴克这一品牌。此外，在福利制度上，星巴克别出心裁，推出了自选式福利套餐，员工可根据自身需求进行自由搭配，包括子女教育、个人进修、旅游休假、出国交流等各种福利。独特的福利制度使员工心存感激，曾有媒体说：“如果舒尔茨是这个咖啡帝国的国王，员工则是他忠实的臣民。”

在星巴克，“合伙人”的称谓恰恰是对员工恰当的称谓，因为每一个员工都有机会成为星巴克股东。1991 年，星巴克开始实施员工股票期权方案——咖啡豆期权计划，它也是第一家给予员工优先股权的公司，并把员工的范围扩展到临时工。只要满足从 4 月 1 日到整个财务年度结束均在星巴克工作，时长达到 500 个工作小时，并且直到下年 1 月份仍在工作的员工，均可获得一定数量的期权，总金额高达基本工资的 14%。其伙伴关系的理念同样被带到了中国，2006 年 11 月在中国开始全面实施，以吸引和留住人才，这也是迄今为止外资公司在华开展的最大范围的员工股票期权计划。由于星巴克股价持续不断地上涨，潜力极大，因此期权显得很有价值，既维持了相互信任的独特的伙伴关系，又具有极大的激励作用。20 世纪 90 年代中期，在业界流动率高达 140%～300%时，星巴克员工跳槽率仅为 60%，效果十分显著。

星巴克同样注重员工的可持续发展。星巴克的员工平均每人每天要接受 1 小时的培训，这也是星巴克能够在全球 2 万多家门店精确保持质量和氛围的秘诀。培训主要包括两种：咖啡知识与制作技能，管理层培训。星巴克试图将每一个员工都培养成咖啡专家，透彻了解咖啡从原料到制作的全过程。针对调制咖啡的每一个细节都进行反复练习，比如要求每杯浓缩咖啡煮 23 秒；牛奶加热到华氏 150～170 度之间；卷标一定要贴在星巴克标识上方 2.54 厘米的位置；在顾客进入门店后，10 秒钟之内与顾客进行眼神接触。而在管理层培训方面则着重于领导技能、客户服务以及职业发展，希望员工即使最后离开了星巴克也同样可以掌握其他职场技能。星巴克看重员工的发展空间，任何一个员工在顾客眼里都代表着星巴克的品牌。对星巴克员工的满意度调查显示，员工非常喜欢在星巴克工作，远低于业界水平的员工流动率也证明了这一点。

资料来源：徐茜．“人和”成就星巴克．企业管理，2003（1）；肖永新．星巴克的员工为本．企业改革与管理，2006（5）；蔡恩泽．星巴克成功之道．中外企业文化，2006（1）；康瞧．世界属于那些不怕弄脏手的少数人——与星巴克董事会主席霍华德·舒尔茨的“对话”．人力资源，2012（1）．

结合案例内容，回答以下问题

1. 星巴克为激励员工采取了哪些手段？
2. 在星巴克的扩张过程中，员工激励发挥了怎样的作用？
3. 结合星巴克案例，谈谈如何真正做到有效激励。

第 15 章

人本管理

圣人无常心，以百姓心为心。

——《道德经》

人是我们最大的资产，要使员工有成就，管理人员就要把劳动力看作一种核心资源，管理人员承担的就是使人发挥效用的责任。

——彼得·德鲁克

学习目标

1. 理解人本管理的内涵
2. 理解人力资本理论
3. 掌握人本管理的理论基础与人性假设
4. 掌握人本管理的主要形式

➡引　例

谷歌的人性化管理

谷歌的搜索引擎目前被认为是全球规模最大的搜索引擎，截止到 2017 年，共有88 110名全职员工，每名员工都持有公司股票。同时，谷歌在美国雇主评价网站 Glassdoor 评出的“2018 年美国最佳雇主”榜单中排名第五。而最让其他公司员工羡慕、老板眼红的，是谷歌兼具娱乐性和创造性的办公环境。谷歌的搜索引擎是互联网上最受欢迎的搜索引擎之一，它之所以能够在这个竞争日益激烈的市场上长年保持平稳、快速的发展趋势，与其公司内部的人性化管理有着密不可分的联系。

家庭式办公

谷歌的总部在美国，那里的职员工作累了可以睡觉，肚子饿了可以吃免费餐。员工不仅可以吃到曾为传奇乐队掌厨的厨师做的料理，还可以享受公司提供的洗衣服务。每年还会提供塔霍湖滑雪旅游。谷歌的员工甚至可以将自己的宠物狗带到公司。Dog-friendly.com的联合创始人莱恩·卡因称，“善待狗狗”的政策被越来越多的公司采纳，因为宠物犬能够提高员工的士气，加强同事之间的交流和合作，还能够鼓励员工在办公室内工作更长时间。如果员工不用着急下班后去陪伴自己的宠物狗，那么他们会愿意在办公室待久一点。谷歌的办公方式奉行“高密度聚集”，三到四名工程师、宠物狗和睡椅在一起共享空间。这不仅促进了信息的交流，还能节省不少空调费用。

谷歌崇尚轻松的办公氛围，年轻人可以在很多方面保留自己的活力。很多新员工对谷歌的初始印象就是一个超级“游乐场”。谷歌的办公场所中有各种娱乐项目，员工也可以带上玩具，在工作之余适当地放松，甚至老板的桌上也有一堆儿童玩具。每到星期五，员工可以在穿着上随意一些。由于谷歌的工作性质，很多员工长时间在电脑前工作，容易患上职业病，因此，谷歌给员工安排了颈椎按摩师，还可以带一个朋友一起理疗。

谷歌无论是工作方式、管理理念，还是企业福利，都与传统企业大相径庭。尤其是谷歌基于人性化管理与高福利的“快乐工作”文化，更是充满想象力和超越常规。谷歌就像个生活大保姆，照顾到了员工生活的各个细节。有一句话很好地体现了谷歌的理念：“我们的工程师喜欢开发软件，可他们也许并不喜欢洗衣服，所以我们帮忙洗掉。”这句话背后蕴含着深刻的管理智慧，即企业如果帮助员工排除掉那些令其分心、有碍于工作的因素，员工就能够更好地将精力凝聚在工作上。

民主的企业文化

谷歌奉行创新和民主的企业文化。公司的每一个员工都有权利表达自己的意愿。谷歌的高层管理者一直强调，允许员工犯错误。在这样的公司信条下，员工就可以大胆地开展各种创新活动。谷歌的民主文化在激励机制上的体现主要是，晋升机制彰显平等和公平，团队式管理体现独立和自主，工作目标具体但富有弹性。谷歌的管理信念是，公司雇用的每一位员工都是聪明人，聪明人都会自己管理好自己，安排好时间做好分内工作。谷歌的弹性工作制度允许员工最大限度地安排自己的工作时间，大大减少了员工的时间压力。谷歌的工作氛围是轻松、愉快的，可以极大地提高员工的创造性和工作效率。

公平、民主、平等、人性的企业文化从谷歌创立起就一直存在，多年的坚持和贯彻难能可贵。与传统的企业管理相比，谷歌更注重的是人性化管理，打造令员工身心愉悦的工作环境。谷歌的企业文化使其能够在竞争激烈的市场上吸引最优秀的人才；让员工在公司享用美食和处理私事的同时，自由延长加班的时间；告诉员工公司看重他们的价值；让他们在今后许多年里一直为公司服务；通过高福利使员工融入企业大家庭，增强员工的归属感。由此可见，企业文化可以在企业管理中发挥强大的柔性调节作用，具有重大的管理意义。

资料来源：华子．Google、雅虎公司以松散管理著称．互联网周刊，2006－03－01；施秀芬，李晓栋．谷歌 家庭式办公．华人世界，2008（10）；佳平．从Google“善待狗狗”看人本管理与物本管理的优劣．经理日报，2010－05－26；马孟丽，邹白露．浅析我国互联网企业如何实现人本管理——以Google（谷歌）为例．中国集体经济，2011（19）．

第1节 人本管理的内涵与理论基础

一、人本管理的含义和维度

人本管理（people-centered management，humanistic management）是以人为中心或以人为本的管理。人本管理即在企业是什么、企业靠什么、企业为什么等基本问题上，始终贯穿以人为本的思想，即企业即人（of the people）、企业靠人（by the people）、企业为人（for the people），因此，人本管理亦称3P管理。人本管理包含以下三个维度：

第一，企业即人。企业是由人组成的集合体，企业无“人”则止。企业要实现盈利的目的首先必须对员工进行有效的组织和管理，进而通过员工实现对物质资源的配置和利用来达到。缺乏一支精干高效、充满才干的员工队伍，再好的机器设备、再充裕的资金也不能创造出任何效益，甚至可能成为企业的包袱。“企业即人”的思想要求企业必须建立高度信任的文化，相信人的能力，把人的因素放在中心位置，时刻将开发人的潜能放在主导地位。日本索尼公司前董事长盛田昭夫曾说：如果说日本式经营真有什么秘诀，那么，“人”是一切秘诀最根本的出发点。被誉为“经营之神”的松下幸之助曾说松下公司的口号是“企业即人”，并多次宣称“要造松下产品，先造松下人”。

第二，企业靠人。人本管理实现组织目标的主要方式是充分依靠和利用组织的人力资本，发现人才，爱护人才，调动人才的积极性和创造性。人本管理重视情感管理，运用行为科学，致力于改善人际关系，提高员工对企业的归属感；人本管理强调员工参与，全体员工既是管理的客体，同时也是管理的主体，鼓励员工通过各种途径为企业发展献计献策，以提高企业的决策水平，强化员工执行决策的意愿和效率；人本管理提倡员工自主管理，管理层对员工充分授权，让每位员工都能享受权力、信息和知识，在自我控制下有效地完成工作任务，达到自我实现的目的；人本管理注重文化管理，通过创造良好的企业文化氛围，铸造员工共同的行为模式，培养积极向上的企业精神，努力将员工个人目标有效统一到企业的组织目标上来。

第三，企业为人。人本管理成功的标志是企业目标与员工个人目标都能得以实现。传统意义上的企业是一个经济组织，企业的控制权和剩余索取权归股东所有，企业的经理阶层代理股东行使管理权力。企业管理是否成功的衡量标准直接表现为短期的企业利润率或长期的企业股票市值，这实际上反映的是企业资本所有者的利益。在施行人本管理的企业中，企业员工成为管理活动的服务对象，管理活动成功的标志不但要看资本所有者的利益是否实现，还要看企业员工的个人目标是否实现。

实行人本管理的企业都十分注重全面提高员工的工作质量和生活质量。它们为员工提供在工作中学习的机会，使他们不断进步。员工培训的着眼点不仅仅是掌握某种技能，更强调员工的自我发展和完善。企业帮助员工开展职业生涯设计，以求得企业发展和员工个人发展的协调统一。许多企业还为员工建立了利润分享机制和形式多样的股权激励，包括员工持股计划、股票期权等，使“以人为本”的管理思想转化为实实在在的报酬激励。

二、人本管理的理论基础

人本管理理论与方法的兴起，建立在人们对企业中的劳动力认识提高的基础上。可以说，人力资本理论的创立与发展是人本管理坚实的理论基础。人力资本理论将资本分为人力资本（human capital）和物质资本（physical capital）。其代表人物为美国经济学家西奥多·舒尔茨（Theodore W. Schultz）和加里·贝克尔（Gary S. Becker）。

（一）舒尔茨的人力资本理论

1960 年，被称作人力资本研究先驱的美国经济学家舒尔茨在经济学年会上发表了题为“人力资本投资”的演讲，人力资本的概念从此正式进入主流经济学。

舒尔茨通过大量的经验材料证明：随着各国经济的现代化，技能和知识的重要性在上升，其他资本的经济重要性在下降。这些现象是传统经济理论所解释不了的，对传统的经济理论提出了挑战。舒尔茨观察到：除某些地区以外，欧洲的土地原本十分贫瘠，而现在却具有很高的生产率；芬兰的土地生产率曾低于邻近的苏联西部地区，现在却是优良的耕地；日本的耕地质量原先要远远差于印度北部的土地，现在却非常肥沃。舒尔茨认为，这些变化部分是农业研究带来的结果，一些新的耕地替代物或土地增产物出现了。但所有这些都离不开掌握了先进的知识和技能的人的贡献。舒尔茨还观察到，一些在第二次世界大战中工厂和设备遭到严重摧毁的国家，由于具有较高的国民素质和水准，迅速医好了战争创伤，在很短的时间内重新实现了经济繁荣。为了解释上述传统理论所不能解释的现象，舒尔茨引进了总括资本的概念，他所称的总括资本既包括传统意义上的资本，也包括人力资本。

舒尔茨论及的人力资本包括下述含义：第一，人力资本体现在人身上，表现为人的能力和素质，即人的知识、技能、资历、经验和熟练程度等。第二，从经济发展的角度来看，人力资本是稀缺的，其中的企业家型人力资本更是如此。第三，人力资本是对人力的投资形成的资本，从货币形态看，它表现为提高人力的各项开支，主要有保健支出、学校教育和在职教育支出、劳动力迁徙支出等。第四，人力资本像其他一切资本一样，都应当获得回报。人力资本的时间经济价值呈现出提高的趋势。第五，人力资本的时间经济价值的提高对经济发展的贡献越来越大。

（二）贝克尔的人力资本理论

继舒尔茨之后，1963 年，美国芝加哥大学教授贝克尔出版了《人力资本》一书。该书的突出贡献在于：将经济学的分析方法引入教育领域，解释了人力资本的形成过程。

贝克尔特别强调在职培训的作用。他认为，工人通过直接在生产中学习新技术，固然能够增加人力资本存量，但过程过于缓慢，在职培训才是较为主动的办法。和投资于物质资本相比，只要投资于人力资本具有更高的收益，在职培训对企业来说就是划算的。虽然培训会增加现期的支出，减少现期的收益，但是，如果它可以大幅度地提高未来收益或降低未来支出，企业应该乐于提供这种培训。

贝克尔进一步将培训分为一般培训与特殊培训。一般培训是指员工接受培训所获得的知识、技能，不但对本企业有用，对其他企业也是有用的。特殊培训可以大幅度提高本企业的生产率，但对其他企业的影响很小，或根本没有影响。贝克尔认为，一般培训的受益者是员工，因为他所掌握的技术可以带到其他企业，从而增加自己的收入，因此费用应由员工支付，如果让企业承担，企业就有可能由于雇员的流动而蒙受损失；特殊培训的利益则大部分被企业占有，因此应由企业支付相关费用。

贝克尔认为，父母在养育孩子方面，同样要遵循成本-收益分析。富裕家庭之所以孩子较少，而贫困家庭却往往倾向于生较多的孩子即缘于此。富裕家庭的父母一般都有较高的薪水以及比较舒适的工作环境等，为了养育孩子，他们支付的机会成本无疑更高。同时，富裕家庭总希望孩子能有较高的素质，愿意在孩子的教育和健康方面多支出，他们养孩子的直接成本也很高。这样一来，权衡利弊之后，富裕家庭的父母就倾向于少生孩子。

（三）人力资本理论的影响

人力资本概念的提出和人力资本理论的发展，引起了人们对企业中人的因素的高度重视，为人本管理理论和方法的产生和发展提供了理论基础。在人力资本理论创立之初，舒尔茨和贝克尔的理论曾遭到怀疑和歧视，贝克尔的文章甚至迟迟得不到发表。然而，随着时间的推移，越来越多的人接受了人力资本理论，舒尔茨和贝克尔也分别于 1997 年和 1992 年获得诺贝尔经济学奖。尤其是随着知识经济的兴起，企业逐渐从资本时代走出来，规模巨大的资本积累和飞速发展的科学技术使得传统意义上的资本变得不那么稀缺，而且易于流动和替代，与此形成鲜明对照的是，知识型人才在企业中的作用与日俱增，人力资本代替物质资本成为对企业发展更为重要的稀缺资源。正因为如此，在人力资本概念提出 20 年后的 20 世纪 80 年代，人本管理最终发展成为一种新型的管理理论和方法，为众多企业所关注和接受。

第 2 节　人本管理的人性假设和主要形式

一、人本管理的人性假设

从物本管理发展到人本管理，与管理理论从“经济人”的人性假设发展到“社会人”“自我实现人”“复杂人”“文化人”的人性假设密切相关。

科学管理理论所提出的“经济人”假设认为人主要是为金钱而工作，为物质生活享受而生存，只要满足人对金钱和物质的需求，就能调动其积极性。基于这种人性假设，科学管理理论关注物本管理，重物轻人，人被当作机器的附属物，必须去适应机器，只能按照命令、指示进行劳动，对人主要实行物质激励。梅奥所提出的“社会人”假设则认为：人的行为动机不只是追求金钱，而是源于人的全部社会需求，因此，应设法使人从工作关系的改善上寻求乐趣和意义；人从所处群体中的社会力量那里受到影响，尤其是经营管理者的激励和控制对他的影响更大；人们的工作效率随着上级能满足其社会需求的程度而改善。“社会人”假设强调人与人之间的友好相处，员工获得集体的承认比获得物质刺激更为重要，在管理史上第一次明确了人在管理中的重要地位，向人本管理迈出了一大步。马斯洛所提出的“自我实现人”假设强调：人需要做最适宜的工作，发挥其最大的潜力，实现自己的理想，达到自我创造和发展的目的。“自我实现人”假设的提出，成为情感管理、参与管理、自主管理等的思想基础，而这些管理形式正是人本管理的重要内容。

沙因（Edgar H. Schein）认为，“经济人”假设、“社会人”假设、“自我实现人”假设的提出反映了其各自的时代背景，适用于一定的场合，但人的工作动机极其复杂，不能简单地归为某一种。有鉴于此，他提出了“复杂人”假设，认为人的工作动机不但是复杂的，而且是多变的，因时因地而异。一个人是否感到满足，是否肯为企业效力，取决于他的动机构成及他同企业之间的相互关系。沙因的“复杂人”假设是对纷繁的人性世界更加客观的反映，但作为行为科学家，他与其他行为科学流派的学者一样，将人放在管理工作重要乃至中心的位置上，主张协调组织目标和个人目标，激发人的内在动力，促进人们自觉、自愿做出努力来实现组织目标。1970 年，在麦格雷戈所总结的 X 理论、Y 理论的基础上，莫尔斯（John J. Morse）和洛希（Jay W. Lorsch）提出了超 Y 理论，指出人们怀着许多不同的需求加入组织，由于需求的多样性，以 X 理论为指导的管理方式和以 Y 理论为指导的管理方式都有其适用的环境，因此，对于不同的企业或不同的人应采取不同的管理方式。可以看出，作为权变管理理论基础的超 Y 理论，是对行为科学“复杂人”假设的发展。[①]

到了 20 世纪 80 年代，日裔美国管理学家威廉·大内（William G. Ouchi）在 X 理论、Y 理论的基础上提出了 Z 理论，他认为：组织发展的关键是创造一种基于信任的亲密无间的组织环境或氛围，以提高其生产率。企业管理层对员工应采取高度重视的态度，使员工获得高度满足感。[②] 1982 年，肯尼迪（Allan A. Kennedy）和迪尔（Terrence E. Deal）出版的《公司文化：公司生活的礼节和仪式》一书通过收集和总结美国数百家企业大量的资料，得出结论：强有力的企业文化是企业成功的金科玉律。可以看出，无论是威廉·大内的 Z 理论，还是肯尼迪和迪尔的企业文化，实质都是对企业员工进行了“文化人”的人性假设。

---

① John J. Morse，Jay W. Lorsch. Super Y Theory. Harvard Business Review，1970（5）.

② 威廉·大内 . Z 理论 . 北京：机械工业出版社，2007.

二、人本管理的主要形式

人本管理常见的形式有四种，包括情感管理、参与管理、自主管理和企业文化建设。

（一）情感管理

情感管理是强调管理者要关心、理解和尊重员工，以真诚的态度增强公司内部的情感联系和思想沟通，倾听员工的心理诉求，形成和谐融洽的工作氛围的一种管理方式。“士为知己者死”，被理解、被关心和被重视是人本能的期望，人得到理解后就会愿意付出更多的努力。情感管理关注员工的内心世界，其核心是激发员工的积极情绪，从而带动其内在潜力、主观能动性和创造精神，实现自我进步和企业发展的双赢。

1. 关心员工

很多企业的管理者为了业绩的提升，希望员工敬业奉献，一心扑在工作上，提高效率、创造利润，有部分管理者的思想较为短视，把员工当作“会赚钱的机器”，只关心员工的工作有没有做到位，根本不关心员工的个人生活和情感状态，员工没有感受到来自企业的人文关怀，没有真正把企业当作大家庭，难以产生与企业共荣辱的归属感和自我激励。这从长远来看是不利于员工和企业发展的。爱护与体恤员工在情感管理中是很重要的沟通方式。例如，丰田公司设有24小时的体育中心，包括田径场、体育馆、橄榄球场、足球场、网球场等。管理者会尽量抽出时间和普通员工一起参加文体活动。

良好的人际关系是情感管理的基础。和谐的人际关系包括企业内部人与人、人与工作、企业与市场、企业与社会、企业与政府部门关系的和谐。这要求企业最大限度地满足所有利益相关者的需求，追求经济利益与追求社会利益相统一，约束和引导管理者的行为，使企业实现“人和”的运转机制。

2. 加强人际沟通

加强人际沟通也是情感管理的一种重要方式。人与人之间的误会与心结，有时只是因为沟通不畅或者沟通过程中的噪声引起，如果置之不理只会发酵升级。管理者和基层员工面对的工作性质不同，容易产生意见分歧和对立，需要及时沟通消除思想上的阻碍。例如，联想对于主动辞职或被解职的人员，都会组织人力资源部与之谈话并询问真实原因，为员工举行不同形式的欢送会，让员工离职也不伤感情、不丢面子。通用电气实行“门户开放”政策，采用面对面的方式直接亲近员工，倡导“大家庭感情”的企业文化。公司各级领导者都欢迎员工随时进入办公室反映情况，每年至少举办一次全体员工“自由讨论”。通用电气的员工还可以根据自己的能力提出“建言报告”，自己提议想任职的岗位。每位员工可以担任“一日厂长”，写出一份“施政报告”，鼓励他们积极为企业建言献策。

3. 建立终身雇佣制

终身雇佣制也是情感管理的一种方式，是由松下公司首先提出的。松下的创立者松下幸之助说：“松下员工在预定的退休年龄之前，不用担心失业。企业也绝对不会解雇任何一个‘松下人’。”终身雇佣制下的员工可以得到稳定的保障，在年功序列工资制的基础上，员工对企业的依赖感和忠诚度变强，愿意长久地留在企业中工作。终身雇佣制反映了“公司就是家”的理念以及忠诚、团结的企业文化，被无数日本企业仿效，日本大企业普遍实行终身雇佣制，为第二次世界大战后日本的经济腾飞做出了巨大贡献。

（二）参与管理

参与管理指通过不同方式让员工参加组织的决策过程及各级管理工作，让下级与企业的高层管理者处于平等的地位研究和讨论组织中的重大问题。管理者通过与员工分享决策权，充分激发员工的积极性，让员工贡献出自己的才能，为企业发展献计献策。

1. 代表参与

代表参与是参与管理的常见形式。代表参与是指由管理者和员工代表共同组成工作委员会，如劳资协调委员会、安全委员会等，共同解决劳资双方都关心的问题。员工是公司的重要利益相关者，也要承担与企业人力资本投资相关的风险[①]，员工应有资格参与公司治理。公司的管理层往往从宏观的角度去看待问题、制定宏观战略，而忽视了微观上具体执行时可能遭遇的问题，而这些问题被基层员工所熟知。员工应该就企业重要事务参与管理层决策，主动与管理者沟通讨论，表达个人的看法和意见，对领导和管理决策做出积极影响。代表参与的典型制度是员工董事制，即从员工中选择代表进入董事会，参与公司大小事务的决策，这也有利于保护员工的利益。

2. 员工持股

美国员工持股协会（The ESOP Association）将员工持股计划界定为员工受益计划（benefit plan），使员工能够通过成为公司股东而从中受益。与其他员工受益计划的不同之处在于，员工持股计划允许劳动者和资本所有者在员工身上实现统一，使员工与企业的联系更加紧密，将资本与劳动这两种关键要素有机结合起来，使员工能够与企业共同承担风险和分享利润。

3. 质量圈

质量圈（quality circle）是由美国人开发的，并在日本企业中得到发展的一种员工参与管理方式，也称为质量控制圈、质量问题解决组。负责人由其成员选举产生，承担解决质量问题的责任，管理层一般保留所建议的方案是否实施的最终决定权。质量圈成员定期会面，利用业余时间讨论有关改善质量与工作方法的对策，自愿出谋划策解决质量问题。员工可以说是最了解产品质量的，因此质量圈提出的解决方案常常切合实际又省时省力。质量圈不仅是解决质量问题的方法，还是一种组织形式，其规模包括经常性的小组活动、组织车间甚至全国性的成果发布会和经验交流会等。

（三）自主管理

自主管理是参与管理的进一步发展，通过制度安排，实现员工在企业统一目标的指导下，自主确定工作计划、实施控制、实现目标，即自己管理自己。自主管理有利于员工的

---

① 玛格丽特·布莱尔．所有权与控制：面向 21 世纪的公司治理探索．北京：中国社会科学出版社，1999．

自我认同，从被管理者向管理者过渡，尊重每个员工的主体地位，提升其主动性和积极性。这对传统的组织规章和制度带来了一定的挑战，对员工的素质提出了较高的要求，一般适用于对知识型员工的管理。

1. 弹性工作制

20世纪90年代以后，弹性工作制（flexible working）在西方国家取得了新进展，并进一步扩张和演化。弹性工作制有利于员工根据自我需求合理安排时间，实现工作-闲暇平衡（work-leisure balance，WLB），该工作的时候工作，该休息的时候休息，从而提高工作效率；同时也有利于企业降低人工成本，使管理与运营工作在时间上更加灵活，能够适应复杂多变的市场，有效提升企业的竞争力。弹性工作制对知识型企业及知识型员工最为适用，也为跨地区的企业员工远距离办公或在线办公提供了便利。

2. 自律性工作团队

1958年，德鲁克在为《有效的管理者》一书作序时指出："一般的管理学著作谈的都是如何管理别人，而本书的目标则是如何有效地管理自己。一个有能力管理好别人的人不一定是好的管理者，只有那些有能力管理好自己的人才能够成为好的管理者。事实上，人们不可能指望那些不能自我管理的人去管理好更大的组织和机构。从很大意义上说，管理是树立榜样。那些不知道怎样使自己高效工作的人会树立错误的榜样。"① 因此，自律性工作团队的意义在于自我管理。例如，在知识型企业内部，员工被分成若干个工作团队，由团队拟定工作目标，决定任务分配、方法和进度。团队成员自主安排工作时间，在自我状态最佳时全身心地投入工作，分散在各地的成员可以借助现代通信手段进行广泛的联系和沟通。自律性工作团队能够提高员工的工作积极性和创造性。

3. 赋权管理

随着网络技术的发展，扁平化和网络化成为现代企业组织结构的发展趋势，组织结构出现"中层革命"，中间管理层被大大缩减，员工的自由度加大。随着管理幅度的加大，管理难度逐渐提高，企业管理者必须学会赋权管理，使下属获得决策和行动的权力，以达到理想的企业组织结构，适应持续变化的环境，并对环境变化做出快速反应。为了支持日渐扁平化和网络化的组织结构，企业需要组建完整、统一的知识团队，对员工进行赋权管理，不断释放员工的知识储备和能量，为企业带来新的价值和拓展。

案例 15-1

以人为本的壳牌石油公司

在壳牌石油公司内，员工不再受传统管理模式的制约，可以围绕工作目标自主地安排工作内容。相比传统的管理模式，壳牌石油公司的宽容型管理更注重发挥员工的主观能动性，激发员工作为工作主体的效能。管理者主要不是承担控制和监督的责任，而是将工作的重点转向为员工提供支持和帮助，使员工能够更好地发挥自身优势。

① 黎红雷．中国管理智慧教程．北京：人民出版社，2006.

连接情感纽带　关怀员工

壳牌石油公司始终认为，员工的劳动与付出远远比充足的资金、优良的设备更为关键。为此，公司提出了著名的HSE（Health，Safety，Environment Protection）计划，以保护员工和其他利益相关者的利益。根据这一计划，在生产经营活动中，凡是遇到员工的安全、健康与公司的经济利益相冲突的情况，公司各个部门必须以员工的安全、健康为重，坚决杜绝牺牲员工的安全、健康以换取暂时的经济利益的行为。同时，公司还通过一系列的举措来增进与员工的情感沟通。比如，公司为员工免费办理健身卡，鼓励员工锻炼身体，保持良好的身体状态。每逢员工生日，公司都会在第一时间送上祝福，给予员工家一般的温暖。每月发放工资时，每个员工的工资单上都会有一行醒目的大字："谢谢你为壳牌石油公司所付出的辛勤劳动"。

包容失败　鼓励创新

壳牌石油公司的宽容型管理最突出的表现在于鼓励员工进行创新，并包容创新过程中的失败。壳牌石油公司充分地相信员工，鼓励员工根据自己的知识和经验，打破陈旧的业务流程、技术方法和行事方式，进行大胆的改革和尝试，充分激发员工在创新方面的热情，以点带面地提升公司的绩效。在鼓励创新的基础上，壳牌石油公司还对员工的创新失败给予极度包容的态度。对员工在创新过程中所造成的损失，只要员工能够积累经验、吸取教训，公司都会予以包容和支持。

鼓励交流　平等对待

在宽容型管理思路的指引下，壳牌石油公司大力支持员工参与公司的内部对话，分享自己在工作中的经验和想法。为了提升公司对话交流的效率，壳牌石油公司采用了扁平化的组织结构，并设置了专门的公司员工交流平台，让每名员工都平等地享有在交流平台上公开发表观点的机会。公司建立了日常沟通规则，使管理者之间、管理者和员工之间、员工与员工之间的日常交流和对话更加流畅和制度化。同时，壳牌石油公司还设立了一个特殊的交流平台——"战争室"。在"战争室"里，员工可以就与工作相关的各种问题进行充分、深入的探讨，展开激烈的、充满火药味的争论。本着开放的精神、对事不对人的态度，员工可以毫无保留地表达自己的意见。

资料来源：刘刚，于晓东．壳牌石油公司：让宽容型管理在企业扎根．企业文明，2014（2）．

（四）企业文化建设

1. 企业文化的内涵

企业文化（corpora culturc）是 ·种不变的企业行为模式，这种企业行为模式有助于连接、告知并提供一种前后一致的情境。企业文化是员工凝聚力的源泉，是不易被模仿的竞争优势来源。先进的企业文化是企业在长期经营管理和改革创新中积淀和提炼而成的，是企业生存和发展的内在指引和动力，是代表企业形象和价值的无形资产，是影响和塑造员工思想和价值观的力量，是企业核心竞争力的重要构成元素。加强企业的文化建设是企业自身发展的需要。

对企业文化可以从两个层面来理解：在不易察觉的层面上，它代表着企业成员的基本价值观念；在容易察觉的层面上，则表现为企业的行为方式或经营风格。真正起作用的企业文化是价值主张与行为模式高度统一的文化，它对于企业成员具有内化于心、外化于行的效果。因此，企业文化建设不能停留在写在纸上、贴在墙上、挂在嘴上，而应融入与企业核心价值主张高度一致的管理行动中。正如曾任 IBM 总裁的小托马斯·沃森在《一个企业的信念》一书中所言，为了生存下去和取得成功，任何一个组织都必须具备一整套健全的信念，将这些信念作为采取一切政策和措施的前提，并踏踏实实地严守这些信念。[①]

2. 企业文化的作用

加强企业文化建设有助于增强企业的凝聚力。企业文化通过对员工长期潜移默化地发生作用，引导员工对企业所倡导的价值观念形成条件反射式的反应，使企业形成积极向上、团结合作的氛围，大幅度降低企业经营管理成本。以制度为代表的各种管理“硬”手段的运用，必须以文化为基础，建立在对企业价值观念的认可、传播、共享的基础上。一些企业之所以强调加强企业文化建设，目的就在于培养员工良好的行为规范，提高员工实现企业共同愿景的自觉性。加强企业文化建设，一个关键环节是企业高管团队尤其是“一把手”对企业所倡导的价值观念及其运用效果予以高度认同，并积极向广大员工施加影响，使他们形成对这些价值观念的认同感，在企业中形成践行这些价值观念的良好氛围。这就要求企业高管团队一方面注重率先垂范，在管理过程中主动奉行这些价值观念，通过身体力行给员工做出良好示范；另一方面努力成为企业文化的积极传播者，通过开展企业文化活动或者组织相关主题培训，向员工传递企业文化理念。

加强企业文化建设有助于增强企业的竞争力。制度等管理“硬”手段的运用是一把双刃剑，既可以管住员工的不规范行为，使企业在高层管理者所期望的轨道上运行，也可能束缚员工的主观能动性和创造性，使企业在面对复杂多变的环境时缺乏灵活应变能力。而企业文化对员工价值取向及行为方式的规范则有更大的弹性，能够使企业保持强劲的创新动力。由于历史和发展阶段的原因，我国很多企业在市场竞争包括国际市场竞争中，对实施低成本战略有着非常强烈的偏好，结果在国际产业链中处于较为不利的位置。而基于企业文化的竞争有助于企业摆脱低价格造成低利润、低利润导致低投入、低投入使得企业更加依赖低价格竞争的恶性循环，使更多的企业依靠创新驱动逐步在国际市场确立自己的差别化竞争优势，从而提高经济增长的质量和效益，使我国尽快从工业大国发展成为工业强国。

3. 企业文化的构成要素

第一，企业环境。企业环境是影响企业文化的最大因素。派克·帕尔玛（Parker J. Palmer）在《从内心领导》一书中说：“领导者是具有非凡权力的人，他能够运用这种权力创造一个其他人赖以生存、活动、发展的环境，这种环境可能像天堂一样光明，也可能像地狱一样黑暗。”[②] 惠普公司创始人之一比尔·惠利特（Bill Hewlett）说：“这是由一种信念衍生出来的政策和行动，这种信念是：相信任何人都愿努力地工作，并能创造性地

① 小托马斯·沃森．一个企业的信念．北京：中信出版社，2003.

② Parker J. Palmer. Leading from Within：Reflections on Spirituality and Leadership，31th Chapter of Management Skills：A Jossey-Bass Reader，Jossey-Bass Publishers，2004.

工作，只要赋予他们适宜的环境，他们一定能成功。”企业环境主要包括物质环境和人文环境。物质环境是指企业的办公建筑、设施器材、自然环境等，是影响员工工作状态的基本因素。人文环境指管理制度、人际关系、文化氛围等，是影响员工工作积极性和企业可持续发展的根本因素。在组织管理中，必须营造出适合员工全面发展的条件和环境。

第二，价值观。价值观是企业的基本观念和发展的长远目标，构成企业文化的核心，价值观的核心是企业的宗旨、使命与愿景。例如，华为的价值观是“华为的危机以及萎缩、破产是一定会来到的……谁有棉衣，谁就活了下来”。海尔的价值观是“永远战战兢兢，永远如履薄冰”。价值观是企业在经营管理中遵循和推崇的行为准则，合理的价值观是实现企业目标的前提和保障。企业应努力打造适合自身发展的价值观体系，以组织的共同愿景为引导，带领员工根据组织的总目标确定个人的具体工作方向，将总目标分解、落实到具体的人身上，将个人目标与组织愿景相结合，实现组织的快速、健康发展。

第三，英雄人物。英雄人物是企业价值观的人格化，为员工提供了可以仿效的榜样和典范。很多美国企业把创业者和做出巨大贡献的人物视为英雄，例如福特汽车公司的缔造者亨利·福特、通用电气公司的 CEO 杰克·韦尔奇、通用汽车公司的总裁阿尔弗雷德·斯隆、标准石油公司的创始人约翰·洛克菲勒等。可以说，美国公司的董事会比好莱坞的票房，更需要英雄人物。英雄人物主要通过五种方式表达和强化公司的价值观：使成功显得触手可及；提供榜样人物；突出公司的特色；给员工精神激励；提高企业价值观的认知度和认同度。[①]

第四，礼仪和仪式。礼仪和仪式是对员工所确定的有力的行为规范。礼仪指日常行为表现，仪式指盛大的典礼。企业的礼仪和仪式主要包括标志性、纪念性和惯例性三种。标志性礼仪包括穿员工制服、戴员工标牌、升企业旗帜等，对加深公众对企业的印象，增进员工的责任感和荣誉感发挥了重要作用。企业形象归根结底还是人的形象，标志性礼仪有助于强化企业形象。纪念性礼仪包括企业庆典活动、企业历史展览等，主要是为了纪念对企业有重大意义的事件。纪念性礼仪宣扬公司的荣誉和历史，回顾企业发展的历程，提升企业在员工心中的重要性，激发员工对企业的热爱和对工作的热忱。惯例性礼仪包括董事会、表彰大会、员工代表大会等工作性礼仪和劳动节、棋牌会、欢送会等非工作性礼仪。工作性礼仪较为严肃、正式，可以直接规范员工的行为，为员工树立工作的态度和准则；非工作性礼仪较为轻松、愉快，是员工互相联系的情感纽带，能够增强企业的人情味。

第五，文化网络。文化网络指企业内部基本的但非正式的沟通方式，是价值观和英雄故事的传播渠道。企业管理者应该密切关注并积极利用这些传播渠道，以便更好地在企业中传播正能量，强化全体员工的凝聚力。

当然，企业文化建设的成果也可以固化为企业识别系统（corporate identity system，CIS），包括：理念识别、行为识别和视觉识别。理念识别（mind identity，MI），即将原本抽象的企业宗旨、价值观、企业精神、经营观念等提炼为明确的概念，并做适当的表述。在企业识别系统中，理念识别是其核心内容和灵魂。行为识别（behavior identity，BI），即理念识别动态的外在表现，全面地展示于企业及其成员的行为，并使之规范化、

---

① 阿伦·肯尼迪，特伦斯·迪尔．公司文化：公司生活的礼节和仪式．上海：三联书店，1989.

特征化。视觉识别（visual identity，VI）追求的是视觉的冲击力，运用现代的设计手段和方法，将企业个性定位于相关公众的心目中，包括企业名称、企业品牌标志、标准字、标准色、企业象征及吉祥物、宣传标语等。在企业识别系统中，视觉识别最为直观，也最为外显。

➡ 思考题

1. 人本管理的内涵是什么？包含哪些具体的维度？
2. 人力资本理论的演化过程是怎样的？每阶段分别有哪些代表性的人物和理论？
3. 人本管理的理论基础与人性假设是如何发展的？
4. 人本管理的主要形式有哪些？分别可以采取怎样的方法和途径实现？

➡ 课后案例讨论

幸福企业：王品集团

中国台湾就业情报杂志Cheers于2012年3月中旬公布了一项就业调查问卷，被台湾年轻人视为"幸福企业"的餐饮企业王品集团（Wowprime），第一次成为大专应届毕业生最向往就职的企业。这极大颠覆了人们以往的认知，端盘子竟然成了年轻人就业的首选。究竟被年轻人视为幸福企业的王品集团是如何开创这个局面的呢？

"王品宪法"

以下为"王品宪法"的条款：

1. 任何人均不得接受厂商20元新台币以上的好处。触犯此天条者，开除。
2. 同仁的亲戚禁止进入公司任职。
3. 公司不得与同仁的亲戚做买卖交易或业务往来。
4. 举债金额不得超出资产的30%。
5. 公司与董事长均不得对外作背书或保证。
6. 不做本业以外的经营与投资。
7. 任何投资均遵照151方程式。
8. 奉行"顾客第一，同仁第二，股东第三"之准则。
9. 惩戒时，需依下列四要件，始得判决：当事人自白书；当事人亲临中常会；公开辩论；不记名投票。
10. 同仁的考绩，保留15%给"审核权人"与"裁决权人"做弹性调整。
11. 每周五开中常会，集体决策。

王品集团的"五不"原则

自1990年成立以来，王品集团从一个品牌扩展到23个品牌，至2018年2月拥有420家门店，2.1万多名员工。王品集团取得的成功与董事长戴胜益所奉行的集团文化有关，他推崇美国的效率与日本的一家人照顾精神相结合，加上儒家以人为本的忠恕精神。他强调"车马衣裘与朋友共享"，每个月从利润中拨出33%分享给同仁，自己只留下20%的股份，其余全部留给公益活动。戴胜益分析了很多公司倒闭的原因，从创业第二年起，他就在王品集团内部严格实施了"五不"措施，这些措施包括：

第一，不准买股票。戴胜益认为，股票会令人分心，买股票未必能赚钱，而且市场有很多谣言，服务员搞不好会走神问客人，要牛排还是台积电。总之，炒股会令员工对自己的本职工作不那么专注。这个规定虽然可能阻碍了赚钱，但也能够防范很多人破产。

第二，不参与政治。戴胜益说："我已经十几年没有去投票。如果我去投票，他们会猜测我属于蓝绿阵营哪一方；无论我是蓝营还是绿营，另一方阵营的人都会不甘心为我做事，所以投票日我都去爬山。"

第三，不搞官商勾结，不向政府单位送红包，不参与交际应酬。戴胜益认为，王品的每个分店都分布在不同区域里，集团如果纪律不严明将无法获利。王品每股盈余会有 12.7 元新台币的原因就在于没有谁可以从中获得不该拿的好处。严格遵守规定已成为王品的企业文化。

第四，不做本业以外的投资。戴胜益认为，服务业成天与客户打交道，有很多地方需要非常用心经营才能小有成就。像台塑这样的大集团也仅仅专注于医疗石化行业，说明跨行业多元化经营需要很大的精力。毕竟隔行如隔山，中小企业同时经营两三种事业成功率不高。

第五，不借钱。戴胜益说："即使王品今天上市了，我是一只股票也不买，一只也不卖，在公司不看盘，不谈股票，公司也不会设股务调解室。"

王品集团的文化重心

"餐饮业过去向来不太受人尊重，多半是找不到工作的人才会去做。"戴胜益接受专访时，坦言餐饮服务业面临的招工困境。他认为，台湾服务业的经营者急功近利，只要取得了一点成功就招加盟商，但同时又无法给予充分的协助，这对服务业和从业者都是一种伤害。因此，他从创业之初就决心摒弃急功近利的心态。王品的文化重心在于"安"，用戴胜益的话说，"让员工有安全感和安身立命之处，认为老板不会欺骗、压榨员工，顾客也吃得安心，万一食品有问题，王品会立即书面处理"。相比许多餐厅因瘦肉精风波导致业绩大幅下滑，王品业绩却比上年同期增长三成左右，可见顾客对王品的诚信作风深信不疑。王品把"员工当家人，把客人当恩人"的做法，也成为台湾服务业推崇的典范。

戴胜益还捐出 50%的财产成立"王品戴水基金会"，用每年 5 000 多万元新台币的股息帮助家庭困难的学生。还有 30%的财产则捐给公司员工，每年 3 000 多万元新台币的股息用以支付员工因台风、车祸等遭受的损失，员工可以拿到 10 万～30 万元新台币的急难救助金。戴胜益曾说："如果员工失去工作能力，我就养他一辈子。"戴胜益帮助王品一位患脑瘤的主厨找疗养院，每个月支付 3.5 万元新台币的费用，承担起了这笔对普通人来说很高昂的疗养费。

戴胜益说："如果没有满意的员工，就没有满意的顾客。要让员工有安全感、对未来有希望，他们才愿意对客人笑得灿烂真实，顾客才会真的安心。""君子务本，本立而道生"，王品经营成功的本质就在于每件事都想得很长远。

资料来源：台湾王品集团董事长戴胜益：繁华过后，大道至简．南方企业家，2014（5）；陈宣雨．感动服务与卓越绩效关系：以我国台湾王品集团为例．经济师，2015（3）；林谷峻，杨淑闵，罗玟甄．智慧资本、知识分享与工作满意之关联性研究：以王品集团为例．大连大学学报，2014（6）．

结合案例内容，回答以下问题

1. 你认为，"王品宪法"展现了王品集团怎样的企业文化？

2. 王品集团的文化重心是什么？是如何在王品集团经营管理的过程中体现的？

3. 王品集团的企业文化有哪些内涵？你认为王品集团是"幸福企业"吗？企业文化对于王品集团成为"幸福企业"发挥了什么作用？

第 16 章 领导修养与艺术

故兵无常势，水无常形；能因敌变化而取胜者，谓之神。

——《孙子兵法·虚实篇》

管理有三要素：建班子，定战略，带队伍。

——柳传志

学习目标

1. 了解领导者个人修养的主要内容
2. 了解领导艺术的含义和内容
3. 掌握时间管理的主要内容和基本方法
4. 理解权变与权变管理的含义
5. 了解权变管理学派产生的背景
6. 理解权变管理的理论框架

➡引　例

柳传志“分槽喂马”的用人艺术

2011 年 11 月 2 日，联想集团创始人柳传志正式卸任董事长一职，退居二线，由 CEO 杨元庆接任董事长。至此，联想集团在人事上完成了一把手的变更。在柳传志的卸任仪式上，集团副总裁李岚代表 2 万多员工送给柳传志一份特别的礼物——一个主题为飞奔的群马的玉石雕刻。李岚感慨道：“千里马常有，而伯乐不常有。柳总正是世间少有的伯乐。”

联想从 20 平方米的传达室里诞生，在柳传志等企业元老的打拼下，已经成为中国电脑的第一品牌，跻身世界 500 强。柳传志也成为“中国企业界的教父”，其善于选人、用人、培养人、激励人的才能也为外界津津乐道。柳传志对杨元庆和郭为“分槽喂马”的故事也成为一段用人佳话。

柳传志的苦恼

时间退回到 2000 年，那时的联想经过十多年的发展，已经成为中国电脑行业的龙头老大。面对节节攀升的业绩，年届耳顺之年的柳传志却高兴不起来。因为他心中有一件苦恼的事，那就是自己退休后将联想交给谁打理。

在当时公司里的一众人才中，柳传志对杨元庆和郭为这两员大将称道有加，视作未来接班人的合适人选。这两人都是属于“千军易得，一将难求”的将才，而且都在柳传志手下打拼多年，深得其经营管理精髓。但一山难容二虎，虽然柳传志尝试让他们合作，但结果却很不理想，两个人合作不到一起。这样不但无法起到“1＋1＞2”的作用，反而是“1＋1＜2”。他们都是难得的将才，柳传志也不愿意放走其中任何一位，这让柳传志非常头疼。

一则故事引发的联想

在一次外出闲逛书店的时候，一则小故事引起了柳传志的兴趣，读完这则故事他豁然开朗，马上有了主意。不久后，也就是 2000 年 4 月，联想传出一个大新闻：柳传志要拆分联想！联想集团将一分为二，分为联想电脑和神州数码。其中，杨元庆负责联想电脑，继承原有品牌，主攻个人电脑、硬件的生产和销售；郭为负责神州数码，另起炉灶，自创品牌，主营系统集成、代理产品分销、网络产品制造。柳传志经过这般苦心设计，使联想接班人问题得到了解决，他认为这是最好的解决办法。然而，外界对柳传志这个举动却不乐观，普遍认为拆分联想是错误的决定，这是典型的“因人设事”，将导致联想的衰落。因为因人设事在管理上是大忌，不符合管理的规律。

但很快，质疑者就发现自己的判断是错误的，事实证明柳传志的决策是正确的。2001 年 6 月，仅一年左右的时间，郭为就将神州数码经营得有声有色，在香港成功上市，成为中国最大的整合 IT 服务供货商。杨元庆领导的联想电脑也不甘示弱，一路高歌猛进，2004 年收购了 IBM 的个人电脑业务，并进行了成功的整合，2008 年进入世界 500 强之列。这让外界对柳传志的领导管理艺术倍加推崇，纷纷猜测当初他是如何做出拆分联想的决定的。

“分槽喂马”

在多年后的一次采访中，当主持人问其当初为何要拆分联想时，柳传志讲述了当年给他启发的小故事：一个马夫养了两匹千里马，他对这两匹马非常爱惜，把它们放在一个马厩里面喂养，在同一个马槽里吃草料。尽管这个马夫将马喂养得非常好，但几个月下来，这两匹马不但没长膘反而变瘦了，这让马夫非常困惑。于是，他去请教当地的马博士，马博士看完后立刻明白了问题所在，对马夫说：“问题的症结在于你同槽喂马。这两匹马都是千里马，它们个性刚烈，你将两匹马放在一起喂养，导致它们相互争抢食物而无心吃食，所以才不长膘。解决的办法就是分槽喂马。”听完马博士的分析，马夫恍然大悟，将两匹千里马分开喂养，很快马就长膘了。

柳传志总结道：“这就是当时给我启示的‘分槽喂马’的故事。同样如此，在企业经营中，人才是最重要的资源。杨元庆和郭为都是联想的千里马。他们各有特性、各有所长，在一起合作难免会有竞争，导致两败俱伤。为了让他们施展所长，我才下决心拆分联想集团，给他们不同的平台，让他们尽情地施展才华，这才有了现在的联想和神州数码。

他们也给我交出了满意的答卷，证明我当初的决定并没有错。”

资料来源：孙亮．柳传志分槽养马．领导科学，2012（18）；徐超．柳传志的用人艺术．决策，2011（12）；阳光，韩晓萍．真言无忌真心情：柳传志国际管理学年会归来话管理．计算机世界，2002-09-02；王方剑．专访柳传志：联想分拆3年之后　直面做大难题．经济观察报，2004-03-13.

领导者就如同大海中一艘船的掌舵者，在变幻莫测、竞争激烈的市场环境中，具备优秀素质和掌握领导艺术的管理者才能胜任领导者的角色。因此，优秀的领导修养和领导艺术是企业领导者的重要品质。

第1节　领导者个人修养

现今的社会，市场竞争越来越激烈，要想带领企业在激烈的竞争中赢得胜利，企业领导者就必须具备很好的个人修养。领导者的个人修养（self accomplishment）更多的是指领导者的个人内在素质和能力，可以分为知识修养、能力修养、品质修养三大类。

一、知识修养

在知识经济浪潮的影响下，企业对知识的要求越来越高，知识的更新换代也越来越快。作为企业掌舵人的领导者，其知识水平决定了领导企业的水平。知识的学习和更新能够给领导者带来更多的能力，而企业知识积累和更新也能够提高企业的创新能力。企业的领导者必须是具备高知识素质的人才，他们一般要具备三个方面的知识：专业知识、通用管理知识、基本人文素养及自然科学知识。

各行各业都有自身的行业门槛，不同的行业有相应的行业要求，这个要求就是专业知识。专业知识指的是与企业经营生产行业相关的专门知识，这样的知识一般专业性很强，非专业人员无法涉及。如化学行业的企业领导者必须具备一定的化学专业知识，机械行业的领导者必须具备一定的机械制造专业知识。除了专业知识修养以外，企业领导者还需具备通用管理知识，因为领导者的很大一部分工作都是管理工作，需要一定的管理知识。通用管理知识指的是管理企业的知识，如战略管理、人力资源管理、财务管理等方面的知识。这样的知识有利于企业领导者更好地对企业进行管理。除此之外，领导者还必须具备基本的人文素养及自然科学知识，这样的知识内含在企业领导者日常的领导活动中，能够起到意想不到的作用，对增强领导者魅力、提升领导能力都有裨益。

二、能力修养

能力修养是领导者的硬性指标，也是日常经营中最能够体现出来的素质。能力修养表现为企业领导者将自身的知识和经验等运用于经营管理的一系列能力。总括来看，企业领导者至少要具备决策能力、创新能力、人际协调能力和风险承受能力等能力修养。

第一，决策能力。决策是决定企业生产经营活动成败的关键，是实施管理职能的保证。正确的决策能够为企业带来成功，而错误的决策却很可能导致企业的败亡。领导者与非领导者最大的区别就是领导者必须具备决策能力，否则就无法成为合格的领导者。领导者的决策能力包括掌握信息的能力、预测能力、决断能力和应变能力。

第二，创新能力。企业领导者的创新能力指的是经营管理企业过程中的变革能力，是个人气质、动机、才能、知识等的综合体现。创新能力强的领导者一般都具备以下特征：强烈的事业心、敏锐的洞察力、丰富的想象力、超凡的勇气、锲而不舍的精神、坚定的信念，以及思维的独立性和开放性。在市场竞争中，创新者往往具备更强的竞争力，是市场的引领者。企业领导必须是创新者，要不断地进行技术创新，开发新产品，开拓新市场，创新组织体系。

第三，人际协调能力。人际协调能力指的是与人相处打交道的能力。作为企业的领导者，在企业内部要处理好与员工的关系，采取合适的方法与员工进行沟通，对员工进行有效激励。除了内部员工沟通激励，企业领导者还需要与其他利益相关者打交道，如与供应商、经销商、政府、社会机构等产生联系。而这众多关系的处理就要求领导者必须具备好的人际协调能力，这样才能为企业的日常经营和未来发展奠定良好的基础。

第四，风险承受能力。风险承受能力是指在企业经营管理过程中，当企业遇到风险时，领导者冷静处事，理性决策以帮助企业渡过难关的能力。没有好的风险承受能力就无法做出好的决策，也就无法胜任领导岗位。任何决策都隐藏着风险，作为决策主体的领导者必须能够承担风险。风险承受能力也是领导者必备的能力修养。

三、品质修养

品质修养是企业领导者内在的能力素质，能够给领导者开展有效的领导提供很大的帮助。尤其对于魅力型领导者来说，品质修养的作用尤其突出。领导者具有独特的品质能够带给下属不一样的感受，在员工中产生非常大的魅力，进而产生强大的人格力量。这样的品质修养使得领导者在与人沟通中赢得尊重和信任，使下属服从其领导权威，让同级者也能对其充满尊敬，使上级对其产生很好的信任。

领导的品质修养包括但不限于以下内容：宽容、果断、自信、坚定、自制、敢于冒险、追求卓越。宽容是指在日常工作中对员工友好包容；果断是指在紧急和困难的情况下，及时做出选择和决定；自信是指领导者正确评估自我，充分认识自身的优势，并最大化自身的优势；坚定是指领导者面对艰难的情况，不悲观不放弃，坚持到底；自制是指在日常管理工作中对自己进行必要的管理，做到理性决策、理性领导。

冒险精神是领导者的品质修养之一。优秀的领导者必然是一位敢于冒险、具有开拓精神的领导者。在市场环境变幻莫测、市场机会转瞬即逝的现代商业社会，安于现状、不敢冒险的企业一般不会有很大的作为，甚至会被市场淘汰。具备冒险精神的领导者能够在对手不敢行动的时候带领企业先人一步把握市场机会，赢得主动权。

领导者还必须具备追求卓越的品质。拿破仑说过："不想当元帅的士兵不是好士兵。"同样，不追求卓越的企业领导者不是好的领导者。领导者必须具备追求卓越的精神，有"天下第一，舍我其谁"的信心和激情，努力带领企业向世界一流前进，实现一流的人才、一流的服务、一流的效益，这样才能在强手如林的市场竞争中立于不败之地。

领导者还必须具备不满足、不服输的精神品质。当企业取得一定成绩的时候，领导者不能骄傲自满，停滞不前。这样才能带领企业勇往直前，持续提升。而在日常经营中，碰到挫折和失败，要有不服输的精神，不能因为一时的失败就退缩。领导者要不断创新，不断进步。

作为企业的大脑，企业领导者必须具备全面的修养和素质（见表16-1）。企业领导者必须做到德才兼备，做事之道与做人之道并重，这样才能成长为优秀的企业家。知识经济时代对领导者的素质要求将会越来越高，企业领导者也要时刻提升自己，提高自身的综合素质。

表16-1　领导者的基本修养

基本修养	具体内容
知识修养	专业知识、通用管理知识、基本人文素养和自然科学知识
能力修养	决策能力、创新能力、人际协调能力、风险承受能力等
品质修养	宽容、果断、自信、坚定、自制、敢于冒险、追求卓越等

第2节　领导艺术

一、领导艺术的含义和特征

领导是一门学问，领导工作兼具科学性和艺术性。领导艺术是建立在领导者个人素质和实践经验的基础上，创造性地处理领导工作过程中各项复杂问题的一系列方法和技能。领导艺术使得领导工作更加丰富多彩，锦上添花。领导艺术是领导工作的重要组成部分，拥有领导艺术的领导者才是合格的领导者。

领导艺术有其独特性，不同的领导者有不同的领导特色。但综合来看，领导艺术的共同特征可以概括如下：

第一，创造性。这是领导艺术最大的特点，艺术是创造出来的，领导失去了创造性也就无法称之为领导艺术。领导艺术具有非常大的变动性和创造性。如开国领袖毛泽东的领导艺术就非常值得学习，长征中的“四渡赤水”，解放战争中的各大战役都堪称出神入化、高深莫测。毛泽东将领导艺术灵活多变的特点概括为“运用之妙，存乎一心”。

第二，多样性。领导艺术是领导者个人体现出来的特征，每个人都有不同的特质，对领导艺术的运用也非常多样化。这与权变理论中的领导权变理论是对应的，环境的不同决定了领导方式和方法的不同，体现出来的领导艺术也就不同。

第三，情境性。领导艺术具有特殊性，领导艺术实施过程中总是会遇到各色各样的外部环境，不同的环境会导致领导者采取不同的领导艺术。情境在领导艺术的变化中具有重要的作用。

二、领导艺术的内容

在对领导艺术的基本含义和相关特征有了一定了解后，接下来进入领导艺术的内容部分。领导艺术的主要内容包括决策艺术、用人艺术、换位思考艺术、自我管理艺术。

第一，决策艺术。对待常规问题，可以按照一定的科学程序和方法进行决策。对于非常规问题，则不能随意决策，必须把握好随机决断的限度，这就取决于领导者的个人素质、才能、经验和直觉。例如，瑞士在 20 世纪 60 年代最早研制出了石英表，但由于判断失误，认为这种表的市场反应不好，瑞士企业并没有重视这种表。日本企业则有不同的看法，它们对此非常感兴趣，做了大量的市场调查分析，最终决定大规模生产石英表。经过几年发展，日本企业生产的石英表在市场上获得了非常好的反应，而很多瑞士机械表生产商却因此而倒闭破产。在 5 年的时间里，日本企业凭借石英表击败了 138 家瑞士机械表厂商。在决策过程中，环境瞬息万变，如何把握好决策时机，根据不同的环境变化做出正确的决策，这体现为领导者的权变管理艺术。权变管理是一个非常重要的内容，本章第 4 节将详细讲述。

第二，用人艺术。所谓用人艺术，指的是领导者发挥下属积极性、取得同级配合和上级支持的技能方法。要充分发挥人才的有效性，为企业的发展做出贡献，就必须人尽其用，掌握好用人艺术。严于律己、宽以待人、与人为善是用人艺术的核心。领导者要严格要求自己，从自身做起，为其他人树立榜样，要有自省精神和自知之明，要有宽容精神。扬长避短是用人艺术的关键。领导者对下属要有清晰的认识，发挥他们的长处，避免他们的短处，让他们最大限度发挥自己的才能。在其位谋其政是用人艺术的根本，对同级、上级、下级来说，要各司其职，各谋其政，在自己的岗位上行使自己的职权，彼此尊重，互不干涉。用人艺术中换位思考是重要内容，进行合理有效的换位思考，发挥移情作用，对领导下属具有非常显著的效果，关于换位思考的内容在下面有专门的介绍。

第三，换位思考艺术。企业领导者担负着管理整个企业的重任，根据管理角色学派的理论，管理者承担着众多角色，其中人际关系角色是非常重要的方面，要想扮演好这一角色，需要正确地处理与员工、股东、供应商、零售商、顾客、社会机构等利益相关者之间的关系。换位思考是解决这一问题的重要途径。管理学中的换位思考也称为“移情作用”

(transference)，指的是在管理中从对方的立场来考虑问题、解决问题。比如在管理员工时从员工的角度来思考、解决问题；与客户打交道时，则以顾客的立场来思考、解决问题。换位思考有两个核心内容：一方面是考虑对方的需求，满足对方的需要，这在激励和领导员工方面有显著的效果；另一方面是找到对方的不足，帮助其克服不足，找到解决办法。

第四，自我管理艺术。领导者的自我管理艺术，包括情感管理、时间管理、自我提升管理等内容。其中，时间管理是领导者自我管理艺术的重要内容，本章第3节对其加以专门介绍。自我管理强调自我作为管理行为的客体，进行自我激励、自我调节、自我反馈，体现了一种管理能力，包括对生理、心理和行为等方面的自我认识、自我控制和自我完善。德鲁克在《21世纪的管理挑战》与《个人管理》两本著作中阐述了他对自我管理的认识。德鲁克的自我管理思想可以概括为五个要点：第一，建立个体的主体意识和价值观；第二，个人责任意识的培养；第三，自我时间管理；第四，个人知识管理及潜能开发；第五，人际关系管理。德鲁克谈论的自我管理针对的是一般个人，对于领导者也是适合的。领导者的自我管理也应该从以上五个方面进行，尤其是对自身情感的管理、时间管理和知识管理。

第3节 时间管理

一、时间与时间管理

古人早就道出了"一寸光阴一寸金，寸金难买寸光阴"的心声，现代人则认为时间就是效率，时间就是生命，时间就是金钱。这都反映了时间的重要性和时间管理的必要性。时间是最公平的资源，对每个人都一样，无法补充和买卖。只是每个人对时间的利用不同会产生不同的效果，这就决定了时间的效益不同。对于领导者来说，时间尤为宝贵，如何将有效的时间资源运用到企业中产生最大的价值，这便是时间管理（time management）的内容。

时间具有自身独有的特征，包括以下几个方面：第一，公平性。时间对于每个人都是公平的，每天都是24小时，分毫不差，不会因为人的条件不同而不同。第二，流向性。牛顿认为时间具有流向性，时间以均匀不变的速度流动，时间的流向性也体现在空间里。如某人一天的活动安排就反映了时间的流向性，开会、学习、工作、休息等。第三，有限性。时间是稀缺资源，供给毫无弹性，都是固定不变的，一旦消逝则无法弥补。第四，可控性。虽然时间具有流向性和有限性，但是在人面前，时间也同时具有可控性。我们可将时间加以安排去做我们最想做的事，当然时间不是绝对可控的。管理者进行时间管理就是要增加可控性，减少不可控性。

时间管理可以根据不同的标准进行分类。第一，按照时间的用途进行分类，可以将时间管理分为工作时间管理、学习时间管理、业余时间管理和休息时间管理。本书所关注的是工作时间管理。第二，按照时间的使用单位主体分类，可以分为企业时间管理、学校时间管理、医院时间管理、事业单位时间管理等。不同的单位有不同的特性，也会导致时间管理方式的不同。本书关注企业时间管理。第三，按照时间的使用人群分类，可以分为学生的时间管理、工人的时间管理等，而聚焦到企业，主要是指普通员工的时间管理和管理者的时间管理。第四，按照时间的使用者层次来分类，可以分为经营层的时间管理、管理层的时间管理、执行层的时间管理、操作层的时间管理等，而领导者一般属于经营层。

二、时间管理的方法

要成为自己时间的主人、提高时间的利用效率，就必须掌握一定的时间管理方法。

（一）时间管理四象限法

时间管理四象限法在日常工作中非常流行，该方法自美国管理学家史蒂芬·柯维提出后即受到追捧。时间管理四象限法从重要性和紧迫程度两个维度对事情进行划分，得到四个象限，见图 16－1。

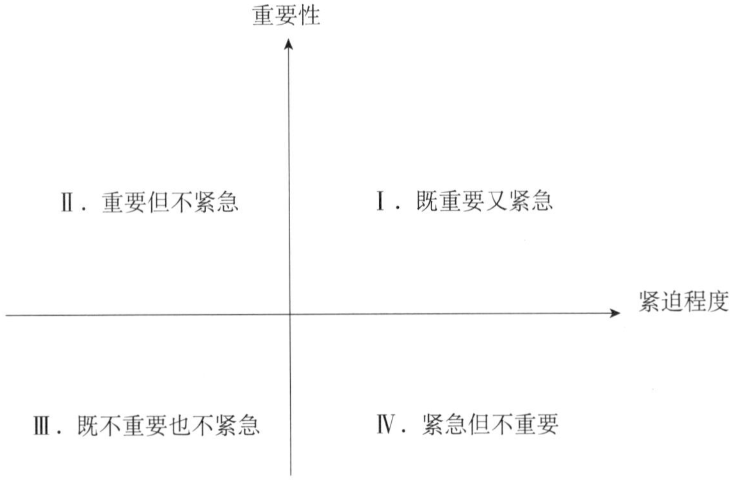

图 16－1　时间管理的四个象限

资料来源：史蒂芬·柯维．高效能人士的七个习惯．北京：中国青年出版社，2002．

根据工作内容的重要性和紧迫程度对工作进行划分，可以分为既重要又紧急的工作、重要但不紧急的工作、紧急但不重要的工作、既不重要也不紧急的工作。第Ⅰ象限是既重要又紧急的事情，如应付难缠的客户、准时完成工作等，这类事情的优先级是最高的。第Ⅱ象限是重要但不紧急的事情，如长期规划、向上级提出建议等，这类事情的优先级仅次于第一象限的事情。第Ⅲ象限是紧急但不重要的事情，如一般的电话、例行会议等，这类事情尤其需要与第一象限的事情区分开来，不能因为事情紧急就将大量时间用于这些紧急但不重要的事情上。第Ⅳ象限是既不重要也不紧急的事情，如办公室聊天等。应该尽量不要浪费时间在这些事情上，将宝贵的时间用到其他事情上去。合理的时间安排应该是既重要又紧急的事情占据时间比例为 20％左右，这类事情必须马上执行；重要但不紧急的事情占65%左右，这类事情需要制定计划；紧急但不重要的事情占15%左右，这类事情一般可以交给下属去完成；既不重要也不紧急的事情占的时间比例应该小于1%，这类事情一般要拒绝。在日常的管理工作中，既重要又紧急的事情只是少数，大部分事情属于重要但不紧急的类型，这些事情需要花费的时间是最多的。

（二）时间计划管理法

根据时间来安排工作，制定相应的计划，这就是时间计划管理法。一般5～10年的事情可以制定长期计划，1～5年的事情可以制定中期计划，1年以内的可以制定短期计划。还可以进一步细分为季度计划、月度计划、周计划、日计划等。总之，通过计划的方式将时间安排好，可以最优化利用时间。

（三）时间分类控制法

时间分类控制法指的是按照事情的重要程度来安排时间的花费。我们可以将事情划分为三大类，即A，B，C三类。A类是最重要的事情，如公司的总体决策；B类是次重要的事情，如日常会议、出差等具体工作事宜；C类是最不重要的事情。其中，前两类事情所花费的时间应该占总时间的80%，当前两类事情完成后，那么工作的80%也就完成了；而C类事情则可以安排到最后进行，甚至可以交给其他人代为执行，但是前两类重要的事情则必须亲力亲为。这需要与时间管理四象限法区分开来，二者有明显的不同。

（四）流程图表法

流程图表法主要用于可以明确划分时间段的工作，一般是与时间计划管理法结合起来使用。这种方法对需要完成的工作，以时间为坐标进行划分，在流程图上具体体现出来。采用流程图法能够更清楚、更有针对性地进行时间管理，以提升工作效率。

第4节 权变管理

一、权变与权变管理

权变（contingency）是指偶然性或者偶然事件。在管理学中，权变有着特殊的含义，指的是在偶然事件中内部存在着特殊的相互对应的函数关系。这里不是指偶然性，而是指蕴藏在事件中的权变关系。需要说明的是，这里的权变关系与数学中的函数关系并不是完全一致的，管理学中的权变关系并不像数学中那样是因果关系，而只是一种对应关系，强调的是环境因素与管理方法或者关联理论之间的一种对应关系。

权变管理（contingency management）是关于企业外部环境变量和与其相对应能够实现适当目标的管理手段、方法之间关系的一种管理理论和方法的总和。简单地说，权变管理就是“如果-那么”的权变关系，也就是在任何一种环境下，都有与之对应的能够导致最佳管理实践的管理方法，采取合适的方法产生好的管理效果。权变管理认为任两种管理方法都不会有同等的效果。管理方法随着环境的变化而变化，权变管理中的每一种方法都有其适应的条件，无法在各种环境下普遍适用，其强调的是管理方法的特殊性和条件性，而管理者要做的就是在不同的外部环境下采取最适宜的方法。至于什么是最适宜的方法，需要管理实践者的经验积累和管理研究者的实证分析，这也是权变管理需要解决的问题。

案例 16－1

洛克菲勒家族捐建联合国总部大厦

约翰·戴维森·洛克菲勒是美国历史上著名的“石油大王”，世界上第一位亿万富翁，美国实业家、慈善家。他对美国石油工业的现代化发展做出了重要贡献。标准石油公司从洛克菲勒于 1870 年创立开始，经过不断发展，在全盛时期控制了美国石油市场 90%的份额。洛克菲勒的父亲是一个行为放荡的药贩子，年幼时的洛克菲勒生活很不安定。后来白手起家的洛克菲勒进入石油行业，创立自己的公司，并很快成为该行业的领导者。积累了大量财富后，洛克菲勒家族不忘回报社会，成立了洛克菲勒基金会，为人类的健康事业做出贡献；创建芝加哥大学，为教育事业做出努力；捐助建造联合国总部大厦等。从捐建联合国总部大厦就可以看出洛克菲勒家族的商业才华和出奇制胜的权变管理之道。

第二次世界大战结束后，通过讨论协商，战胜国成立了一个处理国际事务的国际机构——联合国，在讨论联合国选址的时候，各大政治首脑颇费脑筋。他们的一致意见是必须选在一座繁华都市里建联合国总部，但大都市的地价和建筑成本对联合国来说是笔不菲的费用，这对于刚刚起步的联合国毫无疑问是个不小的难题。就在各国首脑为此大费脑筋的时候，洛克菲勒家族获悉此事，同意捐助 870 万美元在纽约买下一块地皮用于建造联合国总部大厦。在联合国总部大厦建起来后，四周的地价立即涨了起来。受益最大的就是洛克菲勒家族，因为在买下联合国大楼地皮的同时，洛克菲勒家族也把四周的地皮全部买下来了，谁也无法算清楚洛克菲勒家族究竟获得了多少倍于 870 万美元的收入。在当初没有建造联合国大楼的时候，那是一片衰败的几乎被人遗忘的地段。在联合国总部大厦的带动效应下，周围的地价猛涨，富丽堂皇的外交公寓、一流的旅店、大饭店、大商场都围绕这个世界组织建起来。现在，那里已经成为纽约最昂贵的街区。这一事例充分反映了洛克菲勒家族的经营才华，善于见机行事，精于从不同的环境中发现获利的机会。

资料来源：王婷．美国石油大王洛克菲勒．环球市场信息导报，2014（24）；刘火雄．美国第一个十亿级的富翁洛克菲勒：石油大亨铁血发家史．文史参考，2011（18）；马若寒．石油大王洛克菲勒的卓越人生．文史月刊，2009（9）；昕月．荣耀之冠：洛克菲勒家族．商业文化，2015（2）．

二、权变管理学派产生的背景

管理理论是在管理实践中产生的，并且在与实践相结合的过程中不断完善。管理实践具有复杂性、多样性，而管理理论具有普适性、一般性，二者在相互交织中发展。权变管理学派正是在适应管理实践发展的基础上，于20世纪70年代在美国应运而生。权变管理学派形成的标志是弗雷德·卢桑斯（Fred Luthans）的《管理导论：一种权变学说》的出版。

（一）社会历史背景

在第一次工业革命的基础上，第二次工业革命使人类社会发生了更加深刻的变革。进入20世纪，科学技术日新月异，极大地促进了世界经济的发展，提高了人们的生活水平。工业革命对企业的经营环境也造成了很大的冲击，企业管理者必须改变自身的管理方式以使企业适应复杂的社会环境。20世纪70年代以后，西方的经济和社会出现了众多的变化，如产品更新换代加快，市场竞争不断加剧，社会观念改变，个体价值诉求越来越普遍，经济危机的侵袭带来大量的失业人群，进而导致社会政治环境不稳定和各种矛盾加剧。在复杂多变的生存环境中，企业管理者普遍面临着采取怎样的管理方式以使企业生存发展下去的问题，而问题解决的核心就在于企业要适应外界环境的变化。传统的管理理论和方法忽视了外界环境对企业管理的影响，这些方法的前提假设是将外部环境作为一个常量对待，认为管理的方法和原理对任何环境都是适应的，这就使得管理理论与管理实践脱节。企业管理实践要求管理理论必须能够提出解决不同外部环境下企业问题的管理方法，在这种背景下，西方学者发展出了权变管理学派。

（二）理论背景

权变管理学派的产生不是无本之木、无源之水，而是在传统管理理论的基础上发展起来的，既有的理论基础为权变管理学派的产生提供了养分。权变管理学派的理论是对既有管理理论的突破创新。

与古典管理理论探讨在比较稳定的环境下企业的内部管理问题有所不同，权变管理学派对外部环境也加以关注。虽然古典管理理论的很大部分都是普适性的，没有考虑外部环境的变化，但其中仍然蕴含着权变的管理思想。如法约尔认为“在管理方面没有任何绝对的东西，我们在同一条件下，几乎从来不曾两次使用同一原则，因为必须考虑到各种可变的因素，如人的差别和其他可变因素。因此，原则是灵活的，是可以适应一切需要的，问题在于懂得使用它”[①]。行为科学与古典管理理论一样，无法在所有的条件下有效地起作用。这些理论本身并不一定是错误的，问题在于适用的条件。对环境特殊性的忽视使得管理方法和技术无法权变地应用到环境中，这个问题在越复杂的环境中越明显。系统学派虽然开始关注外部环境的影响，将整个环境视作一个系统，强调内外部系统之间的关系，认为环境输入的开放系统对企业内部有重要影响，但系统学派与权变管理学派有明显的区别，系统学派对环境的论述是抽象的、一般性的，并没有具体对外部环境进行论述；而权变管理学派则建立起可以识别的环境变量与适当的管理理论和方法之间的函数对应关系，因此权变管理学派更具实用性，而且能够将以往的管理流派的方法和技术充分运用到管理实践中。

古典管理学派和行为学派是简单机械的，系统学派则是高度抽象的，而权变管理学派

---

① 亨利·法约尔．工业管理与一般管理．北京：机械工业出版社，2007.

介于二者之间。权变管理学派将以往的管理理论进行了综合，使得以微观为中心的古典和行为理论以及以宏观为中心的系统理论糅合在一起，更加适用于管理实践。

三、权变管理的理论框架

在管理实践的发展中，普适性原则并不总是有效的，管理理论和技术的有效性取决于与环境的适用程度。权变管理学派的基本理论框架在管理理论和实践的鸿沟上架起了一座桥梁，它将环境因素统一在管理理论中，并建立起了环境因素与管理理论和技术的权变关系。

权变管理学派的基本理论框架构成了权变管理的理论体系。权变管理在识别环境、适应环境的基础上，建立起了环境自变量和能够产生有效实现目标的管理因变量之间的关系，通过“如果-那么”的函数关系来表示。其中，“如果”对应的是自主的环境变量，“那么”对应的是受控的管理变量。这个函数关系的意思是，如果某种环境条件存在，就能找到一种对应的管理方法和技术，使得企业在这种环境下最有效地实现目标。

权变管理学派的基本理论框架包括三个部分：环境变量、管理变量和权变关系（见图 16－2）。[①]

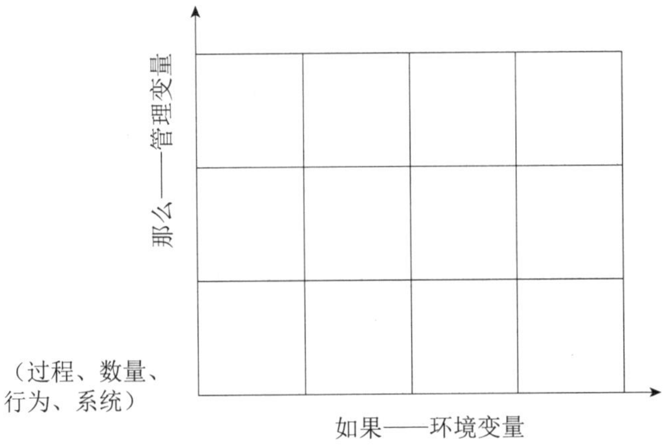

图 16－2　权变管理学派基本理论框架图

资料来源：唐旭东．论权变学派：创建权变学派基本理论框架的三维模型．管理世界，1987（6）．

权变管理学派基本理论框架图对权变管理变量之间的关系进行了清晰的描述。在这个框架图中，矩阵的横轴表示“如果”变量，即外部和内部环境变量，纵轴表示“那么”变量，即管理变量，权变管理的目标是充填矩阵的小格子。也就是说当环境确定后，不同的管理变量会导致不同的管理效果，其中有一个能够最有效地达到目标。需要说明的是，这个矩阵并不企图表明变量之间的因果关系，也就是环境不能引起管理方法和技术的出现。权变管理的目的是确立能够最有效实现目标的“如果-那么”的函数对应关系。权变管理

① 唐旭东．论权变学派：创建权变学派基本理论框架的三维模型．管理世界，1987（6）．

不是被动取决于管理实践的，它能够在环境变量和管理变量之间函数关系的确定中不断改变管理实践的效果。

在现实中，权变管理也会体现为由大量的单一理论框架形成的一连串的权变管理基本理论框架。权变管理一般通过大量串联的权变框架子矩阵来研究相关变量与适当的管理变量之间的二维关系。

（一）环境变量

在古典理论和行为科学理论中，外部环境一般被完全忽视或者作为一个给定的因素而被省略。在当时环境较稳定的条件下，这种缺陷体现的不是很明显，因为环境因素对企业管理的影响有限。随着经济社会的发展，企业面临的环境日趋复杂，对企业的管理实践产生了巨大的冲击，对环境变量的考虑就显得刻不容缓。而权变管理学派清醒地认识到环境因素对企业管理的重要影响，并且将环境因素作为权变管理理论的重要组成部分。权变管理通过对环境因素进行分类的方法来确定影响企业有效管理的相关环境因素。环境变量可以分为外部环境变量和内部环境变量两部分。而外部环境变量又可以进一步区分为一般外部环境变量和特殊外部环境变量。外部环境变量对组织来说是外在的，无法通过管理直接控制这些变量，相反，管理会受到这些变量的直接或者间接的影响。

一般外部环境由社会、技术、经济和政治法律环境构成，它们之间相互影响，并且对特殊外部环境有直接的影响。一般外部环境是共通的，在一定的条件和时间内，对大量企业产生广泛的影响。社会环境是企业外部的大系统，对语言、习惯、风俗等有直接的影响，对管理也有很大的影响。社会环境的不同会引起管理的差异。技术环境是与企业生产技术相关的一系列环境组合，与社会环境相比，对权变管理有着更直接的影响。一方面，技术环境通过促进生产力的发展来影响管理方式的变革，另一方面又直接影响着管理方法和手段的应用。经济环境指的是包括市场供求关系、竞争状态和发展趋势以及资金人员等一系列因素在内的环境组合。经济环境是最重要的企业影响环境，企业本身就是经济环境的组成部分。经济环境对企业管理有着直接的影响。政治法律环境指的是与企业经营活动相关的政策法律等组成的环境，直接影响整个社会的经济状况和经济活动的运行。不同的政治法律环境对企业的管理有着不同的影响。

特殊外部环境是指由竞争者、消费者和供应者构成的环境，对企业管理产生直接的影响，不同的企业有不同的特殊外部环境，并对企业造成特殊的影响。而这些特殊外部环境也受到一般外部环境的影响。竞争者环境是权变管理的重要输入，管理者必须清楚地了解自身企业所处的竞争环境，根据市场状况采取对策，对竞争者做出反应。消费者对权变管理有直接的影响。消费者对企业提供的产品和服务的需求状况直接影响企业的效益，因此，管理者需要准确了解自己的产品在市场中的销售情况。供应者会对权变管理造成制约。劳动力、设备、物资等的供应是企业经营管理的重要保障，管理者必须有素质过硬的员工和稳定可靠的供应渠道。

内部环境变量主要由组织、结构、技术及管理者的决策、沟通和控制等内容组成。一般来说，通过管理，内部环境变量能够得到控制。同时，内部环境会受到外部环境变量的影响，在权变管理理论框架中，内部环境变量在一定程度上可以视为受控变量“那么”。

（二）管理变量

管理变量是以往各种管理理论流派所主张的理论、方法和技术的综合，以往的管理理论都集中在对管理变量的探索与研究上。权变管理试图对管理概念、理论、方法和技术进行分类，验证那些能够达到最有效目标的方法和技术并将其置于框架图的纵轴上。对管理概念、理论、方法和技术的研究可以分为过程、行为、数量和系统四个学派，这四个主要的管理学派都对权变管理做出了重要的贡献。需要指出的是在权变管理理论框架中，管理变量和环境变量是相对的，有时候管理变量可以作为自变量，外部环境则为因变量。但一般情况下，外部环境起着自变量的作用。

（三）权变关系

权变关系是权变理论框架的第三部分内容，反映的是作为自主变量的环境变量与受控变量的管理变量之间的函数对应关系。这种权变的函数对应关系是权变管理的核心所在，也是其区别于其他管理学派的重要内容。通过建立函数对应关系，能将复杂的环境和相应的对策结合起来，使得理论模型具有准确性和预测性，这是权变管理的一大优势。权变管理通过建模的方式对外部环境的复杂性进行可操作化处理，而不是忽视外部环境的复杂性，这给我们提供了一种很好的思考途径。

需要说明的是，以经验为根据建立起来的权变关系对指导管理实践有很重要的作用。权变管理中用二维的变量，即环境自变量和管理因变量来描述权变关系，这与现实中复杂的环境还是有差距的。但二维的权变关系是通过经验的方式来指导现实的管理活动，说明目的，而不是简单机械的解答。

延伸阅读 16－1
权变管理的主要内容

➡ 思考题

1. 什么是领导者的个人修养？根据你的理解加以说明。
2. 领导艺术的含义是什么？领导艺术具有哪些特征？
3. 领导艺术的主要内容有哪些？
4. 时间有哪些特征？如何进行有效的时间管理？
5. 说一说你最欣赏的领导者是怎样的。试举例说明。
6. 权变及权变管理的含义是什么？

➡ 课后案例讨论

尼西奇公司的权变之道：日本“尿垫大王”的传奇

尼西奇公司位于日本福冈市，是一家专门从事婴儿尿垫生产和销售的企业，在日本拥有约 5 000 家门店。尼西奇公司看起来规模很小，资本仅 1 亿日元，但其业绩惊人，年销售额达到 120 亿日元。尼西奇公司占据着日本婴儿尿垫市场 70% 的份额，是日本名副其实的“尿垫大王”。除了在日本国内市场上大展拳脚，尼西奇公司在国际市场上也占有一席之地，其产品出口西欧、美洲、大洋洲、非洲及东欧等市场，每年销售额以20%的速度递增，是世界上最大的专业生产尿布产品的公司。

依靠不大的规模，在很多大公司看不上的普通的婴儿尿垫市场上，尼西奇公司取得了出色的成就。更令很多人想不到的是，尼西奇公司并不是做婴儿尿垫起家，而是在经营环境变化的情况下，中途变更业务生产尿垫，最后靠小小的尿垫成就自己的传奇。这一切主要归功于尼西奇公司管理层的权变管理之道。

面临抉择

尼西奇公司成立于1921年，当时只是一家30人的小厂，主营雨衣、游泳帽、卫生带等橡胶制品。第二次世界大战后，公司面临着越来越激烈的竞争，由于订货经常不足，企业的经营非常不稳定，面临破产的危险。经过战后复苏期，日本经济好转，人民生活水平有了很大的提高，生活方式也发生了变化。一次偶然的机会，尼西奇公司的总经理多川博看到一份日本人口普查报告，获悉日本每年大约有250万婴儿诞生。多川博想：现在人们的生活水平提高了，生活方式也在改变，婴儿尿垫越来越普遍，按每个婴儿每年两条的使用量计算，一年至少需要500万条，市场相当大。如果考虑到国外市场，销路会更加广阔，生产婴儿尿垫将是一个非常好的出路。坚定了这个想法后，多川博就大胆变革，由原来主营橡胶生产转变为专业生产尿垫，通过大量投入，打造出自己的尿垫品牌。

在当时的日本，专业生产尿垫的公司非常少，主要是一些服装公司兼营尿垫生产。在确立成为专业的尿垫生产公司的目标后，尼西奇公司集中资源大力发展婴儿尿垫和尿布技术，不断研制新的材料，推陈出新，开发新产品，很快就在尿垫市场立足，并且短时间内就将其他非专业尿垫生产公司击溃。这主要是因为尼西奇公司生产的尿垫在价格和质量上都占据优势，消费者自然青睐尼西奇公司的产品。尼西奇公司由原来濒临倒闭的状态，一跃成为尿垫市场的老大，占据了当时日本尿垫市场2/3的市场份额。公司发展非常迅速，确立了自身的领导地位，并树立了行业品牌。

尼西奇公司的应对策略

尼西奇公司是如何走上专业化生产道路的？尼西奇公司管理层认为，小型企业的特点和局限是资源有限，财力、人力和技术等都无法与大企业相比。这就决定了小企业的发展之道是走专业化道路，选择合适的领域发挥自身最大的价值以确立自己的优势。如果什么都做的话，最终很可能一事无成。婴儿尿垫是非常小的商品，但也是人们日常生活中必不可少的消费品，需求很大。经过努力，尼西奇品牌的婴儿尿垫已经成为和丰田汽车一样的世界名牌，在各大百货公司、超市、商场等都有销售，尼西奇成为日本首屈一指的“尿垫大王”。

为了加速流动资金的周转，公司狠抓销售，在营销策略上进行大胆创新。在资金有限的情况下，大力投入建立了遍及全日本的销售网络，保障了尼西奇的产品能够畅销到日本的每个角落。广泛的销售网络使其销售额增长迅速，总额几十倍于其资产。

在应对消费者需求方面，尼西奇公司深化顾客服务，提供热心周到的服务，建立了使用者辅导制度。在较大的销售网点，尼西奇公司会指派专门的产品使用指导员负责指导消费者使用产品，这些指导员大部分是拥有照顾小孩经验的30多岁的妇女。她们负责销售，同时也负责指导顾客和宣传产品，向顾客讲解产品的使用功能和特点、用法、洗涤方法以及如何挑选合适的尺码等，同时也负责将顾客的意见反馈给公司。这些指导员成为尼西奇公司与顾客联系的纽带，使公司及其产品得到了顾客的信任，赢得了顾客就赢得了市场。

除了顾客需求方面的努力，尼西奇公司在产品开发方面也颇费苦心，投入大量的资金进行产品材料的研发以及产品款式的创新设计。尼西奇公司的开发中心有一个资料室，专门收集各式各样的婴儿尿垫，除了日本当地厂商生产的特色尿垫，还有美国、欧洲、东南亚等的尿垫样品，可谓是一个“尿垫博览会”。资料室有两个作用：一是了解其他竞争对手的情况；二是获取灵感，博采众长。正是得益于这样的创新理论，尼西奇开发出众多的尿垫产品，其尿垫的产品已近万种。

资料来源：施培元．日本的“尿布大王”：尼西奇公司．上海企业，1983（5）；彭晋璋．介绍专门生产“尿垫”的日本尼西奇股份公司．经济管理，1982（1）；万志强．名副其实的“尿垫大王”．生意通，2011（6）；王祖远．小小尿垫成就尼西奇．中国证券报，2012－03－16.

结合案例内容，回答以下问题

1. 尼西奇公司成功的秘诀是什么？
2. 结合本章的内容，谈谈你对本案例的认识。
3. 如果你是尼西奇公司的管理者，在现在的行业形势下，你会有怎样的举措？

第5篇

控 制

第 17 章
控制职能概述

千丈之堤，以蝼蚁之穴溃；百尺之室，以突隙之烟焚。

——《韩非子·喻老》

如果你强调什么，你就去检查什么，如果你不强调，你就不重视。

——郭士纳

学习目标

1. 掌握控制的定义
2. 了解控制的必要性
3. 掌握控制过程
4. 明确控制的主要类型
5. 了解管理信息系统的发展历程
6. 了解管理信息系统建设的内容

➡引　例

民生银行的精益六西格玛管理

中国民生银行（以下简称“民生银行”）是我国首家由非公有制企业注资成立的商业银行，它是我国银行业改革的试验田，由多种经济成分组成并且具有规范的现代企业制度，为国内外金融界所关注。虽然其吸引了众多的目光，但是民生银行的生存环境并不乐观。21 世纪以来，以互联网为代表的信息技术的快速发展，对包括民生银行业在内的传统银行业造成了强烈的冲击。互联网金融、移动支付以及大数据挖掘等趋势构成了民生银行未来发展的直接竞争力量。另外，信息技术的进步也改变了客户的需求、行为以及市场地位，客户的需求逐渐向个性化、多样化和定制化发展，客户逐渐成为金融市场的主导者。在激烈的竞争中，民生银行只有加强内部精细化管理，满足客户个性化和多样化的需求，才能立于不败之地。

民生银行选择通过精益六西格玛工具推进内部精细化管理。六西格玛是20世纪80年代摩托罗拉公司提出的概念和相应的管理体系，是一项严格、高效地改善企业流程质量管理的技术。六西格玛是指公司正常运营过程中生产出来的产品或者提供的服务的缺陷率在百万分之3.4，这是一个非常高的质量标准。精益六西格玛是将精益生产和六西格玛结合起来的一种管理工具，吸收了双方的优点，其本质是消除浪费，降低缺陷率。当时，我国制造业在10年前就已引进六西格玛管理，民生银行作为金融改革的领导者，希望用两三年的时间达到制造业中当前实施六西格玛管理的效果。从时间上划分，民生银行实施精益六西格玛管理可以分为三个阶段，分别是导入期、推广期和成熟期。

导入期

2009—2010年为民生银行实施精益六西格玛的导入期。在导入期，民生银行以部门项目为主，探讨精益六西格玛在公司的可行性。当可行性通过之后，进行知识导入，让银行全体员工意识到精益六西格玛的重要性。在具体的学习过程中，民生银行通过学习其他企业精益六西格玛的实践经验，规划自己的精益六西格玛实施过程。在这个阶段，民生银行还在具体项目上实施精益六西格玛管理，达到破冰的效果，使精益六西格玛在民生银行生根发芽。

推广期

2011—2015年为民生银行实施精益六西格玛的推广期。在导入期具体项目实践的基础上，通过各事业部、分行的共同努力，扩大项目实施范围，建立和完善流程管理体系，充分发挥精益六西格玛管理的作用。2014年，民生银行共实施了79个项目，覆盖运营、风险、中后台等和所有分行。在质量、效能和客户满意度等维度提出700多项改进措施，为业务流程优化和提高客户满意度做出了突出的贡献。

成熟期

2015年下半年开始为民生银行实施精益六西格玛的成熟期。在成熟期，精益六西格玛已经深入人心，民生银行形成了一套固定的程序。为了持续释放精益六西格玛的能量，民生银行会在此基础上进一步扩大精益六西格玛项目范围，在全行范围内推进精益六西格玛。

民生银行实施精益六西格玛管理后，经过几年的努力，取得了很大的成绩。例如，精益六西格玛项目改善了内外部客户体验，信用卡发卡周期缩短了20%，客户等待时间缩短了50%以上，显著地提升了民生银行的核心竞争力。从财务指标来看，精益六西格玛项目至少为民生银行带来了超过百万元的收益。在企业经营管理方面，精益六西格玛项目优化了业务流程，实现了流程标准化管理和指标的监控管理，逐步建立了具有民生特色的精益六西格玛实施体系。

资料来源：王艳玲．中国民生银行荣获“全国六西格玛管理推进先进企业”称号．(2014-02-17)．人民网；顾青峰．精益六西格玛 打造民生银行精细化管理．中国质量，2013(8)．

由于环境的多变性以及企业内部因素的动态性，企业经营活动并不总是按照管理者的计划展开。任何一个企业在开展经营活动，实现企业目标的过程中，其行为总会在一定程度上偏离既定的目标和计划。因此，在这个过程中需要施加控制。

第 1 节 控制的内涵

一、控制的定义

控制是根据企业内外部环境的变化和发展的需要，对计划的执行情况予以衡量，以便调整整个管理过程、修订计划乃至制定新的计划的过程。控制是企业展开计划，顺利实现经营目标的保证。控制的基本原理是在实现企业目标的过程中，根据活动的进展情况，不断纠正活动的偏差，保证企业目标的顺利实现。

控制是管理者的一项重要职能。管理者在制定完企业目标和计划，调动企业各项资源，分配工作任务，充分调动了员工积极性之后，需要评估企业各项工作是否按计划进行。当工作出现了偏差，管理者需要针对偏差，采取相应的行动，使工作重新回到正轨，顺利实现企业目标。

二、控制的必要性

控制活动广泛地存在于企业之中，在工作任务完成过程中发挥着不可或缺的作用。控制的必要性一方面体现在它是顺利实现企业目标的保障，另一方面体现在它是管理者其他管理职能的前提或者基础。

（一）控制是顺利实现企业目标的保障

企业开展活动的目的是实现经营目标，然而企业在实现目标的过程中并不总是按照既定的路径持续下去，总是会出现一些偏差。因此，管理者需要在经营活动开展中施加控制，有效率和有效果地向目标前进。

如果外部环境是稳定的，管理者可以准确预测到经营活动未来的进展情况，那么在活动开展过程中，企业根本不需要任何控制。然而，事实并不是这样。第一，企业外部环境具有不确定性，外界条件并不总是像管理者假定的那样发展。第二，企业经营活动本身具有复杂性，越是复杂的活动在开展的过程中越容易出错，所以管理者需要不断地进行检查，及时纠正偏差，使经营活动顺利进行下去。第三，管理者的能力是有限的，在管理工作中不可能一直做出正确的决策，难免会有决策失误的情况。因此，在经营活动进行过程中需要施加控制，保证企业目标的顺利实现。

（二）控制和其他管理职能联系紧密

管理者的控制职能和计划、组织、领导职能有着密切的联系。计划、组织和领导三个职能中的任何一项职能的完成都需要控制职能去衡量绩效并纠正活动过程中出现的偏差，如果缺少了控制职能，其他三项职能就很难发挥作用。需要指明的是，计划职能和控制职能的联系最为紧密。

计划与控制二者相互依存。一方面，计划是控制的基础。在企业中，作为计划重要组成部分的目标不仅为组织成员指明了前进的方向，还激励组织成员为实现组织目标而努力工作；计划工作中制定的包含目标在内的相关内容可以作为控制工作的衡量标准。另一方面，控制是计划实现的手段。计划只有得到有效的实施才称得上是好的计划，如果一个制定得非常好的计划没有得到有效的实施，那么计划只是一张纸而已。在计划实施过程中，需要不断地对活动开展的情况施加控制，从而保证工作不过多偏离预定的轨道，保证优良计划的顺利实施。

三、控制过程

控制是管理者通过拟定标准、衡量绩效和纠正偏差来使经营活动按照预定的路线发展，顺利地实现企业经营目标的过程。这个过程包含三部分的内容，分别是拟定标准、评估活动成效和采取纠正措施。

（一）拟定标准

在管理实践中，管理者采用标准来检查和衡量工作成效。没有标准，评估活动绩效和采取纠正措施就失去了依据。通常来讲，控制中的标准来源于计划中制定的指标。如果计划中制定的指标不能作为控制的标准，则管理者需要重新拟定标准。当需要拟定标准时，管理者可以采用的方法有三种，分别是统计方法、经验估计法和工程方法。

1. 统计方法

统计方法是企业根据以往的历史数据或者同行业内其他企业的数据制定的关于未来经营活动控制标准的方法。企业应结合自身实际情况使用统计方法制定标准，如果企业经营状况良好，处于行业中上水平，则制定的标准应当高于行业的平均水平；如果企业经营状况不佳，处于行业中下水平，则可以将标准制定为行业的平均水平。利用这种方法制定控制标准时，管理者需要充分收集企业历史数据和行业内其他企业的数据，从而制定出合理的控制标准。统计方法用的是历史数据，具有简便易行的优点。

2. 经验估计法

利用统计方法制定控制标准需要用到企业历史数据和行业其他企业的数据。然而，并不是所有的企业都完整地保存了历史数据，行业其他企业的数据也并不容易获得。在这种情况下，管理者可以选择使用经验估计法制定控制标准。经验估计法是指根据组织成员的工作经验进行评估而制定标准的方法。通常情况下这种方法制定的标准误差较大，管理者需要综合利用多个组织成员的知识和经验来制定一个相对合理的标准。经验估计法制定控制标准并没有依赖精确度较高的数据，具有一定的主观性。

3. 工程方法

工程方法是指管理者通过对经营活动开展情况进行定量分析制定控制标准的方法。工程方法制定控制标准可以克服经验估计法主观随意的缺点，所以具有较高的精确度。例如，生产部经理可以根据车间流水线每天产品的生产量来制定每月产品生产数量的标准。虽然这种制定标准的方法也是利用统计方法完成的，但和上述统计方法不同的是，工程方法制定标准是在对工作进行定量分析的基础上进行的，而统计方法是根据企业历史数据或者行业内其他企业的数据来制定标准的。

（二）评估活动成效

控制标准确定之后，管理者需要收集信息去评估经营活动的成效。活动成效的评估是将企业经营活动的实际情况和标准相比较的过程，因此管理者需要准确地收集信息来测量和报告实际绩效。在企业实际绩效信息收集的过程中，一定要注意信息的准确性、及时性、可靠性和适用性。收集的信息一定要真实地反映经营活动成效的实际情况，错误的信息不仅无助于控制过程，反而会影响企业经营目标的实现。收集的信息还要具有时效性，因为所收集的信息只是在一段时间内对活动成效的评估起作用。信息的可靠性是指所收集的信息应该真实可靠、内容完整。同时，所收集的信息还应该具备适用性，即所收集的信息应能满足经营活动成效评估的需要。

经营活动成效评估涉及的一个重要问题是如何评估。如何评估是指采用什么样的方法去评估活动成效。管理者通常可以采用以下四种方法来评估活动成效，分别是个人观察、统计报告、口头汇报和书面报告。个人观察是指管理者通过自己的观察来了解经营活动的实际成效。这是一种最简单、最常用的方法，管理者能够获取第一手资料；但是这种方法容易受到个人偏见的影响。统计报告是指应用统计图表来表示与活动成果相关的资料，从而有效地显示数据之间的联系；但是这种方法显示的信息是有限的且仅适用于定量的资料，不适用于定性的资料。口头汇报是指管理者通过一对一或者电话等方式和员工谈话来了解活动的成效，但是这种方法也容易受到个人偏见的影响。书面报告是指以书面的形式收集活动成效的信息；这种方式具有正式、易于归类和查阅等优点，但是需要较多的时间来准备。

评估活动成效往往是由企业中项目的负责人或者职能部门的经理来进行，这一过程中应当始终坚持客观公正的原则。只有准确地分析活动成效实际情况与控制标准之间的偏差，管理者才可以对症下药采取纠正措施。

（三）采取纠正措施

管理者对经营活动的实际成效评估完成之后，需要将其和之前制定的标准进行比较。由于多种因素的综合作用，实际成效不可能和标准完全吻合，总会存在一定的偏差，因此管理者应当确定可接受的偏差范围。如果实际绩效在可接受范围之内，管理者可以选择不采取任何措施；如果实际绩效超出了可接受范围，则管理者应分析原因并采取相应的纠正措施。

实际绩效偏离可接受范围无外乎两个原因：一是制定的计划不合理；二是计划执行不力。当需要采取纠正措施时，管理者可以从上述两个角度出发采取行动。

当制定的计划不合理时，经营活动的实际成效会偏离控制标准。如果控制标准太低，经营活动实际成效总是超过标准，则应适当提高控制标准；当控制标准太高，经营活动实际成效总是低于标准，会打击员工工作积极性，则应适当降低控制标准。例如，公司总经理计划本月销售额是上年同期的3倍，但是在公司产品市场需求变化不大、员工结构没发生变化的情况下，本月实际销售很难较上年同期提高2倍。这个计划的制定就不合理，具体到本月每一天的实际销售额和目标销售额之间就存在一定的差距。在本月销售过程中，管理者意识到实际销售额和控制标准之间的偏差后，应当及时修正计划，修改控制标准。比如，可以将本月计划销售额定为上年同期的1.5倍。当计划制定不合理时，管理者应及时调整甚至重新制定计划，并及时修改控制标准。

当计划执行不力时，经营活动的实际成效会偏离控制标准。在计划执行过程中，针对具体的问题，管理者应采取不同的纠正措施。例如，在计划执行过程中，小组成员总是无故缺勤，管理者应采取一定的行动降低员工缺勤率；由于员工在工作中态度不认真，不良产品数目增多，则管理者应采取一定措施降低不良产品率。当计划执行不力时，管理者应针对具体问题改进管理工作。在采取措施过程中，管理者既可以采取直接纠正行动，也可以采取彻底纠正行动。直接纠正行动是指当管理者意识到经营活动开展情况偏离可接受范围时，直接采取行动，使实际经营活动回到预定的轨道。直接纠正行动只是简单地从表面上纠正偏差。彻底纠正行动是指管理者思考偏差产生的根本原因，对症下药，从根本上纠正偏差。有效的管理者往往会追本溯源，从根本上解决问题，而不仅仅满足于表面上纠正偏差。

第2节 控制的主要类型

管理者有必要掌握不同类型的控制，以便采取相对应的行动。之所以会有不同类型的控制，是因为划分标准不同。常用的划分标准有控制时间和控制手段。

一、基于控制时间的分类

按照控制时间划分，可以将控制分为前馈控制、现场控制和反馈控制。

（一）前馈控制

前馈控制（feedforward control）是经营活动开始之前的控制。管理者在经营活动开始之前对所投入的人力、物力等资源进行检查，预测在活动进行中可能出现的问题，设计出相应的解决方案，从而实施有效的控制。在前馈控制中，管理者竭尽全力避免经营活动开展过程中出现偏差，以保证计划的顺利实施。例如，采购部经理为了避免产品制造过程中出现原材料不合格现象，会在原材料采购之前思考原材料可能在哪些方面出现问题，并根据本公司需要制定采购标准，然后根据采购标准筛选出合格的原材料供应商；采购部经理的行为就属于前馈控制。又如，我国高铁每运行 48 小时或者 4 000 公里以后就要进行全面的检查、维修，以防在运行中发生事故。事实证明，事前控制可以有效地避免事故的发生。

前馈控制是在活动开始之前进行的，是未来导向的，可以在问题发生之前规避问题，而不必等到问题出现之后再去纠正，可以防患于未然，避免损失的发生。但是前馈控制需要及时准确地获得未来的信息，而这些信息往往是难以获得的，所以管理者在实施控制时需要结合现场控制和反馈控制。

（二）现场控制

现场控制（concurrent control）又叫作同期控制，是指经营活动进行过程中的控制。现场控制更多的是由基层管理者运用，基层管理者往往可以通过走动管理，即管理者在工作现场和员工进行沟通交流以及现场观察来了解工作开展情况，从而实施现场控制。基层管理者在工作现场首先教会员工正确的工作方法，然后对员工的工作进行检查和督导，以发现问题，在问题恶化之前将问题解决。例如，管理者在生产车间发现有些工人为了减少工作过程中体力的消耗，存在操作不当的现象。这些不当操作行为一方面会增加员工身体受伤害的风险，另一方面会提高不合格品率。所以管理者在工作现场要及时纠正员工的这些不当操作。

现场控制的有效性与管理者的个人素质、工作方法的指导方式以及员工对管理者指导的理解程度密切相关，如果管理者以身作则、言传身教，高效地和员工沟通交流，现场控制往往比较有效。现场控制的内容主要有：第一，管理者将正确的工作方法传授给员工，将整个工作过程展示给员工；第二，计划实施过程中监督员工的工作，随时掌握经营活动开展情况；第三，发现偏差及时纠正，保证顺利完成工作任务。

和前馈控制相比，现场控制可以准确收集到经营活动开展过程中的信息，及时有效地防止问题进一步恶化。但是，现场控制往往需要消耗管理者较多的时间和精力去检查、监督员工的工作。另外，现场控制一般适用于劳动分工程度较高的企业中的劳动从业者，对于高级知识型员工，比如科研人员，往往起不到作用，甚至适得其反。

（三）反馈控制

管理者在控制过程中最常用的是反馈控制。反馈控制（feedback control）是在经营活动结束之后，对活动开展情况进行评价的控制。反馈控制中所应用的信息是过去的信息，因此可以高度准确地找出活动开展过程中存在的问题，分析问题形成的原因。由于反馈控制是在经营活动结束之后进行的，所以无论评价如何中肯、问题原因分析如何透彻，对于这次经营活动的结果都无济于事。但是，这次经营活动中总结的经验教训可以作为下次活动的重要参考，这也是反馈控制的价值所在。

反馈控制的优点是管理者可以准确地掌握经营活动中的相关信息，详细了解活动开展过程中的成功之处和问题所在，为今后类似活动的开展积累重要的工作经验。此外，反馈控制可以使员工准确地了解自己的工作绩效情况，对员工起到激励作用。反馈控制最大的不足之处在于反馈控制并不能改变此次经营活动的结果，只是事后发挥作用，而不能帮助企业挽回偏差造成的损失。

二、基于控制手段的分类

按照控制手段划分，可以将控制分为直接控制和间接控制。

（一）直接控制

直接控制（direct control）是指管理者致力于提高员工的理论、技术等方面的能力，避免出现因管理不善而造成不良后果的控制方式。具体来说，员工综合素质提高以后，员工在工作过程中不断地观察活动开展情况、评估活动成效，并且根据已有标准发现偏差，随时纠正偏差，保证工作成效和既定的目标相一致。例如，生物制药企业生产车间的发酵罐看守人员需要不断地观察和统计发酵罐内如温度、pH值等物理指标的变化情况，当发现指标偏离正常值，超出可接受范围时，发酵罐看守人员便需要立即采取相应措施，将其控制在正常范围之内。这种控制便称为直接控制，发酵罐看守人员发现偏差之后，直接采取相对应的纠正行为，可以避免情况的恶化。

直接控制方式中的员工既是经营活动的开展者又是经营活动的控制者，这样做有两方面的好处：一方面是从源头避免了经营活动开展过程中问题的进一步恶化，节约了企业资源，降低了经营成本，提高了工作效率；另一方面，直接控制方式意味着广泛授权，体现了管理者对员工的信任和尊重，可以调动员工在工作过程中的积极性和主动创造性。

（二）间接控制

间接控制（indirect control）是指管理者致力于发现工作中出现的偏差，分析偏差产生的原因，再着手进行改进的控制方式。这是一种管理者通过对员工工作成效进行事后评价，进而影响员工工作方式的控制方式。间接控制的重点是评价员工工作成效，通过评价的反馈信息，采取奖励或者惩罚措施来实现对员工工作的控制。

在间接控制中，上级管理者根据员工工作的实际成效来采取相对应的措施，比如是否需要修改或者重新制定计划。有时候上级管理者为了迅速达到控制目的，会直接命令员工改变工作方式，这种方式确实能较快实现纠正的目的，但是频繁地直接纠正员工的行为会打击员工的工作积极性，过多地干涉员工的工作还会造成员工无所适从，不利于经营目标的实现。另外，间接控制中需要收集较多的信息去评价员工的绩效，但是员工的绩效很难用精确的数字去把握和衡量，因此在执行过程中有一定的难度。

直接控制和间接控制是两种不同类型的控制，二者有较大的区别。直接控制是员工发现问题直接调整，在这个过程中不存在活动成效的评估和奖惩。间接控制是管理者根据收集到的信息评价员工工作成效，并通过反馈信息和奖惩措施对员工施加影响。直接控制和间接控制属于同一控制系统，管理者在进行控制的过程中应注意区分二者的不同，从而有效地对活动开展情况进行控制。

第 3 节　管理信息系统

有效的控制离不开管理信息系统。在当今这个信息大爆炸的时代，信息技术深刻地影响着企业管理方式。如今，管理信息系统已经成为管理者重要的管理控制工具，广泛应用在企业管理中，是管理现代化的重要标志。

一、管理信息系统的内涵及作用

管理信息系统（management information system，MIS）是一个由人、计算机和其他信息处理设备构成，通过信息的录入和处理为管理者的各项管理工作提供支持的系统。在这个系统中实现了信息的采集、传递、存储、加工、维护和使用，通过这一系列相互依存的活动，管理信息系统为管理者服务，支持企业的发展。

管理信息系统对企业极为重要，具体表现在：第一，管理信息系统中的信息是企业的重要资源。企业发展过程中必不可少的资源有人才、资金、物资和信息等，其中人才、资金和物资属于有形资源，而信息属于无形资源。管理工作就是要高效地配置企业所拥有的有形资源，实现企业经营目标。信息作为一种无形资源，可以帮助管理者高效地配置有形资源。第二，管理信息系统中的信息是管理者制定决策和实施控制的依据。高质量的决策和有效的控制是建立在信息基础之上的，管理信息系统可以快速处理纷繁复杂的信息，并为管理者呈现出最佳的决策方案和控制标准，减轻管理者工作压力的同时提高决策效率和控制效果。第三，企业可以通过管理信息系统连接外部经营环境和实现内部各部门之间的沟通。管理信息系统是连接企业和外部环境以及企业内部各部门之间的枢纽，不断地收集企业内外部与经营有关的信息，通过强大的信息沟通能力协调企业内部的各项工作。

案例 17－1

燕京啤酒的管理信息系统建设

燕京啤酒是北京市一家著名的啤酒生产企业，是中国最大的啤酒集团企业之一。2017年财报显示，燕京啤酒实现营业收入 1 119 558.15 万元，营业利润 36 499.44 万元。截至 2017 年 12 月 31 日，公司总资产达到 1 809 778.66 万元。燕京啤酒的成功一方面依赖于先进的生产技术，另一方面取决于燕京啤酒先进的管理信息系统。在最初建设管理信息系统时，燕京啤酒计划建立一个将计算机与互联网技术应用于公司业务流程中，形成集采购、库存、销售、财务管理和控制于一体的系统。为了实现这一目标，燕京啤酒和国内一家著名的管理软件生产商合作，采用企业资源计划（ERP）通用软件，解决燕京啤酒管理过程中遇到的问题。

硬件和软件方案

该管理软件生产商帮助燕京啤酒建立了一个内部网，办公楼之间用光纤连接，实现了不同部门之间实时的信息传递。该网络的服务器安置在公司计算机中心和财务部，为燕京啤酒管理信息系统的正常运转提供了硬件保障。

该管理软件生产商员工还深入燕京啤酒进行考察，了解其业务特点和管理需求，制定了燕京啤酒管理信息系统的软件应用方案。管理信息系统的架构设计以专项应用为主，以标准模块为中心，方便软件的升级。同时，这样的设计也使得公司核心业务更加规范。燕京啤酒建设完成的管理信息系统包括财务系统、销售管理系统、采购管理系统和存货管理系统等。每一个分系统还包含若干子系统，比如财务系统包括总账、固定资产管理、工资管理、应收应付管理、UFO报表、现金流量表、财务分析等。

管理信息系统成效

燕京啤酒的管理信息系统在信息实时共享、客户关系维护和产品管理方面取得了显著的成效。

管理信息系统通过财务和业务的协同作用，实现了信息的共享。公司每发生一笔销售业务，将销售发票录入管理信息系统时，整个公司都可以共享这次销售业务信息。然后，计算机自动编制会计凭证，自动登记账簿。只需一次录入销售发票信息，仓库、各部门会计、总账、明细账和业务账就全部由计算机自动完成。这一方面大大降低了会计人员的工作量，另一方面降低了会计信息出错的概率。计算机生成凭证还能杜绝人为制造假票的现象，保证了燕京啤酒经营管理过程中统计数据的真实性。

燕京啤酒管理信息系统体现了燕京啤酒以客户为中心的理念。在退货管理方面，系统专门提供了退货管理模块，对客户因故退货进行管理，考虑了客户需要将已购进的产品退回企业的情况。由于啤酒的保质期较短，为了维护客户的利益，不让客户因啤酒变质而遭受损失，系统提供了退残酒、变质酒模块，有效地管理客户用变质酒换取好酒。燕京啤酒管理信息系统还提供了票据挂失系统。客户票据丢失之后可以第一时间在系统中录入，杜绝了其他人捡到客户票据将货物提走的情况，客户不用再为票据丢失而承担责任。由于啤酒的季节性很强，燕京啤酒管理信息系统还为客户淡旺季啤酒采购制定了科学的决策。该系统可以通过对客户以往的啤酒采购情况进行分析而得出下一次客户淡季或者旺季啤酒的采购量。

燕京啤酒的管理信息系统还可以加强公司产品管理。该系统可以对公司产品销售期间进行分析，通过不同时期、不同产品销售数据的输入，该系统可以有计划地安排不同产品的生产数量。可以针对公司产品的畅销程度，制定相应的生产计划，比如对畅销产品加大生产量，对滞销产品减少生产量。另外，该系统还可以对产品的变质情况进行分析，从而有针对性地发现异常产品变质率高的原因，并根据原因帮助管理者采取不同的对策。

燕京啤酒的管理系统为燕京啤酒公司的发展壮大做出了突出的贡献。然而，燕京啤酒并不满足于现状。它将在此基础之上，根据企业发展需要，不断完善管理信息系统，进而将燕京啤酒的全面管理推向更高的水平。

资料来源：王璟玙．ERP 系统在燕京啤酒公司的应用设计研究．中国市场，2014（44）；吴妮儿．DRP，助推燕京创更高效益．啤酒科技，2011（8）；张越．燕京：信息技术新动向．中国信息化，2013（21）．

二、管理信息系统的结构

管理信息系统是企业为了实现对资源的合理配置、科学地组织生产经营活动而构建的控制和执行系统。管理信息系统通常由企业内部不同职能部门的子系统组成，其最核心的功能是高质量地生成各个部门需要的报表，从而帮助管理人员制定科学的决策。管理信息系统所生成的报表主要有：周期性报表（如财务报表）、推式报告（如关键指标报表）、需求报告（对客户查询的响应）和例外报表（如异常报告）。管理信息系统的结构如图 17－1 所示。

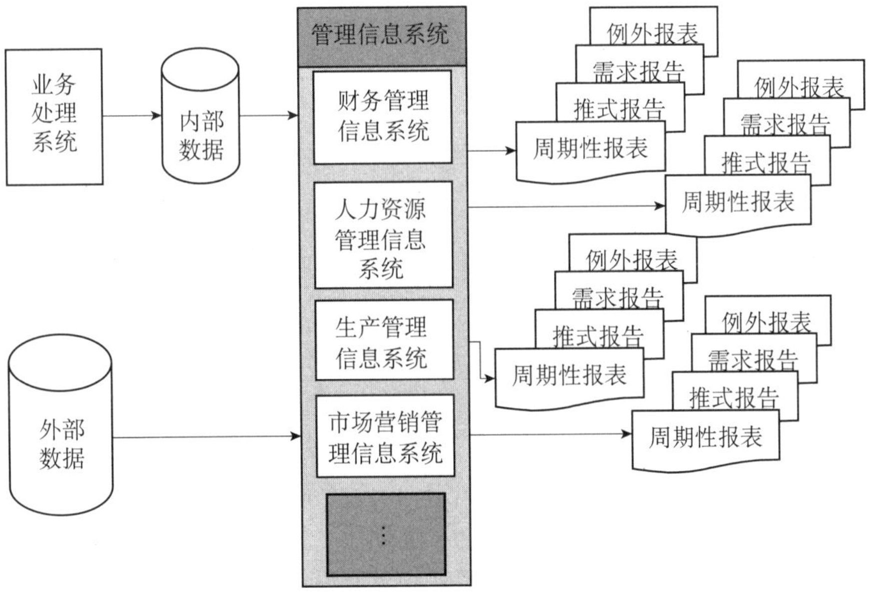

图 17－1　管理信息系统的结构

资料来源：周山芙，赵苹，李骐．管理信息系统．4 版．北京：中国人民大学出版社，2013.

管理信息系统包含若干职能部门的子系统，图 17－1 中只是简单地将财务管理信息系统、人力资源管理信息系统、生产管理信息系统和市场营销管理信息系统罗列出来。具体而言，这四个系统的主要功能有：

（1）财务管理信息系统。财务管理信息系统可以分为会计和财务两个子系统。会计系统的主要功能是记录并维护公司的财务信息，如收支、存款、编制财务报表等。财务系统的主要功能是完成企业资金运作，如筹资、投资、利润分配等。会计系统为管理控制的各种功能提供输入信息，财务系统是以尽可能低的成本，保证企业资金的正常运转。

（2）人力资源管理信息系统。人力资源管理信息系统可以完成公司员工整个生命周期的管理，因为其包含了公司员工的录用、培训、考核记录、工资、终止聘用等员工在公司经历的整个过程。

（3）生产管理信息系统。在制造企业中，生产管理信息系统包含了产品的设计与制造、主生产计划、物料需求计划、采购管理、库存管理、订单管理等。生产管理信息系统可以科学地安排原材料的采购、产品的生产以及订单的交付，使得企业对客户的供货承诺做得更好。

（4）市场营销管理信息系统。市场营销管理信息系统的功能是进行产品管理、销售管理、市场预测、渠道管理等，包含了产品销售以及售后服务的全部活动。它所使用的信息主要有顾客调查信息、竞争者分析、收入预测、技术预测等。

三、管理信息系统的发展历程

自1946年第一台电子计算机诞生以来，管理信息系统经历了从简单到复杂、从单机到网络连接、从低级到高级的发展过程。管理信息系统从诞生至今大概经历了如下几个过程：

（一）20世纪50—60年代：订货点法和开环物料需求计划

20世纪50年代初，计算机的出现大大提高了企业的数据处理能力，并且降低了数据存储和处理的成本。这个时期的管理者更多的是运用管理信息系统代替手工去完成会计记账工作，计算机的出现也使订货点法的推广成为可能。

订货点法起源于20世纪30年代，但是由于当时并不具备计算手段，因此这种库存管理方法没有得到广泛应用。[①] 计算机产生以后，繁杂的计算变为可能，因此订货点法在20世纪50年代得到了很好的应用。订货点法的理论依据是：随着时间的推移，库存原材料逐渐减少，当库存原材料可供使用的时间等于补充原材料所消耗的时间时，就应当发出订单，采购原材料。一般订货点法管理库存都要将安全库存量考虑在内，安全库存量是指为了预防原材料需求突然增大或者原材料供应出现问题而设置的最低库存量。

20世纪60年代，出现了开环物料需求计划（material requirement planning，MRP），订货点法逐渐淡出人们的视野。开环MRP是制造企业进行物资管理的管理信息系统，管理者根据产品结构各层次物品的从属和数量关系，制定主生产计划；将产品的完工日期作为基准倒排制定生产计划，根据物流提前期的长短确定各个物料下达的时间。开环MRP中最重要的四类数据是主生产计划、物料清单、库存量和提前期，它们是开环MRP正常运行的依据。管理者可以根据开环MRP系统快速得出物料的需求量以及需求时间，从而更好地向客户承诺订单完成日期。

---

① 闪四清．管理信息系统教程．2版．北京：清华大学出版社，2007.

（二）20 世纪 70 年代：闭环物料需求计划

开环 MRP 虽然可以准确地计算出物料需求的时间和数量，但并没有考虑到企业生产能力和采购能力的限制。在 20 世纪 70 年代，开环 MRP 已经无法满足绝大多数管理者制定决策的要求，管理者希望有灵活性更强、能够提供交互支持的管理信息系统，由此产生了集计划、执行、反馈于一体的闭环 MRP。[①]

闭环 MRP 是在开环 MRP 基础上纳入生产能力需求计划、车间作业计划和采购作业计划，由此形成的一个封闭的管理信息系统。生产能力需求计划考虑到了企业生产能力的约束条件，平衡各个工作中心的能力。闭环 MRP 的过程为：企业根据客户需求制定生产规划，根据生产规划制定主生产计划，同时分析企业的生产能力和负荷；关键资源和负荷分析通过之后，企业根据主生产计划、物料库存信息和产品结构清单制定物料需求计划，然后由物料需求计划、工艺路线和工作中心能力生成能力需求计划；进而检验能力需求计划能否通过，如果不能通过则修改物料需求计划和能力需求计划，如果能通过则执行能力需求计划和物料需求计划。

（三）20 世纪 80 年代：制造资源计划

20 世纪 80 年代，随着微型计算机的出现与普及，管理者可以使用个人计算机来协助开展工作，实现企业各部门之间的快速沟通交流。在这一时期，出现了制造资源计划（manufacturing resource planning，MRP Ⅱ），该系统集成了采购、生产、销售、财务、信息等各个子系统。[②] 为了和物料需求计划（MRP）相区分，制造资源计划缩写为 MRP Ⅱ。

MRP Ⅱ在闭环 MRP 集成生产活动的各个子系统的基础之上，进一步集成了企业经营管理其他方面诸如财务、销售等的子系统。这得益于计算机技术的迅猛发展，计算机的存储和信息处理能力大大提高。MRP Ⅱ中融合了这样的管理思想：在对企业资源进行有效计划安排的基础上，实现最小的库存、最高效率的生产以及高质量的客户服务。其通过反馈库存和在产品信息，制定生产计划，降低库存成本和在产品成本。由于 MRP Ⅱ集成了企业经营管理包括财务和销售在内的多个方面，在一个统一的数据库中进行数据管理，因此 MRP Ⅱ可以弥补 MRP 的不足，实现了产品成本的分析与核算。

（四）20 世纪 90 年代：企业资源计划

时间进入 20 世纪 90 年代，众多企业成长为跨国公司，以集团化的方式运作。企业和企业之间的竞争范围越来越广，因此企业要求管理信息系统能有更高的集成度，在企业管理的各个方面都能加强管理。尤其是集团化运作的企业，要求分公司能够协同发展、统一部署，显然制造资源计划不能满足上述需求，一种集成了物流、人流、资金流和信息流的管理信息系统——企业资源计划（enterprise resource planning，ERP）就此诞生。ERP 是由美国 Gartner 集团在 1990 年提出的融合了供应链管理思想、帮助企业决策者和员工提

---

① 许淑君．运营管理．北京：中国人民大学出版社，2013.

② 张瑞卿，邓瑾．管理信息系统．上海：上海交通大学出版社，2012.

供决策运行手段的管理平台。和MRP Ⅱ相比，ERP有更广的管理范围，并且有了新的结构。在管理范围方面，ERP在集成MRP Ⅱ生产制造、供销和财务等功能之外，还集成了如质量管理、流程作业管理、维护管理等众多功能。在结构方面，ERP扩大了用户自定义范围，采用了面向对象技术等。[①] 实质上，ERP就是在MRP Ⅱ的基础上发展成为面向供应链管理的管理信息系统。从1981年沈阳第一机床厂从德国引进第一套MRP Ⅱ软件算起，ERP已经在我国走过了30多个年头，我国的许多企业也借助ERP实现了快速的发展。

（五）21世纪以来：第二代企业资源计划

21世纪以来，互联网和互联网技术已经改变了人类工作和生活的方方面面，企业客户和企业之间进行交流的方式也越来越多元化，管理信息系统在企业中发挥的作用尤为突出。在现代的企业中，全球化电子商务以及电子商务系统得到了较大的普及，管理信息系统已经成为企业发展的战略资源。基于互联网，Gartner集团于2000年在原有ERP的基础上提出了第二代企业资源计划（ERP Ⅱ），强调协同商务的重要性。[②]

协同商务是指企业通过建立一个统一的平台，将利益相关群体比如客户、供应商等纳入企业管理信息系统，通过整合各个群体的竞争优势获得最大的商业价值。ERP Ⅱ在ERP的基础上强调客户关系管理，通过互联网和电子商务不断拓展公司业务，其适用范围已经不再局限于制造业而是扩展到了非制造业。ERP在封闭的平台上，基于Web，通过处理内部信息来实现优化的目的，数据仅限于内部使用；ERP Ⅱ在开放的平台上，基于Web，通过处理外部信息协调价值链上各业务部门之间的活动，达到协同商务的目的。

从MRP到MRP Ⅱ再到ERP，管理信息系统包含的内容逐渐增多，功能也越来越强大。MRP实现了库存计划物料信息集成，MRP Ⅱ实现了物流、资金流的信息集成，ERP实现了多行业、多地区、多业务供应链信息集成，ERP Ⅱ实现了供应链合作伙伴协同商务。随着移动互联网的兴起，管理信息系统也有向移动终端如智能手机和平板等设备发展的趋势。

四、管理信息系统建设的内容

建设管理信息系统并不是一件容易的事。许多企业在管理信息系统项目上投入大量的资金之后，效果却不尽如人意。管理信息系统实施不成功的原因主要有：软件选型失败；员工对管理信息系统项目缺乏主人翁精神；关键岗位人员调换工作；员工不愿意为了使用管理信息系统而改变已有的工作方式；高层管理者重视程度不够；基础数据不准确等。这些现象从本质上来讲都是人的问题。经验表明，成功实施管理信息系统的关键因素有三个，分别是：需求调研、人和数据。

---

① 郑跃斌，韩文秀．企业资源计划的现状、问题及其解决方法．中国软科学，2001（8）．

② Moller C. Next-Generation ERP. Encyclopedia of Information Science & Technology，2000.

（一）需求调研

根据国内外众多成功建设管理信息系统的公司的实践经验，软件选型失败的根本原因是企业管理信息系统建设之初需求调研的失败。需求调研是企业为了解信息化建设中的现在和未来的需求所做的工作。这一过程通过了解企业实际情况和软件商所能提供的软件产品，确定适合本企业的软件产品。需求调研一般是由软件提供商深入企业内部了解企业的需求信息，企业需要做的是根据软件提供商的要求安排其在本企业调研。在管理信息系统建设中，需求调研是一个非常重要的阶段，可为软件选型和后续系统的改善做准备。

（二）人

人不仅仅包括企业的员工还包括企业的高层管理者和管理信息系统软件供应商的实施顾问。企业员工是管理信息系统建设中最重要的力量，他们承担着系统中数据输入的重要任务，企业有必要在恰当的时间给予员工管理信息系统相关的教育培训。高层管理者对于管理信息系统建设影响深远，其始终如一、全面的支持能够广泛地调动企业员工管理信息系统建设的热情，提高管理信息系统建设的成功率。软件供应商对管理信息系统的建设自然功不可没，他们是成功建设管理信息系统的重要保障。一言以蔽之，企业员工的态度、高层管理人员的参与程度以及软件供应商实施顾问的支持程度，被公认为是建设管理信息系统的最重要因素。

（三）数据

管理信息系统处理的就是数据，数据经过加工处理之后变为能够为管理者提供决策支持的有用信息。管理信息系统常用的基础数据有：物料主文件、物料清单、工作中心、库存记录、提前期等。原始数据准确、及时、快速地输入管理信息系统是企业成功进行信息化管理的保障。经验表明，企业管理信息系统建设的失败主要是由于数据录入出了问题，或者是录入了错误的数据，或者是数据录入滞后。对于数据录入工作，高层管理者应当给予足够的重视，要对负责数据录入的员工开展相关的培训。

以上只是简单地介绍了企业管理信息系统建设中需要重点关注的内容。管理信息系统的成功建设在于全体员工的点点滴滴的共同努力。由于企业经营条件的不断变化，员工知识会陈旧，因此在管理信息系统建设中需要持续地开展教育和培训，这是伴随企业成长的一个过程。另外，管理信息系统还需要企业做好维护工作。维护不仅仅是软件提供商的工作，还是企业的明智之举。如此，管理信息系统才能真正成为企业提高管理水平获得竞争优势的工具。

➡ 思考题

1. 什么是控制？请简述控制在管理实践中的重要作用。
2. 控制过程由哪几部分构成？每一部分的工作内容是什么？
3. 前馈控制、现场控制和反馈控制的优缺点各是什么？
4. 什么是管理信息系统？简述管理信息系统的重要作用。
5. 简述管理信息系统建设中的关键因素。

➡ 课后案例讨论

麦当劳的标准化管理

提起麦当劳，金黄色的M标志和穿着红白相间衣服的服务人员和蔼的笑容便会展现在我们的脑海中。麦当劳是一家在1940年成立于美国的连锁餐厅，经营的产品主要有汉堡包、炸鸡、薯条、沙拉等快餐食品。截至2017年年底，全球有超过37 000家麦当劳餐厅，每天为100多个国家和地区的6 900万名顾客提供高品质的食品与服务。在有些国家和地区，在麦当劳就餐已经成为新的生活方式，是时尚的表现。因此，麦当劳成为全世界最具魅力的品牌之一。

麦当劳的崛起和20世纪60年代美国人的饮食习惯密切相关。当时，美国经济蒸蒸日上，人们的生活节奏加快，在饮食上花费的时间越来越少。所以，人们更加倾向于在麦当劳食用快餐。尤其是汽车在美国高度普及之后，几乎每一个高速公路出口附近都有一家麦当劳餐厅，满足人们在路途中对快餐的需求。1990年10月8日，位于深圳罗湖区的中国第一家麦当劳店开业；1992年4月23日，北京第一家麦当劳店在王府井大街南端开业。此后，麦当劳便在中国大小城市遍地开花，截至2018年5月，中国有超过2 700家麦当劳餐厅，员工人数超过15万，服务全国各地不同类型的顾客。

麦当劳以其独特的商业模式赢得了巨大的成功，成为人们津津乐道的话题。正如我们所知，麦当劳的成功源于其标准化管理。在全球所有麦当劳店，你会发现每一家门店都有金色双拱门，每一家门店的菜单基本相同。麦当劳产品的烹制程序甚至厨房布置都是标准化的。因此，无论你是在北京、东京，还是在伦敦、巴黎，甚至是雅典，都可以吃到同样新鲜美味的快餐食品，享受到轻松便捷的服务，感受同样的清洁和物有所值。这一切都归功于麦当劳标准化的品牌、标准化的管理模式、标准化的合作方式和标准化的食品。

标准化的品牌

麦当劳金色的M招牌诞生于1962年，它就像两扇打开的金门，象征着愉快的心情和美味的食品。全世界任何地方任何一家麦当劳店名都是一样的：McDonald's，所有店面店头的标志都是红色的底面衬托着金色的M。设计简单但是有效的品牌和统一的店面装修构成了麦当劳独特的外在形象。在全球任何一个角落，繁华街市上旅途疲惫的你远远地看到夺人眼球的M招牌，就会产生到麦当劳享受美食和周到的服务，栖息心灵的欲望。这也正是麦当劳标准化品牌的成效所在。

标准化的管理模式

麦当劳有标准化的核心理念，并将其浓缩为“QSCV”，即质量（quality）、服务（service）、清洁（cleanness）和物有所值（value）。这一标准化的核心理念的含义是：麦当劳通过为顾客提供高质量的产品、周到的服务和清洁的环境，让顾客感到在麦当劳就餐是物有所值的。为了保证高质量的产品，麦当劳无论是在食品采购、产品制作还是在烤焙操作程序、炉温、烹调时间上，对每个步骤都遵循严格的高标准要求。为了给顾客提供周到的服务，麦当劳始终坚持优质服务的策略，服务人员必须以友善的方式快速地将顾客所点的食物准确无误地送到顾客手中。为了创造清洁的就餐环境，麦当劳首先是保证食品、饮料干净安全，餐厅清洁干净；其次是摆放名画或者卡通玩具，播放轻松的音乐，营造整洁优雅的氛围。为了让顾客感受到物有所值，麦当劳为营养丰富的产品制定合理的价格，并用麦当劳的公司文化去关爱顾客。

为了使每一个部门尽职尽责，为了使员工尽职地服务每一位顾客，麦当劳有非常完善的标准化管理模式。麦当劳通过管理系统检查员工每一个细节的执行是否体现了麦当劳的经营理念。在物资配送上，麦当劳通过建立物流中心为各个餐厅完成订货、储存、运输和分发等一系列工作；通过物流中心的连接，每一个供应商和每一家餐厅都实现了畅通与和谐，保证每一家麦当劳餐厅的食物供应。为了维持分店的竞争地位，分店负责人需要对商圈周围的情况保持敏感，通过每月去竞争对手店铺“报到”来收集竞争对手情报。

标准化的合作方式

在标准化的合作方式下，现在的麦当劳几乎每隔 15 个小时就会在世界某个商圈开一家新的分店。独特的特许经营方式是麦当劳发展壮大的一个重要原因，其内容由特许费、协助开新店、合同契约等构成。特许费是指被特许者开麦当劳分店必须给麦当劳总部的费用。协助新开店是指每开一家新店，麦当劳公司都会派人员前往帮助被特许者选址、装修、指导经营等。合同契约是指麦当劳公司和被特许者所签合同的有效期限为 20 年。

加盟商和麦当劳总部签订完加盟合同之后，麦当劳总部就需要对加盟商的管理者及其员工进行培训，对于加盟商的成长，麦当劳总部有一套标准的培训和指导方法，以保证加盟店的正常运转。在加盟商管理过程中，麦当劳总部有一套标准化的运营手段，通过程序、规则和条例使作业标准化、规范化；麦当劳总部的管理人员还经常走访世界各地的加盟店，进行直接的指导和监督，以保证加盟商的标准化运营。

为了使加盟商学习到麦当劳标准化经营的精髓，麦当劳还编有麦当劳手册。麦当劳手册是标准化经营的典范，这套手册编写的过程遵循简单化、专业化和标准化的原则。简单化是指手册中所写的作业流程尽量简单，减少经验因素对经营的影响。专业化是指这套手册中尽可能将一切工作进行专业细分，在产品方面突出差异化。标准化是指这套手册中尽可能将一切工作都按规定的标准去做。麦当劳通过这套手册成功地把每项工作都标准化，实现了“小到洗手有程序，大到管理有手册”。

标准化的食品

麦当劳可口的食品最初来源于标准化的原材料选择。麦当劳在选择原材料时，有一套严格的标准。以牛肉原料为例，牛肉原料来自精心挑选的精瘦肉，由 83% 的肩肉和 17% 的上等五花肉精制而成；牛肉的脂肪含量介于 16%～18%；牛肉冷冻温度在零下 12.2 摄氏度至零下 23.3 摄氏度之间；绞碎后，一律按规定做成直径为 98.5 毫米、厚度为 5.65 毫米、重为 47.32 克的肉饼。

精心设计的厨房就像一座高度自动化的工厂，永远在重复着同样的生产工序，生产出标准化的食品。以肉饼的制作为例：肉饼的制作是在煎炉内完成的，煎炉同时可以煎两排肉饼，每排 6 个。肉饼放上煎炉之后，煎炉便开始计时，20 秒后，煎炉第一次发出声音，提示操作员用压肉锤重重地压肉，让肉汁均匀渗透。声音第二次响起时，操作员迅速将肉饼翻一个身。声音第三次响起时，表示肉饼已经做好，可以起锅了。起锅的方式也是标准化的：操作员用标准的锅铲，每次铲出两个放在事先调制好的面包上，然后把保存在保温箱的面包盖在上面。从把肉饼放入煎炉，到把上面的面包盖在上面，整个过程用时不到 2 分钟。

麦当劳用标准化管理向我们展示了一种恒久不变的口味、服务和美国文化，用标准化管理将麦当劳打造成世界上最大的快餐连锁集团，使麦当劳成为世界的路标，给世界上不同国家、不同肤色的人带去了开心和快乐。

资料来源：叶素贞．麦当劳标准化管理手册．广州：广东经济出版社，2007；麦当劳：用“标准化”践行食品安全．第一财经日报，2012－09－20；苑冰．麦当劳打造现代餐饮新格局．每日新报，2014－06－12；麦当劳：推行标准文化．中国邮政报，2014－06－21.

结合案例内容，回答以下问题

1. 麦当劳通过什么手段实现标准化管理？
2. 麦当劳在管理过程中如何有效地实施控制？对你有什么启示？
3. 你认为麦当劳的标准化管理适用于什么样的企业？简单谈谈你的看法。

第 18 章 危机管理

不备不虞，不可以师。

——《左传·隐公五年》

微软离破产永远只有 18 个月。

——比尔·盖茨

学习目标

1. 了解危机的内涵与企业危机的分类
2. 掌握危机管理的内涵及作用
3. 明确危机管理的基本原则
4. 掌握危机预防的内涵及主要内容
5. 掌握危机处理的内涵、步骤及注意事项

➡ 引 例

一把吉他引发的危机

2008 年 3 月，加拿大歌手戴夫·卡罗尔搭乘美联航的航班，从加拿大哈利法克斯飞往美国内布拉斯加州赶赴演出。卡罗尔中途在芝加哥奥黑尔机场转机，透过舷窗，他竟看到美联航的搬运工正在把他的吉他“像扔破口袋似的”扔到行李堆上。不出所料，卡罗尔取行李时，他那把 3 500 美元的吉他已被摔坏。

花了 1 200 美元修复吉他后，卡罗尔希望美联航能够赔付他的修理费用。随后的 9 个月里，卡罗尔以传真、电话、电子邮件等各种途径向美联航反映，美联航却总是找理由拖延时间，不愿承担责任。有一位美联航的客服代表，甚至直接在电话里就拒绝了卡罗尔的赔偿要求。

愤怒和沮丧之下，卡罗尔创作了一曲《美联航弄坏吉他》，在歌词里，卡罗尔用幽默

的口吻讲述了事情的经过，并拍了一段有趣的 MV：他的朋友扮演美联航客服人员，摆出一副事不关己的冷漠表情，几位热心的消防队员出演行李搬运工，在镜头前夸张地将吉他扔来扔去。卡罗尔把这段视频分享到 YouTube 上，令人意外的是，在不到两周的时间内，竟获得了超过 400 万人次的视频观看。

在观看后发表的评论中，网友异口同声地指责美联航的作为，对视频发布者表示支持。更巧合的是：就在这段时间里，美联航的股价下跌了 10%，市值损失达 1.8 亿美元。美联航的高级主管发现后，极为惊讶，怀疑公司股价重挫与这段音乐视频有关。

面对形象危机和股价下跌，美联航立即转变态度，主动要求支付给卡罗尔吉他维修费及 1 000 多美元的飞行代金券，然而卡罗尔却不接受，建议美联航把钱捐给慈善机构。美联航不得不照做了，美联航还向公众表示："我们会保存下这段视频，用作以后内部培训的资料，让员工都吸取教训，提高客户服务水平。"

美联航遭遇的"吉他事件"实属个案，却提醒了企业管理者：与其处理危机，不如提前预防危机；如果危机确实发生了，就得尽快妥善处理，以免损失扩大。

资料来源：陈笛．吉他损坏未获赔 歌手写歌诉不忿 美联航在歌声中低下了头．羊城晚报，2009-07-25；华声．弄坏他一把吉他，惨了，歌手拍 MV 泄愤，红了，美联航损失 1.8 亿，巧了．三湘都市报，2009-07-27；姜奇平．美联航：一把吉他一点八亿美元．教育时报，2011-05-23。

考虑到企业经营环境的波动日渐增强，以及潜在危机可能给企业带来的重大损失，企业必须具备危机管理意识，重视危机管理。企业可通过建立危机预防和处理机制，努力降低危机的危害性。

第 1 节 危机与危机管理

一、危机的内涵与分类

（一）危机的内涵

所谓危机（crisis）是一种对组织基本目标的实现构成威胁，要求组织必须在极短的时间内做出关键性决策和进行紧急回应的突发性事件。这一定义突出了三点：第一，危机将对组织形成重大威胁，是妨碍组织基本目标实现的事件；第二，危机是一种突发性的事件，往往出乎组织的预料突如其来；第三，组织管理者需要在极短时间内回应危机，做出相关决策，这对管理者的管理能力提出了较高的要求。

为更清楚地认识危机的内涵，有必要将危机与风险进行区分。所谓风险（risk），是指发生对组织不利事件的可能性，这里包含"不利"和"可能性"两项要素。这种可能性涉及：事件是否发生、发生时间、发生状况、事件发生后的影响和危害性大小等。风险是事件发生的概率及其后果的函数，可以用如下公式表示：

$$R=f(P, C)$$

式中，R 表示风险；P 表示事件发生的概率；C 表示事件所造成的后果。

组织若对风险防范不周，危害达到较高程度时，危机就会到来。可以说，风险的存在，是危机发生的前提。对风险进行有效的评估和管理，可以防范危机的发生。组织若对风险缺乏关注，或者已经认识到风险却不采取防范措施，那么当下的风险就有可能转变为日后的危机。

危机与风险的主要区别表现在以下几个方面：

第一，风险的定义比危机宽泛许多，风险意味着“不利”的“可能性”，只要有可能造成损失即是风险；危机的定义更为苛刻，危机意味着对组织目标产生严重的威胁，且往往具有突发性，要求在短时间内做出响应决策。

第二，风险是危机的诱因，危机是风险积聚后的显性表现。当风险聚集到一定程度而爆发，呈现的形态即是危机。

第三，并非所有的风险都能引发危机，只有风险释放的危害性积累到一定规模、能够威胁组织的基本目标时，危机才会产生。

第四，两者的管理方式不一样，危机管理一般分为危机的预控管理与事后的危机处理，危机预控管理与风险管理都是组织日常管理工作的一项内容，存在常规的管理方法，但方法不尽一致；危机爆发后的管理，则往往采取非常规的管理方法，要求组织投入更多的人、财、物来处理危机。

（二）企业危机的分类

一般来说，按照危机的内容，企业危机可以分为四类：

1. 战略危机

战略危机是指由于管理者对组织内外部环境的估计错误，使得企业战略制定失误；或者企业制定的战略虽然正确，但由于战略执行不当而给企业造成的危机。在担负高额负债和缺少差异化产品的基础上，韩国大宇集团选择多元化战略就是战略危机的典型例子。在过于冒险、追求规模的战略指导下，1998 年大宇集团已背负 86 万亿韩元的负债，而资产总值不过 25 万亿韩元，无法偿付的高额负债终使大宇集团宣布解体。

2. 组织危机

组织危机是指组织结构与战略、目标市场、产品特性及组织发展阶段难以融合，致使组织管理效率下降而引发的危机。具体来说，组织危机的表现包括：管理层次过多，管理机构臃肿，决策迟缓，部门主义盛行；组织形式不适应组织发展阶段，组织规模扩大后仍然沿用过度集权的管理模式，不能有效运用事业部制；组织文化保守，安于现状，进取心不足等。

3. 职能危机

职能危机是指企业各项职能管理不善，难以适应企业战略及经营环境而产生的危机。职能危机具体包括：生产和产品质量危机、营销危机、人力资源危机、技术创新危机、财务危机、信息危机。职能危机的产生会对企业生产经营造成极大的影响，需引起管理者的重视。

4. 不可抗外力危机

不可抗外力危机是指由企业无法预测及无法人为抗拒的外部因素引发的危机，例如台风、海啸、地震、瘟疫等灾害以及经济危机、战争、政府政策变化等人为因素引发的危机。这类危机不以企业的意志为转移，但会严重影响企业的经营活动。

二、危机管理的内涵与作用

（一）危机管理的内涵

所谓危机管理（crisis management）是指企业在经营活动中，针对可能面临的或正在面临的危机，所开展的一系列管理活动的总称，目的在于消除或降低危机所带来的威胁和损失，乃至变危机为机会。

（二）危机管理在企业中的作用

对于企业而言，成功的危机管理可在以下方面发挥重要的作用：

第一，有助于企业战略的实现。战略管理的核心是基于长远视角设计企业的竞争战略，并努力实现这一战略。若危机管理与战略管理两者无法衔接，将使得企业管理者忽略企业发展过程中出现的危机诱因，缺乏对企业的活动可能给自然环境和利益相关者带来的不良影响、产品生产中存有的安全隐患等的考虑。一旦危机发生，企业战略规划将被打乱。如果危机管理与战略管理两者能够有机地配合，企业就可以通过减弱危机影响，乃至消除危机，来填补战略管理的漏洞，增强战略目标实现的确定性。具体来说，两者的融合，首先有利于完善企业的决策机制，使企业战略决策更趋于理性，将潜在危机因素纳入考虑范围。其次，危机管理融入战略管理，有利于企业在具体的制度和日常管理机制上贯彻危机管理，增强危机监控、预控和解决能力，以确保战略规划的有效执行。战略执行过程中，涉及危机管理的具体因素包括：经济波动及行业危机应对、供应链危机处置、商业活动的法律规范及道德标准、合理的资本结构、经营业务选择的决策及有效的内部控制体系等。

第二，完善企业内部机制。在企业危机预控、危机处理和危机恢复的过程中，危机管理的总体方针都需要分解到企业各个部门、各个层级单位上，涉及采购、生产、营销、财务、人力等各部门及集团企业管控等。有效的危机管理系统通过及时诊断和评估出其潜在危机诱因，发现管理中的具体薄弱环节，能够帮助提升各部门的管理机制。在危机处置过程中，问题涉及的部门和单位往往不止一个，完善的危机管理制度能够有效协调内部沟通，督促各部门遵循权责处置问题，有助于企业内部整体机制的提升。

第三，维系员工忠诚度。企业所面临的危机可能使员工背负较大的压力，产生忧虑、恐慌、压抑、急躁等不良情绪，产生不安全感，更有甚者会对其健康和工作绩效产生负面影响。因此，在危机时期，组织成员的内部沟通及组织对成员的援助具有重要的意义，不仅能够安抚员工，减轻组织成员压力，还有可能激发组织成员的凝聚力和胜任力。在西方组织中，员工援助计划（employee assistant program）已经逐渐发展为危机事件中帮助组织和员工共同应对危机的一种有效途径，如“9·11”事件以及2008年金融危机发生后，美国企业和联邦政府就普遍倡导通过员工援助计划，给予员工有效的帮助。[①] 同时，危机发生后，高层管理者在外部利益相关者和媒体沟通环节中的处置工作在员工心目中通常具有放大效应。如果企业管理层对危机处置不当，始终无法有效地缓解危机，会影响员工对企业管理层的信心，对企业未来的发展产生疑虑，对企业的忠诚度下降，甚至引发核心员工的流失。反之，若危机得到妥善处理，企业员工对高管层的信心和信任感会增强，员工组织承诺提升。

第四，维护企业形象。企业形象由产品品牌形象、文化形象、声誉形象等构成，良好的企业形象得益于企业长期以来的品牌价值塑造、以客为本、诚实经营的理念与行动。在危机事件中，企业的一举一动都受到利益相关者的关注，企业的危机管理行为会向利益相关者传递事态发展和企业自身变化的信号，有效的危机管理有助于维护企业形象，在危机管理中表现突出，甚至可能提升企业形象。失当的危机管理决策不仅无法有效缓解危机，还容易使辛苦培养起来的企业形象在短期内损失殆尽，这类事例不胜枚举。如果未做好危机处理，在从危机中恢复期间，企业要想在顾客、供应商、政府部门、媒体、社区居民以及其他公众中再次证明自己的信用，重新赢得信任，则需要花费很长的时间和更多的金钱。企业若能认真吸取教训，以实际行动重拾消费者的信心，企业形象就可能逐渐恢复。

第五，有利于确保企业盈利水平。伴随危机管理失当引发的企业形象损失，顾客对企业产品的忠诚度下降，转向竞争对手的产品或其他替代品，导致企业顾客大量流失。同时，由于危机管理失当，企业不得不投入更多资源应对危机，由于正常经营活动所需的资源减少，市场机会可能流失，致使未来的市场占有率降低。在危机期间，还会发生大量非常规性费用，成本支出攀升。在收入下降、支出增加的重压下，企业财务状况会快速恶化。为了避免出现这些不利局面，企业必须重视危机管理。日常的危机预控能够防范潜在危机，维持企业的竞争能力，从而间接提升企业盈利水平；良好的处理能够减少相关利益者和企业自身的损失，将利益损失降到最低，并有助于恢复至正常经营。

第六，有利于避免企业破产。壳牌石油公司1983年做的一项调查研究显示：超过1/3的1970年《财富》500强公司销声匿迹；另据壳牌石油公司估测，大型企业的平均寿命不到40年，仅相当于人类寿命的一半。据世界权威统计，大约80%的企业寿命只有不到3年，10%的企业寿命只有8年，只有2%的企业寿命能达到40年以上。[②] 在欧洲和日本，大大小小的公司平均寿命只有12.5年。但与此同时，也存在不少百年以上的长寿企业。[③] 我国企业界的情况更加不容乐观，在中国的“老字号”企业中，约有70%的品牌已经寿终正寝，能幸存的也大多处在风雨飘摇之中。[④] 特别是，由于2008年金融危机及近年来我国经济和行业格局的转型，危机管理能力已经成为我国企业亟须具备的重要管理能力之一。事实表明，大量的企业都是在危机事件中破产，如企业能有效实施危机管理，并以危机为契机促进企业的变革创新，将能化险为夷，实现可持续发展。

---

① 伍晓奕．基于危机管理的员工援助计划研究述评．外国经济与管理，2010，32（10）．

② 刘仁辉，安实．面对突发事件企业应急管理策略．管理世界，2008（5）．

③ 贺正楚，李自如，全裕吉．企业危机及企业危机管理．湖南师范大学社会科学学报，2003，32（3）．

④ 李继红．中国企业走出危机管理误区的对策思考．齐鲁学刊，2005（2）．

三、危机管理的基本原则

有效的危机管理必须遵循一些基本原则，主要包括：

（一）预防第一原则

不少人存在一种错误观念，即危机管理仅仅是对已经爆发的危机采取处理措施，加以解决。如果危机管理仅仅局限于此，肯定达不到企业危机管理的最佳状态。“凡事预则立，不预则废”，企业危机管理工作必须提前做，建立危机监测和预控制度，在危机诱因尚未转化为危机前，采取措施将其消除。除此之外，危机预防还意味着对危机爆发后的复杂情形做准备，在危机爆发后，一个企业组织前期的应对准备工作做得越好，往往就能越快从危机中恢复。

（二）公众利益至上原则

管理大师彼得·德鲁克曾言：“如果我们想知道企业是什么，我们必须先了解企业的目的，而企业的目的必须是超越企业本身。事实上，企业是社会一分子，因此企业的目的必须在社会之中。”① 组织的长远利益与其所涉及的公众利益息息相关，良好的组织运作往往可以收到组织利益与公众利益兼得的效果。

事实上，不少企业危机的爆发，正是由于企业过多考虑自身利益，忽视或轻视了公众利益。结果，发生的危机反而威胁到企业自身利益。在危机管理工作中，企业关注的重点不应是短期利益，而应是长远的发展利益，只有企业将关注重心放在其他各方利益相关者身上，企业的长远发展利益才能顺理成章得以实现。一旦危机爆发，企业危机处理人员若能以公众利益代言人的身份出现，将公众利益置于自身利益之上，就有可能获得顾客、媒体舆论和政府方面的充分理解和认可，才能为整个危机的处理奠定良好的基础。

| 案例 18－1 |

东芝笔记本电脑事件

曾有一段时间，东芝笔记本电脑因驱动程序存有缺陷而引发中国市场的销售危机。在这一事件中，东芝公司显得十分被动。东芝笔记本电脑事件的发生，为很多企业上了一堂生动的危机管理课。

针对美国的庭外和解

事情起于 1993 年 3 月美国得克萨斯州联邦地方法院的一起集体诉讼，两名美国用户指控东芝笔记本电脑软盘控制器（FDC）的软件功能存有瑕疵，可能致使软盘中的数据损坏或丢失。得知消息后，东芝公司发布声明，表示旗下笔记本电脑没有这一瑕疵；并与原告交涉，于同年 10 月达成和解协议。

依据和解协议，1985 年 1 月 1 日以后生产的任何一个带有软驱和软盘驱动控制器的东

① 彼得·德鲁克．管理的实践．北京：机械工业出版社，2006．

芝笔记本电脑美国用户，都可以获得东芝的赔偿。这样，50万美国东芝用户将获得共计10.5亿美元的赔偿金，单个用户的赔偿金一般超过300美元，最高达443美元。自2000年3月起，东芝开始安排美国用户申请赔偿，6月起用户收到了赔偿时间表。

东芝公司透露了和解的缘由：美国得克萨斯州的陪审团曾有作巨额赔偿的先例，赔偿金额可能达到100亿美元；如果应诉，一旦面临巨额赔偿判罚，东芝公司将难以生存下去。为了避免出现这种可怕的局面，东芝不得已才做出和解的痛苦选择。

超过10亿美元的赔偿金使东芝公司2000财年出现约合2.62亿美元的净亏损。

针对美国的和解方案，东芝在美国和日本举行了记者招待会。然而，在其他国家和地区，东芝却未采取任何行动，只是在网站上公告了这一事宜，让用户从网上下载相关文件。引起中国用户不满的是，东芝公司公布的文件竟是新加坡公司采用的英文版说明。

待遇不同引发风波

2000年5月，一家北京的媒体从一位东芝的美国消费者处获悉消息，立刻刊登了一篇名为《东芝还要蒙中国人多久》的报道。拥有同样型号的笔记本电脑，仅仅因为国籍不同而受到的服务待遇不同，自然引起中国用户的强烈不满。媒体对此事也极为关注，报道纷纷。

依据美国法律，只要产品有损害用户的可能性，用户就可以提起赔偿。但是按照中国法律，只有实际损失发生以后才能提出赔偿。可是，东芝公司没有向用户解释法律规定的差异，在网络舆论的推波助澜下，纯粹的商业行为竟引发了中国用户的民族情绪。事态在毫无控制的情况下迅速蔓延，其对东芝公司的负面影响可想而知。

5月16日，成都用户吴津将一份索赔书递交到东芝公司成都代表处，不仅要求东芝就他1998年购买的一台东芝笔记本给予赔偿，还要求东芝公司向全中国消费者公开道歉。媒体将吴津称作“中国的东芝索赔第一人”。东芝公司成都办事处在接到吴津的索赔函后，转呈给东芝中国公司。5月17日，《日本经济新闻》报道了中国的东芝笔记本事件，又引发了日本国内消费者对东芝的质疑。

直至5月22日，东芝公司才在北京中国大饭店召开新闻发布会，回应已闹得沸沸扬扬的东芝笔记本事件。在新闻发布会上，东芝公司对外声明：虽然在极限状态下，不能否认FDC发生存盘错误的极微可能性，但在过去15年东芝销往世界各地的1 500万台笔记本电脑中，没有出现过因为FDC而投诉的现象。因此，东芝认为，从一般的角度来说，公司不认为其产品有所谓的质量问题。之所以在美国达成和解，实是迫于美国法律对企业诉讼不利的万般无奈的选择。为使用户更加放心地使用东芝笔记本电脑，从1999年11月起，东芝公司就已开始向包括中国在内的有需要的用户免费提供补丁软件，并在全球范围内投放装有更加完善的FDC的笔记本电脑。

5月26日，就该事件，东芝笔记本的中国总代理联想公司也发表了一份声明。声明再次强调，在美国发生的FDC诉讼和解一事，并不是由于东芝笔记本电脑存在缺陷，也不会给全球的用户带来由于FDC操作限制而引起的异常情况。本着为中国用户负责的精神，联想为此事专门组建了技术小组，针对不同系列的东芝笔记本电脑，就FDC进行了模拟环境下的实验，结果没有发现由于FDC的原因造成数据写入错误。在联想销售东芝笔记本电脑的5年时间内，没有确认过任何一起因FDC瑕疵而影响数据写入的用户投诉。但为使用户今后可以更加放心地使用东芝笔记本电脑，排除FDC造成数据写入错误的可能性，联想公司将提供如下售后服务：在全国设立分支机构的地区，设立服务窗口，专门为用户免费提供及安装FDC校验盘；对累计购买50台以上的大用户，可以免费上门安装；对没有分支机构的地区的用户，可免费邮寄校验盘；所有用户均可以在联想东芝网上免费下载校验软件。声明中还表示：万一东芝笔记本电脑在正常使用情况下发生了因FDC原因造成的数据写入错误，联想将积极与东芝公司进行协调，并采取相应措施，维护中国用户的利益。

尽管东芝公司及其中国总代理做出了相应的解释和声明，但此时东芝公司已经错过了危机处理的最佳时机，中国用户根本不想听东芝的技术说明，他们在心理上和感情上不接受这样的解释，媒体普遍认为东芝的处理方式缺乏诚意。京沪两地相继出现3名个人用户和3名集团用户起诉东芝公司，要求东芝给予赔偿。

东芝遭遇市场抵制

自1995年以来，东芝笔记本连续四年位居中国笔记本电脑销量榜首，东芝公司也认为中国是其在亚洲最重要的市场之一。然而，这一事件的发生却令东芝笔记本销量陡然直下。

东北和四川地区的部分电脑专卖店公开宣布不再出售东芝品牌的产品。5月17日，成都顶智笔记本连锁超市将东芝笔记本电脑撤出展示店。

在北京，零售商们纷纷抱怨东芝笔记本电脑不好卖。2000年6月，东芝笔记本电脑在中关村硅谷直销店几乎没有售出过一台。许多顾客一听到东芝的名字就直摇头，与东芝相关的推介活动根本无法开展。在著名的中关村海龙电脑城，一名电脑经销商向媒体诉苦，该店销售的东芝电脑已从月30台降到了半个月仅2～3台。

这一事件不仅影响了东芝产品的短期销量，更重要的是，它使得东芝的品牌形象在中国消费者心目中急剧下降。

东芝的自我反思

东芝也意识到，光凭产品本身来解释还不行，还得靠人来说话。

东芝公司总部公关部负责人大森圭介向媒体表示：这一事件反映出东芝公司与新闻媒介交流不够充分，甚至可以说没有太多的交流，沟通得很不好。在事件发生之前，东芝公司在中国没有一个专门的公关部门，专门负责与媒体进行沟通或说明。

这起事件后，东芝公司已经着手在中国地区建立一个发言人部门，该部门将专门负责媒体沟通和回应大众质疑。

资料来源：刘刚．危机管理．北京：中国经济出版社，2004；黄昌年，赵步阳．公共关系学．2版．上海：上海交通大学出版社，2007；徐大建．企业伦理学．上海：上海人民出版社，2002.

（三）全局利益优先原则

在危机管理工作中，企业管理者要处理好局部利益与全局利益的关系。虽然危机可能由局部问题造成，其影响却可能是全局性的。当局部利益与全局利益难以两全时，企业有必要拿出“壮士断腕”的气魄，以全局为重，以确保企业长远的发展利益。

（四）主动面对原则

危机爆发后，企业应担负第一消息来源的角色，主动配合回答群众的质疑和媒体的访问，把握信息发布的主动权。企业成为第二消息来源或第三消息来源，容易使公众产生误读，并产生不满情绪，令企业陷入被动。危机发生后，不论应由谁担负责任，企业都应该主动担负一定责任。即使受害者也需对危机后果承担一部分责任，企业也应等危机缓和后再与受害者沟通，否则容易弄巧成拙，反而不利于危机的处理。在公众不满情绪高涨，但事实尚未查明时，企业应该先主动承担责任，给予一定损失赔付，以尽快减少危机的负面影响。

（五）快速反应原则

危机的突发性特点要求危机处理必须迅速有效。伴随着信息传播技术的发展，特别是近年来新媒体、微博、移动社交平台等新兴网络媒介的兴起，危机信息传播的速度进一步加快。危机一旦发生，大众媒体的报道和网络媒介的转载，会立即引起社会公众的关注。企业若不能快速应对，会引起利益相关者及其他公众的疑虑，给企业带来负面影响。因此，企业必须迅速启动危机管理计划，明确危机管理负责人和管理机构，配备必要的人财物资源，并尽快展开事件调查和评估，采取处理措施。公众对危机信息的了解愿望是迫切的，他们会密切关注事态的发展，企业发布信息必须及时，以有效地避免各种谣言的出现，防止危机扩大。

（六）真诚坦率原则

当危机发生之后，公众最为痛恨的往往并非危机本身，而是企业故意说谎或隐瞒事实真相。企业应尽快与大众媒介取得联系，公布事实真相，不能利用记者不熟悉某一专业的弱点弄虚作假，也不能遮遮掩掩，像挤牙膏一样，否则会欲盖弥彰，不利于控制危机局面。为大众媒体设置障碍或许能解一时之难，却无法从根本上解决问题，因为记者可以在更大范围内揭露疑点，从而引起人们的种种猜测，加大危机处理的难度，对恢复企业形象极为不利。一些危机本身是由公众误解造成的，只要企业及时公布真实信息和相关证据，公众的误解自然就会消除。如果由于信息敏感性等原因不能透露所有细节，企业也应确保所披露信息是真实可靠的。危机给受害者造成损害，这本身就是非常不幸的，企业危机管理人员在与媒体的沟通中，要多站在受害人立场上思考问题，表达歉意、同情和慰问；同时主动承担相应责任，而不应一味为自身辩解，否则只会增加公众的不满。在听取公众的意见时，要让他们倾吐不满，宣泄情绪，以息事宁人，显示企业对公众的真诚。在危机处理过程中，如果公众对企业疑虑较深，企业可请权威第三方走到台前，告知公众实情，以重获信任。

（七）系统运作原则

危机管理是一项复杂的系统性工作，牵涉到企业多个部门、多个层面以及外部多方利益相关者，处理危机必须遵循系统运作的原则。首先，应该在企业内统一指挥，按照危机管理预案的要求，确定负责人员，明晰任务职责，听从管理小组的指挥。其次，危机管理具有全员参与性质，这不仅体现在危机预控上，还体现在危机处理上，企业应令每一位员工了解企业处理危机的总体方针和主要进展，并意识到自身是企业危机形象的窗口，即便没有参与到具体的危机处理工作中，也应保持高度负责任的态度，遵循企业整体的危机处理方针，不对媒体信口开河。再有，在危机处理过程中，企业内部需做好协调，一致对外。在企业各层级间，应做好危机管理指令和信息的上传下达，避免出现不同工作人员态度不一、观点不一致的现象。危机管理机构应指派专门的对外联络人，负责沟通与舆论引导，并确保口径一致，防止前后说法出现差异或矛盾。在危机尚未平息之前，最好不要变更对外联络人，因为新的联络人需要花费大量精力了解事件细节，沟通口径上可能与原联络人产生矛盾，造成公众误读进而质疑企业的诚意。

（八）灵活运作原则

危机事态往往瞬息万变，从诱因出现到危机爆发蔓延的演进路线也往往具有高度不确定性，超出企业管理者原先的意料范围。所谓计划赶不上变化，危机管理人员应具有灵活运作的意识，在企业内外部发生没有预期到的变化时，不能完全教条行事，这也是危机管理的艺术性的体现。特别是在危机爆发期，形势混乱，不确定性强，高层管理者更需保持镇定、果断和灵活，在预定处置计划基础上，依情势做出合理调整，为企业其他成员树立信心，带领员工共渡难关。

为简化起见，本书将危机管理分为危机预防与危机处理两个过程。危机预防包括危机管理计划的制定与演练、危机预警机制的建立、危机预控措施等。危机预防是危机爆发前企业所采取的行动，旨在消除危机和降低潜在危机的负面影响，并为危机爆发后的处理工作做好准备。危机处理则包含危机的事中管理与事后管理。其中，事中管理包括建立危机处理机构、着手危机调查与评估、制定危机处理方案、实施危机处理方案等；事后管理主要指对危机处理结果进行评估与总结、做好危机处理的善后工作等。

延伸阅读 18－1
危机管理过程的相关模型

第 2 节　危机预防

一、危机预防的内涵

危机预防是危机管理工作的起点，也是危机管理工作的常态。

危机预防是对企业具有战略性意义的一项管理活动，其目的是在企业中树立起广泛的危机意识，并在危机意识的指导下建立起一套全面深入的危机防范制度，对企业的危机隐患和危机征兆进行监测和预控，以将危机消灭在萌芽中或尽量减少危机带来的损失，保证企业经营管理系统的有序运转。

美国工程师海因里希（Heinrich）1941年曾就机械事故后果进行过统计，在调查50余万起事故后，他得出了著名的海因里希事故法则：在机械事故中，死亡或重伤、轻伤和无伤害事故的比率为1∶29∶300。换句话说，每发生330起机械生产的意外事故中，就有1起事故结果是死亡或重伤，29起是人员轻伤，剩余300起没有造成人员伤亡。虽然这一统计结果在不同生产过程和不同类型的事故中有所变化，但这一规律证明了在同一活动所引发的无数次意外事件中，必然存在重大伤亡事故。只有努力减少和消除无伤害事故，重大事故才有可能得到防范。因而企业必须重视出现的危机征兆，否则危害后果不堪设想。

频发的企业危机已经证明，危机管理的首要工作不再局限于对已爆发危机的善后，还在于企业日常经营中的谨慎预防、提前谋划。相对于危机爆发后用种种措施来弥补，危机预防是成本最低，也是最佳的危机管理策略。任何一家想要实现持续经营的企业，都不能忽视危机预防的重要性。

二、危机意识的培养

（一）积极灌输危机意识

要避免“温水煮青蛙”现象，最高管理者首先必须树立危机意识。只有树立危机意识，企业战略才不至于陷入迷失，出现企业发展大方向上的危机。青岛海尔的生存理念是：“永远战战兢兢，永远如履薄冰。”在与国外知名厂商的行业竞争中，海尔的张瑞敏并不赞同不少中国厂商采取的“用市场换技术”的策略，他认为外资企业进入中国后一定会千方百计占领中国市场，虽然中资企业获得了一些技术，但都不是有用的一流技术，中国企业最终会失去自己的市场。由于具备这样强烈的危机意识，海尔凭借自己的努力不断开发出新技术和新产品。

危机管理并非仅仅是企业一把手或某些职能部门的职责，它也是企业每个层级和每个职能部门都需要面对的课题。如果企业员工都能具备较强的危机意识，那么危机爆发的可能性就会大幅减少。最高管理者要通过各种渠道，将这一危机意识灌输给全体员工，提高每个人的危机警惕性，使每个人都能居安思危，并促使每位员工在实际工作中落实危机管理的要求，防微杜渐。

（二）主动制造危机意识

为了提升员工的主动性、积极性和创造性，企业管理者可以有意识地制造一些危机，用以激发员工更加勤奋努力和探索创新，以实现更高的目标。例如，日立公司在面对20世纪70年代的石油危机时，决定让公司2/3的员工减薪待业，发给他们原工资的98%。这一举措节省的经费虽少，却让全公司的员工产生了强烈的危机意识，在这种氛围下，日立公司很快走出了困境。

（三）积极推行危机教育

危机教育能够帮助员工树立危机意识，学会危机管理的基本方法，并提升员工应对危机所需的心理素质和灵活应变能力。对于新员工而言，危机教育更为重要。危机教育的内容包括危机意识教育、危机防范教育、危机处理教育、危机案例教育。

危机意识是企业发展的保护伞。危机意识教育要让员工认识到，危机时时刻刻伴随着企业成长的步伐，危机是企业衰亡的罪魁祸首。企业最大的危机便是没有危机意识。危机意识在企业鼎盛时期尤为重要，企业今日的成就有可能成为明日衰落的诱因。值得企业注意的是，任何事物都有两面性。危机意识虽能使企业时刻保持警惕，但过度强调危机意识，可能会让员工承受过多的压力。这样不仅不利于危机的防范，反而会使员工无法发挥自己的全部能力，甚至导致员工离职，带来企业人力资源方面的危机。因此，企业在对员工进行危机意识教育时，必须把握好度，使其既能够起到危机预防的作用，又满足员工工作安全感方面的需要。

危机防范教育要求企业首先增强安全教育，提升内部管理，降低人为失误的概率。为此，需要培训员工的生产、服务技能，确保企业产品或服务的质量。同时，还要培养企业内外部的合作精神和合同技能，范围包括员工之间、部门之间、企业与供应商及经销商之间、企业与消费者之间、企业与媒体之间、企业与政府之间的合作。

企业中不同岗位的职责不同，所面临的危机也不同。企业应根据不同岗位的要求对员工展开有针对性的危机处理教育，使危机管理知识与自身所在岗位能够充分匹配，并给予员工相应的危机处理职权，明晰危机管理中可采取的行动。员工个人的危机处理教育是企业危机预防成功的基础，也是加强员工危机意识的一种手段。

三、危机预警与预控

（一）危机预警

预警（warning）这个词最早源于军事术语，是指通过各种渠道和手段探知敌人的信息并综合分析获得其动向，以便提前采取防御策略的行为。[①] 企业危机预警，就是指企业采用定性与定量相结合的方法选择危机指标，事先对危机的诱因及征兆进行监测和评估，并由此发出危机警示的管理活动。危机预警是危机预控的基础。

企业面对的外部危机和内部危机情况往往非常棘手，因此需要设立一些危机预警的原则，以确保企业的危机预警系统高效、顺利地运行。危机预警需要注意以下几方面：

第一，要讲求危机预警的综合性。企业面对的危机来自各个方面。就外部危机而言，政治冲突、经济衰退、环境破坏、自然灾害、人口增长等都有可能威胁到企业的生存与发展；就内部危机而言，企业在战略决策、组织结构、人力资源管理、财务控制、技术创新、营销公关等方面稍有不慎，就会破坏企业的日常运营，甚至搞垮企业。因此，企业对危机的日常预警必须综合涵盖内部与外部、宏观与微观的方方面面，对任何轻微的预兆都要谨慎对待。

第二，要保障危机预警信息的真实性。21 世纪已经进入信息爆炸的时代，信息在一次次的传递过程中不可避免地会受到噪声的干扰，这会使信息失真，信息中包含不断累积

---

① 佘丛国，席酉民．我国企业预警研究理论综述．预测，2003（2）．

放大的谬误。此外，市场中还存在着故意歪曲事实的信息。这些信息一旦进入企业的决策系统，就会使得企业的策略和行动偏离正确的方向，让企业付出沉重的代价。因而，企业应该在危机预警工作中追求信息的真实性，衡量真实信息成本与危机损失成本。

第三，要确保危机预警信息的全面性。在收集信息监测危机时，企业需要看到的不仅仅是危机的表面，而是要从内到外、从前到后地审视危机。从内到外看的是潜在危机发生的根本原因，以及危机爆发后可能会对企业的哪些方面产生影响。从前到后看的是企业要面对的潜在危机是否有其他公司的前例，以及危机是否会受到舆论、股市、行业整体的影响而迅速扩大。企业必须将自身放在危机的最大影响范围中来全面考虑问题，警惕各种力量的相互影响使危机扩大。

第四，要分清危机预警的主次性。企业在同一个时期面对着各种各样的潜在危机，全面性原则要求企业监测这些危机的各个方面，但并不建议企业在所有潜在危机上平均出力，这会让企业对危机应接不暇。企业应该将最多的精力放在对自身威胁最大的危机或造成一系列危机的根本原因上，及时对其进行成功预警往往可以起到事半功倍的效果。

第五，要注意危机预警的及时性。企业在危机预警的过程中，须及时发现问题，并在第一时间做出反应。无论是全面地收集信息、甄别信息的真实性、分清危机的主次还是密切注意系统性冲击，都必须在情况有了最新改变后就更新企业的危机预警系统，拖延只会让危机越来越大，并导致企业失去最佳反应机会。更重要的是，需要及时制定的不仅是危机预警决策，更应该是企业在决策之后的执行力。

（二）危机预控

危机预控的职能在于：提前对可能引起危机的各种诱因采取措施或对难以避免的危机做好准备，全部或部分地清除危机爆发的诱因，尽最大可能采取措施避免危机的爆发或降低危机爆发时的危害程度。危机预控包括以下六种策略：

第一，排除策略。有些导致危机的诱因属于企业可控制的因素，如果企业管理得当，就有可能在危机发生之前将危机诱因清除掉，从而彻底排除危机。单纯从效果上来看，排除策略是最佳的危机清空策略，它能够清除所有潜在危机的危害性。排除策略的主要措施有：远离危害程度大的风险；实施零缺陷管理，开展零缺陷管理，提升管理工作标准也是排除危机的重要方法；设计良好的防范机制，列明所有潜在的危机诱因，并有针对性地制定和采取措施，逐步清除各项诱因，能有效防止危机的发生；在主要公众中建立强有力的信誉基础，企业诚实正直的形象有助于防止潜在危机的爆发；迅速解决小问题或小错误，防患于未然，则能以微小的成本预防潜在危机的发生。

第二，防备策略。正所谓有备无患，在危机诱因难以排除、缓解和转移的情况下，为降低危机造成的损失，企业要在危机发生前就做好准备工作。尤其对于企业外部不可控因素导致的危机来说，防备策略十分有效。企业对危机准备得越充分，受到危机的冲击就越小。危机意识培养和危机教育注重从人力资源角度对危机爆发做好准备；组建危机管理机构、确认危机管理机构成员及其职责、规范危机时期的沟通渠道等注重组织结构上对危机的准备；制定危机管理计划注重制度安排方面对危机爆发做好准备。除此之外，企业还需为危机备份计算机信息，提前调节好计算机信息管理系统，并储备危机管理的物力资源，准备足够的资金，等等。防备策略可以从企业的各个方面着手进行。

第三，缓解策略。缓解策略是指在危机诱因不能被排除的情形下，以各种方法尽量将危机诱因局限在一定范围和限度以内，以降低危机给企业带来的损失，令危机的长期负面影响降至最低。缓解策略的主要措施包括：拖延危机的爆发时间，面对潜在危机的威胁，若企业还没有为阻止危机爆发做好充分的准备，可以采用拖延战术延缓危机的爆发，为企业采取有效措施争取充足的时间；削弱危机的强度，为了能抵抗住潜在危机爆发时的冲击力，企业可以采取适当措施削弱潜在危机的强度，包括消灭危机的部分诱因、将大危机分解成可以应付的小危机、减少舆论的负面宣传、避免危机的连锁反应等；增强抵御危机的能力，企业可以通过引入先进的制造技术、研发新产品、提高售后服务水平、联合或兼并具有较高市场价值的企业、聘请专业的公关团队等措施降低潜在危机对公司的伤害损失。

第四，剥离策略。在无法完全避免潜在危机爆发的情况下，企业必须对极具破坏性的潜在危机或容易受到潜在危机影响的自身某个部分进行剥离。剥离策略常见的措施有以下两种：限制危机发生的范围，当意识到潜在危机时，企业必须及早将其限制在一定的产品、市场、地域、顾客范围内，防止潜在危机蔓延到本来运行良好的业务中；减少受到危机影响的创伤面，当企业的某个子公司、分部、市场、业务或职能部门很有可能受到潜在危机的冲击时，企业或许可以采用断臂求生的方法迅速摆脱隐患。剥离自身的某个部分对于企业来说往往是一个非常艰难的决定，因此企业必须对该部分做出完整、准确的评估，在剥离该部分能获得的收益和保留该部分会受到的冲击之间进行权衡。

第五，转移策略。如果潜在的危机无法通过以上策略解除，或者解除潜在危机的方法不具备经济性原则，那么企业可以采取转移策略，将风险转移给合约协定的其他企业、机构或个人来承担。转移策略的常见实施途径通常有以下几种：外包，指企业将原本应在企业内完成的一些生产经营活动转移给外部其他企业代为完成，外包的具体内容包括生产环节外包、研发外包、信息系统外包、物流服务外包、人力资源管理外包、客户管理外包等；保险，引发危机的风险可以通过保险来实现转移；套期保值，初级产品价格的变化，极有可能使许多初级产品的生产企业或以初级产品为原料的制造企业因无法支付债务而面临破产的危机，利用期货交易开展套期保值是这些企业规避市场价格风险的重要举措；责任免除协议，企业通过与合作者提前签订类似免责协定，可以降低或避免损失。

第六，升级策略。潜在危机往往是企业走向发展或衰落的转折点，升级策略就是企业通过潜在危机认识到目前的经营中所存在的问题，主动利用潜在危机这个机遇进行重大的改善或变革。企业可以利用潜在危机完成核心业务的重塑、生产技术的升级换代、员工雇佣制度的转变、细分市场的重新定义、供应链一体化等革新。升级策略是在上述排除、防备、缓解、剥离和转移策略的更高层次上对企业的危机“防火墙”进行的彻底升级。

四、危机管理计划

有人把危机管理计划比喻成企业的“手电筒”，因为在突然停电的状况下，人们的第一反应就是寻找手电筒，接着在手电筒的帮助下查看保险丝以找到停电的原因，恢复供电。危机管理计划正如“手电筒”一样，可以指引企业有条不紊地管理好危机。危机管理计划的主要内容为组织在危机管理过程中需采取的主要步骤，及相关工作人员的职责。通常，一份完整的危机管理计划包括以下内容：危机事件的界定及管理总则；危机事件的危害分析；预防危机事件的措施；应对危机事件的准备；危机事件的发现、警报和报告程序；危机事件的应变程序；关闭设施的指引；终止危机事件的处理程序；附录。①

（一）危机事件的界定及管理总则

危机管理的首要任务是及早地发现危机征兆，并将危机遏制于萌芽之中；万一危机爆发，应尽量降低危机所带来的损害，并在条件具备的情况下，化危机为转机。但是，就如企业的发展目标并不单一，具有多元性一样，危机管理的目标也具有多元性。尤其是当危机事件涉及不同的利益群体时更是如此。企业在危机中考虑的利益主体包括顾客、员工、股东、供应商、经销商等。上述众多的利益关系很难一碗水端平，因此，就涉及危机管理目标主从性的确定问题。即便对同一利益群体而言，是着眼于短期利益还是着眼于长期利益，导致危机管理的目标选择也大相径庭。

其次是危机事件的界定。企业需先确认可能演化为潜在危机的事件范围，即对潜在危机事件做出列表。一些危机是由管理者自身的失误决策引发的，如裁员、兼并收购、价格战等就属于这类危机；还有一些危机则不在企业的可控范围之内，例如大订单的撤销、人为破坏、不良舆论、自然灾难等。在对潜在危机进行列表时，应做到尽可能全面，不要遗漏掉重大的潜在危机。对于所有潜在的危机，企业都要依照轻重缓急的顺序进行排序，估测未来危机爆发的概率及其危害后果，为日后制定危机反应措施做好准备。

再次是确定危机管理的原则。确定危机管理的原则，有利于有效防范企业危机管理工作中的失误。本书提出的预防第一、公众利益至上、全局利益优先、快速反应、主动面对、系统动作、真诚坦率、灵活运作等危机管理原则，值得企业在制定危机管理计划时借鉴。

接下来是危机管理计划的更新和修订。由于企业经营环境在不断变化，当初制定的危机管理计划可能已无法适应当下的环境，企业应根据环境的变化，定期对企业的危机管理计划进行更新和修订。例如，危机事件界定范围的变化、危机管理负责人的变化、危机处理流程的变化等。企业应将变化的内容告知相关负责人员，使之熟悉新的危机应对流程，让危机管理计划能够在关键时刻充分发挥作用。

最后是危机管理小组的建立。危机管理小组是负责实施企业危机管理计划的具体机

---

① 周成．如何制定企业危机管理计划．经济管理文摘，2003（12）．

构。危机管理小组的成员构成和对应职责必须在危机管理计划中加以明确。危机管理小组是一个跨多部门的机构，通常由高管层成员、公关部经理、保卫部经理、法律顾问等构成危机管理小组的核心层。企业可再根据危机的不同需要，增加危机小组成员的数量，如财务方面的危机增加总会计师或财务部经理，产品质量方面的危机增加总工程师或技术部经理等。行政部和人力资源部主管及其他后勤工作人员需要为实施危机管理计划提供后勤资源保障。危机管理小组成员也可以聘请外部专家。危机管理小组是企业危机管理的权力机构和协调机关，有权调用公司资源应对危机，并代表公司对外发出声明，做出妥协和承诺。其具体职责包括：对潜在危机进行预警；负责制定危机管理计划；危机爆发后，负责危机原委的调查，制定具体的处理方案，与相关利益者充分沟通，采取措施控制危机的伤害，防范危机蔓延扩大，减弱危机的不良影响。

(二) 危机事件的危害分析

危机事件的危害分析包括危机调查、评估危机的风险程度、企业外的风险评估等内容。

第一，危机调查。危机调查是制定相应的危机处理对策的基础。一般来说，危机调查的内容有：确认主要的危机利益相关人，人员范围包括现有消费者及潜在消费者，企业员工、股东、经销商、供应商、监管部门、行业协会、媒体单位及社区的居民等；确定危机对不同利益相关者的影响后果及影响程度；确定危机爆发的原因；根据危机的不同类型，确定不同的调查方法。

第二，评估危机的风险程度。危机的风险评估指对危机发生的概率和危机会造成的潜在影响进行评估，使危机管理的负责人能够更加全面准确地预测和管理危机。在对危机进行风险评估时，除需要分析危机发生的概率及其后果的严重性，也需考虑与危机有关的意外事件和表 18-1 所列的重要因素。

表 18-1　风险评估时须考虑的重要因素

因素	可引起公众较高关注度	可引起公众较低关注度
严重后果的潜在性	引起的死伤在较短时间和附近地点发生	引起的死伤在较长的间隔时段内发生
熟悉程度	陌生	熟悉
明白程度	对危机事件的发展或程序感到陌生	理解危机事件的发展或程序
风险程度的肯定	未能掌握	已经肯定
控制能力	缺乏	足够
风险暴露的可避免性	不可避免	可有选择
对儿童有明显影响	有	没有
影响的显现度	延迟	实时
影响下一代	有	没有
所产生的恐慌性	有	没有

续前表

因素	可引起公众较高关注度	可引起公众较低关注度
对负责企业的信心	低	高
受传媒的关注度	高	低
发生的记录	严重及屡有发生	轻微及甚少发生
受害者身份	可见	统计资料
承担分布	含糊	清晰
利益	有	无
后果的复原性	低	高
产生的成因	人为错误	天灾

资料来源：周成．如何制定企业危机管理计划．经济管理文摘，2003（12）．

第三，企业外的风险评估。一个企业的危机，不仅对本企业造成一定影响，而且会对企业的周边环境及其所在的社会环境造成一定的危害。在企业制定危机管理计划时，应该考虑到企业的危机可能对企业外的环境造成的危害，在对危害做出风险评估的同时，制定相应的应对措施。

（三）预防危机事件的措施

第一，制定预防危机事件的政策。企业的危机事件预防政策需体现企业控制危机事件发生的意向和决心，政策的主要作用是为实施预防危机事件的活动提供指导和方向，因此政策内容需做到简洁、明了、无歧义和易执行。

第二，成立安全及健康委员会。清楚地界定在危机管理过程中安全及健康委员会的责任和应发挥的功能，在日常的管理中，对安全委员会成员提供危机管理培训，使其在危机管理过程中能够真正发挥其作用。

第三，进行巡查和稽核。在企业的日常管理中，企业应设定专门的小组，对企业危机预防措施是否到位进行定期检查，以确定危机管理计划中有关危机事件预防的措施得到有效的实施。对这类专业小组，企业应挑选合适的人选，并给予必要的培训。

（四）应对危机事件的准备

第一，训练。详细列出企业参与危机管理过程的员工所必须参加的训练，并列出为了完成这些训练所需参加的课程名称。在完成以上过程后，需指派专业人员负责以上课程的培训、监督、检查及完成。

第二，演习。在完成企业危机管理计划后，企业应该定期安排有关危机事件处理的演习，以使得参与危机管理过程的员工和相关负责人能够熟悉处理流程和危机管理计划。同样，在制定危机管理计划时，应将危机事件处理的演习计划编入危机管理计划，并在计划中列出演习的次数和日期，让危机事件处理演习成为企业的日常活动之一。

第三，应变设施。列出处理危机事件所需要的应变设施，并定期对设施进行检查和维修，确保这些应变设施能够在危机事件处理过程中正常运转，并记录检查和维修的日期和操作过程。

第四，安保。企业在处理危机事件的过程中，安保措施同样是必不可少的，以避免企业陷入不必要的混乱并降低其他危险因素。因此，将危机处理过程中安保措施的安排列入计划书是十分必要的。在计划中应列出危机发生时安保人员的工作范围和内容，并将文件下发至安保负责人，使之熟悉这部分计划的内容，使安保人员能够在危机事件处理过程中真正发挥“安内”的作用。

第五，危机沟通策略。在危机沟通策略中，首先是确定企业对外的发言人。发言人必须具备良好的语言沟通能力和机敏的反应能力，熟悉企业及危机各方面的情况（详见表 18-2）。为防止发言人发生意外情况，企业应准备 3 名左右能随时与外界沟通的候补发言人。其次，企业应明确与企业员工和重要股东等内部人员的沟通方式，并让他们首先从企业而非媒体或熟人处得知危机的信息。最后，企业应列明对外沟通的对象，包括政府部门、媒体记者、消费者、供应商、经销商、中介机构和投保公司等，便于危机爆发后能第一时间与他们沟通信息或相互合作。同时，应确定对外信息沟通的渠道和统一口径，明确新闻发布会的举办时机及举办方式，确定新闻资料规范，建立经常被问问题（frequently asked questions）题库，注明不宜向外界披露的信息的范围，如产品原材料的配方、管理层的薪水等，以免在忙乱中向外界泄露企业机密。

表 18-2　危机发言人的任务及知识、技能要求

任务	知识	技能
面对镜头表现自然	理解准确传递信息的重要性	善于进行信息传递
有效回答有关提问	理解长时间停顿的危险性 掌握有效倾听的步骤 理解“无可奉告”的危险性 理解和记者争辩的危险性	迅速思考 善于倾听 轻易不说“无可奉告” 面对压力保持冷静
清楚表述危机信息	理解和专业术语有关的问题 理解回应的必要性	避免使用专业术语 组织回应
有效处理复杂问题	理解复杂问题的有关特点	有效识别和确认复杂问题 善于要求对方重复叙述问题 掌握处理复杂问题的技巧 对不准确信息提出质疑 对不能回答的问题说出理由 评价复合性问题回答的正确程度 善于应对复合性问题

资料来源：W. Timothy Coombs. Ongoing Crisis Communication：Planning，Managing and Responding. London，SAGE Publications，Inc.，1999，p. 65.

（五）危机事件的发现、警报和报告程序

第一，发现危机事件。及时发现危机事件能够为企业赢得宝贵的补救时间，也是危机管理流程的开始。因此，在计划书中应列出能够侦测危机事件的方法，其中包括侦测和警报系统、员工的工作报告、公共媒体的报道等。

第二，呈报危机事件。当工作人员发现危机事件后，应尽快将危机事件呈报给相关的负责人，以帮助危机管理负责人在第一时间对危机事件做出响应。在计划书中应列出危机

事件发生后，应呈报的部门、小组、管理者及相关政府部门的联络方式等，旨在第一时间触发危机管理系统。

第三，通知所有员工危机事件的发生。危机发生后，企业除了马上着手对危机事件做出响应外，还应承担起保护企业员工生命健康的责任，以及相应的社会责任（保护危机事件所波及的企业外部人员的生命健康及财产安全或及时配合相关政府部门采取保护措施）。在计划书中应列出通知企业全体员工、危机事件所波及的企业外部人员、相关政府部门的方法和相应的联络方式。

第四，疏散程序。在通知送达至指定的人员后，企业需马上采取一定的疏散措施。因此，在计划书中应制定疏散程序，以协助企业员工尽快撤离发生危险的现场。

（六）危机事件的应变程序

依据不同类型危机可能出现的情况，针对性地设定好相应的处理措施。确认危机发生后，即可按照事前确定的措施采取行动，以节约宝贵的危机处理时间。制定处理措施时，要特别重视第一步的行动，即首要事项的处理。例如，火灾发生以后，首先需要切断电源并报警；发生人身安全事故以后，首先需要紧急止血或进行人工呼吸等。

（七）关闭设施的指引

这部分计划主要包括：第一，列明在何种情况下须关闭企业的何种设备和系统；第二，关闭这些系统和设备的步骤以及检查是否关闭的方法或步骤；第三，对执行关闭以上设备和系统的员工提供必要的训练和指导；第四，为执行关闭以上设备和系统的员工的安全撤离提供适当的安全措施。

（八）终止危机事件的处理程序

第一，恢复企业的正常运作。此步骤旨在帮助企业尽快恢复正常生产和运作，减少企业损失。因此，在计划中应列出负责执行此步骤的员工及其职责。

第二，文件记录。所有的危机事件都必须记录清楚，为日后的法律诉讼及责任追究提供依据。在危机爆发之后，应确定专人负责记录危机的发展过程，包括时间、地点、人物、进展等。记录的工具不仅限于笔和纸，还包括照相机和摄像设备等，必要的时候，可请公正的第三方机构现场勘查。在计划书中应清楚列出资料收集和文件填报人员的职责。

第三，危机事件调查。事后的调查有助于找出导致危机事件的根本原因，使得企业能够据此制定有效的改善措施，防范类似危机的再次发生。在计划书中应清楚列出调查危机事件的程序、事件调查相关的负责人员的职责以及调查结果的呈现方式和汇总方式。

第四，损失的点算。此步骤的目的在于帮助企业点算资源和设备的损失。在计划书中，应明确指出负责此工作的人员及其工作职责，并提供必要的指导。

第五，危机事件的善后工作。善后工作包括：一方面，找出是否还有尚未处理的危险情况（若有则尽快处理），以防留有后患；另一方面，检讨在执行危机管理过程中是否有不完善的地方（若有则尽快改进），以完善企业管理。

（九）附录

附录的主要内容为危机管理计划中的其他相关资料，主要包括：（1）企业楼层平面

图：用于显示设备、应急设施及物资的布局，便于资源的调配；（2）紧急联络电话：列出危机中可能涉及的政府机构或相关部门的联系方式；（3）资源补给清单：能够为企业提供人力、物力的企业的名称和联系方式，使得企业能够尽快获得所需的补给；（4）危机事件程序表：危机处理人员的姓名、责权、联系方式等，以便企业能在最短时间内展开危机管理工作。针对不同的企业，附录的内容会有所不同。

第 3 节　危机处理

一、危机处理的内涵

危机处理是指当企业处在危机爆发和持续阶段时，对危机进行有效管理，使其转危为安，甚至转危为机，实现动态突破的过程，是危机管理的重要组成部分。企业在危机处理中的表现对企业危机管理的成败具有决定性的作用，由于不同企业采取的方法不尽相同，因此危机对企业的影响也有很大的差异。企业面对危机时如果处理不当不仅会破坏消费者对企业的信任，降低消费者购买意愿，损害企业声誉与形象，同时还会对利益相关者造成连带影响，甚至引发行业危机。例如，2008 年三鹿奶粉“三聚氰胺”事件爆发后，由于危机处理不当，导致三鹿集团破产，甚至引发了消费者对乳制品行业产品安全的普遍质疑。反之，如果企业采取的应对措施得当，妥善处理与利益相关者的关系，有效控制和消除危机因素，不仅可以化解危机，避免或减少企业财产损失，甚至可以化“危”为“机”，变不利为有利。

二、危机处理的步骤

一般而言，企业危机处理包括七个步骤。

（一）建立危机处理机构

危机爆发后，应按照危机种类对应的危机管理计划要求，迅速组建包括企业高管、相关职能部门负责人乃至外部专家顾问在内的危机处理小组，并明确危机处理小组成员的职责、权限和联络渠道等。如果企业没有制定过危机管理计划，则应参考同一行业其他企业的以往经验或比照类似危机的情况，组成危机处理小组；在选配处理小组成员时，应特别关注人员的知识背景和素质技能的合理匹配，以保证危机处理小组具备较强的专业性和综合素质。成立危机处理小组之后，应当首先确定团队负责人，即首席危机官，以及危机处理期内的对外发言人。首席危机官和对外发言人可以由一人担任，也可以由不同的人担任。

（二）表明危机处理的诚恳态度

危机处理小组应尽快对公众表明企业对危机处理的认真积极态度，以减少相关利益人的恐惧和忧虑。企业应当表明，即便危机发生的原因、危害性高低和影响范围等都不明晰，但本企业一定会本着负责、诚恳的态度着手危机调查和采取措施，尽快给公众满意的答复，并对受害人表示同情和慰问。为了避免企业日后的危机处理工作陷入被动，在事态的走向还不明朗时，企业对外的表态应注重表明诚恳的态度，尽量避免拘泥于细节。

（三）着手危机调查与评估

公开表达企业危机处理态度的同时，危机管理小组须迅速展开危机调查工作，以了解危机的事实真相。全面细致的危机调查和危机评估是制定有效的危机处理方案的基础。调查的重点包括：了解危机发生的详细经过；了解危机的受害者及受害情况；查明导致危机爆发的原因等。危机调查后，要对危机对企业和相关利益人造成的损失大小、危机蔓延的概率、危机对企业未来发展的影响、公众媒体对危机的态度等进行详细评估。

（四）制定危机处理方案

若已经制定过对应类型的危机管理计划，企业应结合危机调查与危机评估的成果，按照危机管理计划的要求，制定出具体的危机处理方案；同时，根据危机的特殊情况，企业可对计划内容做出微调。若遇到尚未制定危机管理计划的危机，危机处理小组应根据危机调查与评估的结果，尽快制定危机处理方案。危机处理方案的主要内容包括：确定危机处理的目标和原则；选择危机处理的策略；制定对受害者的赔偿措施；明确危机沟通的对象、方式、策略；明确危机的恢复策略；确保危机处理所必需的人、财、物资源。

（五）实施危机处理方案

根据危机处理方案的具体要求和时间安排，危机处理机构成员分头实施危机处理方案。如果危机没有被媒体公开，危机处理的重心应当是控制事件的负面影响；这时，企业须在合理合法的条件下，尽快同受害者沟通协商、达成协议，以较小的损失换取危机的迅速解决，以免事态扩大，给企业名誉带来更大损失。如果危机已为公众所知并引发较大范围的影响，危机处理的重心应当放在转变公众态度上。为此，企业须在妥善处理好危机事件本身的前提下，强化与公众的沟通；尤其应做好媒体公关工作，使媒体确知事实原委，促使媒体以更加公正、客观的态度评述危机，以维护好企业自身的形象。

（六）对危机处理结果进行评估与总结

危机得到基本缓解后，企业须展开危机处理结果的评估，评估的内容有：危机的发现和报告是否及时？危机处理的基本目标是否达到？危机处理小组的工作效率如何？危机处理策略的选择是否合理？危机受害者是否得到有效安抚？危机沟通策略是否合适？危机沟通是否及时、准确？危机处理中人、财、物是否有足够的保证？危机处理措施是否负面影响企业日常的经营管理？通过评估，企业能总结危机处理的经验，并发现危机处理过程中的缺陷和不足。在危机处理工作中，企业管理者还会注意到一些平时没有察觉或未加以关注的问题。这些问题有的是制度层面的，有的是人为因素方面的，都是在日常工作中未曾察觉，危机爆发后才逐渐显露出来。这些问题的具体分析将为企业日后的管理工作提供借鉴，从而完善企业内部管理工作。依据危机处理评估结果，危机管理小组应出具书面的危机处理总结报告，并呈交给董事会。在必要的情况下，应通过媒体向外部公众公布危机处理结果。

（七）做好危机处理的善后工作

前六步的危机处理工作主要解决了危机发生后“救火”的问题。为使企业尽快摆脱危机的阴影，早日恢复日常经营工作，企业还需做好危机处理的善后工作。

第一，尽快消除危机的消极影响。一方面，企业要开展有较大影响力的公关活动，创建良性的公关气氛，用实际举措展现企业重整旗鼓的决心，表达对公众支持与帮助的期望，从而逐步恢复企业外部形象，减少不利于企业发展的舆论声音；另一方面，企业需要努力消除危机可能对员工、股东等内部公众所造成的心理影响，以鼓舞员工的士气，获得股东的大力支持。

第二，进一步提高危机管理技能。企业必须从危机中吸取教训和经验，可以将危机过程制作成生动形象的案例，用以辅助危机管理教育，来增强员工的危机意识和提升员工的危机管理技能。如果危机爆发前企业尚未制定危机管理计划，则应把此次危机作为深刻的教训；与此同时，正所谓有备无患，企业应即刻着手制定系统的危机管理计划，对危机管理工作进行制度化安排。

第三，改进管理制度，减少管理漏洞。对于危机处理进程中凸显的内部管理问题，企业必须大力改进和调整相关制度，以避免类似的危机再次上演。

三、危机处理的注意事项

在危机处理过程中，企业必须注意一些事项，以免增加损失，陷入难以为继的困境。

（一）尽快确认危机

在危机管理的失败案例中，不少企业失败的原因在于：当危机发生以后，企业没有认识到问题的严重性，并不觉得危机已经发生，以致贻误最佳的危机处理时机。造成危机确认延误的原因包括：第一，企业预警机制出现障碍，未及时给出危机预警提示；第二，企业组织结构混乱，信息传递不畅、速度缓慢，危机相关信息未能及时传送到危机管理者处；第三，一线员工害怕承担责任，对危机信息隐瞒不报；第四，企业高层管理者的危机意识淡薄，缺乏警惕性，对收到的有关危机信息不以为然，没有引起足够的重视。为了以最快的速度控制并解决危机，企业必须在第一时间对业已发生的危机进行确认。

（二）确保冷静决策

面对突如其来的危机，企业高层管理者不能受公众激愤的情绪的影响，切不可惊慌失措，乱了分寸，而应镇定自若，保持清醒的头脑，沉着面对现实，迅速组织人员查清危机的真正缘由，准确地弄清楚危机的性质、趋势及后果，找到解决危机的有效办法，果敢地做出决策。镇定沉着的心态能帮助危机管理者从全局的角度认识问题，把危机处理策略与企业未来的长远发展联系起来，而非孤立地看待危机事件，用“头痛医头，脚痛医脚”的方式处理危机。IBM在处理千年虫问题上的做法值得借鉴。自1993年接任IBM的CEO之后，郭士纳将处理千年虫的重新编程看成是一次绝好的内部重新整合的机会，成功地将IBM从技术型、硬件型、大型主机型计算机企业转变为服务型、软件型、系统整合型的信息效能企业，并使IBM从亏损转变为盈利。

（三）迅速做出反应

久拖不决是危机处理的大忌。危机爆发后，随着公众媒体的报道，企业通常会陷入舆论的指责声中。此时，企业须意识到，唯有诚恳、负责任的态度才能缓解或消除危机的负面影响，高傲、轻慢或相互推诿的做法只会引起大众更强烈的不满。因而，企业应当给予诚恳的处理危机的表态，尽快就事实真相展开调查；明确自身责任后，以快刀斩乱麻的凌厉手段，在短时间内给公众一个满意的答复。否则，不但会对企业声誉造成损害，而且给竞争对手以可乘之机。

（四）有重点地采取行动

由于危机发生后企业的反应时间和可用资源较为有限，企业如果采取“撒胡椒面”的策略，平均地使用力量，将不利于抓住危机中的主要矛盾，导致重大的损失。因而，危机反应措施应有轻重缓急之分，先处理危害大、事态紧急的问题，再处理其他问题。通常来说，企业应首先开展帮助危机受害者救治病情、阻止危机进一步扩大、向公众澄清事实真相等急迫事务。

（五）主动纠正错误、赔偿损失

发生的危机，尤其是发生的重大责任事故，致使大众利益受到损害之时，企业应采取妥当的善后处理方式，尽快弥补错误，赔偿受害者的物质和精神损失：第一，迅速改正错误，采取有力的方法纠正过失。不惜代价召回有问题的产品，关闭引起污染和安全问题的生产线，以表达企业解决问题的决心；第二，第一时间在媒体上刊登道歉信，或直接上门，对受害者及其家人给予安抚和慰问，争取社会公众的谅解；第三，对受害者及其家人给予相应的物质补偿。

（六）积极运用外部专家

在危机处理工作中，外部专家或顾问的参与可起到如下作用：第一，弥补企业在专业技能和工作经验上的不足；第二，在与公众进行沟通的过程中，外部专家由于其特殊的身份，具有较强的权威性和公正性，更容易取得公众的信任；第三，外部专家或顾问与本企业没有利益纠葛，对危机的态度较为客观、全面。尤其是企业的危机管理遭遇重大障碍的时候，外部专家或顾问的利用往往能取得“山重水复疑无路，柳暗花明又一村”的效果。如果忽视运用外部专家的优势，企业可能由于经验和能力不足而决策缓慢、执行不到位，导致处理过程中的失误。

（七）重视政府部门和社会中介组织的作用

政府部门的权威是任何其他机构或个人所难以比拟的。危机爆发后，公众期望了解危机实情，尤其是企业被公众质疑时，政府机构凭借其权威和公正性可以帮助企业澄清事实，让公众了解到事实真相。不少企业在危机发生以后，没有认识到政府机构的重要作用，不主动寻求政府的帮助，使企业被动承受危机处理中的焦虑。更有甚者，一些企业在危机发生以后，不注意配合政府部门开展工作，给企业形象及企业的可持续发展造成极为不利的影响。行业协会、消费者协会、环保机构等组织具有较强的公信力，为公众所认可。在危机处理过程中，充分利用这些社会中介组织的力量，可以有效地帮助企业扭转不利的舆论环境，对于企业重塑良好的形象非常有帮助。

➡ 思考题

1. 什么是危机和危机管理？请根据自己的理解进行概括。
2. 企业危机的类型有哪些？
3. 危机管理的意义有哪些？
4. 什么是危机预防？其主要内容有哪些？
5. 如何培养企业的危机意识？
6. 危机预控的策略有哪些？试比较各自的特点。
7. 简述危机处理的基本步骤。
8. 结合你印象最深刻的中国企业危机事件，运用本章所学知识，谈谈你对该事件的认识。

➡ 课后案例讨论

埃克森公司油轮漏油事件

埃克森（Exxon）是著名的大型跨国石油公司，在美国《财富》杂志评选的美国 500 家最大规模的公司名单中，它排第三位，仅次于通用汽车公司和福特汽车公司，其石油生产和销售业绩高居美国国内石油公司之首。但是，1989 年的油轮石油泄漏危机，却让埃克森公司遭受了巨大的经济和外部形象损失。

1989 年 3 月 24 日晚上 9 时，埃克森公司拥有的一艘仅下水 3 年、配备现代化仪器的瓦尔迪兹号（Valdez）油轮在阿拉斯加的威廉王子海峡触礁。事件导致总共有 1 100 万加仑石油泄漏。

威廉王子海峡地处美加交界处，海水湛蓝，沿岸林木茂盛，是大量海鸟、成群的海生动物的栖息地。大量泄漏的石油很快形成一条宽约 1 千米、长约 8 千米的油带。洁净的生态系统被严重污染，临近海区的渔业受影响极大，出现了有史以来最惨重的一次环境灾难：25 万只海鸟、2 000 多只海獭和至少 22 只鲸死亡。

然而，如此重大的漏油事件，并未引起埃克森公司的高度重视。起初，公司派埃克森运输分公司的总经理弗兰克·亚罗西（Frank Iarossi）赶赴现场；之后，又派埃克森美国公司的负责人威廉·史蒂文斯（William Stevens）前往威廉王子海峡。

尽管漏油事件的后果显而易见，但埃克森发言人却认为损失不大。埃克森不仅没有全面彻查泄漏原因，也没有采取有效的方法来清除泄漏的石油；与当地政府也缺乏充分的沟通，这导致受污面积继续扩大。

埃克森公司不负责任的行为触怒了加拿大和美国两国政府、环境保护机构和新闻媒体。它们联合起来发起了一场“反埃克森运动”，指责埃克森公司恶劣的行为，认为埃克森想要在这一事件中蒙混过关。此事很快惊动了时任美国总统布什。3 月 28 日，布什命令组建由运输部部长、环保署署长和海岸警卫队总指挥负责的特别工作小组，要求特别工作小组立即开展事故调查。

调查结果表明，这起恶性的漏油事件是因为船长约瑟夫·黑兹尔伍德（Joseph Hazelwood）饮酒过量，擅离职守，让缺乏经验的三副代为指挥造成的。调查结果一经公布，舆论哗然。

直到事故发生3周以后，埃克森公司总裁劳伦斯·罗尔（Lawrence Rawl）才乘坐飞机前往现场。由于行动迟缓，罗尔受到了媒体、美国国会议员乃至公司股东的抨击。《时代》杂志对此评论道："由于公司近年来故步自封，所以它没有为公众的敌对情绪做好充分的准备工作。过分强调节省成本，将决策推给下层实施，而罗尔先生却很少与媒体、安全分析师或商业机构沟通。"

在各方的声讨声中，埃克森公司不得不花重金聘用专业人员用高压水龙、蒸汽冲洗海滩，甚至人工刷洗巨大的岩石。但是，由于阿拉斯加此时的天气极为寒冷，埃克森公司的清洗进程十分缓慢。埃克森公司也为此付出了20亿美元的清理费。

更糟糕的是，埃克森公司的公众形象一落千丈，民众开始把埃克森视为一家傲慢无礼、自私自利的公司。美国和西欧的不少公司客户宣布弃用埃克森的产品，转而购买埃克森的竞争对手皇家壳牌石油公司的产品。一些消费者甚至撕碎了手中的埃克森公司的信用卡，将碎片邮寄到罗尔的办公室。

不仅如此，阿拉斯加一个陪审团裁定埃克森应支付50亿美元的罚款，以赔偿漏油造成的损失。埃克森公司认为处罚过重，并提出申诉。美国第九法庭巡回区申诉法庭受理了申诉请求，并于2001年11月宣布，埃克森公司应当为漏油事故承担责任，但50亿美元罚金过多；联邦法院裁决，由1999年合并后的埃克森-美孚石油公司为该事故承担40亿美元的罚金。

2009年，埃克森·瓦尔迪兹号石油泄漏信托委员会发布报告，认为该事件遗留下"灾难性环境后果"。阿拉斯加地区一度繁盛的鲱鱼产业在1993年彻底崩溃，迄今仍未恢复；大马哈鱼种群数量始终处于相当低的水平；在这一区域栖息的小型虎鲸群体濒临灭绝。美国南亚拉巴马大学社会学教授史蒂夫·皮库则发现，尽管已过去20多年，这起事故遗留给阿拉斯加农业、渔业和社区环境的负面社会和精神影响依然存在。

资料来源：刘刚．危机管理．北京，中国经济出版社，2004；刘伯宁．墨西哥湾漏油事件：没有吸取教训的悲剧．南方周末，2010-07-01；李奎武．从埃克森公司油轮漏油事件看企业危机管理．北京石油管理干部学院学报，2013（2）．

结合案例内容，回答以下问题

1. 油轮漏油事件发生之后，埃克森公司在危机处理方面出现了哪些问题？
2. 如果你是埃克森公司的负责人，会如何处理这一危机？

参考文献

[1] Alderfer C P. An Empirical Test of A New Theory of Human Needs. Organizational Behavior and Human Performance. 1969, 4 (2).

[2] Alderfer C P. Existence, Relatedness, and Growth: Human Needs in Organizational Settings. New York, Free Press, 1972.

[3] Ansoff I. Corporate Strategy. Teaching Business & Economics. 1965 (3).

[4] Bass B M. From Transactional to Transformational Leadership: Learning to Share the Vision. Organizational Dynamics, 1991, 18 (3).

[5] Baumol W J. Business Behaviour, Value and Growth. New York, 1959.

[6] Blake R R, Mouton J S. The Management Grid. Houston, TX: Gulf, 1964.

[7] Bowen H R. Social Responsibilities of the Businessman. University of Iowa Press (Reprint), 2013.

[8] Burns J M. Transactional and Transforming Leadership. In "Leading Organizations", Sage Publications, Thousand Oaks, CA, 1998.

[9] Carroll A. A Three-Dimensional Conceptual Model of Corporate Performance. Academy of Management Review, 1979, 4 (4).

[10] Carroll A. The Pyramid of Corporate Social Responsibility: Toward the Moral Management of Organizational Stakeholders. Business Horizons, 1991.

[11] Chandler A D, Jr. Strategy and Structure: Chapters in the History of the American Industrial Enterprise. Cambridge, MA: MIT Press, 1962.

[12] Charles H F. International Crises: Insights from Behavioral Research. New York: Free Press, 1972.

[13] Coombs W T. Ongoing Crisis Communication: Planning, Managing and Responding. London: Sage Publications, 1999.

[14] Doran G T. There is a S. M. A. R. T. Way to Write Management's Goals and Objectives. Management Review（AMA FORUM），1981，70（11）.

[15] Eisenberger R，Huntington R，Hutchison S，Sowa D. Perceived Organizational Support. Journal of Applied Psychology，1986（71）.

[16] Fiedler F E. A Theory of Leadership Effectiveness. New York McGraw Hill，1967.

[17] Frederick H，Bernard M，Barbara S B. The Motivation to Work（2nd ed.）. New York，John Wiley and Sons，1959.

[18] Freeman R E. Strategic Management：Stakeholder Approach. Pitman Publishing Inc.，1984.

[19] Friedman M. The Social Responsibility of Business is to Increase its Profit. New York Times Magazine，1970（9）.

[20] Herbert A. Simon. Administrative Behavior：A Study of Decision-Making Processes in Administrative Organization（4th ed.）. The Free Press，1997.

[21] Hersey P，Blanchard K H. So You Want to Know Your Leadership Style? Training & Development Journal，1974（2）.

[22] Hofstede G. Culture and Organizations. International Studies of Management & Organization，1980.

[23] Hofstede G. Culture's Consequences：International Differences in Work-Related Values. Sage Publications，1984.

[24] House R J. A Path Goal Theory of Leader Effectiveness. Admini Science Quarterly，1971.

[25] Kahn R L，Katz D. Leadership Practices in Relation to Productivity and Morale. Institute for Social Research，University of Michigan，1952.

[26] Kirkpatick S A，Locke E A. Leadership：Do Traits Matter? The Executive，1991，5（2）.

[27] Lerbinger O. The Crisis Manager：Facing Risk and Responsibility. New Jersey，Lawrence Erlubaum Associates，1997.

[28] Lewin K. Frontiers of Group Dynamics. Human Relations，1947（1）.

[29] Lewin K，Lippitt R. An Experimental Approach to the Study of Autocracy and Democracy：A Preliminary Note. Sociometry，1938（1）.

[30] Lindsay N J，Craig J A. Framework for Understanding Opportunity Recognition：Entrepreneurship versus Private Equity Financiers. Journal of Private Equity，2002（6）.

[31] Locke E. Motivation through Conscious Goal Setting. Applied and Preventive Psychology，1996，5（2）.

[32] Locke E. Motivation by Goal Setting. In Golembiewski，Robert T. Handbook of Organizational Behavior（2nd ed.）. New York：Marcel Dekker，2001.

[33] Maslow A H. A Theory of Human Motivation. Psychological Review，1943，50（4）.

[34] Maslow A H. Motivation and Personality. Harper，1954.

[35] McClelland D C. The Achieving Society. Free Press，New York，1961.

[36] McGregor D. The Human Side of Enterprise. New York，McGrawHill，1960.

[37] Metcalf H C，Urwick L. Dynamic Administration：The Collected Papers of Mary Parker Follett. American Journal of Nursing，1943，43 (5).

[38] Mitroff I I，Pearson C M. Crisis Management：Diagnostic Guide for Improving Your Organization's Crisis-Preparedness. New York，Jossey-Bass Inc.，1993.

[39] Moller C. Next-Generation ERP. Encyclopedia of Information Science & Technology. First Edition，2000.

[40] Pamela S T，Richard H. Organizations：Structures，Processes and Outcomes (10th ed.). Prentice-Hall，2008.

[41] Pearson C M，Clair J A. Reframing Crisis Management. Academy of Management Review，1998，23 (1).

[42] Prahalad C K，Hamel G. The Core Competence of Corporation. Harvard Business Review，1990，68 (3).

[43] Sheldon O. The Philosophy of Management. New York：Routledge (Reprint)，2003.

[44] Skinner B F. The Behavior of Organisms：An Experimental Analysis. Cambridge，Massachusetts：B. F. Skinner Foundation，1938.

[45] Stogdill R M. Personal Factors Associated with Leadership：A Survey of the Literature. Journal of Psychology Interdisciplinary & Applied，2010，25 (1).

[46] Tannenbaum R，Schmidt W H. How to Choose a Leadership Pattern. Harvard Business Review，1958 (36).

[47] Taylor F W. The Principles of Scientific Management. New York：Harper Bros.，1911.

[48] Vroom V H. Work and Motivation. Wiley，New York，1964.

[49] Weber M. The Theory of Social and Economic Organization. New York：the Free Press，1947.

[50] 阿尔弗雷德·马歇尔．经济学原理：上卷．北京：商务印书馆，1964.

[51] 阿奇·卡罗尔，安·巴克霍尔茨．企业与社会：伦理与利益相关者管理．北京：机械工业出版社，2004.

[52] 安立仁．管理理论前沿专题．北京：中国经济出版社，2014.

[53] 安索夫．新公司战略．成都：西南财经大学出版社，2009.

[54] 鲍勇剑，陈百助．危机管理：当最坏的情况发生时．上海：复旦大学出版社，2003.

[55] 彼得·德鲁克．管理的实践．北京：机械工业出版社，2006.

[56] 彼得·德鲁克．管理未来．北京：机械工业出版社，2009.

[57] 彼得·德鲁克．卓有成效的管理者．北京：机械工业出版社，2009.

[58] 彼得·圣吉．第五项修炼：学习型组织的艺术与实践．北京：中信出版社，2009.

[59] 边俊杰，王欣，曾国华，等．管理能力．厦门：厦门大学出版社，2014.

[60] 柏拉图．理想国．北京：商务印书馆，1986.

[61] 曹旭．提升企业领导力的有效途径与方法．管理学家（学术版）.2014（1）.

[62] 陈传明，周小虎．管理学原理.2版．北京：机械工业出版社，2012.

[63] 陈的非．企业员工招聘的途径和方法探析．人力资源管理（学术版），2010（3）.

[64] 陈丽琳．“文化人”的基本假设奠定了企业文化管理理论．西南民族大学学报（人文社科版），2006（9）.

[65] 陈明，余来文，曾国华．管理技能．福州：福建人民出版社，2013.

[66] 陈啸．浅议我国企业情感管理的对策．生产力研究，2010（7）.

[67] 陈晓红．目标管理与自我控制．管理学家（学术版），2013（8）.

[68] 达夫特，马西克．管理学原理：英文版·原书第6版．北京：机械工业出版社，2010.

[69] 戴国良．图解管理学.2版．北京：电子工业出版社，2014.

[70] 戴维·奥斯本，特德·盖布勒．改革政府：企业家精神如何改革着公共部门．上海：上海译文出版社，2013.

[71] 丹尼尔·雷恩．管理思想的演变．北京：中国社会科学出版社，1986.

[72] 董玉芳，曹威麟．企业管理沟通模式设计：基于科学管理和行为科学管理思想的研究．经济问题，2006（10）.

[73] 杜云月，蔡香梅．企业核心竞争力研究综述．经济纵横，2002（3）.

[74] 段文，刘善仕，等．国外企业社会责任研究述评．华南理工大学学报（社会科学版），2007（3）.

[75] 段锡高．企业文化礼仪的类型与作用．工厂管理，1998（1）.

[76] 段云龙，等．创新型企业持续创新机遇的动态识别机制研究．中国科技论坛，2014（6）.

[77] 方振邦．管理学基础.3版．北京：中国人民大学出版社，2016.

[78] 弗雷德里克·泰勒．科学管理原理．北京：机械工业出版社，2007.

[79] 弗雷德里克·泰勒．科学管理原理．北京：北京理工大学出版社，2012.

[80] 弗里德里希·李斯特．政治经济学的国民体系．北京：商务印书馆，1961.

[81] 高鸿业．西方经济学．微观部分.5版．北京：中国人民大学出版社，2011.

[82] 龚道明．新形势下企业员工解聘探析．中国商贸，2010（2）.

[83] 哈罗德·孔茨，等．管理学：国际化与领导力的视角：精要版第9版．北京：中国人民大学出版社，2014.

[84] 哈罗德·孔茨，海因茨·韦里克．管理学：第9版．北京：经济科学出版社，1993.

[85] 海因茨·韦里克，等．管理学：全球化与创业视角：第14版．北京，经济科学出版社，2015.

[86] 韩卫群，刘炫，黄金火．管理学原理．2版．南京：南京大学出版社，2018.

[87] 赫伯特· 西蒙．管理行为．北京，机械工业出版社，2013.

[88] 赫伯特·西蒙．管理行为：管理组织决策过程的研究．北京：北京经济学院出版社，1988.

[89] 贺正楚，李自如，全裕吉．企业危机及企业危机管理．湖南师范大学社会科学学报，2003 (3).

[90] 亨利·法约尔．工业管理与一般管理．北京：北京理工大学出版社，2014.

[91] 亨利·法约尔．工业管理与一般管理．北京：机械工业出版社，2007.

[92] 亨利·明茨伯格．经理工作的性质．北京：中国社会科学出版社，1986.

[93] 胡百精．危机传播管理．北京：中国传媒大学出版社，2005.

[94] 黄明波．论预防企业危机对策模式．商业经济，2006 (6).

[95] 黄玮．浅谈如何设计企业的员工考核制度．煤炭经济研究，2001 (1).

[96] 黄群慧，余菁，王欣，等．新时期中国员工持股制度研究．中国工业经济，2014 (7).

[97] 霍胜男．企业目标管理的基本问题研究．企业经济，2013 (3).

[98] 加里·德斯勒．管理学精要：第2版．北京：中国人民大学出版社，2004.

[99] 蒋恩尧，吴俊．企业的危机预防．商业研究，2002 (6).

[100] 姜伟东，叶宏伟．学习型组织：提升组织的学习力．南京：东南大学出版社，2003.

[101] 焦叔斌，杨文士．管理学．4版．北京：中国人民大学出版社，2014.

[102] 卡尔·夏皮罗，哈尔·瓦里安．信息规则：网络经济的策略指导．北京：中国人民大学出版社，2000.

[103] 卡伦·布朗，南希·海尔．项目管理：基于团队的方法．北京：机械工业出版社，2014.

[104] 克莱顿·克里斯坦森．创新者的窘境．北京：中信出版社，2010.

[105] 克里斯托弗·阿川，罗伯特·罗瑟尔．卓越领导力：理论、应用与技能开发：第4版．北京：清华大学出版社，2010.

[106] 凯瑟琳·巴特尔，等．管理学：第5版．南京：南京大学出版社，2009.

[107] 莱斯利·鲁，等．管理学：技能与应用：第13版．北京：北京大学出版社，2013.

[108] 兰杰·古拉蒂，安东尼·梅奥，尼汀·诺里亚．管理学．北京：机械工业出版社，2014.

[109] 李继红．中国企业走出危机管理误区的对策思考．齐鲁学刊，2005 (2).

[110] 李秀峰，白洁．领导力与领导伦理研究．领导科学，2013 (11).

[111] 黎红雷．中国管理智慧教程．北京：人民出版社，2006.

[112] 连玉明．学习型人才．北京：中国时代经济出版社，2003.

[113] 林志扬，陈福添，木志荣．管理学原理．5版．厦门：厦门大学出版社，2018.

[114] 刘刚．人本管理的理论基础及人性假设．南昌航空工业学院学报（社会科学

版），2004（2）.

[115] 刘刚．危机管理．北京：中国人民大学出版社，2013.

[116] 刘刚．中国传统文化与企业管理：基于利益相关者理论的视角．2版．北京：中国人民大学出版社，2015.

[117] 刘军衔．企业员工招聘风险分析及其防范研究．经营管理者，2013（2）.

[118] 刘仁辉，安实．面对突发事件企业应急管理策略．管理世界，2008（5）.

[119] 刘欣．人本管理对现代企业发展的影响．山西财经大学学报，2011（S1）.

[120] 路易斯·戈麦斯-梅西亚，戴维·鲍尔金，罗伯特·卡迪．管理学：原理、案例与实践：第3版．北京：人民邮电出版社，2009.

[121] 陆剑清．决策之道：我国企业经营决策探析．上海商业，2005（5）.

[122] 罗伯特·希斯．危机管理．北京：中信出版社，2001.

[123] 罗长武，郑文力．人员配备与岗位目标实现．中国人力资源开发，2004（5）.

[124] 马孟丽，邹白露．浅析我国互联网企业如何实现人本管理：以Google（谷歌）为例．中国集体经济，2011（19）.

[125] 马建新．有效领导力的构成及提升途径．理论界，2007（1）.

[126] 迈克尔·波特．竞争战略．北京：华夏出版社，2003.

[127] 迈克尔·哈默，詹姆斯·钱皮．企业再造．上海：上海译文出版社，2007.

[128] 迈克尔·希特，杜安·爱尔兰，罗伯特·霍斯基森．战略管理：概念与案例：第12版．北京：中国人民大学出版社，2017.

[129] 麦格雷戈．企业的人性面．北京：中国人民大学出版社，2008.

[130] 孟英玉，张桂英．管理理论与实务．北京：北京大学出版社，2008.

[131] 尼克·李森．我是如何弄垮巴林银行的．北京：中国经济出版社，1996.

[132] 诺曼·奥古斯丁，等．危机管理．北京：中国人民大学出版社，2001.

[133] 欧阳效辉．信息产品的版式定价策略．中国石油大学学报（社会科学版），2004（1）.

[134] 彭光灿．关于人性假设与管理理论发展关系之思考．学术论坛，2013（3）.

[135] 普华永道变革整合小组．管理悖论：高绩效公司的管理革新．北京：经济日报出版社，2002.

[136] 祁凡骅．领导学：理念、行为与艺术．北京：中国人民大学出版社，2012.

[137] 乔恩·豪威尔，丹·科斯特利．有效领导力．北京：机械工业出版社，2003.

[138] 切斯特·巴纳德．组织与管理．北京：北京理工大学出版社，2014.

[139] 切斯特·巴纳德．经理的职能．北京：北京理工大学出版社，2014.

[140] 邱羚，秦迎林．组织行为学案例集．北京：清华大学出版社，2014.

[141] 让·萨伊．政治经济学概论．北京：商务印书馆，1963.

[142] 闪四清．管理信息系统教程．2版．北京：清华大学出版社，2007.

[143] 单凤儒．管理学基础．6版．北京：高等教育出版社，2017.

[144] 佘丛国，席酉民．我国企业预警研究理论综述．预测，2003（2）.

[145] 施秀芬，李晓栋．谷歌 家庭式办公．华人世界，2008（10）.

[146] 斯蒂芬·罗宾斯，玛丽·库尔特．管理学：第13版．北京：中国人民大学出版社，2017.

[147] 史蒂芬·柯维．高效能人士的七个习惯．北京：中国青年出版社，2002.

[148] 苏国勋．理性化及其限制：韦伯思想引论．上海：上海人民出版社，1988.

[149] 孙彩，曲世友，孙凯．对危机管理的原则及程序的探讨．科技与管理，2002 (4).

[150] 唐旭东．论权变学派：创建权变学派基本理论框架的三维模型．管理世界，1987 (6).

[151] 田志龙，等．跨国公司中中国员工面临的跨文化沟通挑战与应对策略．管理学报，2013 (7).

[152] 理查德·斯科特，杰拉尔德·戴维斯．组织理论：理性、自然与开放系统的视角．北京：中国人民大学出版社，2011.

[153] 王建民．管理学原理．3版．北京：北京大学出版社，2015.

[154] 王睢，曾涛．开放式创新：基于价值创新的认知性框架．南开管理评论，2011 (2).

[155] 王相平．现代企业员工招聘对策．中国市场，2006 (23).

[156] 王晓欣，邵帅．管理学原理与实践．北京：人民邮电出版社，2017.

[157] 王溢涵．管理学研究方法：基于人的特殊性视角．企业经济，2011 (3).

[158] 汪林，储小平，黄嘉欣，陈戈．与高层领导的关系对经理人“谏言”的影响机制：来自本土家族企业的经验证据．管理世界，2010 (5).

[159] 威廉·大内．Z理论：美国企业界怎样迎接日本的挑战．北京：中国社会科学出版社，1984.

[160] 威廉·配第．配第经济著作选集．北京：商务印书馆，1981.

[161] 魏翔．西方弹性工作制研究述评及其新进展探析．外国经济与管理，2008 (12).

[162] 伍晓奕．基于危机管理的员工援助计划研究述评．外国经济与管理，2010，32 (10).

[163] 吴照云，等．管理学．6版．北京：中国社会科学出版社，2011.

[164] 西奥多·舒尔茨．人力资本投资：教育和研究的作用．北京：商务印书馆，1990.

[165] 向刚，可星．论企业持续创新过程的制度创新与制度环境．经济问题探索，2001 (11).

[166] 肖岚．内部控制构建过程中的沟通模式探讨．企业经济，2014 (6).

[167] 谢辉．网金的魅惑：解码互联网金融．上海：东方出版中心，2014.

[168] 辛枫冬，刘建准．管理学原理．北京：经济科学出版社，2014.

[169] 徐二明．企业战略管理．北京：中国经济出版社，2002.

[170] 徐飞．战略管理．2版．北京：中国人民大学出版社，2013.

[171] 许淑君．运营管理．北京：中国人民大学出版社，2013.

[172] 亚当·斯密．国民财富的性质和原因的研究：上卷．北京：商务印书馆，1972.

[173] 亚伯拉罕·马斯洛．人本管理．西安：陕西师范大学出版社，2010.

[174] 杨俊青，兰丕武，蔺哲，等．管理学通论．北京：经济科学出版社，2008.

[175] 杨树波，尤丽．有效管理沟通在企业中的作用及实现途径分析．现代营销，2013（4).

[176] 杨文婧．现代企业管理沟通问题及对策探讨．现代商业，2013（36).

[177] 杨军毅．从人性假设到人本管理所引发的思考．经济研究参考，2011（23).

[178] 袁宏伟．基于互联网的“免费”商业模式创新研究．商业研究，2010（12).

[179] 约翰·阿戴尔．有效领导力开发．上海：上海人民出版社，2007.

[180] 约翰·布里金肖．网络公司价值评估：前沿观点．北京：经济管理出版社，2005.

[181] 约翰·穆勒．政治经济学原理及其在社会哲学上的若干应用：上卷．北京：商务印书馆，1991.

[182] 曾国平，张丽生．论企业非正式群体管理中的沟通策略与实施：基于非正式群体的内部沟通模式．现代商贸工业，2012（10).

[183] 詹姆斯·马奇．决策是如何产生的，北京：机械工业出版社，2013.

[184] 詹姆斯·柯林斯，杰里·波勒斯．基业长青：企业永续经营的准则．北京：中信出版社，2002.

[185] 张劲松．互联网金融经营管理之道．北京：机械工业出版社，2014.

[186] 张军东，戴亚晴，王亚楠．构建有效的员工招聘体系探析．人力资源管理，2013（6).

[187] 张莉，林与川，迟冬梅．组织沟通方式对沟通满意度的影响：沟通认知与沟通倾向的调节作用．科学学与科学技术管理，2012（2).

[188] 张立方．情感管理在管理工作中的应用．领导科学，2010（6).

[189] 张丽芳，张清辨．网络经济与市场结构变迁．财经研究，2006（5).

[190] 张明．甘特图：清晰把握工作进程．销售与市场（成长版)，2012（4).

[191] 张瑞卿，邓瑾．管理信息系统．上海：上海交通大学出版社，2012.

[192] 张岩松，许峰．企业危机管理案例教程．北京：清华大学出版社，2012.

[193] 张永良．管理学基础．3版．北京：北京理工大学出版社，2018.

[194] 张小兰．论信息产品定价的理论基础．社会科学研究，2002（3).

[195] 张玉利．管理学．3版．天津：南开大学出版社，2013.

[196] 赵曙明，杜鹏程．德鲁克管理思想解读．北京：机械工业出版社，2009.

[197] 郑跃斌，韩文秀．企业资源计划的现状、问题及其解决方法．中国软科学，2001（8).

[198] 周成．如何制定企业危机管理计划．经济管理文摘，2003（12).

[199] 周三多，陈传明．管理学．3版．北京：高等教育出版社，2010.

[200] 周三多，陈传明，刘子馨，等．管理学原理与方法．7版．上海：复旦大学出版社，2018.

[201] 周永生．现代企业危机管理．上海：复旦大学出版社，2007.

[202] 朱舟，周健临．管理学教程．4版．上海：上海财经大学出版社，2017.

图书在版编目（CIP）数据

管理学/刘刚主编．—2 版．—北京：中国人民大学出版社，2019.8
教育部经济管理类核心课程教材
ISBN 978-7-300-27091-3

Ⅰ．①管…　Ⅱ．①刘…　Ⅲ．①管理学-高等学校-教材　Ⅳ．①C93

中国版本图书馆 CIP 数据核字（2019）第 134443 号

教育部经济管理类核心课程教材
管理学（第 2 版）
主　编　刘　刚
副主编　郭　海　朱春玲
Guanlixue

出版发行	中国人民大学出版社		
社　　址	北京中关村大街 31 号	**邮政编码**	100080
电　　话	010－62511242（总编室）		010－62511770（质管部）
	010－82501766（邮购部）		010－62514148（门市部）
	010－62515195（发行公司）		010－62515275（盗版举报）
网　　址	http://www.crup.com.cn		
经　　销	新华书店		
印　　刷	北京密兴印刷有限公司	**版　　次**	2016 年 1 月第 1 版
规　　格	185 mm×260 mm　16 开本		2019 年 8 月第 2 版
印　　张	22.25 插页 1	**印　　次**	2019 年 8 月第 1 次印刷
字　　数	510 000	**定　　价**	46.00 元

版权所有　侵权必究　印装差错　负责调换

教师教学服务说明

中国人民大学出版社工商管理分社以出版经典、高品质的工商管理、财务会计、统计、市场营销、人力资源管理、运营管理、物流管理、旅游管理等领域的各层次教材为宗旨。

为了更好地为一线教师服务，近年来工商管理分社着力建设了一批数字化、立体化的网络教学资源。教师可以通过以下方式获得免费下载教学资源的权限：

在中国人民大学出版社网站 www. crup. com. cn 进行注册，注册后进入“会员中心”，在左侧点击“我的教师认证”，填写相关信息，提交后等待审核。我们将在一个工作日内为您开通相关资源的下载权限。

如您急需教学资源或需要其他帮助，请在工作时间与我们联络：

中国人民大学出版社　工商管理分社

联系电话：010-62515735，82501048，62515782，62515987

电子邮箱：rdcbsjg@crup. com. cn

通讯地址：北京市海淀区中关村大街甲 59 号文化大厦 1501 室（100872）